주식회사법

주식회사법

Corporate Law

권기훈
민상홍

경상대학교출판부

본 도서는 (재)경상대학교 춘추연구장학재단의 지원을 받아 제작되었습니다.

서문

주식회사는 기업의 대표적인 형태입니다. 회사의 종류는 주식회사 이외에도 네 가지가 더 있지만, 실제로 존재하는 회사의 90% 정도는 주식회사입니다. 주식회사가 대부분인 이유는 주주의 유한책임을 보장함으로써 경영 실패에 따른 위험 부담을 분산시켰기 때문입니다. 투자자 개인 재산과 주식회사 재산을 구별하여 회사의 채무에 대하여 투자자인 주주는 책임을 지지 않는 것입니다. 주주가 회사 채권자에게 직접 변제 책임을 부담하지 않는 주식회사 제도에 대하여, 주주는 '유한책임의 낙원에서 편히 쉰다'고 비아냥거리는 견해가 있었습니다. 물론 지금 주식회사는 포기할 수 없는 가장 중요한 기업 형태로 자리 잡았습니다.

주식회사법은 2007년 큰 폭으로 개정된 이후에도 2018년 9월 개정되기까지 13차례나 개정될 만큼 변화하는 기업 현실에 발맞추어 빠르게 바뀌었습니다. 그럼에도 개정 요구는 끊이지 않고 있습니다.

최근 주식회사를 규율하는 상법의 화두는 기업 지배구조의 개편입니다. 지배주주의 이익을 위한 경직된 기업구조를 바꿔 다수의 소액주주를 보호하고 기업 민주화를 도모해야 한다는 목소리가 커지고 있습니다. 그리하여 감사위원 분리 선출, 자산 2조원 이상 상장사 대상 집중투표제 실시 의무화, 다중대표소송제, 전자투표제 도입 등을 핵심으로 하는 상법개정안이 국회에 제출된 상태입니다. 대주주의 의사결정권 전횡을 막고 소액주주의 권리를 강화하기 위해서는 반드시 필요하다는 것이 법안 제출의 이유입니다. 이에 대하여 소수 주주의 이익을 대변하는 이사가 이사회 운영을 방해하거나 해외 투기 자본 또는 헤지펀드들이 경영권 분쟁의 도구로 활용할 가능성이 높다는 이유로 지배주주들은 반대하고 있는 상태입니다. 개정이 쉽지 않을 듯합니다.

이 책에서는 상법 중 주식회사에 관한 최신 규정까지 놓치지 않고 해설하였습니다. 다른 회사에 대해서는 이 책 '회사의 종류'에 관한 부분에서 그 핵심만을 설명하였습니다.

학부의 회사법 교재로 사용하기에는 충분하다고 여겨집니다.

2007년 개정 상법 이후에 개정된 내용에 관한 해설과 조문 정리는 민상홍 박사가 맡아주었습니다.

어려운 상황에서도 출판 작업에 최선을 다해준 경상대학교 출판부에 대해서도 감사드립니다.

2019년 8월

저자를 대표하여 권기훈 씀

목차

제1편

총 론

회사법은 공동기업 형태인 회사에 관한 법이다. 실질적으로는 회사의 종류·설립·운영·해산에 관하여 규율하는 「회사기업에 관한 법규의 총체」를 의미하며, 형식적으로는 「회사기업에 관한 성문법규」 즉 상법 제3편이 이에 해당한다. 이처럼 회사법은 상법의 일부이므로 상법이 다른 법에 대하여 가지는 특색을 회사법 역시 가지게 된다. 뿐만 아니라 공동기업에 관한 법이라는 데서 회사법 그 자체의 고유한 특색이 인정된다.

제1장 회사제도의 의미와 경제적 기능

제2장 회사법의 개념과 특성

제3장 회사의 개념

제4장 회사의 능력

제5장 회사의 종류

제6장 회사의 설립

제7장 회사의 합병 및 분할 등

제8장 회사의 해산·청산 및 계속·회생

▎제1장▎

회사제도의 의미와 경제적 기능

회사는 다수인이 공동출자하고 여러 사람이 결합하여 공동으로 기업을 경영하는 전형적인 공동기업이다. 경제사회의 발전에 따라 기업의 형태가 개인기업에서 공동기업으로 전개되었고, 민법상의 조합(민 703조~724조)·상법상의 익명조합(상 78조~86조)·합자조합(상 86조의2~86조의9)·회사(상 169조~637조의2)·선박공유(상 756조~768조) 등 공동기업의 형태가 나타났는데, 그 가운데 가장 큰 기능을 수행하는 것이 회사제도이다.

개인기업은 가계로부터의 법적 독립성이 없어 손익이 기업주 자신에게 모두 귀속되며, 자본조달의 한계를 가지고 있다. 이러한 개인기업의 단점을 보충하여 회사는 ① 대규모 자본을 결합하며, ② 노력을 보충하고 기업경영을 조직화하고, ③ 발생하게 될지도 모를 손실의 위험을 분산함으로써 기업을 유지하고 대규모의 기업경영을 가능하게 한다. 또한 회사는 법인격이 부여되어 있어(상 169조), 자연인과 마찬가지로 인격자로서 독립된 권리의무의 주체로 활동할 수 있다. 이에 따라 ④ 투자자와 관계없이 사업의 영속적 경영이 이루어지고, ⑤ 출자자의 가계로부터 독립성을 가질 수 있다. 이 밖에도 ⑥ 투하자본을 보전하고 기업이윤에 참가하는 등 개인기업이나 나머지 공동기업들 보다 우월한 경제적 기능을 갖는다.

회사제도는 이러한 기능을 통해 대규모기업의 성립을 가능하게 하는 많은 장점이 있지만, 그 폐단도 적지 아니하다. 내부적으로 소수의 기업경영자가 자기의 이익을 추구하기 위해 다른 사원의 이익을 침해하기도 하고, 대외적으로 기업의 독립성과 유한책임 등을 빌미로 제3자의 이익을 해치는 경우도 있으며, 탈세나 탈법의 수단으로 이용되기도 한다. 또한 자본주의사회에서 부익부 빈익빈 현상을 초래하는 중요한 이유가 되기도 한다.

이러한 병폐에도 불구하고 회사제도의 효용성은 단점을 보충하고도 남음이 있다. 자본주의 사회에 회사제도가 존재하지 않았다면 오늘날의 자본주의 경제체제의 발전을 이룩할 수 없었다. 사실 자본주의 경제체제는 회사제도에 의하여 유지되고 발전되어 왔다고 하여도 과언이 아니다.

제2장

회사법의 개념과 특성

회사법은 공동기업 형태인 회사에 관한 법이다. 실질적으로는 회사의 종류·설립·운영·해산에 관하여 규율하는 「회사기업에 관한 법규의 총체」를 의미하며, 형식적으로는 「회사기업에 관한 성문법규」 즉 상법 제3편이 이에 해당한다. 이처럼 회사법은 상법의 일부이므로 상법이 다른 법에 대하여 가지는 특색을 회사법 역시 가지게 된다. 뿐만 아니라 공동기업에 관한 법이라는 데서 회사법 그 자체의 고유한 특색이 인정된다.

회사법의 대부분은 회사라는 단체의 내부적인 구성·조직을 정한 규정이므로 단체법적인 원리가 지배된다. 단체법의 영역에 있어서는 구성원과 단체와의 관계, 구성원 상호간의 관계 및 단체와 그 기관과의 관계가 존재하기 때문에 다수결의 원칙, 구성원 평등의 원칙, 법률관계의 획일적 확정 등이 요청된다는 특성이 있다.[1)]

또한 회사법은 다수의 이해관계로 형성되는 회사구조에서 회사와 제3자의 관계와 사원과 회사채권자의 관계 사이에 이익조정이라는 거래법적 특성을 갖는다. 때문에 거래법상 외관존중주의와 공시주의 및 거래안전의 보호에 치중하는 개인법상의 성질도 있다.

회사는 사원의 경제적 이익의 확대도모에 그 목표를 두고 있으므로 회사법은 영리성을 담보하는 법규정을 여러 곳에 두고 있다. 반면에 회사가 차지하는 국민 경제적 지위로 인하여 공공의 이익도 고려되고 있다. 따라서 회사법은 기업의 구조조정과 대외관계 등에서 규제와 조정은 물론 이해관계인들 사이의 이익조정도 하고 있다.

다수의 이해관계인들로 형성된 회사기업은 개인의 사적 자치에만 맡길 수 없는 영역이 많아 회사법규에서 강행법으로 엄격히 규제하고 있다. 이 점에 있어서 회사법은 자유주의를 기조로 하고 넓은 범위에서 당사자의 사법자치를 인정하는 상행위법과 대조를 이루고 있다. 반면에 당사자 간의 의사를 존중해야 할 필요가 요청되는 사항에 대해서는 거래법적 특성이 반영되어 임의법규성을 가진 규정도 많이 있다.

---

1) Brewster, The Corporation and Economic Federalism, in The Coporation in Modern Society, Rev. ed., E. Manson, 1959, pp.72~76 ; Melvin A. Eisenberg, The Structure of the Corporation – A. Legal Analysis, 2nd. ed., Little, Brown & Company, 1976, p.1.

제3장

회사의 개념

Ⅰ. 서언

회사란 상행위 기타 영리를 목적으로 설립한 법인을 말한다(상 169조, 상등 114조①). 즉 회사의 개념요소에는 법인성 및 영리성이 있다. 2011년 개정전 상법에서는 제169조에서「회사는 상행위 기타 영리를 목적으로 하는 사단을 이른다」라고 규정하고, 제171조 제1항에서「회사는 법인으로 한다」라고 규정하였으므로 '영리성', '사단성', '법인성'을 회사의 본질로 이해하였다. 하지만 상법에서 1인회사를 허용하고 있으므로 이를 입법정책적으로 받아들여 2011년 개정시에 '사단'을 지운 것이다.[2] 그렇지만 회사란 복수의 사원이 인적 혹은 자본적으로 결합하는 방법으로서 인정되는 법인형태이므로 여전히 그 본질은 사단이라고 보아야 한다.[3]

Ⅱ. 영리성

회사는 영리를 목적으로 한다(상 169조). 즉 영리법인이다.「영리의 목적」에 대하여 영리사업으로 얻는 이익을 사원에게 분배한다는 이익분배설이 통설이다. 여기서 말하는 영리의 목적이란 회사가 그 활동으로 인하여 얻은 이익을 사원에게 분배해 줄 것을 목적으로 하는 것을 말한다. 그 분배방법은 이익배당의 방법에 의하든 잔여재산분배의 방법에 의하든 상관없다. 이러한 의미에서 단체의 내부활동에 의하여 경제적 이익을 직접 그 구성원에게 분배할 것을 목적으로 하는 상호보험회사나 각종의 협동조합 등은 영리를 목적으로 하는 것이 아닌 점에서 회사라고 할 수 없다.

또한 공법인은 영리행위를 통하여 제한적으로 상행위를 하고, 그 범위내에서 상인성을

---

2) 이(철)[상], 291면.

3) 이(철)[회], 43면 ; 정(찬)[상], 441면.

인정받아 상인이 될 수는 있겠으나 내부의 구성원들에게 이로 인한 이익을 직접 분배하지는 아니하므로 회사가 아니다.

사회적 책임론은 기업이 수행하는 사회적 역할의 주요성과 영리추구에만 몰입하여 있는 우리나라 기업의 현실에 비추어 타당하다고 볼 수 있지만 그 내용이 명확하지 아니하며, 기업의 영리성에 비추어 볼 때 사회적 책임을 법적의무로 강제하기 곤란하다는 문제가 있다.

Ⅲ. 법인성

1. 회사의 법인성

회사는 모두 법인이다(상 169조). 법인이란 자연인 이외에 법에 의하여 권리의무의 귀속주체가 될 수 있는 자를 말한다.

회사에 법인격이 부여되므로, 회사는 사원으로부터 독립하여 권리의무를 취득하게 된다. 즉 회사자신이 법률행위를 할 수 있으며, 소송관계에 있어서도 당사자능력을 갖게 된다. 회사에 관련된 법률관계에서는 어떠한 종류의 회사이던 간에 그 구성원인 사원이 아니라 회사자신이 1차적인 권리의무의 주체가 된다.

2. 법인격부인론

(1) 의의

법인격부인론은 연혁적으로 19세기 후반부터 미국 판례법에서 발전한 이론으로 회사의 법인격이 남용되는 경우 특정 사안에 국한해서 그 법인격을 무시해 버리고 회사와 사원을 동일시하여 책임을 묻는 법이론이다. 이 이론은 모든 회사에 대하여 적용될 수 있지만, 주로 주식회사에 대해서 적용된다. 합명회사와 합자회사의 경우 무한책임사원이 회사채권자에 대하여 직접 변제할 책임이 있기 때문에 법인격부인론을 적용할 실익은 거의 없다. 따라서 주식회사의 주주가 유한책임제도를 악용할 목적으로 법인격을 남용하는 경우 이를 방지하기 위한 제도이다. 법인격 자체를 박탈하지 않고 회사가 행한 특정한 법률관계에 한하여만 그 법인격을 부인하고 그 법인의 배후에 있는 실체를 기준으로 법률적인 취급을 하려는 것이다.

(2) 법적근거

법인격부인론의 법적근거에 관한 구체적인 실정법상의 규정을 찾을 수 없다. 이에 학설은 ① 상법 제169조 회사의 법인성에 따르는 법인격 개념에 내재된 한계에서 그 근거를 찾아야 한다고 보는 견해[4]와 ② 사법의 일반조항인 민법 제2조의 신의칙[5]이나 권리남용금지[6]에서 그 근거를 찾아야 한다는 견해가 있다.

대법원 판례에서는 '별개의 법인격을 주장하는 것이 신의칙에 위반하거나 법인격을 남용한 것' 또는 '신의성실의 원칙에 위반되는 법인격의 남용'이라 하여 민법 제2조에 그 근거를 찾고 있다.[7]

(3) 적용요건

법인격부인론은 특정한 자가 회사를 완전히 지배하고, 회사의 사업은 실질적으로 개인사업에 불과한 경우, 회사와 제3자간의 문제된 법률관계에 대해서 회사의 법인격을 인정하지 아니하고 회사와 사원을 동일시한다. 그 구체적 적용요건에 대해서는 법적근거를 어떻게 보느냐에 따라 객관적 요건의 구성이 달라진다.

상법 제169조를 근거로 할 때에는 ① 회사를 사실상 주주 개인이 완전히 지배하고 있어 개인기업처럼 운영되는 상태에 있으며(지배요건 혹은 형해요건), ② 법인격이 인정되어 당해 행위가 주주개인이 아닌 회사행위로 인정되면 형평에 어긋나는 결과가 발생되어야 한다(공정요건). 공정요건의 평가에는 주로 자본금불충분이 다루어지게 된다.[8]

반면에 민법 제2조에 근거한 경우에는 ① 법인격의 형해화와 ② 법인격의 남용(통설) 혹은 신의성실원칙의 위반(판례)이 적용요건이다. 이 경우 공정요건을 별개로 들지 아니하고, ③ 보충성을 그 요건으로 한다. 즉 회사해산명령·회사해산판결·회사설립취소판결·기관책임추궁 등 기존 제도나 법해석론만으로는 부당하게 피해를 입은 자를 구제할 수 없는 경우에만 적용된다는 보충성 요건[9]을 들고 있다.

---

4) 손(주)[상], 454면 ; 정(찬)[상], 448면.

5) 이(철)[상], 297면.

6) 정(동)[회], 33면.

7) 미국의 경우에도 도구설이나 동일체설 등 여러 학설이 출현하였으나 정설은 없다(Easterbrook, p.54 ; Hamilton, p.227).

8) Easterbrook, p.59.

9) 민법 제2조에 근거한 신의칙설에서는 법인성과 주주유한책임의 기본원칙에 대한 예외로 제한적 보충적으로 적용되어야 한다고 하나, 상법 제169조에 근거한 법인격의 내재적 한계설에서는 다른 사법규정과 상충되지 않는 한 적용이 가능하다고 본다. 이 보충성을 요건으로 드는 점에서 양자의 요건상의 차이가 나타난다.

또한 주주의 주관적인 법인격남용의 의사를 필요로 하느냐가 문제될 수 있다. 그러나 주관적 요건을 요한다면, 이를 입증하기 어렵기 때문에 법인격부인론의 실효성을 감소시키므로 필요치 않다고 본다.[10]

(4) 적용범위

법인격부인론은 거래상의 책임을 묻기 위하여 적용된다는 것이므로 주로 계약에 적용된다. 불법행위에서의 적용은 대부분의 학설이 형평의 관념에서 구체적으로 타당한 결론을 얻기 위한 것이므로 긍정하지만,[11] 일부 견해에서는 불법행위의 경우 상대방의 신뢰가 전제되지 않는다는 이유로 적용을 부정하기도 한다.

또한 법인격부인론은 원래 회사의 채무를 주주 개인에게 묻기 위하여 등장한 것이어서, 반대로 주주 개인의 채무를 회사에 묻기 위한 경우에도 적용할 수 있는지 이른바 법인격부인론의 역적용이 문제된다. 예컨대 채무자가 자신의 채무를 면탈할 목적으로 회사를 설립하고 이에 출자하는 이른바 사해설립과 같은 경우이다. 주주 개인의 채무를 회사에 전가하기 위하여 법인격을 부인할 수는 없다고 본다.[12] 사해설립의 경우, 주주의 주식을 강제집행하거나 채권자취소권(민 406조)의 행사로 출자행위를 취소하여 문제를 해결할 수 있다.

(5) 효과

법인격부인론이 적용되면 문제되는 당해 사안에 한하여 회사와 주주 개인의 인격이 동일시된다. 따라서 회사의 채무를 주주 개인에게 부담시킬 수 있다. 회사의 법인격이 전면적으로 부인되는 것이 아니고 특정사안에 대해서만 한정하여 법인격이 부인된다.

회사에 대해 승소한 회사채권자가 법인격부인의 요건에 해당하는 주주에 대해 기판력이나 집행력을 미치게 할 수 있는지가 문제된다. 학설과 판례에서는 당연히 미치는 것은 아니라고 부정하는 입장에 있다.[13] 이 경우 주주와 회사를 공동피고로 하여 제소한 뒤 법인격부인론을 주장하여 판결을 통하여 채무명의를 얻어야 한다(대법원 1995.5.12, 선고 93다44531 판결).

---

10) 이(철)[상], 298면.

11) 정(동)[회], 30면 ; 정(찬)[상], 447면.

12) 이(철)[회], 55면. 이에 반대하는 견해도 있다(최(기)[회], 55면).

13) 손(주)[상], 437면 ; 이(철)[회], 59면 ; 정(동)[회], 34~35면 ; 정(찬)[상], 448면 ; 채(이)[상], 386면.

【판례】

[1] **대법원** 1995.5.12. **선고**, 93**다**44531 **판결**
갑회사와 을회사가 기업의 형태 내용이 실질적으로 동일하고 갑회사는 을회사의 채무를 면탈할 목적으로 설립된 회사인바, 갑회사가 을회사의 채권자에 대하여 을회사와는 별개의 법인격을 가지는 회사라는 주장을 하는 것이 신의성실의 원칙에 반하거나 법인격을 남용하는 것으로 인정되는 경우에도 권리관계의 공권적인 확정 및 그 신속·확실한 실현을 도모하기 위하여 절차의 명확·안정을 중시하는 소송절차 및 강제집행절차에 있어서의 그 절차의 성격상 을회사에 대한 판결의 기판력 및 집행력의 범위를 갑회사에까지 확장하는 것이 허용되는 것은 아니다.

[2] **대법원** 2006.8.25. **선고**, 2004**다**26119 **판결**
친자회사는 상호간에 상당 정도의 인적·자본적 결합관계가 존재하는 것이 당연하므로, 자회사의 임·직원이 모회사의 임·직원 신분을 겸유하고 있었다거나 모회사가 자회사의 전 주식을 소유하여 자회사에 대해 강한 지배력을 가진다거나 자회사의 사업 규모가 확장되었으나 자본금의 규모가 그에 상응하여 증가하지 아니한 사정 등만으로는 모회사가 자회사의 독자적인 법인격을 주장하는 것이 자회사의 채권자에 대한 관계에서 법인격의 남용에 해당한다고 보기에 부족하고, 적어도 자회사가 독자적인 의사 또는 존재를 상실하고 모회사가 자신의 사업의 일부로서 자회사를 운영한다고 할 수 있을 정도로 완전한 지배력을 행사하고 있을 것이 요구되며, 구체적으로는 모회사와 자회사 간의 재산과 업무 및 대외적인 기업거래활동 등이 명확히 구분되어 있지 않고 양자가 서로 혼용되어 있다는 등의 객관적 징표가 있어야 하며, 자회사의 법인격이 모회사에 대한 법률 적용을 회피하기 위한 수단으로 사용되거나 채무면탈이라는 위법한 목적 달성을 위하여 회사제도를 남용하는 등의 주관적 의도 또는 목적이 인정되어야 한다.

Ⅳ. 사단성에 관한 현대적 수정

1. 회사의 사단성

개정전 회사는 모두 사단성을 개념요소로 하고(개정전 상 169조), 주식회사와 유한회사의 경우 예외적으로 1인 회사의 성립을 인정하였다. 이에 회사의 개념요소로서 사단성이 공통점이 아닌 점을 감안하여 2011년 개정상법에 의해 사단성에 관한 개념요소를 삭제하였다. 사단이란 공동목적을 가진 복수인의 단체로서 조직적 일체성을 가진 통일적 결합체를 뜻한다. 합명회사와 합자회사의 경우는 사단이므로 2인 이상의 사원이 있어야 하며, 복수사원의 존재는 회사의 성립요건(상 178조·268조)일 뿐만 아니라 존속요건(상 227조iii·269조)이기도 하다. 그러나 주식회사(상 288조)와 유한회사(상 543조)는 성립 시에 1인 이상의 사원만 있으면 되고, 성립 후에 주주(사원)가 1인만 남게 되어도 해산사유가 된다는 규정이 없어서 회사의 개념요소에서 사단성에 관한 요건이 삭제되었다(상 517조·169조). 그리고 2011년 신설된 유한책임회사 역시 1인만에 의한 설립이 허용된다(상 287조의2·287조의38). 그리하여 현재는 주식회사, 유한회사, 유한책임회사에 관한 한 '사람의 단체'라는 의미에서의 사단성은 그 본질적 속성이라고 할 수 없고, 다만 지분의 분산을 통해 사람의 단체가 될 수 있는 가능성을 내포하고 그런 의미에서의 잠재적 사단성을 갖게 되었다. 이하 주식회사를 예로 설명한다.

2. 1인회사

(1) 1인회사의 의미

1인회사란 전체 주식의 소유가 1인 주주(자연인 또는 법인)에게 집중되어 있는 회사를 의미한다. 따라서 형식상 주식이 수인에게 분산되어 있으면 실제로 1인이 장악하고 있더라도 1인회사는 아니다. 1인회사는 영업상의 위험을 회사에 한정함으로써 주식회사발전에 기여하는 효용성도 있으나 이를 악용하는 폐단도 무시할 수 없다.

주식회사는 주주의 주식양도가 보장되고(상 335조①), 주주의 수가 1명이어도 설립가능하며(상 288조), 해산사유가 아니다(상 517조). 주식의 양도는 주권교부에 의하여 효력이 발생하므로 언제든지 타인에게 자유롭게 양도할 수 있기 때문에 1명에게 귀속되는 시기가 불명확하며, 1인회사를 인정하는 것이 기업유지이념에 적합하다(판례).

⑵ 1인회사의 법률관계

1인회사라 하여도 사원으로 구성된 단체이므로 회사법상의 규정이 그대로 적용되는 것이 원칙이다. 예컨대 1인회사도 그것을 구성하는 주주와는 별개의 독립된 법주체이므로 회사채권자에 대하여는 회사만이 회사재산으로써 책임을 부담하게 되고 개인의 재산에서는 변제를 받을 수 없다.

그렇지만 다수인의 사원을 전제로 한 규정은 1인회사의 경우 수정하여 해석되어야 하기 때문에 주주총회의 소집절차 생략이 가능하며, 소수주주권 또는 결의방법은 적용되지 않는다. 다만 단독주주의 출석에 의한 총회성립을 인정하며, 의사록은 당연이 작성·비치되어야 한다. 즉 1인 주식회사라 하더라도 주주총회·이사회·감사 등의 회사의 조직은 갖추어야 한다.[14)]

---

14) 이(상)[상], 247면.

▌제4장▐

회사의 능력

Ⅰ. 서언

회사는 상행위 기타 영리를 목적으로 하여 설립한 법인이다(상 169조). 즉 회사는 법인이므로 일반적으로 권리의무의 주체가 될 수 있는 능력을 가진다. 이러한 권리능력을 전제로 하여 회사는 어느 정도의 범위에서 구체적으로 권리의무를 갖는지를 검토하여야 한다.

회사가 일단 법인격을 취득하면, 권리능력·행위능력·의사능력·불법행위능력 및 공법상의 능력이 논의된다. 반면에 회사는 자연인이 아니므로 능력제한이 동시에 문제된다.

Ⅱ. 회사의 권리능력

1. 의의

권리능력이란 권리의무의 주체가 될 수 있는 법적 지위 또는 자격을 의미한다. 회사는 법인으로서 권리·의무의 주체가 될 수 있는 권리능력을 가진다. 다만 자연인과 달리 현실적으로 자연적 의사와 육체를 구비하고 있지 않다.

또한 회사의 법인격은 법률에 의해 부여되었으므로 그에 따른 제한이 있으며, 회사의 사업범위가 정관상의 목적과 밀접한 관련이 있다. 이러한 측면에서 회사의 권리능력에 대한 제한이 검토되어야 한다.

2. 성질상의 제한

회사는 자연인이 아닌 법인이므로(상 169) 자연인임을 전제로 하는 성·친족권·상속권·생명권·신체상의 자유권 등은 가질 수 없다. 다만 유증은 받을 수 있다. 또한 명예권·상호권·신용권과 같은 인격권과 사원권은 자연인에 한정된 것이 아니므로 회사도 가질 수 있다. 또한 회사는 육체적 노무를 제공할 수 없기 때문에 지배인 기타의 상업사용인도 될 수가 없다. 그러나 노무를 전제로 하지 않는 대리인은 될 수 있다. 즉 대리권은 가질 수 있다. 또한 회사는 주식회사의 발기인, 유한책임사원, 주주 등은 될 수 있다.

회사가 다른 회사의 이사나 감사가 될 수 있는가에 대해서는 긍정설[15]과 부정설[16] 그리고 업무를 담당하지 않는 이사나 감사도 될 수 있다고 보는 견해[17]로 나누어진다. 이사나 감사는 대개 일반적 직무를 집행하는 자로서 자연적 의사의 결정을 해야 하는 지위에 있으므로 자연인으로 제한된다고 보아야 한다.

3. 법령상의 제한

회사의 법인격은 법이 부여한 것이므로 권리능력에 대하여도 법령에 의하여 제한을 받게 된다(민 34조 참조).

상법상 회사는 다른 회사의 무한책임사원이 되지 못한다(상 173조). 이는 회사가 다른 회사의 채무에 대하여 무한책임을 지게 되면 회사존립의 기초를 위태롭게 한다는 이유에서 입법정책상 제한하는 것이다. 다만 자본시장법에 따르면 집합투자기구의 하나인 투자합자회사는 합자회사의 형태를 취하는데, 무한책임사원인 업무집행사원은 집합투자업자(일정요건을 갖춘 금융투자업자)이어야 하므로 다른 회사도 이 회사의 무한책임사원이 될 수 있다(자 214조①).

또한 청산중의 회사는 청산목적 범위 내에서만 존속하며(상 245조·269조·287조의45·542조①·613조①), 파산으로 해산한 법인은 파산의 목적 범위 내에서만 존속한다(회파 328조).

4. 목적상의 제한

회사는 법인으로서 일정한 목적을 가지고 설립된 목적단체이다. 그러므로 회사가 정관에 기재한 목적의 범위 내에서만 권리능력이 인정되는가에 대해서 학설대립이 있다. 민법에 따르면 법인은 정관으로 정한 목적의 범위 내에서 권리의무의 주체가 되지만(민 34조), 상법

---

15) 김(용)[상], 227면 ; 정(동)[회], 47~48면 ; 서·정, 289면.

16) 이(철)[회], 74면 ; 정(찬)[상], 461면 ; 채(이)[상], 387면.

17) 손(주)[상], 446면 ; 정(희)[상], 290~291면.

에는 이러한 규정이 존재하지 않아서 민법 제34조가 회사에 대하여 준용되는가 하는 문제가 제기된다.

제한긍정설은 민법 제34조를 법인일반에 공통되는 기본원칙으로 주주의 이익보호와 회사의 이익보호를 위해 정관으로 제한이 가능하다는 견해이다.[18] 따라서 회사에 대하여 민법 제34조의 유추적용을 인정하고 회사의 권리능력은 정관소정의 목적에 따라 제한된다는 입장을 취한다. 이에 대해 회사와 거래하는 상대방이 선의인 경우에는 민법 제34조의 유추적용을 부인하는 제한부정설(무제한설)이 유력하다.[19]

대법원 판례는 제한긍정설을 취하면서도 목적범위를 목적수행에 필요한 직접·간접의 모든 행위로 행위의 객관적 성질에 따라 추상적으로 판단함으로써 그 목적의 범위를 넓게 해석[20]하고 있다(대법원 1999.10.8 선고, 98다2488 판결 ; 동 1991.11.22 선고, 91다8821 판결 ; 동 1988.1.19 선고, 86다카1384 판결). 또한 제한긍정설도 회사의 권리능력을 회사의 목적달성에 필요 또는 유익한 행위라든가 혹은 목적에 반하지 않는 모든 행위까지 그 범위를 확장하고 있다.

제한긍정설이 정관상 기재된 사업목적을 신뢰하고 투자한 사원의 이익을 보호한다는 측면을 무시할 수는 없으나, 이는 이사의 정관위반행위로 인한 유지청구권(상 402조), 이사의 회사에 대한 손해배상책임 등으로 보호될 수 있다. 따라서 거래의 안전을 보호한다는 상법의 이념에서 보더라도 제한부정설이 타당하다.

【판례】

[3] 대법원 1987.9.8. 선고, 86다카1349 판결

회사의 권리능력은 회사의 설립근거가 된 법률과 회사의 정관상의 목적에 의하여 제한되나 그 목적범위내의 행위라 함은 정관에 명시된 목적 자체에 국한되는 것이 아니고 그 목적을 수행하는데 있어 직접 또는 간접으로 필요한 행위는 모두 포함되며 목적수행에 필요한지 여부도 행위의 객관적 성질에 따라 추상적으로 판단할 것이지 행위자의 주관적, 구체적 의사에 따라 판단할 것은 아니다.

---

18) 김(용)[상], 277면 ; 정(희)[상], 293면.

19) 강·임[상], 65면 ; 권(기)[회], 124면 ; 김(정)[상], 423면 ; 서·정, 291면 ; 손(주)[상], 468면 ; 이(철)[회], 79면 ; 정(동)[회], 51면 ; 정(무)[상], 325면 ; 정(찬)[상], 464면 ; 최(기)[회], 83면.

20) Carry. pp.108~112 ; Jennings, pp.118~119 ; Schmitthoff, p.130.

단기금융업을 영위하는 회사로서 회사의 목적인 어음의 발행, 할인, 매매, 인수, 보증, 어음매매의 중개를 함에 있어서 어음의 배서는 행위의 객관적 성질상 위 목적수행에 직접, 간접으로 필요한 행위라고 하여야 할 것이다.

Ⅲ. 회사의 의사능력과 행위능력

회사가 의사능력과 행위능력을 가지느냐는 법인본질론에 따라 달라지게 된다. 즉 법인의제설을 취하면 이를 부인해야 하지만, 법인실재설을 취하면 긍정한다. 회사에 권리능력을 인정하는 이상 의사능력과 행위능력을 인정하여야 한다.

또한 회사는 법인이므로 자연인과는 달리 직접행위를 하는 것은 불가능하지만 기관을 통하여 의사능력과 행위능력을 행사하게 된다. 기관은 회사활동을 하기 위한 기구로서 회사조직의 일부이다. 회사와 기관과의 관계를 대표관계라 한다. 상법은 대표기관의 자연적 의사를 기초로 하여 회사 자체의 의사능력과 행위능력을 인정하고 있다.[21]

Ⅳ. 회사의 불법행위능력

회사가 대표기관에 의하여 스스로의 행위능력을 가진다고 한다면 불법행위능력도 인정하여야 할 것이다. 즉 회사의 기관이 그 직무를 행함에 있어서 타인에게 손해를 끼친 경우에 회사는 그 자신의 불법행위로서 손해배상 책임을 부담하게 된다.

상법은 회사를 대표하는 사원이 그 업무집행으로 인하여 타인에게 손해를 가한 때에는 회사는 그 사원과 연대하여 배상할 책임이 있다는 규정을 두고 있다(상 210조·269조·287조의20·389조③·613조). 이 규정은 회사의 불법행위능력을 인정하면서 사실상의 책임자에 대해서도 배상책임을 인정한 것으로 해석된다. 회사가 전부 또는 일부의 배상을 하였을 때는 대표기관에게 구상할 수 있음은 물론이다.[22] 회사의 대표기관 이외의 사용인이 회사의 업무집행에 있어서 제3자에게 손해를 끼친 경우에, 회사는 사용자의 책임에 관한 원칙(민 756조)에 따라 책임을 부담하게 된다.

---

21) '대리'는 본인과 대리인간의 개인법적 관계인데 비하여 '대표'는 법인과 기관과의 사단법적 관계인 점에서 그 법률구성이 다르다. 그러나 대리행위이든 대표행위이든 간에 그 효과가 타인에 귀속하는 점에는 차이가 없다. 따라서 대표기관에 의한 대표행위의 방식·효과 등에 대한 규정이 없는 경우에는 대리에 관한 규정을 유추적용하여야 할 것이다.

22) 정(찬)[상], 467면 ; 정(희)[상], 295면.

제5장

회사의 종류

Ⅰ. 법전 분류상의 회사

상법상 회사는 합명회사·합자회사·유한책임회사·주식회사·유한회사의 5종류를 인정하고 있다(상 170조). 이러한 분류는 주로 사원이 부담하는 책임의 성질을 기준으로 한 것이다.

합명회사는 사원이 회사채무에 대하여 무한·직접·연대책임을 부담하는, 즉 모든 사원이 무한책임사원인 회사형태이다(상 212조).

합자회사는 합명회사의 사원과 동일한 책임을 부담하는 무한책임사원과, 회사채권자에에 대하여 직접·연대책임을 부담하지만 출자액을 한도로 하는 유한책임사원으로 구성된 회사이다(상 268조, 279조).

주식회사는 사원인 주주가 회사채권자에 대해서는 직접 아무런 책임을 부담하지 않고, 회사에 대해서는 자기가 인수한 주식금액을 한도로 출자의무만 부담하는 간접·유한책임을 부담하는 회사형태이다(상 331조).

유한회사는 주식회사의 주주와 같이 회사채권자에 대해서는 직접 아무런 책임을 부담하지 않고, 회사에 대해서는 다만 회사에 대하여 일정한 출자의무를 부담하는 간접·유한책임을 부담하는 사원으로 구성되는 회사형태로(상 553조) 소규모이며, 폐쇄적·비공개적이라는 특징을 가진다.

유한책임회사는 2011년 개정상법에서 미국의 유한책임회사제도를 참고하여 도입된 공동기업형태로 조직구성과 투하자금 회수와 관련한 자율성을 인정하고, 회사채권자에 대한 유한책임을 인정하고 있다(상 제287조의7).

[도표] 법전분류상의 회사

구분	합명회사	합자회사	유한책임회사	주식회사	유한회사
1. 출자	금전 기타 재산, 노무, 신용	• 무한책임사원: 합명회사사원과 동일 • 유한책임사원: 금전 기타 재산	금전 기타 재산	금전 기타 재산	금전 기타 재산
2. 책 임	직접·연대·무한	유한책임사원: 직접·연대·유한	유한책임사원	간접·유한	간접·유한 단, 자본전보책임
3. 재산의 독립성 (강: 사단법인성) (약: 조합성)	약	약	강	강	강
4. 사원의 수	소수 (무한책임사원)	소수 (무한책임사원) (유한책임사원)	1인이상	다수 (1인이상)	중간 (1인이상)
5. 사원의 경영참가	〈자기기관〉 (사원=경영자) 소유와 경영일치 업무집행권, 감독권	〈자기기관〉 유한책임사원: 업무감독권 (업무집행권없음)	제3자도 업무집행자가능 법인을 직무수행자로 할 수 있음	〈제3자기관〉 • 소유·지배·경영의 분리 • 단체주의적 회사 (주총, 이사회, 대표 이사, 감사, 검사인)	〈제3자기관〉 • 이사, 사원총회 (필요) • 감사(임의기관) • 검사인(임시) • 이사회 ×
6. 최저자본금	제 한 없 음	제 한 없 음	제 한 없 음	제 한 없 음	제 한 없 음
7. 사원지위의 양도	제한(총사원의 동의)	제한 (유한책임사원: 무한책임사원의 동의)	원칙: 제한(다른 사원 동의), 정관으로 양도자유 인정가능. 자기지분 양수금지	자유 (주식양도자유의 원칙)	사원간의 양도: 자유 사원이외의 자간의 양도: 사원총회의 특별결의(총사원3/4)
8. 대외적 신용의 기초	사원	사원	회 사 재 산	회 사 재 산	회 사 재 산
9. 중요의사 결정	전원일치	전원일치	다수결	다수결	다수결 (주식회사 보다 요건가중)
10. 설립절차	간편 (정관작성, 설립등기)	간편	중간 (출자이행)	복잡 (실체구성: 사원확정, 자본형성, 기관구성)	중간 (정관에서 기관·사원 확정, 발기인제도×)
11. 법률관계	내부관계: 임의법규 외부관계: 강행법규	합명회사와 동일	강행법규	강행법규 (공시주의 철저, 법원관여)	강행법규
12. 1인회사	해 산 사 유	해 산 사 유	인정	인정	인정
13. 설립취소	인정	인정	인정	불인정 (설립무효의 소만 인정)	인정
14. 조직변경	합명 → 합자	합자 → 합명	유한책임 → 주식	주식 → 유한, 유한책임	유한 → 주식
15. 청산방법	임의청산 인정 (퇴사·제명제도) 타사원전원의 동의		합명회사와 동일	법률청산만 가능 (회사정리제도)	대차대조표공고 × 사채 ×

Ⅱ. 인적회사와 물적회사

인적회사는 그 실질에 있어서 개인상인의 복합체로서 인적신뢰관계에 있는 사원만으로 성립하는 인적집단기업의 법적 형태이다. 따라서 회사의 내부관계로서는 회사와 사원간의 관계와 함께 사원상호간의 법률관계가 성립할 수 있는 실질적인 기초를 가진다. 인적회사에 있어서는 필연적으로 사원은 소수이며 또 사원의 지위의 이전은 제약된다.

각 사원은 회사의 운영에 관한 기본적 의사결정 및 업무집행에 대하여 권리를 갖게 되며 기업의 지배·경영에 원칙적으로 참여하여 발생한 손실에 대하여도 직접책임을 지게 된다. 인적회사에서는 각 사원이 무한책임을 부담하기 때문에 대외적 신용에 있어서는 회사재산과 더불어 인적신용이 중시된다. 그러므로 출자의 종류도 재산출자 외에 노무출자도 인정된다. 그리고 회사재산의 충실유지를 목적으로 하는 자본충실의 원칙 또는 자본감소제한의 원칙은 인적회사에서는 요청되지 않는다. 합명회사는 전형적인 인적회사이며, 합자회사는 인적회사에 가까운 중간형태인 것이다.

물적회사는 각 사원이 그 출자를 매개로 하여 결합하는 자본적 기업의 법적인 형태로서 회사의 실질은 사원의 결합체라기보다는 제공된 자본의 집중체이다. 따라서 회사의 내부관계에서 회사와 사원간의 관계 이외의 사원상호간의 관계는 원칙적으로 존재하지 않는다.

물적회사에서 출자자는 자본이윤만을 목적으로 결합되며 기업의 소유와 경영은 원칙적으로 분리된다. 기업에 대한 지배도 자본이윤의 확보에 필요한 범위 내에 한정되며, 지배형식도 인적회사의 경우와 같은 인적지배형식을 취하지 않고 주주총회 등 기관을 통하여 출자액에 따르는 물적 지배형식이 행하여진다. 회사채권자와 사원과의 관계에 있어서 물적회사는 인적회사와는 달리 출자자는 기업경영에는 관여하지 않으며 기업지배도 주주총회 등을 통하여 자본적 비례로 이것을 분유하고 있는데 지나지 않는다. 결국 사원의 채권자에 대한 책임이 간접화됨과 동시에 그 출자액에 한정된다. 따라서 회사의 대외적 신용과 사원과의 관계에 있어서 사원은 유한책임을 부담하는데 지나지 않으므로 회사재산이 대외적 신용의 유일한 기초가 된다. 그러므로 물적회사에서 사원의 출자는 인적회사와는 달리 담보가치 있는 회사재산을 구성할 수 있는 재산출자에 한정된다. 또 회사재산의 충실유지를 목적으로 하는 자본금충실의 원칙 또는 자본금감소제한의 원칙도 강행성을 가진다. 주식회사는 전형적인 물적회사이며, 유한회사와 유한책임회사는 물적회사의 특색이 강한 중간 형태의 회사라고 할 수 있다.

Ⅲ. 일반법상의 회사와 특별법상의 회사

일반법상의 회사는 일반법인 상법전의 적용을 받지만 특별법의 적용을 받지 않는 회사를 말하며, 상법전뿐만 아니라 특별법의 적용을 받는 회사를 특별법상의 회사라고 한다.

특별법상의 회사에는 그 회사만을 위하여 특별히 제정된 특별법에 의한 특수회사와 일반특별법에 의한 회사로 나누어진다. 전자에 속하는 것으로는 한국도로공사(동법)·한국방송광고공사(동법)·한국전력공사(동법)·한국철도공사(동법)·한국토지주택공사(동법) 등이 있으며, 후자에 속하는 것으로는 은행·보험회사·신탁회사·증권회사 등이다.

Ⅳ. 내국회사와 외국회사

회사가 설립할 때 준거법을 우리나라 법으로 하였는가 아닌가에 따른 구별이다. 우리나라 법률에 의하여 설립된 회사를 내국회사라고 하고 그렇지 않는 회사를 외국회사라고 한다.

외국에서 설립된 회사일지라도 우리나라에 본점을 설치하거나 우리나라에서 영업할 것을 주된 목적으로 하는 경우에는 내국회사와 동일한 규정이 적용된다(상 617조). 외국회사가 우리나라에서 영업을 하고자 하는 경우에는 대표자를 정하고 영업소를 설치하여야 하며, 또 그 영업소에 관하여는 등기하여야 한다(상 614조, 상등 112조). 외국회사는 그 법률에 다른 규정이 있는 경우 외에는 우리나라에서 성립된 동종 또는 가장 유사한 회사로 간주된다(상 621조).

Ⅴ. 모회사와 자회사

모회사는 다른 회사를 지배하고 있는 회사를 말하며, 회사 간의 지배·종속관계를 모자로 비유하여 일반적으로 모회사 또는 지배회사라고 부르고 있다. 모회사가 자회사에 대하여 지배력을 미치는 원인에는 자본참가·임원파견·지배계약 등에 의하여 이루어진다.

상법에서는 자본참가비율에 착안하여 주식의 상호소유를 제한하는 규정을 두고 있는 바, 다른 회사 주식의 100분의 50을 초과하여 소유하고 있는 회사를 모회사라고 하며, 그 다른 회사를 자회사라고 한다. 자회사는 원칙적으로 모회사의 주식을 취득할 수 없다(상 342조의2①).

Ⅵ. 상장회사와 비상장회사

상장회사(법인)는 그 발행한 주식이 증권시장에서 거래될 수 있는 회사를 말하며(상 542조의2①, 상시 8조), 그렇지 않은 회사를 비상장회사(법인)이라고 한다. 상장회사의 상장주식의 유통과 상장법인의 관리 등에 대해서는 상법 이외에도 「자본시장과 금융투자업에 관한 법률」이 적용된다.

제6장

회사의 설립

주식회사 설립에서 상세히 설명하기로 한다.

제7장

회사의 합병 및 분할 등

Ⅰ. 회사의 합병

1. 합병의 의의 및 유형

(1) 의의

합병이란 2개 이상의 회사가 법정절차에 따라 청산절차를 거치지 않고 하나의 회사가 되는 법률사실이다. 즉 합병은 상법의 특별규정에 의하여 청산절차를 요하지 않으며, 권리의무의 포괄적 이전이라는 것에 본질이 있다. 원래 회사의 재산이 포괄적으로 이전될 때에 이전되는 기업은 청산절차를 밟아야 하지만 실정법상 상법 내에 특례규정을 둠으로써 회사청산을 위한 복잡한 절차와 이에 따른 경영손실 및 제반비용 그리고 재산의 포괄적 이전에서 발생하는 자본이득에 대한 막대한 세금의 부담을 덜게 하였다. 이러한 합병의 성질에 대해서는 인격합일설,[23] 현물출자설,[24] 사원현물출자설,[25] 재산합일설 등이 있으나 인격합일설이 통설이다.

---

23) 손(주)[상], 457면 ; 이·최[상], 467면 ; 이(철)[회], 119면 ; 정(동)[회], 811면.

24) 서·정, 641면 ; 大隅健一郎, "會社合併の本質", 會社法の諸問題, 有斐閣, 265~267頁.

25) 服部榮三, "會社合併の基本的性質", 民商法雜誌(創刊 25周年紀念論集〈上〉), 290頁.

(2) 유형

1) 흡수합병과 신설합병

흡수합병은 두 개 이상의 합병회사 가운데 법률상 하나가 존속하고 여타 다른 회사들은 소멸하고, 소멸회사의 전재산과 권리·의무가 포괄적으로 존속회사에 승계되고 사원이 수용됨으로써 흡수되는 것을 말한다.[26] 이 때 합병 당사회사의 한 회사만이 존속하고 나머지 회사는 소멸한다. 따라서 흡수합병으로 말미암아 소멸회사는 법적인 독립성을 상실하고, 당연히 기업지배권도 존속회사로 이전된다.

신설합병은 합병당사자인 기업들이 모두 해산·소멸하고, 이들에 의하여 전혀 새로운 기업이 설립되어 소멸회사들의 전재산과 권리·의무가가 포괄적으로 신설회사에 승계되고 사원이 수용되는 것을 말한다. 이 때 합병당사회사가 소멸하고 이 회사들에 의해 새로운 회사가 설립된다.

2) 간이합병

간이합병이란 흡수합병시에 소멸회사에서 합병승인결의를 생략할 수 있는 제도이다(상 527조의2). ①소멸회사의 총주주의 동의가 있는 경우, 또는 ②소멸회사의 발행주식총수의 100분의 90 이상을 이미 존속회사가 소유하고 있는 경우에는 소멸회사의 주주총회의 승인결의는 이사회의 결의로 갈음할 수 있다.

간이합병절차는 흡수합병시의 소멸회사에만 적용되는 것이므로, 신설합병을 할 경우에는 간이합병을 할 수 없으며, 또 흡수합병을 하더라도 존속회사에서는 적용할 수 없다.

3) 소규모합병

소규모합병이란 소규모의 회사를 흡수합병하는 경우 주주총회의 승인결의를 생략하고 이사회의 결의로 대신할 수 있도록 하는 제도이다(상 527조의3). 흡수합병을 하는 경우 존속회사에 관해서만 인정되는 특례이다. 존속회사가 소멸회사의 주주에게 발행하는 신주가 존속회사의 발행주식총수의 100분의 10을 초과하지 않는 경우에 한해 소규모합병이 허용된다.

---

26) Robert Charles Clark, Corporate Law, Little, Brown and Company, 1986, pp.464~467 ; Stanley Foster Reed and Lane and Edson, P.C., The Art of M&A : A Merger Acquisition Buyout Guide, Dow Jones Irwin, pp. p.340.

2. 합병의 자유와 제한

(1) 합병의 자유

회사는 합병을 할 수 있다(상 174조①). 상법은 원칙적으로 합병의 자유를 인정하고 있다. 그러므로 같은 종류의 회사끼리는 물론, 다른 종류의 회사 간에도 합병을 할 수 있다. 합병의 자유에 대하여는 다음과 같은 상법상의 제한과 특별법상의 제한이 있다.

(2) 상법상의 합병의 제한

합병의 자유에 대하여는 상법상 일정한 제한을 두고 있다. ①합병당사회사의 일방 또는 쌍방이 주식회사, 유한회사 또는 유한책임회사인 경우에는 합병 후 존손하는 회사나 합병으로 설립되는 회사는 주식회사, 유한회사 또는 유한책임회사이어야 한다(상 174조②).

②유한회사와 주식회사가 합병하는 경우에 합병후 존속하는 회사 또는 합병으로 인하여 설립되는 회사가 주식회사인 때에는 법원의 인가를 얻지 아니하면 합병에 효력이 없다(상 600조①). 유한회사의 사원은 출자미필액 전보책임이 있는데(상 551조), 유한회사의 사원이 합병을 계기로 이를 회피할 가능성이 있으므로 유한회사와 주식회사가 합병하여 주식회사로 되는 경우에는 법원의 인가를 얻도록 한 것이다.

③유한회사와 주식회사가 합병하는 경우 주식회사가 사채의 상환을 완료해야 유한회사가 존속회사 또는 신설회사가 될 수 있다(상 600조②).

④해산 후의 회사도 합병을 할 수 있다. 그러나 다른 존립 중의 회사를 존속하는 회사로 하여야 한다(상 174조③).

(3) 특별법상의 합병의 제한

합병의 자유에 대하여는 특별상으로도 일정한 제한을 두고 있다. ①「독점규제 및 공정거래에 관한 법률」에서 독점을 억제하고 자유로운 경쟁을 촉진하기 위하여 일정한 거래분야에서 경쟁을 실질적으로 제한하는 합병은 제한된다(동법 7조①iii·12조①iii·④·⑤).

②「자본시장과 금융투자업에 관한 법률」에서 주권상장법인이 다른 법인과 합병하려면 대통령령으로 정하는 요건과 방법 등의 기준에 따라야 한다(동법 165조의4 i, 동시행령 176조의5).

③「은행법」·「보험업법」에서 은행과 보험회사 등 일정한 공익회사는 주무관청의 허가를

받은 경우에 한하여 합병할 수 있다(은 55조① i, 보 139조 등).

④「채무자회생 및 파산에 관한 법률」에서 파산절차가 진행 중인 회사는 합병할 수 없고, 회생절차가 진행 중인 회사는 동 법률에 의해서만 합병할 수 있다(동법 193조②··210조·211조).

⑤「산업발전법」에서 기업구조조정을 원활하게 하기 위하여 산업통상 자원부장관은 기업 간 인수·합병의 중개 지원 사업을 할 수 있다.(동법 25조, 시 15조).

3. 합병절차

(1) 합병절차의 의의

합병은 법정절차에 따라서 이루어져야만 하고 그 절차는 각종의 회사마다 정해져 있다. 합병결의와 합병계약은 합병의 효과를 가져오는 합병절차의 구성요건이므로 그 중 한 가지만 없어도 합병은 성립되지 않으며, 양자가 모두 구비되어야 한다.

(2) 합병계약

회사가 합병을 하려면 먼저 당사 회사 간에 합병계약을 체결하여 합병조건·합병방식 등 합병에 필요한 사항을 정하여야 한다.

합병계약의 체결은 회사의 대표기관의 권한에 속한다. 합명회사와 합자회사, 유한책임회사의 합병의 경우에는 합병계약서를 작성할 법적의무는 없지만, 주식회사와 유한회사의 합병의 경우에는 법정사항이 기재된 합병계약서를 작성하여야 한다(상 522조①·523조·524조·603조). 따라서 주식회사와 유한회사의 경우 합병계약서에 법정사항을 기재하지 않으면 그 계약은 무효가 되며, 주주총회의 승인이 있더라도 효력이 생기지 않는다.

(3) 합병대차대조표의 사전공시

주식회사의 경우에는 합병승인결의를 위한 주주총회 회일의 2주간 전부터 합병 후 6월이 경과하는 날까지 합병을 하는 각 회사의 대차대조표 등을 본점에 비치토록 하고 주주나 회사채권자는 언제든지 이것을 열람할 수 있게 하였다(상 522조의2). 상법 제522조의2의 규정은 유한회사의 합병의 경우에도 준용된다(상 603조).

⑷ 합병결의

1) 대내적 주주보호의 절차

합병계약이 체결되면 당사회사들은 각각 합병결의를 하여야 한다. 이 결의는 합명회사와 합자회사, 유한책임회사는 총사원의 동의를 필요로 하며(상 230조 · 269조 · 287조의 41), 주식회사에서는 출석주식수의 3분의 2 이상의 다수 그리고 발행주식 총수의 3분의 1 이상의 동의로 하며(상 522조③), 유한회사에서는 총사원의 반수 이상과 의결권의 4분의 3 이상의 동의를 요한다(상 598조). 이것은 합병이 각 당사회사의 사원에게 큰 이해관계를 미치게 되므로 그들을 보호하기 위하여 요구되는 절차인 것이다.

주식회사에서는 합병 때문에 어느 종류의 주주에게 손해를 미치게 될 경우에 별도로 종류주주총회의 결의를 요한다(상 436조). 간이합병(상 527조의2①)과 소규모합병(상 527조의3)에서는 주주총회의 승인을 이사회의 승인으로 갈음할 수 있는 특례가 인정된다.

2) 주식매수청구권

합병에 관한 주주총회의 결의에 반대하는 주주는 회사에 대하여 주식매수청구권을 행사할 수 있으나(상 522조의3), 총주주의 동의에 의한 간이합병의 경우(상 527조의2① 전단)에는 반대하는 주주가 없는 것이므로 주식매수청구가 별개로 인정될 이유가 없고, 소규모합병의 경우에는 합병되는 부분이 소규모이어서 반대주주에게 미치는 영향이 미미하므로 반대주주에게 주식매수청구권이 인정되지 아니한다(상 527조의3⑤).

3) 종류주주총회의 결의

합병으로 인하여 어느 종류의 주주에게 손해를 주는 경우에는 그 종류의 종류주주총회의 결의를 얻어야 한다(상 436조). 이러한 종류주주총회의 절차를 이행하지 아니하면 합병결의의 효력이 발생하지 아니하므로 합병무효사유가 된다.

⑸ 회사채권자의 보호절차

합병으로 인하여 회사재산에 큰 변동을 가져오게 되므로 합병 당사회사의 채권자를 보호하는 절차가 필요하다. 회사는 합병승인의 주주총회의 승인결의가 있은 날부터 2주내에 채권자에 대하여 합병에 이의가 있으면 1월이상의 기간내에 이를 제출할 것을 공고하고 알고 있는 채권자에 대하여는 따로따로 이를 최고하여야 한다. 채권자가 그 기간내에 이의를 제출하지 아니한 때에는 합병을 승인한 것으로 본다. 이의를 제출한 채권자가 있는 때에는 회사는 그 채권자에 대하여 변제 또는 상당한 담보를 제공하거나 이를 목적으로 하여 상당한 재산을 신탁회사에 신탁하여야 한다(상 527조의5).

4. 신설합병의 경우 설립위원의 선임

신설합병의 경우에는 전술한 절차 외에 각 회사에서 합병결의와 동일한 방법으로 선임한 설립위원이 공동으로 정관의 작성 기타 설립에 관한 행위를 하여야 한다(상 175조).

설립위원의 선임은 합명회사와 합자회사, 유한책임회사에 있어서는 총사원의 동의로써, 주식회사와 유한회사에 있어서는 주주총회 또는 사원총회의 특별결의로써 한다(상 175조②, 230조, 269조, 287조의41, 434조, 585조).

5. 합병기일 및 보고절차

합병 당사회사는 합병계약서에 정한 바대로 합병기일에 이르러 재산 및 관계서류 일체를 인도하고 소멸회사의 주주는 합병신주를 배정받게 된다. 즉 존속회사는 소멸회사의 재산을 승계하고 이에 해당하는 신주를 발행하여 소멸회사의 주주에게 교부한다. 이 경우 회사의 재산 및 자본이 동시에 증가한다.

신설회사 또는 존속회사가 물적회사인 경우 신설회사나 존속회사의 이사는 합병절차 종료 후 창립총회나 사원총회에 합병사항을 보고하여야 한다. 흡수합병의 경우 존속회사의 이사는 보고총회를 소집하여 합병에 관한 사항을 보고하여야 한다. 신설합병의 경우 각 당사회사가 합병결의와 동일한 방법으로 설립위원을 선임하게 되는데(상 175조), 신설회사의 설립위원은 창립총회를 소집하여 합병에 관한 사항을 보고한다(상 527조). 창립총회에서는 임원을 선임하고, 정관을 변경할 수도 있다.

6. 합병등기와 사후공시

합병절차가 끝나면 본점소재지에서는 2주간 내에, 지점의 소재지에서는 3주간 내에 존속회사는 변경등기, 소멸회사는 해산등기, 신설회사는 설립등기를 하여야 한다(상 233조, 269조, 287조의41, 528조, 602조). 등기기간의 기산일은 인적회사의 경우 명문규정이 없으므로 사실상 합병을 실행한 날로 보아야 하며, 물적회사의 경우 흡수합병은 보고총회가 종결한 날이고 신설합병은 창립총회가 종결한 날이다(상 528조①, 602조).

합병은 존속회사 또는 신설회사가 본점 소재지에서 그 등기를 함으로써 그 효력이 발생하게 된다(상 234조, 269조, 287조의41, 530조②, 603조).

합병을 한 날로부터 6월간 채권자보호절차의 경과, 합병을 한 날, 소멸회사로부터 승계한 재산가액과 채무액, 기타 합병에 관한 사항을 기재한 서면을 본점에 비치하는 사후공시를 해야 한다(상 527조의6①). 주주나 회사채권자는 영업시간 내에는 언제든지 이것을 열람할 수 있게 하였으며, 그 등본 또는 초본의 교부를 청구할 수 있다(상 527조의6②).

7. 합병의 효과

(1) 회사의 소멸과 회사의 신설

합병으로 인하여 당사회사 중에 하나 이상의 회사의 소멸과 회사의 신설 또는 변경을 가져온다. 청산절차를 거치지 아니하고 흡수합병을 한 경우 존속회사 이외의 당사회사가 소멸하며, 신설합병의 경우 모든 당사회사가 소멸한다. 상법이 합병을 해산사유의 하나로 규정하고 있으며, 존속회사나 신설회사가 그 권리의무를 승계하므로 청산절차를 거치지 아니하고 소멸하게 하였다.

존속회사의 법인격에 변동은 없으나 변경등기로 인하여 자본이 증가하고 정관이 변경되는 등의 효력이 발생한다. 신설합병의 경우에는 회사가 신설된다.

(2) 권리의무의 포괄적 승계

존속회사 또는 신설회사는 합병으로 인하여 소멸한 회사의 권리의무를 포괄적으로 승계한다(상 235조, 269조, 287조의41, 530조②, 603조). 포괄적 이전이므로 개개의 재산에 대해 별도의 이전행위를 할 필요가 없으며, 채무인수절차가 없어도 된다(이 점이 영업양도와 다르다).[27] 즉 합병등기만으로 소멸회사의 모든 권리의무가 존속회사 또는 신설회사에 귀속된다. 이때 이전되는 권리의무에는 공법상의 권리의무도 포함된다(대법원 1980.3.25 선고, 77누265 판결).

그러나 제3자에 대하여 대항요건을 필요로 하는 권리(선박·주식·사채·특허권 등)는 그 절차를 밟아야 한다. 또한 부동산 등과 같은 이전받은 권리를 처분하기 위해서는 등기나 등록 등의 공시방법을 갖추어야 한다(민 187조 단서).

(3) 사원의 수용

소멸회사의 사원은 통상 존속회사 또는 신설회사의 사원이 된다. 사원의 지위는 합병계약의 내용에 따라 정해진다. 즉 합병계약에서 정하여진 합병비율에 의하여 존속회사 또는 신설회사의 사원이 된다.

(4) 그 밖의 효과

소멸회사 기관의 지위는 존속회사에 승계되지 않으며, 존속회사의 경우 당연히 소멸되는 것은 아니다. 그렇지만 존속회사의 이사 및 감사로서 합병 전에 취임한 자는 합병계약서의 정함이 있는 경우를 제외하고는 합병 후 최초로 도래하는 결산기의 정기총회가 종료하는 때에 퇴임한다고 보아야 한다.

8. 합병의 무효

(1) 합병무효의 의의

합병은 절차가 진행되면서 많은 법률관계가 형성되고, 이로 인하여 많은 이해관계인이 생기게 된다. 경미한 하자를 이유로 이해관계자가 개별적으로 무효를 주장하게 되면 법률관계의 혼란을 가져오게 되므로 상법은 법적 안정성을 고려하여 합병무효를 소만으로 주장할 수 있고, 제소기간 및 제소권자에도 제한을 받고 있다(상236조, 269조, 287조의 41, 529조, 603조).

---

27) 정(찬)[상], 497~498면 ; 정(희)[상], 309면.

(2) 무효의 원인

회사합병무효의 원인으로서는 ① 합병계약에 일반사법상의 하자가 있는 경우(예컨대 합병계약이 없었던 경우), ② 합병결의에 하자가 있는 경우(상 230조 · 269조 · 287조의41 · 522조 · 598조), ③ 채권자 보호절차(상 232조)가 이루어지지 않은 경우, ④ 합병에 관한 제한규정(상 174조② · 600조)을 위반한 경우, ⑤ 보고절차를 이행하지 아니한 경우, ⑥ 합병비율이 현저하게 불공정한 경우 등이다.

(3) 합병무효의 소

합병의 무효는 소만으로 주장할 수 있다. 소에 의하지 아니하고 단순한 항변으로서 합병의 무효를 주장할 수는 없다. 반소에 의한 주장도 가능하다. 합병무효의 소는 합병등기가 있은 날로부터 6월 내에 하여야 한다(상 236조 · 269조 · 287조의41 · 529조 · 603조).

(4) 판결의 효과

합병무효의 판결이 확정된 때에는 본점 및 지점의 소재지에서 존속회사는 변경등기, 신설회사는 해산등기, 소멸회사는 회복등기를 하여야 한다(상 238조 · 269조 · 287조의41 · 530조② · 603조).

합병을 무효로 하는 판결은 제3자에 대하여도 효력이 있다(상 240조 · 190조 · 269조 · 287조의41 · 530조② · 603조). 합병무효의 판결이 확정되면 소멸회사는 부활하고 합병당시의 소유재산으로 현존하는 것은 당연히 귀속된다. 그러나 존속회사 또는 신설회사가 합병 후에 취득한 재산은 합병 당사회사의 공유가 되고 합병 후에 부담한 채무는 연대채무가 된다(상 239조①② · 269조 · 287조의41 · 530조 · 603조).

원고패소의 경우에는 그 판결이 제3자에 대하여도 효력을 미치지 아니하므로 원고패소 판결에는 대세적 효력이 없다.

Ⅱ. 회사의 분할

1. 회사분할의 의의 및 유형

(1) 의의

회사분할(Scission)이란 주식회사에 한하여 인정되는데 하나의 회사를 둘 이상의 독립된 회사로 분리하는 것을 말한다. 즉 1개의 회사가 2개 이상으로 분할되어 1개 또는 수개의 회사를 설립하거나 또는 수개의 존립중의 회사와 합병하고 분할로 인하여 설립되거나 분할 후 존속하는 회사가 분할되는 회사의 권리·의무 및 사원(주주)을 승계하여 분할로 인하여 소멸하는 회사는 청산절차를 거치지 아니하고 소멸해 버리는 회사법상의 법률요건을 의미한다.

회사분할이 이루어지면, 분할되는 회사를 기준으로 하여 처음의 회사는 소멸하거나 축소되며, 내부의 주주는 본래 회사의 권리·의무를 승계한 분할된 회사의 주식을 취득한다. 회사분할의 대상은 개별적인 재산이 아닌 유기적인 영업의 일부이다. 회사분할의 대가는 주식이어야 한다. 만약 주식이 아닌 현금이라면 일종의 영업양도가 되기 때문이다.

회사분할의 법적 성질은 회사분할이 합병의 반대현상이므로 인격합일의 반대인 인격분할이라고 하는 설명만으로는 부족하여, 회사의 영업을 분리하여 그 주체인 법인격을 달리하며 동시에 분할하는 영업에 상응하여 회사의 주식소유관계를 분리하는 것을 목적으로 하는 법률사실로 파악해야 한다.

(2) 유형

상법상 회사분할에는 단순분할과 분할합병이 모두 인정되며, 양자의 혼합형태도 인정한다.

단순분할이란 회사의 영업을 수개로 분할하고 분할된 영업 중에 1개 또는 수개를 각각 출자하여 1개 또는 수개의 회사를 신설하는 것이다(상 530조의2①). 단순분할은 합병과 관련되지 않는 회사분할이다. 단순분할의 경우 ⅰ) 분할되는 회사를 해산시키고 그를 기초로 하여 2개 이상의 회사가 생겨나도록 이른바 소멸을 요건으로 하는 회사분할(소멸분할 : 완전분할)을 하거나, ⅱ) 분할되는 회사는 그대로 영업을 존속하면서 영업 중의 일부를 신설회사에 출자하는 회사분할(존속분할 : 불완전분할)이 모두 인정된다.

분할합병이란 분할회사의 영업을 분할하는 동시에 분할되는 일부영업을 다른 회사에 합병시키는 방법이다(상 530조의2②). 분할합병은 합병과 관련되는 분할이다. 분할합병에는 i) 분할회사가 소멸하고 자신의 영업을 존속중인 2개 이상의 회사에 출자하는 소멸분할합병과 ii) 분할회사가 소멸하지 않고 존속하고 영업의 일부만을 다른 회사에 출자하는 존속분할합병으로 구별된다. 또한 분할합병은 iii) 분할회사의 영업의 일부를 다른 기존의 회사에 출자하여 그 다른 회사의 일부로 만드는 흡수분할합병과 iv) 분할회사의 영업의 일부와 다른 기존의 회사의 영업의 전부 또는 일부를 합하여 새로운 회사를 설립하는 신설분할합병으로 나누어진다.

우리상법은 위의 단순분할·합병분할 모두 인정하고 있어 선택 또는 조합결합하여 행사하는 것이 가능하다. 즉 분할재산의 출자를 중심으로 i) 재산을 기존 수개의 회사에 출자하거나, ii) 기존 회사에 출자하고 새로운 회사를 신설하거나, iii) 수개의 새로운 회사를 설립하는 등 다양한 형태의 회사분할이 이루어질 수 있다.

회사분할은 인적분할을 원칙으로 하고, 예외적으로 물적분할도 인정한다(상 530조의12). 인적분할이란 회사분할로 인해 신설되는 회사나 합병상대방회사의 신주를 분할회사의 주주들에게 귀속시킴으로써 분할 전 회사의 사원을 수용하는 경우이고, 물적분할은 신설회사나 합병상대방회사의 주식을 분할회사의 주주들에게 귀속시키지 않고 분할회사가 그대로 소유함으로써 분할전 회사 사원을 수용하지 않는 경우이다. 물적분할의 경우에도 분할회사가 신설회사나 합병회사의 주식을 소유함으로써 종전과 같은 지분의 가치를 향유할 수 있다.

2. 회사분할의 자유와 제한

회사분할은 주식회사에만 인정되며 주식회사는 원칙적으로 분할의 자유가 있다. 회사분할은 회사가 자발적으로 행할 수도 있지만, 미국의 AT&A사의 분할과 같이 사업규모나 내용이 독점규제법에 저촉되어 그에 따른 행정명령으로 분할될 수도 있다.

해산후의 회사는 존립중의 회사를 존속하는 회사로 하거나 새로 회사를 설립하는 경우에 분할 또는 분할합병 할 수 있다(상 530조의2④). 즉 해산한 회사는 존속분할이나 신설분할합병은 할 수 없고 소멸분할과 흡수분할합병만이 가능하다. 그러나 해산사유 가운데 합병·파산·해산명령·해산판결에 의해 해산한 경우에는 분할을 할 수 없으며, 존립기간의 만료 기타 정관에 정한 사유에 의한 해산의 경우(상 517조 i·227조 i) 및 주주총회의 결의에 의한 해산으로 해산한 회사의 분할이 가능하다.

Ⅲ. 주식의 포괄적 교환 및 이전

주식의 포괄적 교환과 이전은 회사가 주식을 포괄적으로 교환하거나 이전함으로써 어느 회사의 발행주식총수를 소유하는 완전자회사를 형성하도록 하는 제도이다. 주식의 포괄적 교환은 기존의 회사들이 완전모자관계로 결합하기 위한 방법이며, 주식의 포괄적 이전은 기존의 회사가 자기의 모회사를 신설하는 방법이다. 주식교환의 경우는 회사 사이의 계약, 주식이전의 경우는 회사의 일방적인 계획에 의해 일방회사의 주주들이 소유하는 주식이 다른 회사에 강제로 이전된다.

주식의 포괄적 교환과 이전은 개인 사이의 주식양도와 같은 개별적 차원의 주식거래가 아닌 회사의 발행주식총수를 대상으로 하는 포괄적인 제도이다. 즉 주식양도는 개별 주주 사이의 주식거래임에 반하여 주식의 포괄적 교환·이전은 포괄적인 주식의 교환·이전행위이다. 물론 주주들은 주주총회에서 주식의 교환이나 이전을 승인하는 결의에 참여하지만, 이 결의는 단체법적인 방법으로 주식의 교환이나 이전에 관한 회사의 의사를 나타내는 것이고, 개별 주주가 개인법적으로 주식처분의사를 결정하는 것이 아니다.

2001년 개정상법에서 기업의 소유와 지배구조 등 기업구조조정을 지원하고 지주회사의 설립근거를 제공하기 위하여 주식의 포괄적 교환과 이전에 관한 법제도를 신설하였다. 비교법적으로 볼 때에 일본은 1999년에 주식의 포괄적 교환(일회 352조) 및 포괄적 이전(동 364조)을 우리나라와 동일한 내용의 법제가 마련되었으며, 이미 미국에서는 주식교환제도를 두고 있고, 영국과 독일도 강제적 기업매수라는 유사한 제도[28)]를 두고 있다.

주식의 포괄적 교환과 이전을 통하여 갑회사가 을회사를 완전자회사로 삼는 기업결합을 이루게 된다면 을회사 내에 여러 주주들이 공존함으로써 발생할 수 있는 의사결정의

---

28) 영국에서는 어느 회사의 발행주식총수의 90% 이상을 가진 주주가 다른 회사의 매수에 응한 경우에는 잔여의 주주의 주식도 강제로 다른 회사에 이전되도록 하는 강제적 주식매수제도이고, 독일은 자회사의 발행주식총수의 95%가 모회사에 의해 소유되어 있는 경우에 자회사의 주주총회 결의에 의해 잔여주식 전부를 모회사에 강제로 이전하게 할 수 있는 강제적 주식이전 제도를 두고 있다.

분열이나 지연 그리고 기업 내의 지배권 분쟁을 효과적으로 막을 수 있다. 또한 합병과 달리 당사회사의 법적인 독립성을 유지할 수 있으며, 합병으로 인한 규모의 불경제나 이종업종간의 경영상의 비효율 및 다종 부문의 사업수행으로 인한 기업위험을 방지하면서도 기업결합으로 인한 경영의 통일적 지휘를 가능하게 할 수 있는 효과를 갖게 한다.

Ⅳ. 회사의 조직변경

1. 합명회사로부터 합자회사로의 조직변경

합명회사는 총사원의 동의로 일부사원을 유한책임사원으로 하거나 유한책임사원을 새로 가입시켜서 합자회사로 변경할 수 있다(상 242조①). 합명회사의 사원이 1인이 되어 해산한 때 새로 유한책임사원을 가입시켜 회사를 계속시키는 경우에도 조직변경이 된다(상 242조② · 229조②).

합명회사 사원으로서 유한책임사원이 된 자는 조직변경등기 전에 발생한 회사채무에 대하여는 등기 후 2년 내에는 무한책임사원의 책임을 면할 수 없다(상 244조). 채권자보호를 하기 위함이다. 합명회사를 합자회사로 변경한 때에는 본점소재지에서는 2주간 내, 지점소재지에서는 3주간 내에 합명회사에 있어서는 해산등기, 합자회사에 있어서는 설립등기를 하여야 한다(상 243조).

2. 합자회사로부터 합명회사로의 조직변경

합자회사는 사원전원의 동의로 그 조직을 합명회사로 변경하여 계속할 수 있다(상 286조①). 이 때 유한책임사원은 무한책임사원이 된다. 유한책임사원 전원이 퇴사한 경우에도 무한책임사원은 그 전원의 동의가 있는 경우 합명회사로 변경하여 계속할 수 있다(상 286조②). 이 때 남은 무한책임사원이 1인이라면 조직변경이 허용되지 않겠으나, 사원을 새로이 가입시킨다면 회사를 계속함과 동시에 조직변경이 가능하다(상 269조 · 242조②).

조직변경으로 인하여 새로 가입한 사원은 그 가입 전에 발생한 회사채무에 대하여 다른 사원과 동일한 책임을 진다(상 269조 · 213조). 또한 유한책임사원이 무한책임사원으로 되어 조직변경 전보다 사원의 책임이 무거워져서 채권자 이익이 오히려 보호되어 채권자 보호를 위한 조치는 필요하지 않다. 합자회사를 합명회사로 변경한 경우에도 법정기간 내에 합자회사에 있어서는 해산등기를, 합명회사에 있어서는 설립등기를 하여야 한다(상 286조③).

3. 주식회사로부터 유한회사로의 조직변경

주식회사는 총주주의 일치에 의한 총회의 결의로 그 조직을 변경하여 이를 유한회사로 할 수 있다. 그러나 유한회사가 사채를 발행하지 않기 때문에 사채의 상환을 완료한 경우에 한한다(상 604조①).

유한회사로의 조직변경의 경우에는 회사에 현존하는 순재산액보다 많은 금액을 자본의 총액으로 하지 못한다(상 604조②). 이러한 조직변경의 경우에 회사에 현존하는 순재산액이 자본의 총액에 부족한 때에는 이 결의 당시의 이사와 주주는 회사에 대하여 연대하여 그 부족액을 지급할 책임이 있다(상 605조①). 회사채권자보호에 관한 절차를 밟아야 함은 물론이다(상 608조, 232조).

4. 유한회사로부터 주식회사로의 조직변경

유한회사는 총사원의 일치에 의한 총회의 결의로 그 조직을 변경하여 이를 주식회사로 할 수 있다(상 607조①).

주식회사로의 조직변경시에 발행하는 주식의 총액은 회사에 현존하는 순재산액을 초과할 수 없으며(상 607조②), 또 이 조직변경에는 법원의 인가를 필요로 한다(상 607조③: 효력발생요건). 그리고 회사에 현존하는 순재산액이 조직변경시에 발행하는 주식의 발행가액의 총액에 부족한 때에는 결의당시의 이사·감사와 사원은 회사에 대하여 그 부족액을 지급할 책임이 있다(상 607조④).

5. 주식회사에서 유한책임회사로 또는 유한책임회사에서 주식회사로의 조직변경

주식회사는 총회에서 총주주의 동의로 결의한 경우에는 그 조직을 변경하여 유한책임회사로 할 수 있으며, 유한책임회사는 총사원의 동의에 의하여 주식회사로 변경할 수 있다(상 287조의43①,②).

주식회사가 유한회사로 조직변경할 때와 같은 절차가 적용되고, 자본의 제한이 있으며, 채권자보호절차를 밟아야 하는 것도 같다(상 287조의44 · 232조 · 604~607조).

제8장

회사의 해산·청산 및 계속·회생

Ⅰ. 회사의 해산

1. 해산의 의의

회사의 해산이라 함은 회사법인격의 소멸을 가져올 원인이 되는 법률사실을 말한다. 해산으로 인하여 회사의 조직체는 해소되고 그 법인격은 소멸하는 것이 이론적인 것 같지만, 회사는 합병의 경우를 제외하고 자연인에 있어서와 같은 상속제도가 없으므로 대내·대외의 이해관계인의 이익을 고려하여 해산 후에도 기존의 법률관계를 종결시키는 범위 내에서 회사를 존속시킬 필요가 있다(상 245조·269조·542조①·613조①). 또한 파산으로 인하여 해산한 경우(상 227조ⅴ·269조·517조ⅰ·609조ⅰ)에도 파산의 목적의 범위 내에서는 존속하는 것으로 본다(회파 328조). 그러므로 법률은 해산을 회사의 법인격소멸의 원인으로 하는데 그치며 회사법인격은 청산절차가 끝나야만 소멸한다.

해산 후 청산의 목적을 위하여 존속하는 회사를 청산회사라고 부른다. 그 법률적 성질에 대해서는 여러 가지 학설이 있지만, 해산 전의 회사와 동일한 회사로서 그 목적이 청산의 범위 내로 감축된 것이라는 「동일회사설」이 타당하다.

2. 해산의 사유

해산사유는 회사의 종류에 따라 다르다.

합명회사의 해산사유로는 ① 존립기간의 만료 기타 정관소정사유의 발생, ② 총사원의 동의, ③ 사원이 1인으로 된 때, ④ 회사의 합병, ⑤ 회사의 파산, ⑥ 법원의 해산명령 및 해산판결 등이다. 합자회사는 합명회사의 경우와 대부분 유사하지만, 무한책임사원과 유한책임사원의 이원적 구조를 갖는 회사라는 점에서 무한책임사원 전원이 퇴사하거나 유한책임사원 전원이 퇴사하는 때에 해산사유가 된다(상 285조①). 유한책임회사의 경우도 합명회사의 경우와 유사하나 사원이 1인이 되어도 해산사유가 아니며, 사원이 없게 된 경우에 해산사유가 된다(상 287조의38 i · ii).

주식회사의 경우에도 대체로 합명회사와 유사하지만(상 517조 i), 주식회사의 경우에는 주주가 1인으로 되어도 해산사유가 아니다(상 517조 i). 또한 주주총회의 특별결의만으로 해산할 수 있다(상 517조 ii · 518조). 휴면회사가 법원이 정한 일정한 기간 내에 영업을 폐지하지 아니하면 해산한 것으로 본다(상 520조의2①). 휴면회사란 주식회사가 폐업을 하고도 등기부상으로만 존속하는 회사이다. 주식회사의 분할 또는 분할합병의 경우 분할전 회사가 소멸하는 경우 합병과 마찬가지로 해산사유가 된다.

유한회사도 합명회사와 대부분 유사하지만(상 609조① i), 사원이 1인만 남아도 해산사유가 되지 아니하며(상 609조① i), 사원총회의 특별결의만으로 해산할 수 있다(상 609조① ii · ②).

3. 해산의 효과

회사가 해산되면 청산절차가 개시 · 진행된다. 다만 합병과 파산이 해산원인인 경우는 청산절차가 개시되지 않는다. 주식회사의 경우 분할 및 분할합병의 경우에도 청산절차가 개시되지 않는다. 해산등기는 본점소재지는 2주간 내, 지점소재지는 3주간 내에 각각 해산등기를 해야 한다(상 228조 · 269조 · 287조의39 · 521조의2 · 613조①).

4. 해산명령

해산명령은 공익상 회사의 존속이 허용될 수 없는 경우에 법원이 이해관계인이나 검사의 청구에 의하여 또는 직권으로 회사의 해산을 명할 수 있는 제도이다(상 176조). 민법의 법인설립허가의 취소에 해당되는 것으로 회사해산의 효과를 가져오는 사유이다.

회사설립에 관해 준칙주의를 택한 것에서 생기는 폐단을 시정하고자 법원이 회사의 법인격을 박탈하는 제도이다. 회사가 법률상 인정되는 것은 사회적으로 그 기능을 다할 것을 기대하기 때문이다. 그런데 그 기대되는 사회적 임무를 수행하지 못할 뿐만 아니라 오히려 공익을 해하게 되는 경우에는 공익유지를 위하여 회사를 해산하여야 할 것이다.

5. 해산판결

회사의 해산판결이란 사원의 이익을 보호하기 위하여 사원의 청구에 의하여 법원이 판결로써 회사의 해산을 명하는 재판이다. 회사의 해산이라는 결과를 가져오는 점에서는 해산명령과 동일하다. 그러나 해산명령은 공익적인 견지에서 인정된 제도이지만 해산판결은 사원의 이익을 보호하기 위하여 인정된 제도이다.

Ⅱ. 회사의 청산

청산이라 함은 해산한 회사의 모든 법률관계를 종결시키는 절차를 말한다. 회사는 합병·파산의 경우를 제외하고 해산 후에도 기존의 법률관계를 종결시키기 위하여 그 범위 내에서 존속한다.

Ⅲ. 회사의 계속

회사의 계속이란 일단 해산한 회사를 해산 전의 회사로 복귀시키는 것을 말한다. 회사의 계속은 회사기업의 해체에서 오는 불이익을 방지하기 위해 인정되는 제도로서 기업유지이념을 그 바탕으로 하고 있다.

회사는 해산한 후라 할지라도 법인격이 상실되는 것은 아니며, 다만 그 권리능력이 청산목적의 범위 내로 축소되는 경우에 불과하다(상 245조). 회사의 해체는 그 사회자체에 치명적일 뿐만 아니라 국민경제적 입장에서도 큰 손실이라 아니할 수 없으며, 성립한 기업의 건전한 육성발전이라는 상법의 이념에도 배치되는 것이다. 회사의 계속은 해산등기를 한 후라도 청산절차가 계속될 때까지는 행할 수 있다. 해산등기 후 회사를 계속하는 경우 에는 본점소재지에서는 2주간 내에, 지점의 소재지에서는 3주간 내에 등기를 하여야 한다(상 229조③).

Ⅳ. 회사의 회생

회사가 도산하여 회사재산으로서 채무를 완제할 수 없는 경우에는 파산절차에 들어가게 된다(회파 294조 이하). 그러나 파산은 기업의 해체를 수반하며 주주 · 지분권자나 회사채권자 기타 이해관계인의 이익을 해치게 된다. 따라서 회생의 가망이 있는 회사에 대해서는 재생시키는 것이 기업유지의 이념에 부합된다. 이러한 취지에서 마련된 것이 채무자회생 및 파산에 관한 법률[29]상의 회생절차이다(회파 34조, 293조).

이 법은 재정적 어려움으로 인하여 파탄에 직면해 있는 채무자(회사)에 대하여 채권자 · 주주 등 이해관계인의 법률관계를 조정하여 회사 사업의 효율적인 회생을 도모함을 목적으로 하는 것이다(회파 1조).

29) 「채무자회생 및 파산에 관한 법률」은 2006년 4월 1일부터 시행되었다. 이는 종래 채무자의 회생 및 파산에 관한 사항이 「회사정리법」·「화의법」·「파산법」·「개인채무자회생법」에 분산되어 있어서 각 법률마다 적용대상이 다를 뿐만 아니라 특히 회생절차의 경우 회사정리절차와 화의절차로 이원화되어 있어서 그 효율성이 떨어지므로 상시적인 기업의 회생 · 퇴출체계로는 미흡하다는 지적에 따른 대책으로 나온 통합법이다(구본천, 기업퇴출의 경제분석과 개선방안, 한국개발연구원, 1999, 118면 ; 오수근, "통합도산법의 과제와 전망(Ⅰ), 저스티스 통권 95호, 2005.6, 6~11면).

제2편

주식회사

주식회사라 함은 사원(주주)의 출자로 구성되는 자본금이 주식으로 분할되고, 주주는 그가 인수한 주식의 인수가액을 한도로 출자의무를 부담할 뿐(상 331조) 회사의 채무에 대하여는 아무런 책임도 부담하지 않는 회사를 말한다. 따라서 자본금, 주식, 유한책임이 주식회사의 개념과 밀접한 관련을 갖는다.

제1장

서설

제1절 주식회사의 개념

주식회사라 함은 사원(주주)의 출자로 구성되는 자본금이 주식으로 분할되고, 주주는 그가 인수한 주식의 인수가액을 한도로 출자의무를 부담할 뿐(상 331조) 회사의 채무에 대하여는 아무런 책임도 부담하지 않는 회사를 말한다. 따라서 자본금, 주식, 유한책임이 주식회사의 개념과 밀접한 관련을 갖는다.

제2절 자본금

Ⅰ. 자본금의 의의

1. 상법상 자본금의 개념

자본금은 상법상 다른 규정이 있는 경우를 제외하고 액면주식을 발행하는 회사에서는 발행주식의 액면총액을 뜻하고(상 451조①), 무액면주식을 발행하는 회사에서는 주식의 발행가액 중 이사회가 자본금으로 계상한 금액을 뜻한다(상 451조②).

2011년 개정상법에서는 「자본」이라는 용어를 「자본금」이라는 용어로 대체하였다(상 317조 ②ii, 329조).

2. 구별할 개념

자본금은 계산상의 금액이며, 회사의 사업수행을 위한 금액으로서 회사에 항상 보유되어야 할 재산의 금액을 표시하는 이상적인 금액에 지나지 않는다. 그것은 실제로 회사가 보유하는 재산이나 자산과 다른 개념이며, 그 금액도 반드시 일치하는 것은 아니다.

또한 회사의 재산은 일정한 시점에 있어서 현실적으로 보유하고 있는 재산의 총체로서 그 액은 물가의 변동이나 영업성적 등에 따라 항상 변동하는 것이지만, 자본금은 신주의 발행, 준비금의 자본금전입, 자본금감소 등 법정절차를 밟지 않는 한 변동하는 것이 아니므로 공시가 가능하다. 따라서 회사채권자는 자본금을 보고 회사의 신용도를 어느 정도는 파악할 수 있게 된다.[30)]

Ⅱ. 자본금의 3원칙

주식회사에서 자본금은 회사채권자 등 이해관계자에게 중요한 의미를 가지므로, 자본금확정 · 자본금유지 · 자본금감소제한이라는 자본금의 3원칙이 적용된다.

1. 자본금확정의 원칙

주식회사의 설립에 있어서는 자본금액이 정관에 확정되고 그에 대한 출자가 이루어져 적어도 출자자, 즉 주주가 될 자가 확정될 것을 요한다. 이것을 자본금확정의 원칙이라고 한다. 이것은 주식회사의 설립시에 그 재산적 기초를 확정하기 위한 취지이다.

우리나라의 2011년 개정상법에서는 액면주식을 발행하는 경우 정관에 「1주의 금액」, 「회사가 발행할 주식의 총수」(상 289조①iii)와 「회사의 설립시에 발행하는 주식의 총수」(상 289조①v)를 기재하도록 규정하고 있으며, 회사설립 전에 설립주식의 전부가 인수되어야 하므로(상 305조) 자본금확정의 원칙을 밝히고 있다. 무액면주식을 발행할 경우에도 정관에 기재하는 「설립시에 발행하는 주식의 총수」가 인수되어야 하는 것은 마찬가지이므로 이사회가 주식의 발행가액과 자본금으로 계상하는 금액을 정해야 하므로 역시 자본금확정의 원칙에 입각해 있다.[31)] 설립 시에만 인정되는 원칙이다.

---

30) 이(철)[회], 216면.

31) 이(철)[상], 389면.

2. 자본금유지의 원칙

주식회사는 자본금액에 상당하는 재산을 항상 회사에 보유하여야 한다. 이러한 원칙을 자본금유지의 원칙 또는 자본금충실의 원칙이라고 한다. 이 원칙은 회사재산만을 유일한 담보로 하는 회사채권자를 보호하기 위함은 물론, 이사나 대주주의 불건전한 경과처리에 대하여 계속적 기업으로서의 건전성을 확보하고, 주주들의 이익을 도모하는 기능도 갖고 있다.

상법에는 자본금유지의 원칙을 실현하기 위한 규정들이 많이 있다. 예컨대 회사설립 시에 주식의 액면미달발행의 금지(상 330조)와 신주발행시의 제한(상 417조), 이익배당의 제한(상 462조), 주식인수가액의 전액납입(상 305조), 법정준비금제도(상 458조~460조), 납입금보관자의 책임(상 318조②), 발기인과 이사의 인수와 납입에 대한 담보책임(상 321조, 428조), 가설인·타인명의에 의한 인수인의 책임(상 332조), 자기주식의 취득제한(상 341조, 341조의2) 등은 모두 이 원칙을 반영하기 위한 규정들이다. 자본금유지의 원칙은 회사의 설립 시에는 물론 회사의 존속 중에도 계속 요구된다.

3. 자본금감소제한의 원칙

자본금은 엄격한 법정절차를 밟지 않는 한 감소할 수 없는데 이를 자본금감소제한의 원칙이라고 한다. 자본금액을 자유롭게 감소할 수 있다고 한다면 자본금유지의 원칙이 무의미하게 되기 때문이다. 그러나 성립 후의 회사가 여러 가지 사정이 있는데도 자본금을 절대로 감소할 수 없도록 하는 것도 타당하지 않다. 이러한 경우에는 주주총회의 특별결의와 회사채권자보호절차(상 438조 · 439조 · 232조)를 거쳐서만 자본금을 감소할 수 있다. 자본금감소제한의 원칙은 회사의 존속 중에만 요구되는 원칙이다.

Ⅲ. 자본금의 감소

1. 자본금감소의 의의

자본금감소란 회사가 법정절차를 거쳐 자본금의 총액을 감소시키는 것을 말하며, 약하여 감자라고도 부른다. 자본금은 회사채권자의 유일한 담보이며 동시에 회사신용의 기초이므로, 임의로 자본금을 감소하여서는 안 되도록 그 요건을 엄격히 하고 있다. 자본금감소를 허용하는 것은 회사의 결손을 전보하거나 영업규모를 축소하고자 할 때 또는 주식가액의 상승과 이익배당을 용이하게 하려는 등의 목적이 있다.

자본금감소에는 실질적인 자본금감소(실질감자)와 명목상의 자본금감소(명목감자)가 있다. 실질감자는 영업규모의 축소 등으로 인하여 과잉재산을 주주에게 반환하기 위하여 실시하는 자본금감소이며, 명목감자는 자본금의 결손이 있기 때문에 이익배당을 할 수 없을 때 장래의 이익배당을 가능하게 하기 위하여 실시하는 자본금감소이다. 실질감자는 자본금액의 감소와 회사재산의 감소를 가져오는데 반하여, 명목감자는 자본금액이 계산상 감소하는데 그칠 뿐이고 회사재산은 감소되지 않는다.

액면주식을 발행한 회사가 자본금감소를 할 경우에는 회사의 재무상황에 따라 실실감자 또는 명목감자를 하게 되지만, 무액면주식을 발행한 회사에서는 주식수와 연계 없이 자본금만 감소시키므로 주주에게 일정 주금을 환급하는 실질감자가 있을 수 없다. 무액면주식을 발행한 회사에서 실질감자와 같은 효력을 누리는 방법으로는 자기주식을 취득하거나(상 341조 ①), 자본금 감소 후 늘어난 배당가능이익을 재원으로 배당을 실시하는 것이다.

실정법상 보다 중요한 구분은 2011년 개정에 의해 신설된 「결손의 보전을 위한 자본금감소」와 그 밖의 자본금감소이다. 자본금감소를 실행함에 있어 전혀 다른 절차에 의하기 때문이다. 후자의 감자는 주주총회의 특별결의를 요하고 채권자보호절차를 밟아야 하지만, 전자의 감자는 주주총회의 보통결의로 족하고 채권자보호절차를 요하지 않는다. 전자를 「결손보전 감자」, 후자를 「통상의 감자」로 부르기로 한다.

결손보전감자는 명목감자와 대체로 같은 뜻으로 이해할 수 있으나, 이에는 일정한 법적 효과가 수반하므로 그 취지에 맞게 엄격한 정의를 요한다. 상법에서는 그 개념을 정의하고 있지 않으나, 보전되는 결손액과 일치하는 금액의 자본금을 무상으로 감소시키는 것이라고 이해해야 한다. 주주에게 감자의 대가를 지급하지 않음을 물론이고, 보전되는 결손액과 감소되는 자본금이 일치되어야 한다. 보전되는 결손액보다 감소되는 자본금이 더 클 경우에는 감자차익이 발생하여 회사의 재무구조는 더 좋아지지만, 이 경우에는 결손보전감자가 아니므로 결손감자를 위한 특칙(주주총회의 보통결의, 채권자보호절차 불요)이 적용되지 않는다고 보아야 한다.

2. 자본금감소의 방법

자본금감소의 방법은 액면주식을 발행하는 경우와 무액면주식을 발행하는 경우 각기 자본금감소의 구체적 방법을 달리한다.

액면주식을 발행한 경우에는 주금의 액면가를 낮추는 방법과 주식수를 줄이는 방법이 있다. 하지만 무액면주식을 발행한 경우에는 액면이 없으므로 액면가의 조정에 의한 감자가 있을 수 없음은 물론이고, 주식에 연결하여 자본금을 구성하는 것도 아니므로 자본금감소에 주식의 병합이나 소각도 불필요하다. 단지 회사가 자본금감소의 의사결정을 함으로써 족하다.

3. 자본금감소의 절차

자본금감소로 인한 주주의 보호를 위하여 주주총회의 특별결의가 필요하고, 회사채권자의 보호절차가 강구되어야 한다. 즉 회사는 자본금감소의 결의가 있는 날로부터 2주간 내에, 회사채권자에 대하여 자본금감소에 이의가 있으면 소정기간(1월 이상) 내에 이의를 제출할 것을 공고하고, 알고 있는 채권자에게는 각별로 최고하도록 한다(상 439조②, 232조①). 이 기간 내에 이의가 없으면 승인한 것으로 본다.

이의를 제출한 채권자에 대하여는 회사는 그 채권자에게 변제하거나 상당한 담보를 제공하거나, 이를 목적으로 상당한 재산을 신탁회사에 신탁하여야 한다. 사채권자가 이의를 제출함에 있어 사채권자집회의 결의가 있어야 한다(상 439조③).

4. 등기

자본금감소는 등기사항이므로 자본금감소의 효력이 생긴 때부터 본점소재지에서는 2주간 내에 지점소재지에서는 3주간 내에 변경등기를 하여야 한다. 즉 자본금감소를 하게 되면 자본액과 발행주식총수 등 등기사항이 변동하므로(상 317조②), 변경등기를 하여야 한다(상 317조③). 그러나 변경등기로 인해 자본금감소의 효력이 발생하는 것은 아니다.

5. 자본금감소의 효력

자본금감소의 효력은 주주총회의 특별결의와 채권자보호절차 등 여러 절차가 모두 완료한 때에 발생한다. 주식의 강제소각 및 병합의 경우에는 주권제출기간의 만료시에, 그리고 채권자의 보호절차가 아직 끝나지 아니한 때에는 그 종료시에 효력이 생긴다.

주식의 동일성이 달라지는 것은 아니다. 때문에 구주식에 대해 설정된 질권의 효력은 주식소각이나 병합으로 인해 받은 주식이나 금액에 대해서 미치게 된다.

주식소각이나 주식병합으로 발행주식수가 줄어들더라도 수권자본으로서 이사회가 이미 발행하였던 부분이기 때문에 주식의 재발행이 허용되지 아니한다.

6. 자본금감소의 무효

자본금감소는 주주 및 채권자뿐만 아니라 기타 이해관계인에게 중대한 영향을 가져오므로 그 절차에 하자가 있는 때에는 법적 안정과 획일적 확정을 위하여 그 무효는 소만으로 주장할 수 있게 하였다.

자본금감소의 무효원인으로는 주주총회의 결의의 절차나 내용에 하자가 있거나 회사채권자보호절차를 거치지 않은 경우 등이다. 예컨대 감자방법을 구체적으로 결정하지 않고 이사에게 일임하는 경우, 알고 있는 채권자에게 이의제출의 최고를 결한 경우, 주주평등의 원칙에 반하는 경우에 무효원인이 된다.

소의 당사자는 주주·이사·감사·청산인·파산관재인 또는 자본금감소를 승인하지 아니한 채권자에 한한다. 이 소의 피고는 회사이다. 또한 자본금감소로 인한 변경등기가 있는 날로부터 6월 내에 소만으로 주장할 수 있다(상 445조). 이는 일정한 자만이 제소기간 안에 소만으로 감자무효를 주장할 수 있도록 함으로써 감자무효의 주장을 가능한 한 억제하도록 한 것이다. 그 밖에 소에 관한 관할·공고·심리 등은 설립무효의 소에 관한 규정이 준용된다(상 466조, 186조~192조).

자본금감소를 무효로 하는 판결에서 원고가 승소하여 무효가 확정되면 자본금감소는 무효가 되고 그 무효는 제3자에 대하여도 대세적 효력이 있으며, 소급효가 인정된다(상 446조, 190조). 또한 원고가 패소하면 원고에게 악의 또는 중과실이 있는 때에는 원고는 회사에 대하여 연대하여 손해를 배상할 책임을 부담한다(상 446조, 191조).

액면주식의 경우에는 감자가 무효로 됨에 따라 자본금은 감소이전의 상태로 회복하고, 액면가를 감액한 경우에는 감소 전의 액면가로 회복된다. 소각된 주식은 부활하며, 병합된 주식은 병합 전 주식으로 분할된다. 감자를 무상으로 한 경우에는 이와 같은 효과는 판결확정 당시의 주주가 누리면 되지만, 자본금감소를 유상으로 한 경우에는 감소 당시의 주주가 회사에 대해 감소대가로 받은 금전을 반환할 의무가 생긴다고 보아야 한다.

무액면주식을 발행한 회사가 자본금을 감소할 때에는 자본금의 계수를 축소하는데 그치므로 자본금감소의 무효판결을 내리더라도 자본금의 계수가 감자 전으로 회복되는데 그친다.

제3절 주식

주식회사는 사원의 지위가 세분화된 비율적 단위의 형식을 갖는다. 이러한 비율적 단위의 형식을 가진 사원의 지위를 주식이라고 하고, 그 소유자인 사원을 주주라고 한다.

주식회사에서는 사원의 지위를 세분화하고 단위화한 주식으로 하여, 자유롭게 양도할 수 있게 함으로써 사원의 지위를 증표화하여 유통시키고 주주의 모집을 용이하게 하였다. 그 결과 소액의 자금을 가진 자도 출자에 참여할 수 있고, 주식은 그러한 대중자금을 집중시킬 수 있는 수단이 된다.

또한 동일 종류의 주식 사이에는 주식평등의 원칙이 지켜지며, 주주는 소유한 주식 수에 따라 권리를 행사하도록 하였다. 주식회사는 주주가 자신이 보유한 회사주식의 수에 비례하여 주주총회의 의사결정에 참여할 수 있도록 하는 자본다수결 제도가 관철된다.[32] 즉 회사의 주요한 의사는 자본다수결에 기초하여 결정되며, 지배주주 지위의 확보 역시 회사의사의 결정방법이 되는 자본다수결의 원칙에 기초하고 있다. 이는 주식보유를 기초하여 실현할 수 있는 주주의 권리는 모든 주주들 사이에 동일하다고 하는 명제 즉 주식평등

32) 三戶岡道夫, "株主總會における多數決", ジュリスト, 1952. 11. 15, 29頁.

의 원칙을 전제로 하고 있다.

제4절 주주의 유한책임

주주는 회사에 대하여 일정액의 출자를 이행함으로써 주식을 취득하게 되는 것이다. 이 출자금액을 인수가액이라고 하는데 주주는 회사에 대하여 그가 가지는 주식의 인수가액을 한도로 하여 출자의무를 부담하는데 그칠 뿐, 그 이외에는 사원으로서 어떠한 의무도 부담하지 않는(상 331조) 것이 원칙이다. 이것을 주주의 유한책임의 원칙이라고 한다. 이 원칙은 주식회사의 본질적 특색의 하나이며, 정관의 규정 또는 주주총회의 결의로써도 이 원칙에 반할 수는 없다.

일단 주식을 납입하여 주주가 된 자나 주식을 승계하여 취득한 자는 그 이상의 아무런 의무나 책임을 부담하지 않고 오직 회사에 대하여 권리만을 가질 뿐이다. 이러한 의미에서 주주가 된 자는 회사와 회사채권자에 대하여 아무런 책임을 부담하지 않는다.[33] 주주의 유한책임은 주식회사의 본질적인 요소로서 정관이나 주주총회의 결의로서도 가중시킬 수 없다. 때문에 이를 법률적으로 「주주 무책임의 원칙」이라고도 한다.

33) 조지현, "주주유한책임원칙의 제한", 상사법연구 제23권 제3호, 2004, 300면.

▌제2장▌

주식회사의 설립

제1절 서설

Ⅰ. 설립의 특색

회사의 설립이란 회사라는 한 개의 단체를 형성함과 동시에 법률상 인격체를 성립시키는 것이다. 회사의 실체를 형성함에는 단체의 근본규칙인 정관을 작성하고 단체의 구성원이며 출자자인 사원을 확정하고 단체의 활동을 위한 기관을 갖추어야 한다. 이러한 실체가 법인격을 취득하는 것을 회사의 성립이라고 한다.

주식회사는 전형적인 물적회사이므로 그 설립절차(상 288조~328조)는 전형적인 인적회사인 합명회사의 설립절차(상 178조~194조)와 비교된다. 합명회사는 사원과 그 출자 및 기관이 정관에서 확정되기 때문에 정관의 작성만으로 회사의 실체가 완성되고 정관의 작성 이외에는 설립등기만 남게 되는 데 비하여 주식회사는 주주와 그 출자의 확정, 기관구성이 정관 외에서 이루어지므로 정관작성 후에도 많은 절차가 남아 있게 되어 주식회사의 설립절차는 합명회사에 비하여 복잡하다. 더구나 회사의 설립시에 발행하는 주식의 총수를 발기인이 인수하지 아니하고 주주를 모집하는 경우에는 주주의 확정이 한꺼번에 이루어지지 못하고 단계적으로 이루어지며 기관을 선임하기 위하여 창립총회를 개최하여야 하는 등 설립절차가 아래와 같이 복잡하다.

먼저 ① 정관의 작성에 있어서는 합명회사는 사원이 될 자 전원에 의하여 이루어지는데 대하여, 주식회사는 발기인만에 의하여 이루어진다.

② 사원의 확정에 있어서는 합명회사는 그 수가 적을 뿐 아니라 그 변동이 곤란하기 때문에(상 197조) 사원은 설립당초부터 정관에서 확정된다. 이에 대하여 주식회사는 주주가 다수일 뿐만 아니라, 그 변동은 주식의 양도에 의하여 자유로우므로 주주를 설립당초부터 정관에서 확정할 수는 없다.

③사원이 제공하는 출자에 있어서도 합명회사는 정관에서 확정되는데 대하여, 주식회사는 현물출자의 경우를 제외하고 정관 외에서 확정된다.

④합명회사는 회사재산의 중요성이 적기 때문에 출자는 설립단계에서 이행될 필요가 없는데 대하여, 주식회사의 경우에는 회사재산의 중요성이 크기 때문에 그 이행의 필요가 있다.

⑤기관의 구성에 있어서도 합명회사의 경우에는 정관에 다른 규정이 없는 때에 사원이 당연히 기관이 되는데(상 200조·207조) 대하여 주식회사에서는 이사·감사는 주주 자격으로부터 분리되어 있어 주주 이외의 자라도 발기인에 의하여 또는 창립총회에서 선임될 수 있다.

이와 함께 합명회사는 사원상호간에 인적신뢰관계가 있고 사원이 회사채권자에 대하여 연대무한책임을 부담하기 때문에(상 212조) 설립에 있어서 엄격한 규정을 둘 필요가 적은데 대하여, 주식회사는 주주상호간에 인적신뢰관계가 필요 없을 뿐만 아니라, 회사채권자로서는 회사재산이 유일한 담보가 되기 때문에(상 331조) 설립에 관한 규정은 엄격하지 않을 수 없다. 주식회사의 설립절차는 대부분 강행규정이며 설립경과 가운데 변태설립사항이 있을 때에 법원에서 선임한 검사인의 조사를 받도록 하고 있다(상 298조·310조). 또 발기인 등 설립에 관여한 자에 대하여 엄중한 책임을 부과시키고 있다(상 321조·327조).

Ⅱ. 설립의 방법

1. 주식회사 설립의 두 가지 방식

주식회사 설립의 방법에는 「발기설립」과 「모집설립」의 두 가지가 있다. 이는 주식회사에는 정관으로 「회사가 발행할 주식의 총수」와 「회사의 설립시에 발행하는 주식의 총수」를 정하도록 한(상 289조) 주식의 인수방식에 따른 방식이다. 최근에 회사의 구조조정과 관련한 기업조직의 개편에 따르는 새로운 형태의 회사설립의 방식이 나타나고 있다.

2. 발기설립과 모집설립의 절차

(1) 서

「발기설립」은 회사의 설립시에 발행하는 주식의 총수를 발기인만이 인수하는 회사설립의 방식이며, 「모집설립」은 발기인이 일부만을 인수하고 나머지는 주주를 모집하는 회사 설립의 방식이다. 발기설립이 설립절차가 모집설립보다 간편하지만 1995년 상법 개정 이전까지는 발기설립이 널리 이용되지 않았다.[34] 현재는 대중자본의 대규모 자본조달 방식으로 모집설립이 이용되고 폐쇄적인 소규모 회사의 설립방식으로 발기설립이 이용될 것으로 예상된다.

(2) 발기설립의 절차

발기설립과 모집설립은 발기인이 정관을 작성하고(상 289조), 주식발행사항을 결정(상 291조)하는 절차까지는 동일하지만 그 이후의 절차에 차이가 발생한다.

발기설립은 발기인으로만 주주가 구성되며, 발기인들이 주식의 전부를 인수하고 주식대금을 전액납입한다. 이들이 이사와 감사를 선임한 후, 선임된 이사와 감사가 설립경과를 조사하여 발기인에게 보고한다. 마지막으로 설립등기를 함으로써 회사가 설립된다.

(3) 모집설립의 절차

모집설립은 발기인들이 주식의 일부를 인수하고 나머지를 주주모집을 통하여 인수시키도록 한다. 즉 주식청약서에 주식인수의 청약을 하게 하고, 인수시킬 주식을 발기인이 청약주식 가운데 배정하도록 한다. 주식인수가 완료되면 주금을 납입한 후, 주식인수인들로 구성되는 창립총회가 소집되고 여기에서 이사·감사가 선임된다. 이사와 감사는 설립경과를 조사하여 창립총회에 보고한다. 그리고 설립등기를 마치면 회사가 설립된다.

(4) 양 설립절차의 차이와 변태설립사항 조사의 대체

발기설립과 모집설립의 절차 가운데 ①발기설립은 소규모설립의 경우 납입증명을 금융기관의 잔고증명서로 대체가능하나, 모집설립의 경우에는 납입장소가 금융기관으로 제한되고, ②발기설립은 발기인이 주식을 인수하고 납입하지 않는 납입해태에 대한 실권절차

---

34) 1995년 12월 29일 상법개정 전에는 발기설립의 경우에는 변태설립사항 유무에 불구하고 반드시 법원이 선임한 검사인의 조사를 받도록 되어 있었고, 모집설립의 경우에는 변태설립사항이 있는 경우에 한해서 법원이 선임한 검사인에 의한 조사를 받도록 되어 있었다. 이에 따라 현실적으로는 모집설립이 압도적으로 많았고, 변태설립에 관한 법조문은 사문화되었다. 그러나 상법이 개정되어, 발기설립이나 모집설립 모두 검사인의 조사 없이 회사설립이 가능하게 하였다. 다만 변태설립사항을 정한 때에 법원에 의해 선임된 검사인이 조사를 행하도록 하였으나, 이때에도 법원이 선임한 검사인에 갈음하여 공증인이나 공인감정인이 변태설립사항의 조사 등을 할 수 있게 하였다(정(동)[회], 98면 ; 정(찬)[상], 623면).

가 없어 채무불이행에 대해 민법상의 원칙으로 처리되며(민 389조·390조·544조), 모집설립은 납입의 해태에 대해 실권절차를 두고 있어(상 307조), 발기인은 다시 주식을 인수할 주주를 모집할 수 있다. ③발기설립은 이사·감사의 선임을 위하여 창립총회를 열 필요가 없이 발기인의 의결권 과반수로써 선임된다. 그러나 모집설립은 창립총회를 개최하여 이사·감사를 선임한다.

설립경과에 대해 이사·감사가 조사하는 것은 동일하지만(상 298조①, 313조①), ④발기설립은 발기인에게 조사를 보고하며(상 298조①), 모집설립은 창립총회에 보고한다(상 313조①). 변태설립사항을 조사하기 위해 행하는 법원에 대한 검사인의 선임을 ⑤발기설립은 이사가 청구하지만(상 298조④), 모집설립은 발기인이 청구한다(상 310조①). 또한 변태설립사항이 부당한 때의 변경은 ⑥발기설립은 법원이 행하는데(상 300조), 모집설립은 창립총회가 행하게 된다(상 314조).

변태설립사항이 있는 경우에 원칙적으로 검사인의 조사를 받아야 하지만, ①발기인에게 특별한 이익을 부여하거나 보수를 주거나 기타 설립비용을 지출하는 사항에 대해서는 공증인의 조사·보고로 갈음할 수 있고(상 290조ⅰ·ⅳ), ②현물출자나 재산인수의 사항에 대해서는 감정인의 감정으로 대체할 수 있다(상 290조ⅱ·ⅲ, 299조의2).

3. 새로운 형태의 주식회사 설립의 방식

회사의 구조조정과 관련한 기업조직의 개편에 따르는 새로운 형태의 회사설립의 방식으로 회사의 신설합병(상 175조①), 회사의 신설분할이나 신설분할합병(상 530조의2) 그리고 주식이전에 의한 모회사의 설립(상 360조의15) 등이 나타나고 있다. 또한 「채무자회생 및 파산에 관한 법률」 제193조 제2항 제3호에서 회생계획을 위해 신회사를 설립하는 것도 기업조직의 개편에 따르는 새로운 회사설립의 방식으로 볼 수 있다.

이러한 방식들은 주주를 모집하거나 주식청약·배정 등과 같은 자본구성을 위한 절차과정이 필요치 않다는 점에서 종래 발기설립이나 모집설립의 방식과 구별될 수 있다.

제2절 발기인

Ⅰ. 발기인의 의의

발기인이란 실질적으로는 회사의 설립을 기획하고 그 사무를 담당하는 자를 가리키는데, 형식적으로는 회사의 설립에 관여했는가의 여부에 불구하고 정관에 발기인으로서 기명날인 또는 서명한 자를 말한다.

상법상 발기인은 단체적 법률관계의 확정이라는 점에서 볼 때 형식적으로 발기인으로서 정관에 기명날인 또는 서명한 자를 의미한다(상 289조①). 때문에 실제로 설립사무에 종사하였는지의 여부에 관계없이 정관에 기명날인 또는 서명을 한 자는 발기인이며, 그렇지 아니한 자는 설사 설립사무에 종사하였다고 하더라도 발기인이 아니다.[35]

Ⅱ. 발기인의 자격과 수

1. 발기인의 자격

발기인의 자격에는 제한이 없다. 발기인이 될 수 있는 자는 자연인에 한하지 않고, 회사 기타 법인이라도 상관없다. 비영리법인은 법인의 목적·업무내용에 따라 발기인이 될 수 없는 경우가 있다. 자연인은 외국인이라도 무방하다. 미성년자와 피한정후견인은 발기인이 될 수 있지만, 민법상의 요건을 갖추어야 한다. 즉 법정대리인의 동의를 얻어야 발기인이 될 수 있다. 그러나 피성년후견인과 의사무능력자는 발기인이 될 수 없다.

발기인은 정관작성을 할 때부터 회사실체가 완성될 때까지 존재하는 것으로 본다. 즉 발기설립의 경우 설립경과에 관한 조사절차가 종료할 때, 모집설립의 경우 창립총회가 종료할 때까지이다.

2. 발기인의 수

주식회사의 설립에 필요한 발기인의 수는 1인 이상이면 충분하다. 따라서 수인의 발기

---

35) 서·정, 308면 ; 손(주)[상], 548면 ; 이·외[회], 150면 ; 이(철)[회], 225면 ; 정(찬)[상], 625면 ; 채(이)[상], 429면 ; Palmer, p.154.

인이 있을 때에 일부의 발기인이 사망하거나 무자격이 된다고 하여도 1인 이상이 존재한다면 회사설립의 절차를 진행할 수 있다. 그러나 모두가 사망하거나 무자격이 된다면 회사설립무효의 사유가 된다. 이때에는 발기인을 충원하여 설립절차를 속행하는 것이 아니라, 정관작성부터 다시 시작하여야 한다. 발기인이 여러 명 있을 때에는 동일인이 다른 발기인을 대리 또는 대표하여도 상관없다.

Ⅲ. 발기인의 지위

1. 서

발기인은 ①발기인 조합의 구성원으로서 회사의 설립사무에 종사할 지위를 가지며, 동시에 대외적으로 ②설립중회사의 기관으로 활동한다. 따라서 발기인이 행하는 회사의 설립행위는 발기인조합계약의 이행행위가 되며, 동시에 설립중의 회사의 기관의 활동이 된다. 이 밖에 발기인은 ③출자자 개인으로서 지분권을 갖는 지위에도 있다.

2. 발기인조합의 조합원

(1) 발기인조합

발기인이 2인 이상인 경우에,[36] 발기인들이 설립절차에 들어가기 이전에, 즉 정관작성에 앞서 회사의 설립을 목적으로 체결하는 계약을 발기인조합이라고 한다.

(2) 발기인조합의 조합원으로서의 권한

발기인조합의 조합원으로서 발기인은 정관작성이나 주식인수 등 회사의 설립사무에 관한 업무집행을 담당하는 권한을 갖는다. 이 때 정관작성이나 주식인수 등 설립에 대한 발기인의 일련의 행위는 조합계약의 이행에 의해 이루어지며, 이 조합계약은 민법규정의 적용을 받는다.

36) 발기인이 1인일 경우라면 성질상 발기인조합이 존재할 수 없으며, 조합계약이 성립될 수 없다(Würdinger, S.102).

(3) 발기인의 의사결정

상법상 발기인의 업무집행에 대한 의사결정은 발기인 공동으로 해야 할 사항으로 되어 있다.

발기인의 의사결정 방법은 조합의 의사결정에 관한 일반원칙에 따라 발기인의 과반수 동의로 행하도록 한다(민 706조②). 그렇지만 상법에 발기인 전원의 동의[37]를 요구하는 경우도 있다. 예컨대 정관작성(상 289조①)과 주식발행사항의 결정(상 291조) 등은 전원동의를 요하는 명문규정을 두고 있다.

위와 같은 두수다수결이나 두수만장일치 방식과 달리 발기설립시에 임원을 선임할 경우에는 자본다수결[38]의 방식을 취하게 된다. 즉 발기인이 인수한 주식에 의결권을 부여하고 그 의결권의 과반수 동의로 결정한다(상 296조). 이는 발기인 조합원으로서의 업무집행으로 보지 아니하고 발기인을 출자자인 지분권자로서 보유지분에 비례한 권한행사의 일환으로 파악하도록 것이다.

3. 설립중의 회사의 기관

(1) 설립중의 회사

「설립중의 회사」는 회사의 설립절차가 진행되어 어느 정도 회사의 실제가 형성되었을 때부터 설립등기 이전의 미완성의 회사를 의미한다. 주식회사를 설립하려면 발기인 사이에 회사의 설립을 목적으로 하는 계약을 체결하고 설립절차에 들어가는데 정관의 작성을 시작으로 설립등기를 완료하여 회사가 성립되는데 그 사이까지의 회사이다. 상법규정에 명시된 것이 아니고 발기인이 회사의 설립을 위하여 취득 또는 부담하였던 권리의무가 회사의 설립과 동시에 그 설립된 회사에 귀속되는 관계를 법률적으로 설명하기 위한 것이다(대법원 1970.8.31 선고, 70다1357 판결). 설립중의 회사의 법적 성질에 대하여는 「권리능력 없는 사단」이라고 보는 것이 통설[39]이다.

설립중의 회사의 창립시기에 대하여는 ① 정관작성시라는 학설,[40] ② 정관작성 후 회사

---

37) 명문의 규정이 없으나 각 발기인이 인수할 주식의 배정(상 293조)도 성질상 전원의 동의를 요한다고 본다(이(철)[회], 226면).

38) 자본다수결이란 주주가 자신이 보유한 회사의 주식수에 비례하여 주주총회의 의결권 행사에 참여할 수 있도록 하는 제도이다(三戶岡道夫, 前揭論文, 29頁).

39) 서·정, 309면 ; 이(철)[회], 227면 ; 정(희)[상], 364면 ; 채(이)[상], 432면 ; 최(기)[상], 560면.

40) 이(철)[회], 229면 ; 이·최[상], 4712면.

설립시에 발행하는 주식총수가 인수된 때라는 학설,[41] ③ 정관작성 후 각 발기인이 1주 이상을 인수한 때라는 학설[42]이 있다. 설립 중의 회사를 인정하는 취지와 관련해 볼 때 ① 설에 따라 발기인이 정관에 확정되는 정관작성시부터 설립 중의 회사가 창립된다고 보아야 한다.

(2) 설립중의 회사의 법률관계와 발기인의 설립중의 회사의 기관으로서의 권한

1) 서

발기인이 정관을 작성하고 주식을 인수하는 것은 단체를 조직하여 그 구성원이 되는 설립행위이다. 따라서 발기인은 이 행위에 의하여 창립된 설립중의 회사의 구성원이 됨과 동시에 미완성의 회사를 완성시키는데 필요한 사무를 집행하기 위한 설립중의 회사의 집행기관이 된다.

2) 설립중의 회사의 법률관계

설립중의 회사의 법률관계에 대해서 상법에서는 회사설립절차의 이행이라고 하는 매우 제한된 범위에서 인정하고 있다. 즉 발기인의 업무집행에 관한 상법규정을 통하여 설립중의 회사의 업무집행에 대한 범위와 방법을 규율하고 있다. 또한 사원총회에 해당하는 창립총회는 임원선임이나 설립경과의 조사 등 일부 사항에 대한 결의로 제한된다.

제3자와의 관계에 해당하는 대외적 관계에서도 발기인이 설립중의 회사를 대표하여 행할 수 있는 행위는 회사설립을 위한 행위로 제한된다. 즉 모집주주와의 주식인수계약, 납입금보관은행과의 예금계약 등에 불과하다. 또한 설립중의 회사가 부담할 수 있는 제3자에 대한 채무 역시 변태설립사항으로 설립비용 등을 정한 경우로 그 범위가 제한되며, 그 역시 회사가 설립되면 회사가 이행책임을 부담하고, 회사가 불성립하면 발기인 개인의 책임으로 돌아가므로 설립중의 회사가 부담하는 일은 없다(상 326조).

결국 설립중의 회사에서 발생하는 법률관계란 발기인이 회사설립을 위해 수행한 행위로 인하여 설립중의 회사가 권리를 얻고 의무를 부담하며, 이것이 총유적으로 설립중의 회사에 귀속되어 있다가 회사가 성립하면 별도의 이전행위 없이 회사에 귀속되는 것을 의미한다.

---

41) 정(동)[회], 140면.

42) 서·정, 309면 ; 손(주)[상], 551면 ; 임(홍)[회], 141면 ; 정(찬)[상], 629면 ; 정(희)[상], 364면 ; 채(이)[상], 434면 ; 최(기)[상], 545면.

3) 설립중의 회사의 기관으로서의 권한

설립중의 회사의 법률관계가 설립후의 회사로 귀속되도록 하는 효과는 발기인이 설립중의 회사의 기관으로 한 행위만으로 제한된다. 즉 발기인의 개인적인 행위나 발기인조합의 행위는 이러한 법률관계를 구성할 수 없다.

발기인이 설립중의 회사의 기관으로 행위할 수 있는 권한의 범위 즉 설립중의 회사의 행위능력의 범위에 대해서는 ⅰ) 회사설립 자체를 직접적인 목적으로 하는 행위에 국한된다는 견해,[43] ⅱ) 회사설립을 위해 법률상·경제상 필요한 행위가 이에 포함된다는 견해,[44] ⅲ) 회사성립 후의 개업을 위한 준비행위도 포함된다는 견해[45]로 나누어진다. ⅱ)설은 그 범위가 불분명하여 발기인이 권리를 남용할 소지가 높으며, ⅲ)설은 개업준비행위의 일종으로 볼 수 있는 재산인수만을 변태설립사항으로 예외적으로 인정하는 취지에서 볼 때에 나머지 개업준비행위를 인정하지 않는 것이 상법의 입법취지와도 부합한다고 본다. 따라서 ⅰ)설과 같이 발기인의 고유한 권한이라고 볼 수 있는 회사설립사무에 대한 부분만으로 제한하는 것이 타당하다. 만약 회사가 불성립한다면 모든 법률관계를 원래대로 회복해야 하는데 그로 인한 혼란을 최소화기 위해서도 ⅰ)설이 바람직하다.

설립중의 회사가 소송상의 당사자능력을 갖느냐에 대해서, 발기설립의 경우 주식인수인이 출자를 이행하지 않을 때에 채무불이행에 따르는 소송을 제기하는 경우가 발생할 수 있으므로 당사자능력을 인정하는 것이 옳다. 또한 부동산등기법상의 등기능력에 대해서, 예외적으로 부동산을 현물출자 받을 때에 필요하다고 볼 수도 있으나, 실제로 부동산을 현물출자하는 경우 등기이전에 필요한 서류를 교부할 뿐이고, 현실적인 등기이전을 요하는 것이 아니므로 굳이 등기능력을 갖는다고 볼 필요가 없다.

(3) 설립 중의 회사와 발기인조합

발기인조합은 설립 중의 회사의 창립으로 소멸하거나 설립 중의 회사로 발전하는 것이 아니며, 설립 중의 회사와 발기인조합은 별도로 병존하는 것이다.

설립 중의 회사의 구성원이며 집행기관인 발기인과 설립 중의 회사가 창립된 후에 발기인조합의 조합원과는 그 인적 범위가 같고 또 양자는 다음과 같이 밀접한 관계가 있다.

---

43) 이(철)[회], 232면 ; 최(기)[회], 136면.

44) 권(기)[회], 433면 ; 김(정)[상], 446면 ; 임(홍)[총], 144면 ; 정(동)[회], 145면.

45) 정(찬)[회], 245면.

즉 발기인에 의한 정관의 작성, 주식의 인수, 설립사무의 집행 등은 설립 중의 회사로서는 그 기관의 활동이지만, 발기인조합으로서는 조합계약의 이행행위이다.

그러나 발기인조합은 이사회의 회사에 대한 관계처럼 설립 중의 회사의 기관인 발기인 간의 내부관계로서 설립 중의 회사의 조직에 흡수되는 것이 아니라, 발기인의 단체로서 설립 중의 회사와는 별도로 발기인조합 자체의 이름으로 대외적인 활동을 할 수 있다. 물론 발기인의 행위 중에는 주주를 모집하고 창립총회를 소집하는 것과 같이 설립 중의 회사의 기관으로 하는 행위, 다시 말하면 그 효과가 설립 중의 회사에 귀속하는 행위로서만 이해할 수 있는 것도 있다.

4. 발기인의 의무와 책임

상법상 발기인은 주식인수의무(상 293조)와 의사록작성의무(상 297조) 등을 부담하고, 주식의 인수담보책임과 납입담보책임(상 321)을 부담함과 동시에 임무해태로 인한 손해배상책임(상 322조) 등을 부담하도록 되어 있다.

5. 발기인 지위의 양도

발기인이 갖는 설립사무에 대한 업무집행의 권한 및 의무와 책임 등 그 지위는 성질상 양도될 수 없다. 독일의 경우 발기인이 사망하면 그 상속인이 발기인의 지위를 승계하여 설립사무를 계속할 의무를 부담한다고 보지만,[46] 우리나라의 경우 발기인이 사망하여도 그 지위는 상속되지 아니한다.

---

46) Münchener Kommentar, §28 Rn 15.

제3절 정관의 작성

Ⅰ. 정관의 의의

정관은 실질적 의의에서 회사의 조직과 활동을 정하는 근본규칙을 말하며, 형식적 의의에서 이러한 근본규칙을 기재한 서면을 말한다. 회사설립시에 있어서 작성되는 정관은 이 양자를 모두 포함한다.

주식회사의 설립을 위해서 가장 먼저 발기인이 법정사항을 기재하는 방식으로 정관을 작성한 후에 기명날인 또는 서명하여야 한다(상 289조①). 정관은 회사성립 후에는 주주총회의 특별결의로 변경할 수 있으며(상 434조), 후에 변경된 정관에 대하여 회사설립시에 작성된 정관을 원시정관이라고 한다. 정관은 일종의 자치법규로서 정관의 작성에 관여한 발기인은 물론이고 정관작성 후에 주주가 된 자도 구속하게 된다.

Ⅱ. 정관의 기재사항

1. 서

정관의 기재사항에는 절대적 기재사항과 상대적 기재사항 및 임의적 기재사항이 있다.

2. 절대적 기재사항 (상 289조①)

절대적 기재사항은 정관에 반드시 기재하여야 하며, 만일 그 기재를 빠뜨리거나 그 기재가 위법인 때에는 정관이 무효가 되고 나아가서 회사의 설립이 무효로 되는 것이다.

(1) **목적** (상 289조① i)

목적이라 함은 회사의 사업을 말한다. 회사가 경영하려고 하는 사업을 뜻하므로 사회통념상 그 사업이 무엇인가를 알 수 있을 정도로 개별적·구체적으로 기재하여야 한다. 「제조업」·「수출입업」·「도·소매업」 등과 같이 불분명하게 기재하면 아니 되며, 「컴퓨터 및 주변기기 도·소매업」과 같이 구체적으로 특정하여야 한다.

(2) 상호 (상 289조①ii)

회사의 상호는 회사의 동일성을 표시하는 명칭이다. 문자로 기재할 수 있고 호칭할 수 있는 것이어야 한다. 외국어라도 무방하나 음역하여 한글 또는 한자로 표기하여야 한다. 상호 중에는 반드시 「주식회사」라는 문자를 사용하여야 한다. 동일 특별시, 광역시, 시·군 내에서 동종영업을 위하여 타인이 등기한 상호와 확연히 구별할 수 없는 상호는 등기할 수 없다(비송 164조).

회사는 상호 외에 자기의 동일성을 표시할 명칭은 없다. 회사의 상호는 회사가 수개의 영업을 영위하는 경우에도 한 개로 제한된다. 주식회사의 상호에는 「주식회사」라는 문자를 사용하여야 한다(상 19조). 또 은행·신탁·보험 등의 영업을 경영하는 회사는 그 업종을 표시하여야 한다.

(3) 회사가 발행할 주식의 총수 (상 289조①iii)

회사는 발행을 예정한 주식의 총수를 기재하여야 한다. 수권자본총수 또는 발행예정주식총수라고도 하며, 회사가 발행할 수 있는 주식수의 한도이다.

회사가 발행할 주식의 총수 중 설립시에 발행하는 주식수를 공제한 나머지는 이른바 수권주식(수권자본)으로서 원칙적으로 이사회의 결의에 의하여 수시로 신주를 발행하게 된다. 즉 현행법은 수권자본금제도를 기본으로 채용하게 됨에 따라 발행예정주식총수의 범위 내에서 이사회가 필요시에 수시로 주식을 발행할 수 있다.

(4) 액면주식을 발행하는 경우 1주의 금액 (상 289조①iv)

1주의 금액은 100원 이상으로 하며(상 329조③), 주식의 금액은 균일하여야 한다(상 329조②). 이 때 1주의 금액은 액면가를 의미한다.

주식의 금액을 균일하게 하는 것은 주주가 그 권리를 행사할 때 단주가 생기지 않게 하기 위한 것이다. 회사가 수종의 주식을 발행하는 경우에도 같다. 1주의 금액은 설립시 발행하는 주식뿐만 아니라 장래에 발행하는 주식까지 포함한다.

(5) 회사의 설립시에 발행하는 주식의 총수 (상 289조①v)

개정전 상법에서는 「회사의 설립시에 발행하여야 할 주식의 총수는 회사가 발행할 주식총수의 4분의 1 이상이어야 한다(상 289조②)」고 하였으나, 2011년 개정상법에서는 자본조달의 기동성을 보장하기 위해 이런 제한을 철폐하였다. 이는 설립 후 다량의 신주를 발행하고자 할 때 정관을 변경해야 하는 번거로움이 있으므로 정관의 변경이 필요없을 정도로 충분한 수량의 발행예정주식총수를 정해놓을 수 있게 하려는 취지이다. 따라서 발행예정주식총수는 실제 발행하는 주식수와 무관하게 얼마든지 자유롭게 정할 수 있게 되었다.[47] 다만 정관에 이러한 사항을 기재하도록 한 것은 설립시의 발행자본금의 총수를 알 수 있게 함과 동시에 이사회가 발행할 수 있는 수권액을 명백히 하는데 있다.

(6) 본점의 소재지 (상 289조①vi)

본점은 주된 영업소로서 영업의 중심이 되는 장소이다. 즉 본점이란 회사의 영업을 총괄하는 영업소이며 회사의 주소는 본점소재지에 있는 것으로 한다(상 171조).

정관상의 본점소재지는 최소독립행정구역만 표시하면 된다.[48] 최소독립행정구역이란 특별시, 광역시, 시·군을 말한다. 따라서 그 소재지번까지 구체적으로 표시할 필요는 없다. 그러나 등기할 때의 본점소재지는 지번까지 구체적으로 표시하여야 한다. 구체적인 본점소재지는 이사회에서 결정하게 된다.

(7) 회사가 공고하는 방법 (상 289조①vii)

주주 또는 회사의 이해관계인으로 하여금 용이하게 공고내용을 알 수 있게 하기 위하여 공고방법을 정관의 기재사항으로 특정하고 있다. 주식회사에서는 공고를 요하는 경우가 많은데(주주명부의 폐쇄, 기준일 상 354조, 주주총회 소집의 통지 363조, 신주의 인수권을 가진 자에 대한 통지 419조 등), 정관에 기재한 이후 회사의 모든 공고는 이를 통하여 하게 된다. 회사가 공고를 하는 방법을 정관에 기재하도록 한 것은 주주와 회사채권자를 보호하기 위한 것이다.

회사의 공고는 관보 또는 시사에 관한 사항을 게재하는 일간신문에 하여야 한다(상 289조③). 시사에 관한 일간신문은 특정한 1개 또는 수개의 신문이어야 하며, 수개의 신문을 선택적으로 기재하여서는 아니 된다. 예컨대 「서울특별시내에서 발행되는 한겨레신문에 게재한다」 또는 「서울특별시 내에서 발행되는 동아일보와 한겨레신문에 게재한다」고 기재하여

47) 이(철)[축], 62면.

48) 이·외[회], 158면 ; 정(동)[회], 110면 ; 정(찬)[상], 636면 ; 채(이)[상], 407면.

야 하며, 「서울특별시내에서 발행되는 중앙일보 또는 조선일보에 게재한다」고 기재하여서는 안 된다. 시사에 관한 것이 아닌 업계의 신문이나 일간이 아닌 주간신문을 공고방법으로 정할 수 없으므로 「법률신문」이나 「스포츠신문」을 특정하여 공고방법으로 정할 수는 없다.

또한 회사는 공고를 정관으로 정하는 바에 따라 전자적 방법으로 할 수 있다(상 289조③단서). 여기에서 전자적 방법이란 회사의 인터넷 홈페이지에 게재하는 것을 말한다(상시 3조의2①).

(8) 발기인의 성명·주민등록번호 및 주소 (상 289조①viii)

발기인은 정관을 작성하여 이에 기명날인하여야 하는데 상법은 이외에 발기인의 성명·주민등록번호 및 주소를 정관에 기재하도록 하고 있다. 이것은 누가 발기인인가를 명백히 하기 위하여서이다.

발기인은 정관의 말미에 기명날인 또는 서명함으로써 주식회사 설립상의 책임을 부담하는데, 발기인의 책임과 관련하여 발기인이 누구이냐 하는 것은 회사의 이해관계인에게 중요한 사항이므로 이를 정관의 절대적 기재사항으로 한 것이다.

3. 상대적 기재사항

상대적 기재사항은 정관에 기재하지 아니하더라도 정관의 효력에는 영향이 없으나 기재하지 아니하면 회사의 법률관계로서 효력을 인정할 수 없는 사항이다. 즉 상대적 기재사항은 정관의 성립요건은 아니지만 법률상 그 사항을 유효하게 하려면 정관에 기재하여야 하는 사항이다. 정관에 기재가 없는 한 회사와 계약을 하여도 효력이 발생하지 않는다.[49]

(1) 변태설립사항

상대적 기재사항 가운데 주식회사 설립시에 특히 문제가 되는 것은 변태설립사항으로서 다음과 같은 것들이 있다. 변태설립사항이란 회사의 설립시에 발기인에 의해 남용되어 자본금유지원칙에 위배될 가능성이 큰 사항을 말한다.

---

49) 이(철)[회], 240면 ; 정(동)[회], 122면 ; 정(찬)[상], 638면 ; 권(기)[회], 414면

1) 발기인이 받을 특별이익과 이를 받을 자의 성명 (상 290조 i)

발기인이 받을 특별이익이라 함은 회사설립의 기획자로서 회사설립상의 위험을 부담하고 설립사무를 관장한 것에 대한 공로로서 주어지는 이익을 말한다. 예컨대 회사설비의 이용에 관한 특혜, 신주인수에 관한 우선권, 회사와의 계속적 거래의 약속 등이 있다.

그러나 발기인의 소유주식에 대한 확정이자의 지급, 주금납입의 면제, 무상주의 교부 등은 자본금유지의 원칙에 반하기 때문에 허용되지 않는다. 또한 주주총회에서의 결의상의 특권이나 이익배당·잔여재산분배의 우선권과 같이 주주평등의 원칙에 위반하는 경우도 허용되지 않는다.[50] 그리고 미래에 이사나 감사 등의 지위를 약속하는 일도 단체법적 질서에 반하는 이익이 되므로 허용될 수 없다.

특별이익은 정관에 다른 정함이 없는 한 주식과 분리하여 양도 또는 상속할 수 있다. 실제로 정관에 특별이익을 기재하는 경우는 극히 드물다.

2) 현물출자를 하는 자의 성명, 출자의 목적인 재산의 종류·수량·가격과 이에 대하여 부여할 주식의 종류와 수 (상 290조 ii)

현물출자라 함은 금전 이외의 재산으로 하는 출자를 말한다. 주식회사에서는 출자는 금전으로 하는 것이 원칙이나 현물출자는 회사로서는 기업에 필요한 재산을 미리 확보할 수 있는 이익이 있고 주식인수인으로서도 편리하기 때문에 상법은 금전출자 이외에 현물출자를 인정하고 있다.

현물출자가 과대평가되면 다른 주주에게 손실을 주고 현물출자로 하여금 부당한 이득을 얻게 하여 자본금의 충실을 해하게 된다. 이에 상법은 현물출자에 관하여는 정관에 자세히 규정하도록 하고 회사의 설립과정에서 엄격한 조사를 받도록 하고 있다(상 299조·300조).

주식회사 설립시에 현물출자를 할 수 있는 출자자의 자격에는 제한이 없으며, 현물출자의 목적물이 될 수 있는 재산은 대차대조표에 자산으로 기재할 수 있는 한 그 종류는 가리지 않는다. 동산, 부동산, 채권, 어음이나 타회사주식 등의 유가증권, 상호, 특허권 등의 무체재산권, 영업의 전부나 일부, 영업상의 비밀, 컴퓨터 소프트웨어 등 재산상의

---

50) 손(주)[상], 557면 ; 이(철)[회], 240면 ; 권(기)[회], 414면 ; 정(동)[회], 111면 ; 정(희)[상], 369조 ; Münchener Kommentar, § 26 Rn. 18.

가치가 있으면 무엇이든 가능하다.[51]

그러나 노무출자나 신용출자는 재산상의 가치가 분명치 아니하며 현실화하기도 쉽지 않기 때문에 허용될 수 없다.

현물출자를 하는 자는 납입기일에 지체 없이 현물출자의 이행을 하여야 한다(상 295조 ②·305조③). 이때 이행방식은 재산의 종류에 따르는 재산권 이전을 위한 권리이전방식을 따르게 된다. 즉 동산은 인도, 유가증권은 배서나 교부의 방식을 취한다. 채권은 통지·승낙과 같은 대항요건도 갖추어야 한다. 부동산이나 특허권 등 등기·등록 기타 권리의 설정 또는 이전을 요하는 경우에는 이에 관한 서류를 완비하여 교부하여야 한다.

현물출자를 불이행한 경우 정관을 변경하여 설립절차를 속행할 수 있다. 불이행의 사유가 이행불능이라면 그 이외에도 민법상 채무불이행에 따르는 손해배상을 청구할 수 있으며(민 390조, 544조, 551조), 이행지체의 경우에는 민법상 채무불이행에 따르는 강제집행을 행할 수 있다(민 389조).

현물출자의 목적물의 인도와 서류의 교부 등 이전행위는 발기인대표에게 행하여야 한다. 또한 이행된 목적물에 대한 재산권은 일단 설립중의 회사에 속하며, 회사성립 후에는 특별한 절차 없이 회사의 재산으로 귀속된다.

3) 회사성립 후에 양수할 것을 약정한 재산의 종류·수량·가격과 그 양수인의 성명 (상 290조 iii)

재산인수라 함은 설립중의 회사를 대표한 발기인이 회사를 위하여 특정인과 회사성립 후에 동 회사가 그 특정인으로부터 일정한 재산을 양수할 것을 약정하는 계약을 말한다. 재산인수에 있어서 목적물인 재산이 과대평가되면 회사의 재산적 기초를 위태롭게 할 우려가 있고 또 재산인수는 법이 엄격한 규제를 하지 아니하면 사후설립과 더불어 현물출자에 관한 규정의 잠탈행위로서 사용될 위험이 크다. 그러므로 상법은 재산인수도 현물출자와 동일한 규제를 한 것이다.

재산인수에서 양도인은 발기인이나 주식인수인은 물론이고 그 밖에 제3자도 가능하다. 인수계약은 발기인이 설립중의 회사를 대표하여 체결한다. 현물출자의 목적물은 대차대조표에 자산으로 계상할 수 있는 것은 무엇이든 가능하다. 채무인수의 경우에 원칙적으로

---

51) 이·외[회], 160면 ; 이·최[상], 247면 ; 이(철)[회], 241면 ; 정(동)[회], 111면 ; 정(찬)[상], 639면 ; 정(희)[상], 370면 ; 권(기)[회], 416면.

허용될 수 없지만, 영업양수의 경우와 같이 적극재산과 결부된 때에는 허용된다.

재산인수가 이루어지면 설립중의 회사의 유효한 행위가 되고, 성립 후의 회사가 계약상의 지위를 획득한다. 그러나 정관에 기재하지 아니한 재산인수는 무효이며,[52] 회사가 성립하여 이를 추인하더라도 발기인이 행한 행위의 효과는 회사에 귀속되지 아니한다.[53]

【판례】

[4] 대법원 1994.5.13. 선고, 94다323 판결

상법 제290조 제3호 소정의 "회사 성립 후에 양수할 것을 약정"한다 함은 회사의 변태설립의 일종인 재산인수로서 발기인이 설립될 회사를 위하여 회사의 성립을 조건으로 다른 발기인이나 주식인수인 또는 제3자로부터 일정한 재산을 매매의 형식으로 양수할 것을 약정하는 계약을 의미하므로, 당사자 사이에 회사를 설립하기로 합의하면서 그 일방은 일정한 재산을 현물로 출자하고, 타방은 현금을 출자하되, 현물출자에 따른 번잡함을 피하기 위하여 회사의 성립 후 회사와 현물출자자 사이의 매매계약에 의한 방법에 의하여 위 현물출자를 완성하기로 약정하고 그 후 회사설립을 위한 소정의 절차를 거쳐 위 약정에 따른 현물출자가 이루어진 것이라면, 위 현물출자를 위한 약정은 그대로 위 법조가 규정하는 재산인수에 해당한다고 할 것이어서 정관에 기재되지 아니하는 한 무효이다.

4) 회사가 부담할 설립비용과 발기인이 받을 보수액 (상 290조 iv)

설립비용이라 함은 발기인이 설립 중의 회사의 기관으로서 회사의 설립을 위하여 필요한 모든 비용을 말한다. 발기인이 권한을 남용하여 과다하게 지출할 위험이 있어 변태설립사항으로 규제하도록 한 것이다.

설립사무소의 임대료, 정관과 주식청약서의 인쇄비, 사업설명서 기타 필요한 서류의 인쇄비, 유가증권의 발행비, 주주모집의 광고비, 사무원의 보수, 설립사무용품비, 납입의 취

52) 이(철)[회], 243면 ; 정(찬)[상], 640~641면 ; 정(희)[상], 371면 ; 채(이)[상], 409면 ; 권(기)[회], 420면

53) 서·정, 316면 ; 손(주)[상], 559면 ; 이·외[회], 162면 ; 이(철)[회], 243면 ; 정(동)[회], 114면 ; 권(기)[회], 420면.

급은행에 대한 위임수수료, 창립총회의 소집비 등 발기인이 설립중의 기관으로서 회사의 설립을 위하여 필요한 모든 비용을 말한다. 그러나 공장대지의 매입, 기계의 주문, 상품의 구입 등 회사설립 그 자체를 위하여 필요하지 않는 개업준비를 위한 비용은 설립비용이 아니다.[54] 상법은 정관에 기재된 재산인수 이외의 개업준비행위는 모두 성립 후의 회사에 의하여 이루어지는 것으로 하고 있다.

발기인이 받을 보수란 발기인이 설립사무에 종사한 노력의 대가이다. 설립에 대한 공로에 대한 대가인 특별이익과는 구별되는 개념이다. 발기인의 보수 역시 과다지출로 인해 자본금충실을 해칠 염려가 있어 정관에 변태설립사항으로 기재하도록 하였다.

(2) 그 밖의 상대적 기재사항

상대적 기재사항으로 정관에 기재하여야 효력이 발생할 수 있는 사항으로는 변태설립사항 이외에도 다음과 같은 사항이 있다.

주식발행사항과 액면 이상의 주식을 발행하는 때에는 그 수와 금액(상 291조 ii), 주식매수선택권의 부여(상 340조의2①), 종류주식의 발행(상 344조), 주식의 상환에 관한 종류주식(상 345조①) 주식의 전환에 관한 종류주식의 발행(상 346조①), 주주총회의 권한(상 361조), 주주총회의 결의방법(상 368조), 서면에 대한 의결권의 행사의 채택(상 368조의3①), 이사의 임기의 총회종결까지의 연장(상 383조③), 자격주(상 387조), 이사의 보수(상 388조), 대표이사를 주주총회에서 선임하는 것(상 389조①단서), 이사회소집기간의 단축(상 390조③단서), 감사위원회 등 이사회내부위원회의 설치(상 393조의2, 415조의2), 신주발행사항의 결정(상 416조), 제3자의 신주인수권(상 418조②), 현물배당(상 462조의4①), 해산사유(상 517조·227조 i) 등이 모두 상대적 기재사항에 속한다.

4. 임의적 기재사항

임의적 기재사항은 그 기재를 빠뜨리더라도 정관의 효력에는 영향이 없고 또 기재하지 않더라도 그 사항이 회사의 법률관계로서의 효력이 인정되지 않는 것도 아니지만 편의상 정관에 기재하는 사항이다. 절대적 기재사항과 상대적 기재사항 이외에도 정관에는 임의로 어떠한 사항이라도 규정할 수 있다.

---

54) 이·외[회], 162면 ; 이(철)[회], 245면 ; 정(동)[회], 114면 ; 정(찬)[상], 641면 ; 정(희)[상], 372면 ; 채(이)[상], 410면 ; 권(기)[회], 422면.

보통 정관에는 주권의 종류, 정기총회소집의 시기, 이사와 감사의 인원수, 주식의 명의개서절차, 회사의 영업연도, 이익금처분방법 등 많은 사항이 있다. 주식회사에 있어서도 합명회사의 경우와 같이 임의적 기재사항을 인정하는 것이 일반적인 견해이다.

제4절 주식발행에 관한 사항의 결정

Ⅰ. 서언

주식회사는 그 기구가 복잡하기 때문에 회사의 근본규칙인 정관의 작성만으로는 성립되지 않으며 정관작성에 이어 여러 가지 절차를 밟아야 한다.

회사설립시에 발행하는 주식발행에 관한 구체적인 사항들은 발기인이 계획하고 결정하여야 한다. 다만 발기설립이나 모집설립의 절차 모두에 있어서, 주식의 총수와 1주의 금액은 정관에 규정하도록 되어 있지만, 그 외의 주식발행에 관한 사항은 정관에 다른 규정이 없는 한 발기인이 정할 수 있다.

Ⅱ. 발기인 전원의 동의로 결정해야 하는 주식발행에 관한 사항

주식발행에 관한 사항들 가운데 「주식의 종류와 수」, 「액면 이상의 주식을 발행하는 때에는 그 수와 금액」, 「무액면주식을 발행하는 경우에는 주식의 발행가액과 주식의 발행가액 중 자본금으로 계상하는 금액」등은 특히 중요한 사항이므로 정관에 다른 정함이 없으면 발기인 전원의 동의로 결정하도록 되어 있다(상 291조).

발기인 전원동의의 방법에는 제한이 없다. 그 시기는 정관작성 후 발기인에 의한 주식인수 이전이어야 할 것이다. 그때까지 발기인 전원의 동의를 얻지 못한 때에는 주식회사 설립의 무효사유가 된다. 그러나 그 후에라도 설립등기 이전에 동의를 받게 되면 하자가 치유된다. 발기인 전원의 동의로 주식발행사항을 결정한 때에는 이를 증명하는 서면을 설립등기신청서에 첨부하여야 한다.

Ⅲ. 기타 발기인 과반수의 동의로 결정할 수 있는 주식발행에 관한 사항

주식회사의 설립에 관한 발기인의 결정사항은 원칙적으로 발기인의 과반수로써 정할 수 있다(조합의 사무집행의 방법 민 706조②). 이와 같이 볼 때에 「주식의 종류와 수」, 「액면 이상의 주식을 발행하는 때에는 그 수와 금액」, 「무액면주식을 발행하는 경우에는 주식의 발행가액과 주식의 발행가액 중 자본금으로 계상하는 금액」 이외의 사항들 예컨대 주식의 청약기간이나 납입기일 및 납입취급은행 등은 발기인의 과반수로써 정할 수 있다.

제5절 회사의 실체구성의 절차

Ⅰ. 서언

주식회사 설립의 절차는 발기설립이나 모집설립의 모두에 공통된 정관의 작성과 주식발행사항의 결정이라는 과정을 거친 이후에, 설립시에 발행하는 주식의 인수인이 확실하게 그 출자를 이행토록 하고 회사기관을 선임하는 등 복잡한 실체구성의 절차를 거쳐야 한다. 이 단계의 주식회사 설립의 절차에는 발기설립과 모집설립에 각각 차이가 있다.

Ⅱ. 발기설립

1. 주식의 인수

발기설립은 회사의 설립시에 발행하는 주식의 전부를 발기인이 인수하도록 하는 방법이다. 이 때 발기인은 반드시 서면에 의하여 인수하여야 한다(상 293조). 또 인수액은 권면액 이상이어야 한다(상 330조).

주식인수의 방법은 서면에 의하는 것 외에는 아무런 제한이 없다. 서면에 의하지 않은 주식인수는 무효이며, 그 서면은 설립등기 신청서에 첨부하여야 한다(상등 80조ⅱ). 이 때 서면은 발기인 각자가 작성할 필요는 없고, 1매의 서면에 발기인 각각의 주식인수 내용을 기재하여도 무방하다.

주식인수의 법적 성질에 대해서는 합동행위이라는 견해[55]와 설립중의 회사로의 입사계약이라고 보는 견해[56]로 학설이 일치하지 아니한다. 또한 인수시기에 대해서도 정관작성 전후를 불문한다고 하는 견해[57]와 정관작성 이후에 이루어져야 한다고 보는 견해[58]가 나누어진다.

2. 출자의 이행

발기인이 회사의 설립시에 발행하는 주식의 총수를 인수한 때에는 지체 없이 각 주식에 대하여 그 인수가액의 전액을 납입하여야 한다(전액납입주의, 상 295조①).

상법은 수권자본금제도를 도입하면서 전액납입주의를 채용하고 있다. 발기인은 납입을 맡을 은행 기타 금융기관과 납입장소를 지정하고, 그 장소에 인수가액의 전액을 납입하여야 한다. 납입금보관자에게 납입하면 납입금 보관금액에 대하여「납입금보관증명서」를 발급하여 주어야 하며, 이는 주식회사의 설립등기를 할 때에 구비해야 할 서류가 된다. 그러나 자본금 총액이 10억원 미만인 회사를 발기설립하는 경우에, 납입금보관증명서를 은행이나 그 밖의 금융기관의 잔고증명서로 대체할 수 있다(상 318조③). 납입금보관자는 보관을 증명한 금액에 대하여 반환을 해 주어야 한다(상 318조②).

현물출자를 하는 발기인은 납입기일에 지체 없이 출자의 목적인 재산을 인도하여야 하며, 만약 등기·등록 기타 권리의 설정 또는 이전을 요할 경우에는 출자의 목적재산의 이전에 관한 서류를 완비하여 교부하여야 한다. 이 경우 회사성립 후에 회사가 등기·등록을 하더라도 무방하다. 또 설립중의 회사 명의로 등기·등록한 경우에는 성립 후에 다시 이전등기를 하지 않아도 된다.[59]

발기인이 주식을 인수하고 납입을 하지 아니하면 이행을 청구하거나, 아니면 회사불성립이 된다. 이는 모집설립의 경우와 같은 실권이란 제도가 없기 때문이다. 납입이 없음에도 불구하고 설립등기가 이루어지면 발기인 전원이 연대하여 납입담보책임을 부담하고(상 321조②), 그 정도가 심할 경우에는 설립무효의 사유에 해당된다.

---

55) 서·정, 320면 ; 손(주)[상], 566면 ; 이·외[회], 168면 ; 정(찬)[상], 644면 ; 정(희)[상], 374면.

56) 이(철)[회], 248면 ; 권(기)[회], 426면.

57) 서·정, 320면 ; 이·최[상], 250면 ; 정(희)[상], 374면 ; 최(기)[상], 579면.

58) 이(철)[회], 248면 ; 정(동)[회], 119면 ; 이·외[회], 170면.

59) 손(주)[상], 567면 ; 이·외[회], 171면 ; 정(동)[회], 120면 ; 정(찬)[상], 649면.

3. 이사와 감사의 선임

주식에 대한 납입과 현물출자의 이행이 완료되면 발기인은 회사성립 후 기관이 될 이사와 감사를 선임하여야 한다(상 296조①). 감사 대신에 감사위원회를 두는 경우에는 감사위원을 선임하여야 한다. 선임방법은 발기인의 의결권의 과반수로 하며, 발기인의 의결권은 인수주식의 1주에 1개로 한다(상 296조②). 발기인의 선임행위는 출자자라는 자격에 따른 행위이므로 조합 구성원으로서의 결의요건이 아닌 설립중의 회사의 구성원으로서 자본다수결에 따른 요건에 따른 것이다.

발기인은 의사록을 작성하여 의사의 경과와 그 결과를 기재하고 기명날인 또는 서명하여야 한다(상 297조).

이사와 감사는 선임되면 설립중의 회사의 기관이 되며, 설립등기와 함께 다른 절차를 거치지 아니하고 회사의 기관이 된다. 이러한 이사와 감사의 임기는 주식회사 설립시에 개시된다.

4. 설립경과의 조사

이사와 감사는 취임 후 지체없이 회사의 설립에 관한 모든 사항이 법령 또는 정관에 위반되지 아니하는지의 여부를 조사하여 발기인에게 보고하여야 한다(상 298조①).

이사와 감사 가운데 발기인이었던 자, 현물출자자 또는 회사성립 후 양수할 재산의 계약당사자인 자는 위의 조사·보고에 참여하지 못한다(상 298조②). 이사와 감사(혹은 감사위원회위원)의 전원이 이에 해당하는 때에는 이사는 공증인으로 하여금 조사·보고를 하게 하여야 한다(상 298조③).

조사의 결과 설립에 관해 위법하거나 정관에 위반한 사항이 있을 경우에는 이를 시정하여 설립절차를 속행할 수 있다. 또한 치유할 수 없는 정도라면 회사불성립이 된다.

5. 변태설립사항이 있는 경우

(1) 검사인의 선임 등

정관으로 변태설립사항을 정한 때에는 이사는 이에 관한 조사를 하게 하기 위하여 검사인의 선임을 법원에 청구하여야 한다(상 298조④).

다만 변태설립사항 중 발기인이 받을 이익(상 290조 i), 회사가 부담할 설립비용과 발기인이 받을 보수액(상 290조iv)에 기재한 사항에 관해서는 공증인의 조사·보고로, 현물출자를 하는 자의 성명과 그 목적인 출자의 종류·수량·가격과 이에 대하여 부여할 주식의 종류와 수(상 290조ii)와 회사성립 후에 양수할 것을 약정한 재산의 종류·수량·가격과 그 양도인의 성명(상 290조iii)에 대한 사항과 현물출자의 이행(상 295조)에 관하여는 감정인의 감정으로 검사인의 조사에 갈음할 수 있다(상 299조의2).

(2) 검사인 및 공증인 또는 감정인의 조사·보고

검사인은 변태설립사항(상 290조)과 현물출자의 이행에 관한 사항(상 295조)을 조사하여 법원에 보고하여야 한다(상 299조①). 2011년 개정상법은 변태설립사항의 조사에 따른 부담을 경감해 주기 위해 자본금충실을 해할 염려가 적은 경우를 다음과 같이 열거하여 조사대상에서 제외하고 있다(상 299조②).

① 상법 제290조 제2호(현물출자) 및 제3호(재산인수)의 재산총액이 자본금의 5분의 1을 초과하지 아니하고 대통령령으로 정한 금액을 초과하지 아니하는 경우

대상재산의 「총액」이란 현물출자의 경우에는 출자재산에 대해 부여하는 주식의 발행가액을 말하며, 재산인수의 경우에는 당해 재산에 대해 회사가 지급할 대가를 말한다. 시행령에서는 조사대상에서 제외되는 재산의 금액을 5,000만원 이하로 예정하고 있다.

② 상법 제290조 제2호(현물출자) 및 제3호(재산인수)의 재산이 거래소에서 시세가 있는 유가증권인 경우로서 정관에 적힌 가격이 대통령령으로 정한 방법으로 산정된 시세를 초과하지 아니하는 경우

거래소의 시세란 불특정다수인간에 형성되는 가격이므로 객관성과 중립성을 인정할 수 있어 일반적으로 공정한 가격으로 인정된다. 시행령이 정하는 방법으로 산정된 시세란 「정관에 공증인의 인증을 받은 날로부터 소급한 거래소에서의 1개월 평균종가, 1주일 평균종

가 및 효력발생일 직전 거래일의 종가를 산술평균하여 산정한 금액」과 「효력발생일의 직전 거래일의 종가」 중 낮은 금액을 말한다.

③그 밖에 제1호 및 제2호에 준하는 경우로서 대통령령이 정하는 경우 중 어느 하나에 해당할 경우

시행령에서는 현물출자와 재산인수의 대상이 되는 재산만 다루고 있고, 또 그 재산이 부동산인 경우만을 다루고 있다. 즉 정관에 적힌 현물출자와 재산인수의 대상이 된 부동산의 가격이 「부동산 가격공시 및 감정평가에 관한 법률」에 따라 공시된 효력발생일 직전의 개별공시지가, 개별주택가격 또는 공동주택가격을 초과하지 아니하는 경우를 말한다. 따라서 현물출자 또는 재산인수의 대상이 되는 재산에 그 사용, 수익, 담보제공, 소유권 이전 등에 대한 물권적 청구권 또는 채권적 제한이나 부담이 설정된 경우에는 이 예외를 적용하지 아니한다. 즉 정상적인 검사의 대상이 된다.

공증인이나 감정인으로 갈음하는 경우, 공증인 또는 감정인은 조사 또는 감정의 결과를 법원에 보고하여야 한다(상 299조의2). 그리고 보고서의 등본을 각 발기인에게 교부하여야 한다(상 299조③). 검사인의 조사보고서에 사실과 상위한 사항이 있는 경우에는 발기인은 그에 관한 설명서를 법원에 제출할 수 있다(상 299조④). 또한 이 보고서는 설립등기시에 첨부하여야 할 서류이다(비송 63조②).

(3) 법원의 변경처분

법원은 검사인 또는 공증인의 조사보고서 또는 감정인의 감정결과와 발기인의 설명서를 심사하여 변태설립사항을 부당하다고 인정한 때에는 이를 변경하여 각 발기인에게 통고할 수 있다(상 300조①).

변경이란 변태설립사항의 내용을 조정하는 것이다. 변경재판은 이유를 붙인 결정으로써 하며(비송 75조①), 법원은 재판을 하기 전에 발기인과 이사의 진술을 들어야 한다(동조②). 이 변경처분에 대해 불복하는 발기인과 이사는 즉시항고하거나(비송 75조③), 설립을 포기할 수 있다. 또한 그 주식의 인수를 취소할 수 있으며 이 경우에는 정관을 변경하여 설립에 관한 절차를 속행할 수 있다(상 300조②). 법원의 통고가 있은 후 2주내에 주식의 인수를 취소한 발기인이 없는 때에는 정관은 통고에 따라 변경된 것으로 본다(상 300조③).

6. 이사회의 대표이사 선임

정관에 다른 정함이 없으면 선임된 이사들은 이사회를 개최하고 대표이사를 선임하여야 한다(상 389조①, 317조②ix). 즉 대표이사를 주주총회에서 선임할 수 있도록 한 정관의 규정에 의하여 발기인 회의에서 대표이사를 선임한 경우를 제외하고는 이사회에서 대표이사를 선임하여야 한다. 다만 자본금의 액면총액이 10억원 미만인 회사로서 이사가 1인인 경우에는 그 이사가 회사를 대표하므로 이사회를 개최하지 않는다(상 383조⑥).

Ⅲ. 모집설립

1. 발기인의 주식인수

발기인은 주식회사 설립시에 발행하는 주식에 관하여 반드시 서면에 의하여 주식을 인수하여야 한다(상 293조). 발기인의 주식인수는 모집주주가 주식인수를 청약하기 이전에 이루어져야 한다.

2. 주주의 모집

발기인이 회사의 설립시에 발행하는 주식의 전부를 인수하지 아니하는 경우에는 주주를 모집하여야 한다(상 301조). 모집주주의 수에는 제한이 없으며, 모집주주가 인수해야할 주식의 수에 대한 최저한도 혹은 최고한도가 없다.

주주의 모집은 일반공중으로부터 모집하는 공모이든 특정인으로부터 모집하는 연고모집이든 상관없다. 다만 50인 이상의 다수인을 상대로 공모할 때에는 자본시장법의 적용을 받으며, 금융위원회에 증권신고를 하는 등의 절차를 밟아야 한다(자 9조⑦·⑨, 119조①, 동시행령 11조①).

모집된 자가 주식인수인이 되려면, 주식인수의 청약을 하여야 한다(상 302조①). 모집주주는 회사의 개황을 알아야 할 필요가 있으며, 그러한 방법으로 사업설명서주의와 주식청약서주의의 두 가지 주의가 있다. 상법은 주식청약서주의를 채용하고 있다. 즉 발기인이 법정사항을 기재한 주식청약서에 의하여 회사조직의 대강과 청약조건을 알게 하여 주식청약을 받도록 하였다(상 302조②).

3. 주식의 인수

(1) 서

주식의 청약에 대하여 발기인에 의한 주식의 배정이 이루어지면 그 결과 주식의 인수가 생기고 주식의 청약인은 주식인수인이 된다. 즉 주식인수는 청약의 의사표시와 배정의 의사표시로 이루어지는 법률행위이다.

(2) 주식인수의 성질

모집주주의 주식인수는 통설과 판례는 그 성질을 설립중의 회사로의 입사계약으로 본다(대법원 2004.2.13 선고, 2002두7005 판결). 이 계약은 단체법상의 특수한 계약이며, 일종의 부합계약이다.

(3) 청약

모집주주는 주식청약서에 의해서만 주식인수를 청약할 수 있도록 하고 있다. 즉 발기인이 소정의 사항을 기재하여 작성·교부한 주식청약서 2통에 인수할 주식의 종류 및 수와 주소를 기재하고 기명날인 또는 서명한다(상 302조①).

주식청약서는 발기인이 법정사항을 기재하여 작성하는데, 주식청약을 하는데 필요한 문서에 불과하며 유가증권은 아니다.

주식청약은 요식행위이며 주식청약서에 의하지 않은 청약은 무효이다. 이렇게 주식청약을 요식행위로 하고 있는 것은 다수의 주식청약을 단기간 내에 처리하기 위한 것이다. 청약서 2통 중에서 1통은 회사가 증거서류로 보존하고 1통은 설립등기신청서에 첨부하여야 한다.

(4) 주식의 배정

주식의 배정이라 함은 주식의 청약에 대하여 그 인수한 주식의 수를 결정하고 이를 주식청약인에게 통지하는 발기인의 행위이다. 배정할 특정 발기인을 정하지 아니한 경우에,

발기인 전원의 동의로써 배정하여야 할 것이다.

주식의 배정은 설립될 회사에 입사계약을 구성하는 하나의 요소이며 계약의 승낙임이 보통이다. 따라서 배정을 통해 주식인수가 성립된다. 주식의 청약은 요식행위이지만 주식의 배정은 불요식행위이다. 그러므로 문서·구두 등 어떠한 방법에 의하든 상관없다.

주식의 배정은 특약이 없는 한 발기인이 자유롭게 결정할 수 있는데 이것을 주식배정 자유의 원칙이라고 한다. 따라서 발기인은 배정할 때에 주식인수의 수량과 다르게 배정할 수 있다. 그렇지만 청약한 수량보다 많은 수량의 배정 또는 다른 종류의 주식을 배정할 수 없으며, 청약한 인수가액보다 높은 가액으로 배정할 수는 없다.

(5) 주식의 청약인 혹은 인수인에 대한 통지·최고

주식청약인에 대한 통지나 최고는 주식청약서에 기재한 주소 또는 그 자로부터 회사에 통지된 주소로 하면 된다(상 304조①). 그리고 그 통지 또는 최고는 보통 그 도달할 시기에 도달한 것으로 본다(상 304조②).

(6) 주식인수의 무효·취소

주식인수는 일반적인 법률행위와 의사표시의 경우와 마찬가지로 무효·취소에 관한 민법상의 일반원칙이 적용된다. 즉 청약인에게 무능력·착오·사기·강박·허위표시·무권대리 등의 사유가 있을 때에 인수행위의 무효나 취소를 주장할 수 있다. 또한 발기인에게 무효·취소사유가 있을 경우, 예컨대 작성·배부한 주식청약서의 요건에 흠결이 있을 때에도 역시 무효나 취소를 주장할 수 있다.

이러한 일반원칙에 대한 예외로 상법에는 무효나 취소를 제한하는 다음과 같은 특약을 두고 있다.

① 민법 제107조 1항의 단서 즉 상대방이 아는 비진의표시에 대한 적용을 배제한다(상 302조③). 따라서 주식인수의 청약자가 진의아닌 주식청약을 하였고, 발기인이 이를 알았다고 하여도 그 청약은 유효하다.

② 주식인수인은 회사의 성립 후 또는 창립총회에 출석하여 권리를 행사한 후에는 주식청약서의 요건의 흠결을 이유로 인수의 무효를 주장하거나, 사기나 강박 또는 착오를 이유로 그 인수를 취소하지 못하다(상 320조). 그러나 무능력이나 무권대리에 대해서는 명문규

정을 두고 있지 아니하다. 무능력자 보호를 위해서 무효·취소의 주장을 제한할 수 없다고 본다. 그러나 무권대리의 경우, 무권대리인이 주식을 인수한 후에 본인이 창립총회에서 의결권을 행사하였다면 무권대리를 추인한 것으로 보아야 한다.

4. 출자의 이행

(1) 주금의 납입의무

주식인수인은 배정된 주식수에 따라 납입의무를 부담하게 된다(상 303조). 즉 회사설립시에 발행하는 주식의 총수가 인수된 때에는 발기인은 지체없이 주식인수인에 대하여 각 주식에 대한 인수가액의 전액을 납입시켜야 한다(상 305조①).

(2) 납입금보관자와 납입장소

모집설립의 경우 발기인은 납입금보관자를 정하여 주식청약서에 기재하여야 하며, 그 납입장소는 「은행 기타 금융기관」으로 제한된다(상 302조②ix). 그리고 주식인수의 금전출자는 반드시 이 주식청약서에 기재된 장소에서만 납입할 수 있다(상 305조②).

납입금의 보관자를 또는 납입장소를 변경하려면 법원의 허가를 얻어야 한다(상 306조). 납입금을 보관하는 「은행 기타 금융기관」은 발기인 또는 이사의 청구가 있는 때에 그 보관금액에 관하여 증명서를 교부하여야 하는데, 이 증명서는 설립등기시에 첨부하여야 할 서류 가운데 하나이다(상등 80조xi).

또한 그 증명한 보관금에 대하여는 납입의 부실 또는 그 액의 반환에 관한 제한이 있음을 이유로 하여 회사에 대항하지 못한다(상 318조②, 이하 「가장납입」에서 설명).

(3) 주금납입의 방법

1) 금전의 제공 등

주금의 납입은 원칙적으로 실제적인 금전의 제공으로 이루어져야 한다. 때문에 대물변제나 경개 등은 허용되지 않는다. 어음이나 수표 등으로 납입되었을 때에는 지급인에게 지급되어야 유효한 납입으로 볼 수 있다(대법원 1977.4.12 선고, 76다943 판결).

2) 가장납입

발기인이 납입금보관은행 이외의 자로부터 금전을 차입하여 주금을 납입하고 회사의 성립 후 납입금을 인출하여 변제하는 경우가 있다(대법원 1983.5.24 선고, 82누522 판결). 이를 가장납입이라고 부른다. 즉 가장납입이란 실제로 주금의 납입이 이루어지지 않지만 형식적으로 납입된 것처럼 외형을 가장하는 것을 말한다. 그 유형으로 i) 발기인과 납입금보관은행이 통모하는「통모가장납입」, ii) 제3자로부터 일시적으로 차입하는「위장납입」, 그리고 iii) 기타 절충적 형태들이 있다.

통모가장납입은 발기인 또는 이사 등이 납입금의 보관을 맡을 금융기관으로부터 차입하여 납입은행에 회사당좌로 예입하고 그 예금으로부터 인수가액을 납입하며 차입금을 변제할 때까지 그 예금을 인출하지 않을 것을 납입은행과 특약함으로써 이루어지는 주금의 가장납입행위이다.[60] 흔히 통모가장납입[61]이라고 부르지만 예합,[62] 공모에 의한 가장납입[63] 혹은 금융기관과의 공모[64] 등 다양하게 불리우고 있다. 상법은 제318조 제2항에서 발기인과 납입금보관은행 기타 금융기관이 통모하여 실제로는 납입하지 않았는데도 불구하고 납입금에 관한 보관증명서를 발급하는 폐단을 방지하기 위하여 이를 규제하고 있다.

현실적으로 많이 발생하는 가장납입의 형태는 위장납입이다. 위장납입은 발기인 또는 이사 등이 납입금보관은행 이외의 그리고 회사와도 무관한 제3자로부터 자금을 차용하여 그 자금으로 주금의 납입을 충당한 후 일단 회사가 성립된 후에 가급적 단기간 내에 납입금을 납입은행으로부터 인출하여 대주인 제3자에게 곧바로 변제하는 주금의 가장납입행위이다.[65] 이 밖에도 발기인이 개인자격으로 납입을 맡을 은행으로부터 차입하여 그것으로 주금납입을 마친 뒤 회사가 성립한 다음 회사는 위 은행으로부터 납입금을 반환받아 발기인이었던 자에게 대부하여 은행차입금을 갚게 하는 변칙적 형태[66]와 회사가

---

60) 권(기)[회], 450면 ; 손(주)[상], 536면 ; 안(동)[상], 559면 ; 이(기)·최[회], 183면 ; 이(철)[회], 262면 ; 정(동)[회], 122면 ; 정(무)[상], 367면 ; 최(기)[상], 593면.

61) 안(동)[상], 559면 ; 이(기)·최[회], 183면 ; 정(동)[회], 전게서, 122면 ; 정(무)[상], 367면 ; 정(찬)[상], 650면.

62) 김(영)[회], 245면 ; 손(주)[상], 536면 ; 이(철)[회], 209면.

63) 최(기)[상], 593면.

64) 채(이)[상], 421면.

65) 정(동)[회], 123면 ; 정(찬)[상], 604면 ; 최(기)[상], 593면 ; 大隅健一郎, "株式拂入取扱銀行の保管證明責任", 法學論叢 第76卷 1=2号, 1964, 139頁 ; 鴻常夫, 商法研究ノート, 日本評論社, 87頁.

66) 이(기)·최[회], 184 ; 최(기)[상], 593면 ; 日本 最判 1973.12.6. 判決, 最民集 第17卷 12号, 1633頁.

자기자금을 대부하여 타인명의에 의해 납입시키는 형태로 타인명의에 의한 자기주식납입 이른바 회사자금에 의한 가장납입도 있다.[67)]

현재 대법원 판례는 위장금에 대하여 금전의 이동에 따른 현실의 납입이 있는 것이고, 실제로는 납입의 가장수단으로 이용된 것이라 하더라도 이는 발기인 등의 주관적인 의도의 문제에 불과하므로, 회사의 설립과 같은 집단적 절차의 일환을 이루는 주금납입의 효력은 유효하다고 본다. 그러나 학설들은 대체적으로 가장납입에 의한 주금납입의 효력을 인정할 수 없다고 한다. 또한 가장납입에 관여한 발기인이나 이사 등은 납입가장죄(상 628조①)와 공정증서원본부실기재죄(형 228조) 및 동행사죄(형 229조)에 해당한다.

【판례】

[5] 대법원 1998.12.23. 선고, 97다20649 판결

주식회사를 설립하면서 일시적인 차입금으로 주금납입의 외형을 갖추고 회사 설립절차를 마친 다음 바로 그 납입금을 인출하여 차입금을 변제하는 이른바 가장납입의 경우에도 주금납입의 효력을 부인할 수는 없는 것이므로(대법원 1997.5.23. 선고 95다5790 판결 등 참조), 피고 회사 설립 당시 원래 주주들이 주식인수인으로서 주식을 인수하고 가장납입의 형태로 주금을 납입한 이상 그들은 바로 피고 회사의 주주이고, 그 후 그들이 회사가 청구한 주금 상당액을 납입하지 아니하였다고 하더라도 이는 회사 또는 OOO에 대한 채무불이행에 불과할 뿐 그러한 사유만으로 주주로서의 지위를 상실하게 된다고는 할 수 없다. 또한 원고들이 피고 회사가 정한 납입일까지 주금 상당액을 납입하지 아니한 채 그로부터 상당 기간이 지난 후 비로소 피고 회사의 주주임을 주장하였다고 하여 신의성실의 원칙에 반한다고도 할 수 없다.

3) 현물출자

현물출자는 금액출자의 납입기일에 출자의 목적인 재산의 전부를 인도하여야 한다. 다만 등기·등록 기타 권리의 설정 또는 이전을 요하는 재산은 이에 관한 서류를 완비하여

---

67) 안(동)[상], 559면 ; 日本 東京地判 1973.10.31. 判決, 下民集 第14卷 10号, 2165頁.

교부하면 된다(상 305조③, 295조②).

(4) 주금납입의 불이행에 대한 효과

모집설립의 경우, 주식인수인이 납입하지 않을 때는 실권절차를 밟을 수 있다(상 307조). 물론 주금납입을 청구하고 강제집행할 수 있지만, 그렇게 되면 회사설립이 지체되므로, 실권절차를 통해 주식인수인의 지위를 박탈하고 새로운 주식인수인을 구하는 방식을 마련한 것이다(상 307조②). 즉 발기인은 일정한 기일을 정하여 그 기일 내에 납입을 하지 않으면 그 권리를 잃는다는 뜻을 기일의 2주간 전에 주식인수인에게 통지하여야 한다(상 307조①). 그래도 납입하지 않아서 당연히 실권하면 다시 그 주식에 대한 주주를 모집하거나 발기인이 스스로 인수할 수 있다. 이 경우에 손해가 발생하면 실권한 주식인수인에게 배상을 청구할 수 있다.

5. 창립총회

(1) 창립총회의 의의와 소집

창립총회는 주식에 대한 주금납입과 현물출자 등 출자의 이행이 완료된 때에 발기인에 의하여 소집된다(상 308조①).

창립총회는 주식인수인 전원으로 구성되는 설립 중의 회사의 의사결정기관이며 회사성립 후의 주주총회에 해당한다. 따라서 주주총회에 관한 다음과 같은 규정이 창립총회에 준용된다(상 308조②). 예컨대 소집의 통지(상 363조), 소집장소(상 364조), 의결권의 행사(상 368조), 의결권(상 369조), 의결권수의 계산(상 371조), 총회의 연기·속행의 결의(상 372조), 총회의 의사록(상 373조), 결의취소의 소(상 376조), 제소주주의 담보제공의무, 의결취소의 등기(상 378조), 법원의 재량에 의한 청구기각, 결의무효확인의 소(상 380조), 부당결의의 취소·변경의 소(상 381조), 종류주주총회(상 435조) 등이다.

창립총회의 결의는 「출석한 주식인수인의 의결권의 3분의 2 이상이며, 인수된 주식총수의 과반수에 해당하는 다수」이어야 하므로(상 309조), 주주총회(상 434조)보다 엄격하다. 이는 설립단계에서 결의의 신중을 기하고 결의에 대한 발기인의 영향력을 약화시키기 위한 것이다.

(2) 창립총회의 기능

창립총회에서 다루어지는 사항은 다음과 같다.

1) 발기인으로부터 회사의 창립에 관한 사항의 보고를 받는 것

2) 이사와 감사의 선임

3) 설립경과의 조사

4) 변태설립사항의 변경

5) 정관변경 또는 설립폐지의 결의

(3) 이사회의 대표이사 선임

정관에 달리 정한 바가 없으면 창립총회에서 선임된 이사들이 이사회를 열어 대표이사를 선임한다. 수인의 대표이사를 선임하는 경우에는 공동대표를 할 것으로 결정할 수도 있다. 다만, 자본금의 액면총액이 10억원 미만인 회사로서 이사가 1인인 경우에는 그 이사가 회사를 대표하므로 별도의 이사회를 개최하지 않는다(상 383조⑥).

제6절 설립등기

Ⅰ. 설립등기의 의의와 목적

상법은 정관의 작성, 주식인수 등 회사의 실체가 완성된 후에 설립등기를 하도록 요구하고 있다. 회사는 설립등기에 의하여 성립된다(상 172조).

회사의 설립이 준칙주의에 의하므로 법원으로 하여금 회사설립을 위한 법정요건이 적법하게 이루어졌는가를 조사할 기회를 주는 동시에 회사와 이해관계를 가지는 다수인에 대하여 회사성립의 사실과 그 조직의 대강을 공시하여 이들로 하여금 불측의 손해를 입지 않도록 하기 위해서이다.

Ⅱ. 등기절차

1. 등기시기와 장소

발기설립의 경우에는 이사와 감사 또는 공증인의 회사 설립경과에 대한 조사·보고가 종료한 날로부터 2주간 내에, 변태설립사항이 있는 경우에는 변태설립사항에 관한 그 조사절차 및 법원의 변경처분이 종료한 때로부터 2주간 내에 하여야 한다(상 317조①). 모집설립의 경우에는 창립총회가 종결한 날 또는 변태설립사항의 변경 절차가 종료한 날로부터 2주간 내에 하여야 한다(상 317조①).

주식회사의 설립은 본점소재지에 등기하지만, 지점이 있다면 본점소재지에서 설립등기를 한 후 2주간 내에 지점소재지에서도 그 등기사항을 등기하여야 한다.

2. 등기신청인

주식회사의 설립등기신청도 등기신청의 일반원칙이 적용된다. 따라서 비송사건절차법 제149조에서 회사등기는 법령에 다른 규정이 있는 경우를 제외하고 그 대표자가 이를 신청한다고 되어 있으므로, 주식회사의 설립등기는 대표이사가 신청한다.

자본액면금 총액이 10억원 미만인 회사로써 이사가 1인인 경우에는 그 이사가 회사를 대표하므로 그 자가 신청한다.

Ⅲ. 등기사항과 첨부서류

설립등기는 다음의 사항을 등기하여야 한다(상 317조②각호).

①회사의 목적, 상호, 회사가 발행할 주식의 총수, 1주의 금액, 회사의 설립시에 발행하는 주식총수, 본점의 소재지, 회사의 공고하는 방법

②자본금의 액(개정전 자본의 총액)

③발행주식의 총수, 그 종류와 각종 주식의 내용과 수

④주식의 양도에 관하여 이사회의 승인을 얻도록 정한 때에는 그 규정

⑤주식매수선택권을 부여하도록 정한 때에는 그 규정

⑥ 지점의 소재지

⑦ 회사의 존립기간 또는 해산사유를 정한 때에는 그 기간 또는 사유

⑧ 주주에게 배당할 이익으로 주식을 소각할 것을 정한 때에는 그 규정

⑨ 전환주식을 발행하는 경우에는 전환주식에 관한 상법 제347조 소정의 사항

⑩ 사내이사, 사외이사, 그 밖에 상무에 종사하지 아니하는 이사, 감사의 성명·주민등록번호

⑪ 회사를 대표할 이사의 성명·주민등록번호 및 주소

⑫ 수인의 대표이사가 공동으로 회사를 대표할 것을 정한 때에는 그 규정

⑬ 명의개서대리인을 둔 때에는 그 상호 및 본점소재지

⑭ 감사위원회를 설치한 때에는 감사위원회 위원의 성명 및 주민등록번호

주식회사의 지점의 설치와 이전 시 지점소재지 또는 신지점소재지에서 등기를 할 때에는 제289조 제1항 제1호(목적), 제2호(상호), 제6호(본점의 소재지), 제7호((회사가 공고하는 방법)와, 제317조 제2항 제4호(회사의 존립기간 또는 해산사유를 정한 때에는 그 기간 또는 사유), 제9호(회사를 대표할 이사 또는 집행임원의 성명·주민등록번호 및 주소), 제10호(둘 이상의 대표이사 또는 대표집행임원이 공동으로 회사를 대표할 것을 정한 경우에는 그 규정)을 등기하여야 한다. 또한 위의 등기사항 중에 변경이 있 때에는 변경등기를 하여야 한다(상 317조④).

설립등기의 신청서에는 일정한 서류를 첨부하여야 한다(상등 19조 i ~xi). 이와 같은 설립 등기를 해태한 때에는 과태료의 제재를 받게 되며(상 635조), 설립등기를 위하여 주식총수의 인수나 납입 또는 현물출자의 이행 등에 관하여 법원을 기만한 때에는 형벌에 의한 제재를 받게 된다(상 625조).

Ⅳ. 등기의 효력

1. 본래의 효과

회사는 본점소재지에서 설립등기를 함으로써 성립하게 되고 법인으로서 존재하게 된다(상 172조). 회사가 성립하게 되면 설립 중의 회사의 구성원이었던 주식인수인은 주주가 되며 그 기관인 발기인의 권한 내의 행위 에 의하여 설립 중의 회사에 속해 있던 권리의무는 특별한 이전행위 없이 당연히 회사에 귀속하게 된다.

2. 특별한 효과

설립등기에 의하여 주식회사에는 다음과 같은 특유한 효과가 발생한다.

(1) 주식인수의 무효주장, 취소의 제한

회사설립 후에는 주식을 인수한 자는 주식청약서의 요건의 흠결을 이유로 하여 그 인수의 무효를 주장하거나 사기·강박 또는 착오를 이유로 그 인수를 취소하지 못한다(상 320조).

(2) 권리주 양도 제한의 해제

주식의 인수로 인한 권리의 양도는 회사에 대하여 효력이 없다(상 319조). 권리주는 주식인수인의 지위를 말한다. 권리주의 양도를 자유롭게 하면 투기의 남용을 조장하게 된다. 따라서 상법은 권리주의 양도는 회사에 대하여 효력이 없다고 한 것이다. 그러나 회사성립과 동시에 주식으로 되기 때문에 양도가 가능하게 된다.

(3) 주권발행의 허용

권리주양도의 제한을 확보하기 위하여 회사의 성립 전에는 주권의 발행을 못하도록 하고 있으며 이에 위반하여 주권을 발행한 경우에는 무효로 됨과 동시에 이러한 주권을 발행한 자는 손해배상의 책임을 부담하게 되고 또 과태료의 제재도 받는다(상 636조). 즉 주권의 발행은 회사성립 후에만 가능하며 또 성립 후에는 회사는 지체없이 주권을 발행하여야 한다.

제7절 설립에 관한 책임

Ⅰ. 서언

주식회사의 설립절차는 복잡하므로 잘못하거나 부정이 일어나기 쉽고 또 처음부터 사기목적으로 회사를 설립하게 되는 수도 있다. 더구나 자본단체인 주식회사의 불건전한 설립은 많은 이해관계인에게 손해를 줄 염려가 있다.

상법은 준칙주의의 결함을 보충하기 위하여 설립에 참여한 자에게 엄중한 민사책임은 물론이고 형사책임까지 부담시키고 있다. 회사설립에 참여하는 자로는 발기인·이사·감사·검사인 등이 있으나 그 중에서도 발기인에게 가장 무거운 책임을 부담시키고 있다.

Ⅱ. 발기인의 책임

1. 서

발기인은 주식회사 설립행위의 주담당자이므로 설립에 관한 책임을 부담하는 것은 당연하다. 발기인의 책임은 회사성립의 경우와 회사불성립의 경우로 나누어진다.

2. 회사가 성립한 경우

(1) 회사에 대한 책임

1) 자본금충실의 책임

회사설립시에 발행한 주식으로서 회사성립 후에 아직 인수되지 아니한 주식이 있거나 주식인수의 청약이 취소된 때에는 발기인이 이를 공동으로 인수한 것으로 본다(상 321조①, 인수담보책임). 회사성립 후 납입을 완료하지 못한 주식이 있는 때에는 발기인은 연대하여 납입할 책임을 부담한다(상 321조②, 납입담보책임). 이것을 발기인의 자본금충실의 책임이라고 한다.

법정책임으로 발기인의 무과실연대책임이다. 주식회사의 자본금충실을 도모하고 일부 인수나 납입의 흠결로 인하여 회사의 설립이 무효로 되는 것을 방지하기 위한 특별책임이다.[68] 발기인의 자본금충실의 책임은 채권자보호를 위해 총주주의 동의로써도 면할 수 없다.

2) 손해배상책임

발기인은 설립 중의 회사의 집행기관으로서 회사의 설립사무를 집행하여야 할 임무를 가지고 있다. 따라서 이 임무를 해태하여 회사가 손해가 생긴 때에는 그 발기인은 연대하

---

68) 정(찬)[회], 616면 ; 石田滿, "設立に關する責任", 會社法を學ぶ - 有斐閣選集 38, 有斐閣, 1995, 90頁.

여 배상할 책임이 있다(상 322조).

회사설립 단계에서 한 개인으로서 설립 중의 회사에 대하여 채무를 이행하지 않거나 불법행위를 행하여 회사에 손해를 끼치면 이는 일반원칙에 의하여 배상하여야 한다. 손해배상책임은 과실책임이며, 일단 회사가 성립하게 되면 후에 설립무효가 되어도 이로 인하여 소멸하지 않는다.[69]

(2) 제3자에 대한 책임

회사의 설립에 대한 임무를 해태한 발기인에게 악의 또는 중대한 과실이 있는 때에는 그 발기인은 제3자에 대하여도 연대하여 손해를 배상할 책임이 있다(상 322조②). 발기인이 제3자와 직접적인 법률관계가 없다 하더라도, 발기인의 회사에 대한 임무의 해태로 인하여 제3자에게 손해를 미친 경우 발기인이 손해배상책임을 져야 한다.

발기인이 배상책임을 부담하여야 할 제3자의 범위에 대하여는 넓게 회사 이외의 자를 가리키는 것으로써 주주도 포함시켜야 한다.[70] 이것은 상법 제322조 제2항에서 제3자라고만 규정하였을 뿐 특히 주주를 제외하고 있지 않기 때문이다.

이 책임은 악의·중과실로 인하여 임무를 해태한 발기인의 연대책임이지만, 이 경우에 이사 또는 감사가 같이 악의·중과실로 인하여 임무를 해태하여 제3자에게 손해를 준 때에는 발기인·이사·감사는 연대하여 그 손해를 배상할 책임을 진다(상 323조). 일단 회사가 성립한 경우에는 설립무효의 판결이 확정되더라도 발기인은 제3자에 대하여 손해배상책임을 진다.

3. 회사가 성립하지 아니한 경우

회사가 성립하지 못한 경우에 발기인은 그 설립에 관한 행위에 대하여 연대책임을 진다(상 326조①). 이 경우에 회사의 설립에 관하여 지급한 비용은 발기인이 부담하여야 한다(상 326조②). 이 규정의 취지 내지 입법이유에 대하여 여러 가지 설이 있으나 회사가 성립하지 못한 경우에도 설립 중의 회사는 소급하여 존재하지 않는 것이 아니라 목적의 성취불능에 의하여 해산하고 청산되는 것이다. 상법은 주식인수인의 보호와 설립 중의 회사가 행한 거

---

69) 권(기)[회], 465면 ; 이·외[회], 189면 ; 이(철)[회], 272면 ; 정(동)[회], 163면 ; 채(이)[상], 443면 ; 최(기)[상], 613면.

70) 권(기)[회], 467면 ; 이·외[회], 190면 ; 이(철)[회] 270면 ; 정(찬)[상], 667면 ; 정(희)[상], 386면 ; 채(이)[상], 445면.

래상의 채권자보호를 위하여 발기인 전원에게 모든 책임을 규정한 것이다.[71]

이 책임이 성립되려면 회사불성립의 경우 즉 회사의 설립절차에 착수하였으나 그 절차가 중도에서 좌절되고 설립등기에 의하여 성립할 수 없게 된 경우이어야 한다.

발기인이 책임을 부담하는 것은 회사의 설립에 관하여 행한 행위에 한정하는 데, 회사가 성립하게 되면 그 효과가 당연히 회사에 귀속되었을 것을 말한다. 이 책임은 발기인 전원이 지며, 무과실책임이므로 회사불성립에 대해 발기인의 고의·과실 유무를 가리지 않는다.[72]

Ⅲ. 이사·감사(감사위원)·공증인·감정인의 책임

이사와 감사(감사위원회가 설치된 경우에 감사위원)는 설립 중의 회사의 조사기관으로서의 지위를 가지게 되므로 선량한 관리자의 주의로써 설립절차를 조사하여 발기인 또는 창립총회에 보고하여야 한다(상 298조①, 313조①). 이러한 임무를 해태하여 회사 또는 제3자에게 대하여 손해를 생기게 한 때에는 그 이사와 감사는 이를 배상할 책임을 진다(상 323조). 이 경우에 발기인도 손해배상책임을 부담하는 때에는 그 이사·감사와 연대하여 손해배상책임을 진다(상 323조). 이사·감사 등의 이러한 책임은 과실책임이며, 총주주의 동의에 의하여 면제될 수 있다(상 324조, 400조 유추적용). 다만 제3자에 대한 책임의 경우에, 발기인의 책임과 마찬가지로 「악의 또는 중과실」이 있어야 한다고 해석한다.[73]

공증인이나 감정인 그리고 감사위원의 책임에 대한 규정은 마련되어 있지 아니하다. 상법 제323조를 유추적용하여 이사·감사의 경우와 동일하게 해석하여야 한다.[74]

Ⅳ. 검사인의 책임

모집설립의 경우 정관에 변태설립사항의 기재가 있는 때에는 이를 조사하기 위하여 발기인이 검사인의 선임을 법원에 청구하여야 하며 검사인의 보고서는 창립총회에 제출하여

---

71) 권(기)[회], 467면 ; 서·정, 336면 ; 이(기)·최[회], 197면 ; 이(철)[회], 271면 ; 정(동)[회], 166면 ; 정(찬)[상], 667면.

72) 이(철)[회], 271면 ; 정(동)[회], 168면 ; 정(찬)[상], 667~668면.

73) 이·외[회], 193면 ; 이(철)[회], 264면 ; 정(동)[회], 168면 ; 정(희)[상], 387면 ; 최(기)[상], 617면.

74) 권(기)[회], 469면 ; 이(철)[회], 272면.

야 한다(상 310조).

발기설립의 경우에는 상법 제295조에 의한 납입과 현물출자의 이행이 완료되면 발기인은 지체 없이 이사와 감사를 선임하여야 하며, 이사는 취임 후 지체 없이 회사설립의 경과를 조사하기 위하여 검사인의 선임을 법원에 청구하여야 한다(상 298조). 검사인은 회사설립경과를 조사하여 법원에 보고하여야 한다(상 299조, 321조).

법원이 선임한 검사인이 전술한 모집설립의 경우의 변태설립사항의 조사나 발기설립의 경우의 설립경과에 대한 조사를 함에 있어서 악의 또는 중대한 과실로 인하여 그 임무를 해태한 때에는 회사 또는 제3자에 대하여 손해를 배상할 책임이 있다(상 325조). 이러한 책임은 상법이 인정하는 법정책임으로 보아야 한다. 법원이 선임한 검사인은 회사 또는 제3자에 대해 아무런 법률관계가 없다. 그럼에도 불구하고 상법은 주식인수인과 회사채권자를 보호하기 위해 검사인의 책임을 인정한 것이다.

V. 유사발기인의 책임

유사발기인이란 발기인은 아니지만 주식청약서 기타 주식모집에 관한 서면에 성명과 회사의 설립에 찬조하는 뜻을 기재할 것을 승락한 자로서 발기인과 동일한 책임을 지는 자이다(상 327조).

발기인 이외의 자라도 그 성명이 설립찬조자로서 소정의 문서에 기재된 때에는 대외적으로 그 자를 발기인으로 오인하여 주식의 청약을 하는 것이 보통이다. 상법에는 형식적으로 정관에 발기인으로서 기명날인한 자만을 발기인으로 하고 있으므로 그 이외의 자는 발기인으로서의 책임을 부담하지 않도록 되어 있다. 이에 외관을 신뢰한 자를 보호하기 위하여 자기의 성명을 설립찬조자로서 기재할 것을 승락한 자에게 일정한 책임을 부담시키고 있다. 따라서 그 이론적 기초는 금반언칙 내지 외관이론에 있는 것이다.

책임의 성질은 상법에서 인정하는 법정책임이 되며, 총주주의 동의로도 면제될 수 없다.[75)]

유사발기인으로 책임을 부담하기 위해서는 주식청약서 기타 주식모집에 관한 서면에 설립찬조의 뜻을 기재할 것을 승낙하여야 한다. 주식청약서 기타 주식모집에 관한 서면이란

---

75) 정(동)[회], 167면.

주식청약서 이외에도 주주를 모집하는 광고나 주식회사의 설립안내문 그리고 주식인수를 권유하는 서면 등을 들 수 있다. 반드시 인쇄되어야 하는 것이 아니므로, 서면이 아닐지라도 TV나 라디오 등의 광고나 안내 등을 포함시킨다고 본다.

설립에 찬조하는 뜻이란 직접적으로 설립지지를 명시하거나 간접적으로 고문과 자문위원이나 설립위원 등의 명칭을 사용해 표현하는 것도 될 수 있다. 그리고 승낙이란 명시적 뿐만 아니라 묵시적 승낙도 포함한다.[76]

제8절 설립의 무효

Ⅰ. 서언

회사의 실체를 형성하는 절차를 거쳐서 설립등기가 이루어져 회사가 외형상 유효하게 성립하게 되더라도 그 설립에 중대한 하자가 있기 때문에 무효로 되는 경우가 있다. 이러한 경우 법의 일반원칙에 의하면 누구나 언제든지 어떠한 방법으로라도 이를 주장할 수 있을 뿐 아니라 회사는 법률상 처음부터 존재하지 아니하였던 것으로 되고 회사와 거래한 제3자는 회사를 대표한 개인에게 책임을 묻는데 지나지 않는다.

그러나 일단 설립등기가 이루어지면 회사는 외관상 유효하게 성립되며 이것을 전제로 하여 거래가 이루어지고 따라서 많은 이해관계가 생기게 된다. 그러므로 상법은 설립무효의 소 제도를 인정하고 무효의 주장을 가능한 한 제한함과 동시에 법률관계의 획일적 확정을 도모하고 있다. 일단 성립한 회사에 대하여 설립의 무효를 주장하는 소를 설립무효의 소라고 한다.

Ⅱ. 설립무효의 원인

일단 성립한 주식회사의 설립을 무효로 하는 사유를 설립무효의 원인이라고 한다. 일반적으로 설립무효의 원인에는 설립에 참여한 사원개인의 주관적 하자로 인한 주관적 무효

76) 이(철)[회], 272면.

원인과 설립절차에 관한 객관적 하자로 인한 객관적 무효원인으로 나누어지는데, 주식회사에서는 후자가 인정될 뿐이다.[77]

이것은 사원의 개성에 중점을 두는 합명회사나 합자회사의 경우와는 달리 주주의 개성을 중요시하지 않기 때문이다. 상법에는 설립무효의 원인에 대하여 규정이 없다. 따라서 일반적으로 회사의 목적이 사회질서에 반하거나 설립절차가 강행규정에 위반하는 경우에는 설립이 무효로 된다. 따라서 법의 규정을 개별적·구체적으로 검토할 수밖에 없다.

설립무효 원인의 주요한 내용은 다음과 같다. ① 설립목적이 위법하거나 사회질서에 반하게 될 때, ② 발기인이 전혀 존재하지 아니하게 될 때, ③ 정관의 작성이 없거나 작성이 있더라도 그 절대적 기재사항이 누락 되었을 때, ④ 발기인의 기명날인이나 서명이 없거나 무효인 때, ⑤ 회사설립시에 발행하는 주식에 관하여는 정관에 다른 정함이 없으면 발기인 전원의 동의로 정하도록 하였는데 이에 위반한 경우, ⑥ 설립시에 발행하는 주식수가 발행예정주식총수의 4분의 1에 미달할 때(삭제), ⑦ 설립시 발행주식총수의 인수 또는 납입이 이루어지지 않아 발기인이의 인수담보책임이나 납입담보책임만으로 자본충실이 불가능할 때, ⑧ 발기설립의 경우에 발기인이 이사와 감사의 선임절차를 밟지 아니한 때, ⑨ 모집설립에서 창립총회의 소집(상 308조)이 전혀 없는 경우, 또는 창립총회에서 회사의 창립에 관한 사항에 대해 이사와 감사의 선임이 없거나, 설립경과의 조사보고 등이 전혀 이루어지지 않은 경우, ⑩ 설립등기가 무효로 된 경우 등이다.

Ⅲ. 설립무효의 소

1. 설립무효의 주장

주식회사의 설립의 무효는 회사성립의 날로부터 2년 이내에 소로써만 주장할 수 있다(상 328조①).

소의 원고는 주주·이사 또는 감사이다. 여기서 말하는 주주·이사 또는 감사는 소를 제기할 때부터 구두변론이 종결할 때까지 계속하여 주주·이사·감사이어야 하나 회사설립당초부터 그러함을 요하지 않는다. 피고는 항상 회사이다. 소에 관하여 회사를 대표할 자는 일반주주가 원고인 경우에는 대표이사가 되며, 이사가 원고인 경우에는 그 소에 대하여

77) 권(기)[회], 133면 ; 손(주)[상], 599면 ; 이(철)[회], 273면 ; 정(동)[회], 154면 ; 정(희)[상], 383면.

감사가 회사를 대표한다(상 394조).

설립무효의 소는 회사성립의 날로부터 2년 내에 한하여 할 수 있다(상 328조). 그러나 창립총회의 결의의 취소사유인 하자를 이유로 할 때에는 결의의 날로부터 2월내에 제소할 수 있다(상 308조·376조).

설립무효의 소는 본점소재지의 지방법원의 관할에 전속한다(상 186조). 소가 제기된 때에는 회사는 지체 없이 이를 공고하여야 한다(상 187조). 수개의 설립무효의 소가 제기된 때에는 병합심리하여야 한다. 설립무효의 소가 심리 중에 원인이 된 하자가 보완되고 회사의 현황과 제반사정을 참작하여 설립을 무효로 하는 것이 부당하다고 인정한 때에는 그 청구를 기각할 수 있다(상 189조).

2. 판결의 효력

원고가 승소한 경우 당사자 이외의 제3자에게도 효력이 미친다. 즉 대세적 효력이 있다. 그러나 이 경우 소급효가 제한되고 장래에 대해서만 효력이 있다.

원고가 패소한 경우 당사자 간에만 그 효력이 있을 뿐 다른 자는 다시 설립무효의 소를 제기할 수 있다. 패소한 원고에게 악의 또는 중대한 과실이 있는 때에는 회사에 대하여 연대하여 손해배상의 책임을 진다(상 191조).

Ⅳ. 설립무효와 회사부존재의 구별

회사부존재라 함은 회사의 설립절차를 모두 결여하고 설립등기만 되어 있는 경우이다. 따라서 설립절차를 거쳐서 설립등기를 하였으나 그 설립에 중대한 하자가 있기 때문에 무효로 된 회사의 설립무효와 구별된다. 또한 회사의 설립절차가 도중에서 좌절되어 설립등기를 하지 못하게 된 회사의 불성립과 다르다.

회사부존재는 구체적으로 개인이 제멋대로 회사라는 명칭을 사용하여 사업을 경영하고 가공의 설립등기를 하는 경우, 정관의 작성이 없는 경우, 창립총회를 개최한 흔적이 없고 따라서 이사 등 기관의 선임을 하지 않는 경우 등을 예로 들 수 있다. 그러나 정관·기관 등의 흠결 중 어느 하나만 있으면 회사의 부존재는 아니며 이는 개별적으로 설립무효의 원인이 되기 때문이다.

회사부존재의 주장은 누구나 언제든지 어떠한 방법으로라도 가능하며, 사실상의 회사의 청산을 할 필요도 없다. 부존재의 회사와 거래한 제3자에 대하여는 이를 대표한 자가 무권대리인으로서의 책임을 부담하여야 한다(민 135조).

〈주식회사설립〉

설립조합 — **정관기재(§288)** — **정관작성(인증)** ← **실체구성** → **설립등기(§317)** ← **사실상의 회사** → **설립무효판결**

설립조합

· 회사설립계약합의시 성립

정관기재(§288)

1. **절대적 기재사항(§ 289)**
2. **상대적 기재사항 중 변태설립사항(§ 290)**
   (회사채권자의 이익과 자본금 충실원칙을 해칠 우려가 있는 사항)
   ① 발기인의 특별이익
   ② 현물출자
   ③ 재산인수
   ④ 설립비용 · 발기인보수
3. **정관인증(공증인)**
   → 정관효력발생
   다만, 발기설립하는 자본금 10억 미만 회사는 발기인의 기명날인(서명)으로 효력발생

주식배정		회사설립
주식청약인	주식인수인	주 주
	← 권리주(주식인수인의 지위) → 양도제한(§319): 당사자 간 유효 회사에 대한 효력 없음	← 주식(주주의 지위) 양도 자유

실체구성

1. 사원 확정
2. 자본금형성
3. 기관 구성

주식발행사항의 결정(§291) : 발기인 전원 동의

① 주식의 종류와 수
② 액면 이상의 주식을 발행할 때에는 그 수와 금액
③ 무액면주식을 발행하는 경우에는 주식의 발행가액과 주식의 발행가액 중 자본금으로 계상하는 금액

발기인 조합

발기인조합과 설립 중 회사와의 관계

(1) **인적 범위 일치**(발기인)
(2) **양자병존**
 – 설립시기 차이, 단 설립 중 회사성립시기에 관한 "① 정관인증시설"에 따르면 동일
(3) 발기인은 발기인조합의 지시에 따라 설립 중 회사의 기관자격으로 업무집행 → 설립 중 회사에 권리의무 귀속
(회사 성립시 회사에 승계, 회사 불성립시 발기인조합에 귀속)

? ← **설립 중 회사(태아)** →

始期에 관한 학설
① **정관인증시설 : 설립행위 – 정관작성, 주식인수 – 별도계약**
② 발기인 1주 이상 인수시설(판례)
③ 설립시 발행주식총수 인수시설
④ 최저자본금 인수시설 (×)

(②~④) 설립행위(=합동행위) – 정관작성 + 주식인수

설립등기(§317)

· **설립등기의 효력**
1. 창설적 효력
2. 보완적 효력
3. 해제적 효력

동일성설

사실상의 회사

· 법률관계 인정
설립무효의 소급효 불인정
(무효법리에 대한 예외)

설립무효판결

· **설립무효의 소** : 객관적 설립무효원인(§328)
원고 : 주주, 이사, 감사
피고 : 회사
소제기 기간 : 성립일로부터 2년내
효력 : 원고승소 – 대세적 효력
원고패소 – 당사자 간에만 효력

· **설립에 관한 발기인의 책임**

책임
- 회사 성립시
  - 회사
    - 자본금충실책임(연대 · 무과실)
      - 인수담보책임(§321①)
      - 납입담보책임(§321②)
    - 손해배상책임(연대 · 과실, §322①)
  - 제3자 – 손해배상책임(연대 · 중과실, §322②)
- 회사 불성립시 — 손해배상책임(연대 · 무과실, §326)

회사

설립 중 회사의 권리 · 의무 → 회사가 승계
· **승계범위에 관한 학설**
① 설립자체를 직접 목적으로 하는 행위
(주주모집, 납입금수령)
② ① +회사설립을 위해 필요한 법률상 행위(통설)
(설립사무실 임차, 설립사무원 고용)
③ ② **+개업준비행위(판례)**
(종업원고용계약, 제품공급계약, 금전소비대차계약)

발기설립 : 폐쇄적 설립방법

1. 발기인의 주식인수(§293) : → 주식인수인(단순서면)
2. 출자이행(§295) : 지정금융기관
3. 임원 선임(§296) : 주식인수인의 의결권 과반수(1권리주 1의결권)
4. 대표이사 선임(§389) : 이사회
5. 발기인 의사록작성(§297)
6. 설립경과의 조사 · 보고(§298)
 – 이사 · 감사(발기인 · 현물출자자 · 재산인수인 제외) → 발기인
 – 공증인(이사 · 감사 전원이 발기인 · 현물출자자 · 재산인수인인 경우) → 발기인
7. 검사인 선임청구(§298) : 변태설립사항이 있는 경우(이사 → 법원)
8. 검사인의 조사 · 보고(§299) : 검사인 → 법원검사인 변태설립사항 조사하여 법원에 보고(자본금충실원칙 침해우려 없는 경우 조사대상에서 제외)
 – 공증인의 조사 · 보고(발기인특별이익, 설립비용 · 발기인의 보수), 감정인(현물출자, 재산인수, 주금납입사항)의 감정으로 갈음가능(§299의2)
9. 법원의 변경처분(§300)

모집설립 : 개방적 설립방법

1. 발기인의 주식인수(§301)
2. 주주의 모집(§302)
3. 주식인수
 ① 인수청약(§302) : 반드시 주식청약서로, ② 배정(§303) : 발기인 자유
4. 출자이행(§305) : 지정금융기관
 ① 가장납입방지(§318) : 납입금보관자의 증명과 책임 ② 실권절차(§307) : 재모집 가능
5. 창립총회(§308) : 설립 중 회사의 최고의결기관
 ① 설립사항보고(§301) : 발기인이 주식인수와 납입, 변태설립사항 보고 변태설립사항은 창립총회에서 변경가능(§314)
 ② 임원선임(§312)
  의결정족수 : 주식인수인 의결권의 2/3 이상, 인수주식총수의 과반수, 양 요건 모두 충족(§309)
 ③ 설립경과 조사
  *) §313① : 이사 · 감사(발기인 · 현물출자자 · 재산인수인인 경우 제외)
   §313② : 공증인(이사 · 감사 전원이 발기인 · 현물출자자 · 재산인수인인 경우)
  **) §310 : 변태설립사항이 있는 경우 발기인은 법원에 검사인 선임청구
 ④ 정관변경, 설립폐지 결의가능(§316) : 소집통지서에 그 뜻이 없어도 가능
6. 대표이사 선임(§389) : 이사회

▌제3장▌

주식과 주주

제1절 주식과 주주의 기본개념

Ⅰ. 주식의 의의

1. 주식의 개념

주식이라 함은 주식회사의 사원인 주주가 회사에 대하여 갖는 일정한 지분을 뜻하며, 법률상 두 가지 뜻을 갖고 있다. 첫째는 사원의 지위 또는 자격으로서의 주식이며, 둘째는 자본금의 구성부분으로서의 주식이다.

또한 통속적으로는 주주권을 표창하는 유가증권도 주식이라고 하는데 상법에서는 이를 주권이라고 부른다.

회사는 법인이므로 회사사업은 회사의 소유에 속한다. 주식회사의 사원은 사업에 대하여 일정한 지분을 가지는데 이는 법률적으로 사원이 회사에 대하여 갖는 각종 권리의무의 기초가 된다. 또 지분은 사원의 회사에 대한 법률상의 지위를 뜻하는 바 자본단체인 주식회사에 있어서의 지분을 주식이라고 한다. 즉 주식은 사원의 법률상의 지위 혹은 주주권을 의미한다. 주주권은 자익권과 공익권이 있다.

비율적으로 세분화되어 주식회사의 자본금을 구성하는 출자단위를 주식이라 한다. 회사는 정관으로 정한 경우에는 주식의 전부를 무액면주식으로 발행할 수 있다. 다만, 무액면주식을 발행하는 경우에는 액면주식을 발행할 수 없다(상 329조①). 그리고 액면주식의 금액이 균일할 것을 규정하고 있으므로(상 329조②) 한 개의 주식을 분할하여 수인이 소유할 수는 없다. 그러나 1개의 주식을 수인이 공유할 수는 있다. 이 경우 공동으로 주식을 인수한 자는 연대하여 납입할 책임이 있으며 공유자 중에서 주주권을 행사할 자 1인을 정해야 한다(상 333조). 회사는 정관으로 정한 바에 따라 발행된 액면주식을 무액면주식으로 전환하거나 무액면주식을 액면주식으로 전환할 수 있다(상 329조④)

2. 주식의 성질

주식은 어떠한 성질을 갖는가에 관하여도 종래 여러 학설이 난립하고 있었다. 통설은 주식의 의의에서 본 바와 같이 사원의 지위라고 하여 사원권설을 취하고 있다. 사원권설에 따라 주식의 성질을 설명하고자 한다.

주식회사에 있어서의 회사사업은 법률적·형식적으로는 법인인 회사의 소유에 속하지만 경제적·실질적으로는 주주 전원에게 속하는 것이므로 주주는 각각 회사사업에 대하여 일정한 지분을 가지고 그 지분에 따라서 회사사업으로부터 발생하는 이익의 분배와 회사사업의 지배에 관한 권리를 가진다. 이와 같이 경제적 이익의 향수와 기업지배의 가능성이 있다는 점에 주식의 본질이 있는 것이다. 따라서 주주의 권리는 자익권이든 공익권이든 다 같이 소유권의 변형물에 지나지 않는다. 그러므로 공익권도 주주자신의 이익을 위하여 인정된 권리이며 그것은 자익권의 실현을 보장하기 위한 것이라고 할 수 있다. 이와 같이 주주의 지위는 자익권뿐만 아니라 공익권도 포함되며 주식을 양도하면 자익권과 공익권이 모두 양수인에게 이전된다.

Ⅱ. 주식의 금액

상법은 주식을 일정한 금액으로 표시하는 액면주식과 자본금에 대한 비율만 표시하고 권면액이 없는 무액면주식을 발행할 수 있다. 액면주식의 경우 1주의 금액은 100원 이상으로 하여야 한다(상 329조③).

Ⅲ. 주주의 의의

1. 주주의 개념

주주라 함은 주주권으로서의 주식의 귀속자 즉 주식회사의 구성원을 말한다. 주식회사에서는 주식을 취득함으로써 주주가 된다.

주주가 될 수 있는 것은 자연인에 한하지 않고 법인도 될 수 있다. 자연인은 능력·연령·성별 등에 관계없이 주주가 될 수 있다. 주식회사는 전형적인 물적 회사로서 사원의 개성이 중시되지 않기 때문이다. 영리법인인 회사는 정관상의 목적에 관계없이 다른 회사의 주식을 취득하여 주주가 될 수 있으며 공익법인도 그 목적에 반하지 않는 한 다른 회사의 주주가 될 수 있다.

주식회사에서 주주의 인원수에 대한 상한선에는 제한이 없다. 다만 최소한 1인 이상의 주주가 있어야함은 당연하다.

Ⅳ. 주주평등의 원칙

1. 의의

주주평등의 원칙이란 주식회사의 사원이 그가 갖는 주식의 수에 비례하여 권리의무에 대하여 평등하게 취급되는 것을 말하며, 주식평등의 원칙이라고도 한다. 이 원칙은 회사에 있어서 일반적인 정의형평이념의 반영으로서 인정되는 것이다. 다수주주의 부당한 지배로부터 일반주주를 보호하기 위한 이론으로서 그 중요성이 인정되고 있다.[78]

상법에 주주평등의 원칙을 직접 선언한 규정은 없다. 각 주주가 가지는 권리의무는 각자가 가지는 주식수에 비례하여 정하여진다. 엄밀하게 말하면 주식의 평등이라고 하여야 하겠지만 주주의 지위는 단위화된 각 주식마다 주주의 지위를 관념화할 수 있다는 점에서 주주평등의 원칙이라고 불러도 상관없을 것이다.

2. 적용범위

주주평등의 원칙은 주식의 귀속자인 주주에게 인정되는 것으로 주주인 자격에서 갖는 법률관계에만 적용된다. 주주평등의 원칙의 구체적인 예로는, 의결권을 1주마다 1개[79]로 하며(상 369조①), 이익배당은 각 주주가 가진 주식수에 따라 지급하며(상 464조 본문), 잔여재산은 각 주주가 가진 주식 수에 따라 주주에게 분배되어야 한다(상 538조 본문)는 것을 들 수 있다.

---

78) Harry, S. 14 ; Würdinger, S.49.

79) 주주에게 1주마다 1개의 의결권이 주어지는 일주일의결권원칙은 주주의 출자액에 비례한 위험부담과 회사 지배력 행사 사이에 균등을 도모하기 위한 주주평등의 원칙의 배려에서 나온 제도이다(Kölner Konnentar, S.101ff.).

3. 예외 및 위반의 효과

주주평등의 원칙에 대하여 상법은 약간의 예외를 인정하고 있다. ① 정관의 규정으로 종류주식의 내용과 수를 정하여 이익의 배당, 잔여재산의 분배, 주주총회에서의 의결권의 행사, 상환 및 전환 등에 관하여 내용이 다른 종류의 주식의 발행이 인정되고 있다. 이는 상법이 주식회사에 있어서의 자본조달의 기동성을 위하여 예외로 인정한 것이다. 또한 종류주식에 대하여는 정관에 다른 규정이 없을 때에도 주식의 종류에 따라 신주의 인수, 주식의 병합·소각 또는 회사의 합병·분할로 인한 주식의 배정 등에 관하여 특수한 규정을 할 수 있도록 하였다(상 344조③). 종류주식이 발행된 경우에도 같은 종류주식의 주주들에는 평등원칙이 적용되어야 한다. ② 단주의 처리에 관한 특별규정에 따라 이 범위에서 주주평등의 원칙이 적용되지 않는다. ③ 감사(감사위원회의 위원)의 선임 등에 발행주식총수의 100분의 3 이상을 가진 주주는 그 초과부분에 대해 의결권이 없으며(상 409조), 회사가 취득한 자기주식과 회사, 모회사 및 자회사 또는 자회사가 다른 회사의 발행주식의 총수의 10분의 1을 초과하는 주식을 가지고 있는 경우 그 다른 회사가 가지고 있는 회사 또는 모회사의 주식 등에도 의결권이 없다(상 369조②·③). ④ 소수주주권의 경우에도 그 범위에 따라 주주평등의 원칙이 적용되지 아니한다.

상법에 명문규정이 있는 경우를 제외하고는 정관 또는 주주총회나 정관 또는 주주총회나 이사회의 결의로써도 주주평등의 원칙의 예외를 정한 때에는 정관의 규정 또는 결의는 무효이다.[80]

제2절 주주의 권리와 의무

Ⅰ. 서언

주주권은 주주라는 자격에서 회사에 대하여 갖는 권리를 말한다. 이는 단체법상의 권리이므로 보통의 채권과는 그 성질이 다르다.

---

80) 권(기)[회] 499면 ; 이(철)[회], 313면 ; 정(동)[회], 186면 ; 정(찬)[상], 679면 ; 정(희)[상], 395면.

이 권리는 주식과 별도로 그 자체 독립하여 양도·입질·압류 등의 대상이 되지 못하며 주식의 양도에 의하여 양수인에게 이전된다. 또 단체법상의 권리로서 단체의 통제력에 따르기 때문에 법의 강행규정이나 주주평등의 원칙에 반하지 않거나 고유권의 침해가 되지 않는 한 주주총회의 결의로써 박탈·변경할 수 있다. 주주는 주주의 자격에 따라 회사에 대하여 여러 가지 권리를 갖는다.

Ⅱ. 권리의 분류

1. 공익권·자익권

주주의 권리는 그 권리의 목적에 따라 자익권과 공익권으로 나눈다.

자익권은 주주가 회사로부터 직접 경제적 이익을 받을 것을 목적으로 하는 권리이다. 이 권리는 재산적 내용을 가지므로 재산적 권리라고도 한다. 이익배당청구권(상 462조), 주권교부청구권(상 355조), 주식전환청구권(상 346조), 명의개서청구권(상 337조), 신주인수권(상 418조), 잔여재산분배청구권(상 538조) 등이 이에 속한다.

이에 대하여 공익권은 주주가 회사의 운영·관리에 관여할 것을 목적으로 하는 권리이다. 이 권리는 회사의 의사결정에 참여하거나 부당한 회사운영을 감독·시정하거나 그 구제를 구하는 것 등을 내용으로 하는 권리로서 의결권(상 369조), 회사의 설립무효의 판결을 구하는 권리(상 328조), 주주총회의 결의의 취소·무효를 제소하는 권리(상 376조·380조), 대표소송을 제기하는 권리(상 403조), 이사·감사의 해임청구권(상 385조·415조), 회사의 업무 및 재산상태의 검사청구권(상 467조), 해산판결청구권(상 520조) 등을 들 수 있다.

2. 단독주주권·소수주주권

주주의 권리 중에는 주주가 가진 주식수와 관계없이 각 주주가 단독으로 행사할 수 있는 것과 회사가 발행한 주식총수의 일정수 이상을 가진 주주만이 행사할 수 있는 것이 있다. 전자를 단독주주권이라고 하고 후자를 소수주주권이라고 한다.

단독주주권은 비록 1주를 가진 주주라도 행사할 수 있는 것으로서 의결권(상 369조), 설립무효판결청구권(상 328조), 주식교환무효청구권(상 360조의14), 주식이전무효청구권(상 360조의23),

총회결의취소청구권(상 376조), 총회결의무효판결·부존재확인청구권(상 380조), 신주발행유지청구권(상 424조), 신주발행무효청구권(상 429조), 감자무효청구권(상 445조), 합병무효청구권(상 529조), 분할무효청구권(상 530조의11①) 등이 있다.

소수주주권 가운데 ① 유지청구권(상 402조), 대표소송제기권(상 403조)은 발행주식총수의 100분의 1 이상을 요하고, ② 주주제안권(상 363조의2①), 주주총회소집청구권(상 366조), 집중투표청구권(상 382조의2①), 이사해임청구권(상 385조②), 회계장부열람권(상 466조①), 업무·재산상태검사청구권(상 467조①)은 발행주식총수의 100분의 3 이상을 요하고, ③ 회사해산판결청구권(상 520조)은 100분의 10 이상을 요한다.

상장회사의 경우에는 소수주주권을 손쉽게 행사하도록 하고 있다. 즉 대표소송은 1만분의 1로, 유지청구권은 1만분의 5로, 회계장부열람권은 1만분의 10으로, 이사·감사해임청구와 청산인해임청구는 1만분의 50으로, 주주제안권과 이사집중투표청구권은 1만분의 100으로, 주주총회소집과 업무감사권은 1만분의 150으로 각각 그 요건을 완화하였다(상 542조의6·542조의7②).

3. 주주의 고유권

주주의 권리 중에는 주주총회의 다수결이나 정관변경에 의하여도 회사가 일방적으로 박탈하거나 제한할 수 없는 것이 있다. 이와 같은 권리를 주주의 고유권이라고 한다.

어떠한 권리가 고유권에 속하는가는 주주가 가지는 권리 중 주주로서의 본질적 이익에 관한 것으로서 회사의 단체적 지배에 따르지 않는 영역이 어디까지 인정되는가의 문제에 귀착하게 된다. 단체적 제약 하에 있어야 할 공익권도 오늘날의 상법은 이것을 강행규정으로서 주주의 권리로 인정하고 있으므로 총회의 다수결이나 정관의 변경으로서도 박탈할 수 없는 권리로 보아진다. 또 자익권도 영리법인의 본질에 관계되므로 일반적으로 박탈할 수 없는 것이 원칙이다.

Ⅲ. 주주의 의무

1. 출자의무

주주는 그 주식의 인수가액을 한도로 하는 출자의무를 부담하는데 그치며(상 331조), 그 이외에는 어떠한 의무도 부담하지 않는다. 이것을 주주의 유한책임의 원칙이라고 한다.

그런데 출자의무는 전액납입주의를 취한 결과 회사의 성립 전 또는 신주발행의 효력발생 전에 완전히 이행하여야 하므로(상 295조·305조·421조) 주식인수인의 의무에 지나지 않는다.[81] 따라서 회사성립 후 또는 신주발행의 효력발생 후에는 주주는 회사에 대하여 아무런 의무도 부담하지 않는다.[82]

주주의 유한책임은 주식회사의 본질적인 것으로서 정관 또는 주주총회의 결의에 의하더라도 이를 부정하지 못하며 주주에게 인수가액 이외의 출자의무를 부과시킬 수 없다. 다만 예외적으로 법인격이 부인되는 경우 등에는 전술한 바와 같이 주주가 회사채무에 대하여 책임을 지기도 한다.

2. 출자의무의 이행

출자의무의 이행은 금전출자를 원칙으로 하며, 금전 이외의 현물출자는 엄격한 절차에 따라 예외적으로 인정된다.

출자의무의 이행 방법으로 문제가 되는 것으로 상계, 회사의 대위변제, 어음에 의한 납입 등을 들 수 있다. 2011년 개정상법은 주주는 납입에 대해 상계로써 회사에 대항하지 못한다는 334조를 폐지하는 대신 신주발행시 신주의 인수인은 회사의 동의 없이 주금납입채무와 주식회사에 대한 금전채권을 상계할 수 없도록 하였다(상 421조②). 이는 주주에 의한 상계든 회사에 의한 상계든 상계계약이든 제334조의 해석에 의하면 모두 무효가 되어 대출금의 출자전환조차 무효가 된다는 점을 감안하여 상계에 대한 조건을 완화한 것으로 볼 수 있다.[83] 실무에서는 그전에 회사에 대해 갖는 금융기관 등의 대출채권을 출자전환

81) 권(기)[회] 487면 ; 이·외[회], 221면 ; 이(철)[회], 316면 ; 정(찬)[상], 701~702면.

82) 주주의 간접유한책임 즉 무책임은 지배주주들이 사업실패로 인한 손실을 사회에 전가하는 이른바 기업위험의 외부화(externalization of risk)의 뜻이 있어 윤리적 차원에서의 비판이 따른다(서완석, "지배주주와 주주유한책임원칙", 상사법연구 제23권 제3호, 2004, 432면).

83) 권(기)[회] 450면.

하여 상계를 허용하고 있었다(대법원 1999.1.25, 등기예규 제960호).

또한 회사는 주주의 주금납입의무를 대신하여 이행할 수 없다(대법원 1963.10.22. 선고, 63 다 494 판결). 이를 인정한다면 주주의 납입의무는 소멸되고, 단지 회사의 주주에 대한 일반 금전채권만을 갖게 될 뿐인데, 그렇게 되면 현실적으로 출자이행이 이루어진다고 볼 수 없기 때문이다.

어음은 현금과 동일시할 수 없다. 때문에 어음이 주식납입으로 수수되는 경우에 그 어음이 금전으로 지급된 때에 비로소 주식납입이 완료된 것이다. 어음으로 납입하였을 때에는, 어음금이 지급되는 때에 납입이 있다고 볼 것이다(대법원 1977.4.12. 선고, 76다943 판결).

제3절 주식의 종류

Ⅰ. 서언

원칙적으로 주주는 평등한 권리를 가지므로 각 주식의 권리의 내용은 동일하다. 그러나 법이 인정하는 범위 내에서 정관의 규정에 의하여 권리의 내용이 다른 주식을 발행하고 그 주주의 권리에 대하여 일반의 주주와 다른 취급을 할 수 있다.

특종의 주식의 내용과 수는 정관에 의하여 명백하게 나타나야 하며(상 344조), 주식청약서·등기부·주주명부·주권 등에 각각 기재되어야 한다. 이와 같은 특종의 주주는 정관소정의 사항에 대하여는 그 규정대로 특별한 취급을 받게 됨과 동시에 정관소정 이외의 사항에 대하여는 일반의 주주와 평등한 취급을 받게 된다. 따라서 정관소정의 특별취급을 폐지·변경하거나 정관소정 이외의 특별취급을 하려면 그 종류주주총회의 승인이 있어야 한다(상 435조).

상법은 다양한 주식의 발행을 인정하고 있다. 주식의 종류별 장단점을 고려하여 자유로이 선택할 수 있는 기회를 투자자에게 제공함으로써 회사의 자금조달을 원활하게 하기 위한 것이다.

Ⅱ. 액면주식·무액면주식

1. 의의

2011년 개정상법에서는 기업의 재무관리의 편리성을 제고해 주기 위해 무액면주식을 허용함에 따라 액면주식과 무액면주식 모두 인정하게 되었다. 자본시장법에서는 동법에 의해 설립된 투자회사는 무액면주식만 발행할 수 있도록 하고 있다(자 196조①).

액면주식이란 정관에 1주의 금액이 정해지고, 또 주권에 그 금액이 표시되는 주식이다.[84] 이 때 발행한 주식의 액면가는 자본금에 계입(計入)되며(상 451조), 액면을 초과하여 발행하였을 때의 초과액은 자본준비금으로 적립해야 한다. 그리하여 액면가에 발행주식총수를 곱한 금액이 자본금으로 인식되며, 회사의 순자산이 이를 초과하면 '이익', 이에 미달하면 '결손'으로 인식된다.

무액면주식은 1주의 금액이 정관과 주권에 표시되지 않고 다만 자본에 대한 비율만이 표시되는 주식이다. 액면가는 없고 주식을 발행할 때마다 회사가 정하는 발행가가 있을 뿐인데, 이 발행가 중 일부만을 자본금에 계상하고 잔액은 준비금으로 적립할 수 있다. 발행가는 수시로 변할 수 있고, 그 중 자본금에 계상되는 금액도 상이하므로 자본금과의 비교치 내지는 산출근거가 되는 주식의 가격이 존재하지 않는다.[85]

2. 무액면주식의 기능

상법이 무액면주식을 도입하게 된 것은 무액면주식이 회사의 재무관리에 있어 여러 가지 장점을 가지고 있기 때문이다.

액면주식을 발행할 경우에는 자본금이 액면가에 의해 자동적으로 산출되므로 회사의 자본을 안정적으로 인식, 관리할 수 있는 장점으로 기능하기도 하지만, 자본금을 회사의 시장가치에 부합하는 방향으로 관리하는 것이 불가능하다는 경직성을 보인다. 예컨대 어느 회사의 주식의 액면가가 1,000원이지만, 시가가 700원이라고 할 때, 이 회사가 시가에 맞추어 발행가를 700원으로 하여 신주를 발행한다면 발행한 순간에 바로 1주당 300원씩

---

84) 1주의 금액은 100원 이상으로 하면 된다. 다만 코스닥등록을 하는 경우 협회중개시장 운영규정에 의하면 1주의 금액은 100원, 200원, 500원, 1,000원, 2,500원, 5,000원으로 정하도록 하고 있다.

85) 권(기)[회] 505면 ; 이(철)[상], 429면 ; 이(철)[회] 277면.

결손이 생긴다. 이는 자본금충실의 원칙에 반하므로 상법은 원칙적으로 액면미달발행을 금한다(상 330조, 417조). 이 제약을 피하려면 이 회사는 액면가대로 신주를 발행하여야 할 것이나, 시가보다 상회하는 가액으로 발행하는 것이 용이하지 않음은 물론이다.

무액면주식에는 액면가라는 개념이 존재하지 않으므로 얼마에 발행하든 이 같은 제약을 받을 일이 없다. 위 예에서 회사는 700원에 발행하여 납입된 700원 중 예컨대 500원은 자본금으로 계상하고 200원은 준비금으로 적립할 수 있다. 즉 회사는 주가의 변동에 적응하면서 자본조달을 할 수 있는 것이다.

이외에도 무액면주식의 장점으로는 주식의 분할과 소각이 용이함을 들 수 있다. 즉 주식을 발행하여 발행가의 일부 또는 전부를 자본금에 계상한 후에는 주식의 수량은 자본금과 관련하여 하등의 구속을 받을 바가 없으므로 주식의 분할, 소각이 자유로울 수 있는 것이다. 또 신주를 발행할 때를 제외하고는 자본을 증감시킴에 있어 반드시 주식의 수의 증감을 수반할 필요가 없다는 것도 장점의 하나이다.[86]

3. 무액면주식의 발행

회사는 정관으로 정하는 바에 따라 액면주식 또는 무액면주식을 선택하여 발행할 수 있으나, 액면주식과 무액면주식을 병행하여 발행하지는 못한다(상 329조①).

무액면주식을 발행하는 경우에는 발행가 중 이사회가 정하는 금액을 자본금으로 계상한다(상 451조②전문). 신주발행을 주주총회에서 정하기로 한 회사에서는 주주총회가 이를 정한다(상 451조②). 자본금으로 계상하는 금액은 발행가액의 2분의 1 이상의 금액이어야 하며, 발행가액 중 자본금으로 계상하지 아니하는 금액은 자본준비금으로 계상하여야 한다(상 451②후문).

4. 액면주식과 무액면주식의 전환

회사는 정관으로 정하는 바에 따라 발행된 액면주식을 무액면주식으로 전환하거나 무액면주식을 액면주식으로 전환할 수 있다(상 329조④). 즉 액면주식을 발행하던 회사는 무액

---

86) 권(기)[회] 505면 ; 이(철)[상], 429~430면 ; 이(철)[회] 278면.

면주식으로 전환하여 발행할 수 있으며, 그 반대도 가능하고, 전환한 후에 재차 전환도 가능하다. 그러나 무액면주식은 2011년 개정에 의해 신설된 제도이므로 당분간 기업실무에서는 주로 액면주식을 무액면주식으로 전환하는 예만을 볼 수 있을 것이다.[87]

Ⅲ. 기명주식·무기명주식

기명주식은 주주의 이름이 주권과 주주명부에 표시되는 주식이며, 무기명주식은 주주의 이름이 주권과 주주명부에 표시되지 않는 주식이다. 상법은 원칙적으로 기명주식을 발행하도록 규정하고 있고, 예외적으로 정관에 규정이 있는 경우에 한하여 무기명주식의 발행을 허용하고 있었다(상 357조①). 실제로 우리나라에서 발행되는 주식의 대부분이 기명주식이다. 하지만 2014년 상법개정으로 357조와 358조가 삭제되어 무기명주식은 인정되지 아니하고 현재는 기명주식만 인정된다.

Ⅳ. 종류주식

1. 의의와 종류, 발행

종류주식이란 소정의 권리에 관하여 특수한 내용을 부여한 주식을 말한다. 원래 주식이란 주식평등의 원칙에 의해 회사에 대한 주주의 권리를 균등하게 표현하는 지분이지만, 투자자들이 보이는 성향의 다양성과 회사가 추구하는 자본조달의 효율성을 감안하여 주식이 표창하는 권리의 조합을 달리할 수 있도록 허용하는 것이 종류주식이다.

상법이 인정하는 종류주식은 이익배당이나 잔여재산분배에 관한 종류주식, 의결권의 행사에 관한 종류주식, 상환에 관한 종류주식, 전환에 관한 종류주식이 있다. 액면주식·무액면주식, 기명주식·무기명주식은 종류주식이 아니다.

2011년 개정전에는 이익이나 건설이자(개정상법 폐지)의 배당 또는 잔여재산의 분배에 관해서만 종류주식을 인정하였고, 상환주식·전환주식·무의결권주식은 종류주식으로 다루지 않았으나, 개정상법에서는 이들 주식도 종류주식으로 분류한다(상 344조①).

회사는 정관에 각 종류주식의 수와 내용을 정한 경우에 한해 종류주식을 발행할 수 있

---

87) 이(철)[상], 430면 ; 이(철)[회] 279면.

으며(상 344조②), 등기하여야 한다(상 317조②iii). 그리고 주식청약서, 주권에 기재하는 식으로 공시하여야 한다.

종류주식은 정관에 기재된 범위 내에서 회사설립시에는 발기인이, 신주발행시에는 이사회가 종류와 수량을 정하여 발행할 수 있다(상 291조ⅰ, 416조ⅰ).

2011년 개정상법은 종류주식을 다양하게 인정하므로 종류주식을 중복하여 발행할 수도 있다. 예컨대 우선주를 의결권 없는 주식으로 발행하거나, 우선주를 의결권 없는 주식으로 발행하면서 상환주식으로 발행할 수도 있는 것이다.[88]

신주의 인수 등 주주권의 변동을 초래할 회사의 자본거래는 주식평등의 원칙에 따르는 것이 원칙이나, 종류주식을 발행한 때에는 정관에 다른 정함이 없는 경우에도 회사는 주식의 종류에 따라 신주의 인수, 주식의 병합·분할·소각 또는 합병·분할로 인한 주식의 배정에 관하여 특수하게 정할 수 있다(상 344조③). 「정관에 다른 정함이 없는 경우에도」 할 수 있다는 것은 사안에 따라 이사회 또는 주주총회의 결의에 의하여 할 수 있음을 뜻한다.

그러나 위와 같은 특수한 정함 때문에 어느 종류의 주주에게 손해를 미치게 될 경우에는 이사회나 주주총회의 결의 외에 종류주주총회의 결의를 다시 얻어야 한다(상 435조, 436조)(대법원 2006.1.27. 판결, 2004다44575·44582).

2. 이익배당에 관한 종류주식

(1) 의의

회사는 이익배당 또는 잔여재산의 분배에 관한 내용이 다른 종류주식을 발행할 수 있다(상 344조의2①·②). 2011년 개정전에는 이익(또는 건설이자)배당 또는 잔여재산의 분배에 관해 내용이 다른 주식만이 종류주식(수종의 주식)이었으나, 개정상법에서는 여러 가지의 종류주식을 인정하므로 이익배당 또는 잔여재산의 분배에 관한 종류주식은 상법이 인정하는 다양한 종류주식의 하나이다. 그리고 이익배당이나 잔여재산분배에 관해 현물배당을 가능하게 한 것도 개정상법의 큰 변화 가운데 하나이다.[89]

---

88) 이(철)[상], 434면 ; 이(철)[회] 283면.

89) 이(철)[상], 435면 ; 이(철)[회] 285면.

(2) 정관으로 정할 사항

이익의 배당에 관한 종류주식을 발행하기 위해서는 정관에 그 종류의 주주에게 교부하는 배당재산의 종류, '배당재산'의 가액의 결정방법, 이익을 배당하는 조건 등 이익배당에 관한 내용을 정하여야 한다(상 344조의2①).

2011년 상법개정에 의해 현물배당제도가 도입되었으므로(상 462조의4) 종류주식에 대해 배당을 할 때에는 금전배당, 주식배당, 현물배당이 가능하다.

잔여재산의 분배에 관한 종류주식을 발행하기 위해서도 개정상법은 정관에 잔여재산의 종류, 잔여재산의 가액의 결정방법, 그 밖에 잔여재산분배에 관한 내용을 정하라고 규정하고 있지만(상 344조의2②), 잔여재산을 분배할 경우 주식으로 분배하는 일이 있을 수 없고, 현물배당을 할 수 있는 근거가 없으므로 잔여재산의 종류와 가액의 결정방법을 정관으로 정하라 함은 무의미한 규정이다. 다만 종류주식에 대한 분배의 순위와 내용에 관해 명시해야 할 것이다.[90]

(3) 유형

1) 보통주

회사가 이익배당 또는 잔여재산의 분배에 대하여 어떠한 제한이나 우선권도 주어지지 않고 그 표준이 되는 주식을 보통주라고 한다. 보통주에 대한 배당금액은 재무제표를 승인하는 주주총회의 결의에 의하여 결정되며, 회사에 이익이 있다고 하여 반드시 배당해야 하는 것은 아니나 회사에 이익이 있는 한 무제한의 배당가능성이 주어지는 개방적 지분이다.

2) 우선주

우선주는 이익배당이나 잔여재산 분배에서 다른 주주에 우선하여 소정의 배당이나 분배를 받을 수 있는 주식이다. 즉 재산적 급여에 있어서 보통주보다 우선적 지위(선순위)가 인정된다. 예컨대 회사에 X원이라는 배당가능이익이 발생했을 때 우선주에 대해 확정배당금 Y원을 지급하고, 그 잔여부분(X원-Y원)을 보통주에 배당하는 것이다. 그러므로 이익배당에 관한 우선주에 대해서는 미리 확정된 배당금이 정해져 있어야 한다. 영업이 부진

90) 이(철)[상], 436면 ; 이(철)[회] 286면.

한 회사에서 신주모집을 용이하게 하거나 설립시에 발기인을 우대하기 위하여 이용된다.

우선주라고 하더라도 '이익 없으면 배당 없다'는 원칙에 어긋날 수 없으므로 이익이 없거나 적은 결산기에는 소정의 배당금을 충족시키지 못 할 수도 있다. 이 때 부족한 배당금을 계속 이월시켜 다음 기의 배당금에 합산하여 받게 할 수도 있는데, 이를 '누적적 우선주'라고 하고, 당기의 배당이 부족하더라도 이월시키지 않는 것을 '비누적적 우선주'라고 한다.

한편 회사의 경영실적이 좋아 이익이 많이 생겼을 때에는 오히려 우선주가 보통주보다 불리할 수 있다. 이 경우 우선주가 소정의 이익을 먼저 배당받고 다시 잔여이익의 배당에 보통주로 참가할 수 있는 우선주가 있는데 이를 '참가적 우선주'라고 하고, 보통주의 자격으로 배당에 참가할 수 없는 우선주를 '비참가적 우선주'라고 한다.

3) 후배주

후배주는 이익배당이나 잔여재산 분배에 있어 보통주보다 불리하게 차등을 둔 주식이다. 즉 재산적 급여에 있어 보통주보다 열후적 취급을 받는 주식이다. 후배주는 회사의 경영이 유망하여 주식의 모집이 용이할 때 발행되는 것이 보통이다.

4) 혼합주

혼합주는 특정한 권리에 대해서는 우선적 지위에 있고, 다른 권리에 있어서는 열후적 지위에 있는 주식이다. 즉 이익배당에서는 우선하고, 잔여재산의 분배에 있어서는 열후한 경우이다.

3. 상환주식

(1) 의의

상환주식이라 함은 발행당초부터 회사가 스스로 또는 주주의 청구에 의하여 회사의 이익으로써 소각이 예정되어 있는 특별한 종류의 주식을 말한다(상 345조①). 회사상환주식은 회사가 주식을 발행하여 우선자금을 조달하고, 장차 자금사정이 호전되면 그 주식을 상환함으로써 종전의 소유구조를 회복하는 방법이 되고, 주주상환주식은 상환기간 내에 회사의 경영상황을 탐색하여 투자를 쉽게 회수할 수 있어 그만큼 주식투자로 인한 위험을 축소시킬 수 있어 주주에게 매력이 있는 상품이라 할 수 있고, 이 점을 이용해 회사는 쉽게 자금을 조달할 수 있다.

2011년 개정전에는 우선주에 한해 상환주식으로 발행할 수 있었으나, 개정상법에서는 우선주에 한하지 않고, 상환주식과 전환주식을 제외한 다른 종류주식에 대해서도 발행할 수 있다(상 345조⑤). 즉 상환주식의 대상이 되는 주식의 종류를 종합하면, ①회사가 상환할 수 있는 이익배당 또는 잔여재산분배에 관한 종류주식, ②회사가 상환할 수 있는 의결권이 없거나 제한되는 종류주식, ③주주가 상환청구를 할 수 있는 이익배당 또는 잔여재산분배에 관한 종류주식, ④주주가 상환청구를 할 수 있는 의결권이 없거나 제한되는 종류주식이 있다.

(2) 발행

회사가 상환주식을 발행하려면 정관에 규정을 두어야 하며, 정관에 규정해야 할 사항은 회사상환주식의 경우 회사의 이익으로써 소각할 수 있다는 뜻을 기재하고, 상환가액·상환기간·상환방법·상환할 주식의 수를 정하여야 한다. 주주상환주식을 발행할 때에는 정관에 주주가 회사에 대하여 상환을 청구할 수 있다는 뜻, 상환가액·상환청구기간·상환방법을 정하여야 한다. 이를 상환조항이라고 하는데, 주식청약서에 기재하여야 하며(상 302조②iv·356조vi·420조iii), 등기하여야 한다(상 317조②iii).

상환주식은 주식의 발행절차에 따라 이사회의 결의로 회사의 발행예정주식총수의 범위 내에서 발행할 수 있다(상 416조).

(3) 상환

상환은 이익으로써만 할 수 있다(상 345조①). 따라서 배당할 수 있는 이익이 있음을 법정요건으로 한다. 이익이 없으면 상환기가 도래하여도 상환할 수가 없다. 따라서 기간 내에 상환을 확실히 하기 위하여서는 정관으로 매년도의 이익의 일부를 상환기금으로 충당할 것을 정하면 좋다. 무액면주식은 발행 후에는 자본과 무관하므로 상환하더라도 당연히 자본에 영향이 없고, 액면주식도 배당가능이익으로 상환하므로 자본에 영향을 주지 아니한다.

회사상환주식의 상환을 결정하는 경우에는 상환대상인 주식의 취득일로부터 2주간 전에 그 사실을 '그 주식의 주주'(주주명부상의 주주) 및 '주주명부에 적힌 권리자'(등록질권자)에게 따로 통지하여야 하고(상 345조②), 통지는 공고로 갈음할 수 있다.

상환가액은 주식의 권면액 또는 발행가액에 의하거나 시가에 의하는 등 자유로 정할 수 있다. 대개 정관에서는 그 상환의 기준만을 정하고, 이사회가 실제의 상환가액을 정하게 된다. 상환시기는 주식발행시로부터 일정기간 후부터 몇 년 내에 각 배당지급할 때까지 등으로 정해지는데(ex. 발행 2년 이후 5년 내에 상환한다), 만약 이익이 없다면 상환할 수 없으므로 상환시기가 지연될 수 있다. 이익이 없어 지연되더라도 회사나 이사의 손해배상책임은 발생하지 아니한다. 주주상환주식의 경우에는 상환청구기간을 정해야 한다.

상환방법에는 회사와 주주간의 자유로운 계약에 의하여 회사가 상환주식을 취득하여 실효시키는 임의상환이나 회사가 주주의 의사와는 관계없이 소각시키는 강제상환이 있다. 어떤 상환이든 간에 상환주식 상호간에는 주주평등의 원칙이 적용되어야 한다. 따라서 주금액의 일부에 대한 상환은 있을 수 없다.[91)]

2011년 개정상법은 현물상환을 허용하는데, 현물상환은 미리 정관에서 정해진 바에 따라 금전에 갈음하여 상환가액에 상응하는 유가증권이나 그 밖의 자산을 교부하는 것을 말한다(상 345조④).

또한 개정상법은 상환에 사용하는 「자산의 장부가액이 제462조에 따른 배당가능이익을 초과하여서는 아니 된다」라고 규정하고 있는데, 이는 상환에 사용하는 자산의 장부가액이 상환가액을 초과할 수 없다는 뜻을 잘 못 표기한 것으로 보인다. 예컨대 상환가액이 1,000만원인데, 장부가액이 1,200만원인 유가증권을 교부해서는 안 된다는 것이다.[92)]

(4) 상환효과

임의상환의 경우에는 회사가 상환을 위해 주주로부터 주식을 취득한 때, 그리고 강제상환의 경우에는 제440조를 준용하여 회사가 설정한 주권제출기간이 경과한 때(상 441조)에 각각 상환의 효력이 발생한다. 이때에 주식은 실효하므로 상환을 위해 회사가 자기주식을 취득·보유하는 일은 없다.[93)]

문제는 상환주식이 상환되면 회사의 발행주식수가 줄어들어 미발행주식수가 증가되는

---

91) 이(철)[회], 299면 ; 정(찬)[상], 692면.

92) 이(철)[축], 113면.

93) 이(철)[상], 444면.

것으로 보이는데, 이 때 그 만큼의 주식을 다시 발행할 수 있는지이다. 통설은 재발행권을 인정하게 되면 결과적으로 무한의 발행수권을 인정하게 되므로 주주보호의 취지에 어긋나므로 재발행할 수 없다고 보지만,[94] 재발행을 허용하는 것이 옳다고 본다.[95] 왜냐하면 소각된 주식을 재발행하더라도 신주식을 주주들이 인수하기 때문에 주주보호라는 시각에서 볼 필요가 없고, 오히려 자본조달의 기동성·원활성을 기할 수 있으며, 발행예정주식총수라는 것은 어느 시점에서든 이사회의 결의로 발행할 수 있는 주식수의 최대치를 의미한다고 해석하면 족하기 때문이다.[96]

4. 전환주식

(1) 의의

전환주식이란 주주가 다른 종류의 주식으로 전환할 수 있는 권리가 부여된 주식(주주전환주식)(상 346조①) 또는 회사가 다른 종류의 주식으로 전환할 수 있는 권리가 부여된 주식(회사전환주식)을 말한다(상 346조②). 2011년 개정전에는 주주전환주식만 인정하였으나, 개정상법에서는 회사전환주식도 인정한다. 회사전환주식의 경우에는 정관으로 정한 사유가 발생한 때에 한해 전환할 수 있으므로 정관에 사유를 정해 두어야 한다.[97]

이 제도는 회사의 사업과 주가에 대한 판단을 주주와 회사에게 맡김으로써 회사의 자금조달을 용이하게 하기 위한 것이다. 예컨대 신주발행에 있어 비참가적우선주를 발행함과 동시에 보통주로의 전환권을 부여하면, 장차 회사의 영업상태가 좋아져서 보통주가 받는 배당이 많아지면 보통주로 전환할 수 있도록 하여 주주모집이 쉽게 된다.

(2) 발행

전환주식은 정관에 종류주식을 발행할 것을 정한 경우에 한하여 발행할 수 있고, 전환주식의 발행자체도 정관에 근거를 요하며, 이사회의 결의만으로 발행할 수 있다. 전환주식을 발행할 때에는 주식청약서 또는 신주인수권증서에 ①주식을 다른 종류의 주식으로

---

94) 권(기)[회] 528면 ; 서·정, 357면 ; 손(주)[상], 626면 ; 정(동)[회], 197면.

95) 이(철)[회], 299면.

96) 이(철)[회], 438면.

97) 이(철)[상], 446면 ; 이(철)[회] 300면.

전환할 수 있다는 뜻, ②전환의 조건, ③전환으로 인하여 발행할 주식의 수와 내용, ④전환을 청구할 수 있는 기간을 기재하여야 하고(상 347조), 이상의 사항을 등기하여야 하며(상 317조②vii), 주주명부와 주권에도 동일한 사항을 기재하여야 한다(상 352조②).

전환조건은 전환될 주식과 부여받을 주식의 비율을 말한다. 예컨대 우선주 1주를 보통주 1.5주로 전환하여 준다는 것과 같다. 전환청구의 기간이란 전환주식을 발행한 때로부터 몇 년이 경과한 후 혹은 몇 년 이내 등을 의미한다.

전환청구기간 중에는 회사는 전환으로 인하여 발행할 주식의 수를 발행예정주식총수 중에 보유하여야 한다. 즉 발행예정주식의 총수 가운데 「전환으로 인하여 발행할 주식」에 해당하는 종류의 주식에 미발행 수량이 남아 있어야 한다(상 346조④).

(3) 전환절차

1) 주주전환주식의 발행절차

주주전환주식의 경우에는 주주의 전환청구로 절차가 개시된다. 전환주식의 전환을 청구하고자 하는 주주는 청구서 2통에 전환하고자 하는 주식의 종류·수와 청구연월일을 기재하고 기명날인 또는 서명한 후 주권을 첨부하여 회사에 제출하여야 한다(상 349조①·②). 전환청구는 그 기간 내에 언제나 가능하며 주주명부의 폐쇄기간에도 전환의 청구가 가능하다.

2) 회사전환주식의 발행절차

회사전환주식의 경우에는 회사의 전환결정으로 절차가 개시되며, 정관으로 정하는 사유가 발생한 때에 한해 전환할 수 있다. 이사회가 전환할 것을 결정하면, 전환주식의 주주 및 주주명부상의 권리자에게 ⅰ) 전환할 주식, ⅱ) 2주간 이상의 일정한 기간 내에 그 주권을 회사에 제출하여야 한다는 뜻, ⅲ) 그 기간 내에 주권을 제출하지 아니할 때에는 그 주권이 무효로 된다는 뜻을 통지하여야 한다(상 346조③).

(4) 신주식의 발행가액

전환으로 인하여 신주식을 발행하는 경우에는 전환 전의 주식의 발행가액을 신주식의 발행가액으로 하여야 한다(상 348조). 따라서 전환주식의 총발행가액과 신주식의 총발행가액이 동일한 액수이어야 한다. 이는 총발행가를 통하여 전환조건을 통제함으로써 회사의 무모한 전환주식 발행을 방지하기 위한 취지이다.

⑸ 전환의 효과

1) 주주 지위의 전환

주주의 적법한 청구가 있으면 전환은 그 청구가 있는 때에 효력이 발생하므로 일종의 형성권이다. 전환의 효과로서 전환청구가 있는 주식은 소멸하고 그 대신 발행된 주식의 주주를 회사는 주주로서 취급한다.

또한 주주명부에 기재를 정정하고 지체없이 신주권을 발행하여야 한다(상 355조). 다만 이익배당에 있어서는 전환을 청구한 때에 속하는 영업연도 말에 전환된 것으로 본다(상 350조③전단). 즉 당해 결산기분의 이익배당에 대해서는 전환 이전의 주식을 기준으로 하여 받게 된다. 그러나 정관에 규정을 두어 영업연도의 직전 영업연도 말에 전환된 것으로 할 수도 있다(상 350조③후단).

전환이 이루어진 영업연도에 중간배당이 실시될 경우 전환에 의해 발행된 주식의 중간배당에 관하여는 그 청구를 한 때 또는 주권제출기한이 끝난 때가 속하는 중간배당기준일에 전환된 것으로 본다(상 462조의3⑤). 따라서 중간배당기준일 이전에 전환청구를 한 경우에는 전환 전 주식으로 중간배당을 받게 된다.[98]

주주명부의 폐쇄기간 중에 전환청구가 이루어져서 전환되었다면, 그 기간 중의 주주총회에서는 전환되기 이전의 주주권을 행사해야 한다(상 350조②).

2) 자본의 증감과 미발행 부분의 증가

전환이 이루어지면 자본의 증감이 발생한다. 다만 전환조건이 「1:1」인 경우에는 자본에 변화가 없다. 그러나 신주식의 발행가액은 전환 전의 주식의 발행가액으로 하기 때문에(상 348조), 전환조건이 「1:1」을 넘어서면 발행주식의 수가 증가하므로 자본이 증가하며, 「1:1」에 미치지 못하면 오히려 발행주식수가 감소하고 자본도 줄어들게 된다. 자본이 줄어들면 채권자보호절차를 밟아야 한다.

전환의 결과 발행되는 주식의 수는 증가하고, 이에 따라 전환을 위해 유보했던 미발행

98) 이(철)[상], 448면.

주식총수는 그만큼 감소한다. 문제는 줄어든 만큼의 주식을 다시 신주발행할 수 있는 지이다. 상환주식의 경우와 마찬가지로 이사회가 수권주식의 제한을 잠탈할 우려가 없으므로 발행이 가능하다고 본다.[99] 그러나 그러한 발행은 전환 이전의 주식의 종류만으로 제한되며, 또 다시 전환주식을 발행할 수는 없다.

3) 질권의 효력

전환주식에 질권이 설정되어 있었다면, 전환이 이루어지면 새로 발행된 신주식에 질권의 효력이 그대로 미치게 된다(상 339조).

4) 등기

전환이 이루어지면 변경등기는 전환을 청구한 날 또는 상법 제346조 제3항 제2호의 기간이 끝난 날이 속하는 달의 마지막 날부터 2주간 내에 본점소재지에서 하여야 한다(상 351조).

5. 의결권 없는 주식

(1) 의의

회사는 의결권이 없는 종류주식이나 의결권이 제한되는 종류주식을 발행할 수 있다(상 344조의3①). 이는 주주가 회사경영에는 참가하지 않고 이익배당만을 원하는 경우에 회사의 자기자본조달을 쉽게 할 수 있는 방법이다. 우선주식을 의결권 없는 주식으로 발행할 경우에는 회사경영에는 무관심하고, 우선적 배당에 주로 관심을 갖는 주주들에게 매력이 있다.

의결권제한주식제도는 2011년 개정상법에 의해 크게 달라졌다. 개정전에는 이익배당에 관한 우선주에 한해 의결권 없는 주식을 발행할 수 있었으나, 개정상법에서는 이익배당의 우선여부에 관계없이 발행할 수 있으며, 의결권을 부분적으로만 제한하는 것도 발행할 수 있다.[100]

---

99) 서·정, 359면 ; 손(주)[상], 629면 ; 이·외[회], 219면 ; 이·최[상], 273면 ; 이(철)[회], 438면 ; 정(동)[회], 200면.
100) 이(철)[상], 438면 ; 이(철)[회], 290면 .

(2) 의결권제한 종류주식의 내용

1) 의결권 없는 주식

의결권이 없는 종류주식이란 의결권이 전면적으로 제한되는 주식으로 상법에서는 의결권배제라고도 표현한다.

2) 의결권이 제한되는 주식

의결권이 제한되는 종류주식이란 결의의 일부안건에 관해 의결권이 없는 주식을 의미하며, 이러한 주식을 발행하려면 정관에 의결권을 인정하지 않는 의안을 열거해야 한다. 이때 2주에 1개의 의결권을 부여하는 것과 같이 의결권의 수량을 축소하는 것은 의결권이 제한되는 종류주식이 아니다.

3) 의결권 행사 또는 부활의 조건

상법에서는 의결권의 배제 또는 의결권을 제한하는 종류주식을 발행하는 경우 의결권의 행사 또는 부활의 조건 등을 정해야 한다고 규정하지만(상 344조의3①), 이러한 조건을 반드시 규정하라는 취지는 아니고 정관에 의해 조건을 둘 수 있다는 뜻이다.[101)]

(3) 발행

의결권이 배제 또는 제한되는 종류주식을 발행할 경우에는 정관에 그 규정을 두어야 한다. 정관에 규정하지 않은 경우에는 행사 또는 부활은 허용되지 않는다.

의결권이 없거나 제한되는 종류주식의 총수는 발행주식총수의 4분의 1을 초과하지 못한다(상 344조의3②). 이 경우 의결권이 없거나 제한되는 종류주식이 발행주식총수의 4분의 1을 초과하여 발행된 경우에는 회사는 지체없이 그 제한을 초과하지 아니하도록 하기 위하여 필요한 조치를 하여야 한다. 만약 의결권이 없거나 제환되는 주식을 너무 많이 허용하면 극소수의 의결권 있는 주주의 회사지배가 우려되기 때문이다. 그러나 무의결권주식이 한도 내에서 발행된 후 다른 주식의 소각에 의하여 그 한도를 넘게 된 경우, 의결권 없는 주식을 소각할 필요는 없다.

그렇지만 이에 대해 자본시장법에 특칙을 두고 있다. 즉 ①상장법인이나 상장을 위해

---

101) 이(철)[상], 438면 ; 이(철)[회], 291면.

모집 또는 매출을 하는 법인이 외국에서 주식을 발행하는 경우, ②국민경제상 중요산업을 영위하는 법인이 금융위원회의 승인을 얻은 경우에는 발행주식총수의 2분의 1까지 의결권 없는 주식을 발행할 수 있다(자 165조의15①·②).

(4) 의결권없는 주주의 권리

의결권 없거나 제한되는 종류주식의 주주는 원칙적으로 의결권이 없거나 제한되기 때문에 의결권의 존재를 전제로 인정되는 권리는 없게 된다. 예컨대, 주주총회소집의 통지를 받을 권리, 주주총회의 소집청구권, 주주총회결의의 하자를 다투는 소송을 제기할 수 있는 권리, 이사와 감사의 해임청구권 등을 행사하지 못한다. 그렇지만 회사분할을 승인하는 결의에 관해서는 의결권 없는 주식의 의결권이 인정된다(상 530조의3③).

제4절 타인명의에 의한 주식인수

가족이나 가설인 등 타인의 명의로 주식을 인수하는 경우가 있는데, 이 경우의 법률관계를 어떻게 처리해야 하느냐는 문제가 제기된다.

상법에는 가설인·타인의 명의에 의한 주식인수인의 책임에 대한 규정을 두고 있다. ①가설인의 명의로 주식을 인수하거나 타인의 승락없이 그 명의로 주식을 인수한 자는 주식인수인으로서의 책임을 진다(상 332조①). ②타인의 승락을 얻어 그 명의로 주식을 인수한 자는 그 타인과 연대하여 납입할 책임이 있다(상 332조②). 타인명의의 주식인수에 대한 법률관계 중 누가 회사에 대하여 납입의무를 부담하느냐는 문제는 상법 제332조에 의하여 명확히 해결될 수 있다.

그렇지만 회사와 제3자에 대하여 명의주주와 실질주주 중 어떤 자를 주주로 보아야 하느냐는 문제가 있다. 이에 대해 실질설[102]과 형식설[103]의 학설에 대립이 있다. 실질설은 명의자가 누구냐에 관계없이 실질적으로 주식을 인수한 자를 주주라고 본다. 형식설은 명의상의 주식인수인을 주주로 본다. 대법원 판례에 따르면 타인의 승락을 얻어 그 명의로 출

102) 서·정, 325면 ; 이(기)·최[회], 180면 ; 정(동)[회], 125면 ; 정(희)[상], 377면.

103) 손(주)[상], 574면 ; 이(철)[회], 322면 ; 채(이)[상], 593면.

자하여 주식대금을 납입한 경우 실제로 주식을 인수하여 그 대금을 납입한 명의차용인만이 실질상의 주식인수인(실질주주)으로서 명의대여인(명의주주)으로부터 명의개서 등 절차를 밟은 여부와는 관계없이 주주가 되며, 단순한 명의대여인은 주주가 될 수 없다고 한다(대법원 1975.9.23 선고, 74다804 판결).

【판례】

[6] 대법원 1998.9.8. 선고, 96다45818 판결

주식회사가 주주명부상의 주주에게 주주총회의 소집을 통지하고 그 주주로 하여금 의결권을 행사하게 하면, 그 주주가 단순히 명의만을 대여한 이른바 형식주주에 불과하여도 그 의결권 행사는 적법하지만, 주식회사가 주주명부상의 주주가 형식주주에 불과하다는 것을 알았거나 중대한 과실로 알지 못하였고 또한 이를 용이하게 증명하여 의결권 행사를 거절할 수 있었음에도 의결권 행사를 용인하거나 의결권을 행사하게 한 경우에는 그 의결권 행사는 위법하게 된다(주주명부상의 주주가 실질주주가 아님을 회사가 알고 있었고 이를 용이하게 증명할 수 있었는데도 위 형식주주에게 소집통지를 하고 의결권을 행사하게 한 잘못이 인정된다는 이유로 그 주주총회결의를 취소할 수 있다고 본 사례).

제5절 주권과 주주명부

Ⅰ. 주권

1. 주권의 의의와 성질

주권은 주주의 지위를 표창하는 유가증권이다. 주주의 지위는 회사의 성립 또는 신주의 발행으로 발생한다.

주권은 회사의 성립 후 또는 신주의 납입기일 후가 아니면 발행할 수 없으므로 주권의 작성에 의하여 주주의 지위가 발생하는 것이 아니고, 따라서 설권증권은 아니다. 주권은

기재사항이 법정된 요식증권이다. 주권은 문언증권이 아니기 때문에 그 기재가 정관 또는 사실에 반할 때에도 기재한 바와 같은 효력이 발생하는 것은 아니며 이사의 손해배상책임 및 제재가 문제될 뿐이다. 어음·수표가 완전 유가증권·무인증권·상환증권임에 비하여 주권은 불완전유가증권·유인증권·비상환증권이다.

2. 주권의 종류

(1) 기명주권과 무기명주권

주권의 종류에는 기명주권과 무기명주권으로 나누는 방식이 있다. 기명주권은 주권상에 주주의 성명이 기재되어 있는 주권이며, 무기명주권은 주권 상에 주주의 성명이 기재되지 않는 주권이다.

개전전 상법은 무기명 증권을 인정하여 주권은 기명식을 원칙으로 하고 정관에 규정이 있는 경우에 한하여 무기명주권을 발행할 수 있고(상 357조), 다만 법령의 규정에 의하여 대한민국 국민만으로 조직할 주식회사는 무기명주권을 발행하지 못한다(부칙 4조)고 하였다. 2011년 회사법의 개정으로 기명주권만을 허용하고 있다. 주권은 양도의 편의를 위해 무기명식으로 발행하고 있어(상 356조) 증권은 교부에 의해 양도가 이루어지도록 하고 있으며, 다만 주주명부에 주주의 성명과 주소를 기재하도록 하여 기명증권으로 한다(상 352조). 기명주권을 가진 주주의 권리행사는 주주명부의 기재를 기준으로 행하여지며 권리행사 때마다 주권을 회사에 제시할 필요는 없다.

(2) 단일주권과 병합주권

주권에는 표창하는 주식수에 따라 단일주권과 병합주권으로 구별할 수 있다. 단일주권은 1개의 주식에 1매의 주권으로 표창하는 주권이며, 병합주권은 수개의 주식을 1매의 주권으로 표창하는 주권이다. 주주는 주권의 분할이나 병합을 청구할 수 있으며, 회사는 이를 거부할 수 없다.

3. 주권의 발행

(1) 주권발행의 의무와 제한

주권의 발행이란 법정의 기재사항을 기재한 주권을 작성하여 이를 주주에게 교부하는 것을 말한다. 회사는 회사성립 후 또는 신주의 납입기일 후 지체없이 주권을 발행하여야 한다(상 355조①). 이것은 주식을 양도하려면 주권이 필요하기 때문이다. 주주는 주권의 발행 및 교부청구권을 가지며, 채권자가 주주를 대신하여 대위행사할 수 있다(대법원 1982.9.28 선고, 82다카21 판결 ; 대법원 1981.9.8 선고, 81다141 판결).

반대로 회사성립 전이나 신주의 납일기일 전에는 주권을 발행하지 못한다(상 355조②). 이를 위반하여 발행된 주권은 무효이다(상 355조③). 이를 발행한 회사는 손해배상의 책임을 지며(상 355조③단서), 발기인·이사 등은 과태료의 제재를 받는다(상 635조①xix).

(2) 주권의 효력발생시기

주권의 효력발생시기에 관하여는 ① 교부시설과 판례는 회사가 주권을 작성하여 회사의 의사로 주주에게 교부한 때[104]로 보며(대법원 1977.4.12 선고, 76다2766 판결), ② 발행시설은 회사가 주권을 작성하여 회사의 의사로 누군가에게 교부한 때(대법원 1965. 8. 24 선고, 65 다 968 선고)라고 하고, ③ 작성시설은 회사가 주권을 작성하여 어느 주권이 어느 주주의 것인지를 확인한 때라고 한다.[105]

주주와 선의취득자 중 어떤 자를 우선적으로 보호할 것이냐는 문제가 있다. 주주에게 교부하기 이전에 분실한 주권을 선의취득한 자는 회사 또는 주식양도인에 대한 손해배상 청구 등에 의하여 보호받을 수 있으므로 주주를 보호하기 위하여 교부시설이 타당하다고 본다.

【판례】

[7] 대법원 2000.3.23. 선고, 99다67529 판결

---

104) 권(기)[회] 638면 ; 이·외[회], 230면 ; 이·최[상], 280면 ; 이(철)[회], 329면 ; 정(동)[회], 215면 ; 정(희)[상], 419면.

105) 배·강[상Ⅱ], 273면.

상법 제355조의 주권발행은 같은 법 제356조 소정의 형식을 구비한 문서를 작성하여 이를 주주에게 교부하는 것을 말하고 위 문서가 주주에게 교부된 때에 비로소 주권으로서의 효력을 발생하는 것이므로 회사가 주주권을 표창하는 문서를 작성하여 이를 주주가 아닌 제3자에게 교부하여 주었다 할지라도 위 문서는 아직 회사의 주권으로서의 효력을 가지지 못한다.

4. 주권의 실효

(1) 주권의 상실과 재발행

주주가 주권을 상실하면 권리의 이전이나 입질 등의 처분이 불가능하다. 또 분실·도난된 주권이 제3자의 수중에 들어가서 선의취득이 인정되면 주주는 주주권을 상실하게 된다. 따라서 상법은 이에 대한 구제책으로 증권유통의 거래안전과의 조화를 고려하여 공시최고절차에 따른 제권판결을 얻은 경우에만 회사에 대하여 재발행을 청구할 수 있도록 하였다(상 360조②).

공시최고절차는 주권을 상실한 주주의 불이익을 구제하기 위한 제도이다. 이러한 절차를 통해서 주권을 상실한 주주는 주권에 의한 권리의 행사 및 양도가능성을 회복하게 된다.

(2) 공시최고절차

공시최고절차의 신청권자는 기명주권인 경우에는 주주명부상의 주주 또는 최종의 양수인인 주주 혹은 그 주권에 관해 질권·유치권을 가진 자이다(민소 493조).

신청할 때는 주권의 등본을 제출하거나, 주권의 내용을 개시하고 주권의 도난·분실·멸실과 공시최고절차의 신청이유의 사실을 소명하여야 한다(민소 494조). 관할법원은 주권의 발행 회사의 본점소재지의 지방법원이다(민소 476조①).

신청을 받은 법원은 3월 이상의 기간을 정하여 권리의 신고나 청구할 것과 주권의 제출을 최고하고 이를 해태하면 주권무효의 선고가 있을 것을 경고하여야 한다(민소 495조). 공시최고로 제3자가 당해 주식상실의 사실을 알았던 것으로 의제되지는 않는다. 공시 후 제권판결 전에도 주식의 선의취득이 인정되고 회사가 명의개서를 한 때에도 원칙적으로 면책된다.

(3) 제권판결의 효과

공시최고기간이 지나도 권리의 신고자가 없는 때에는 제권판결로서 주권의 무효를 선고하여야 한다(민소 496조). 공시최고의 신청이 있었던 주권은 장래에 대하여 증권으로서의 효력을 상실한다. 따라서 제권판결에 의하여 주권이 무효가 되고, 제권판결 이후에는 그 주권의 선의취득이 인정되지 않는다. 또한 신청인은 주권이 없이도 제권판결의 정본에 의하여 주권에 관한 권리행사를 할 수 있게 된다(민소 497조). 따라서 제권판결을 받은 자는 회사에 대하여 주권의 재발행을 주장할 수 있다(상 360조②). 이는 판결로 인하여 공시최고신청시까지 소급하여 그 주권이 무효로 된다는 것은 아니며 판결 이후 그 주권을 소지하는 것과 같은 지위를 회복한다는 의미이다.

그런데 제권판결 전에 주권을 선의취득한 자가 그 권리를 신고하지 아니하였을 때에 그 효력에 대하여는 다툼이 있다. ①다수의 견해는 권리를 신고하지 아니하였더라도 선의취득자는 권리를 잃지 않는다고 본다.[106] ②소수의 견해로는 제권판결로 주권이 무효가 되므로 제권판결 이후에는 주권을 선의로 취득하더라도 보호받을 수 없다고 보거나,[107] 선의취득자가 공시최고 기간 중에 명의개서를 한 때에는 명의개서를 완료한 주권에 대해서는 제권판결의 효력이 미치지 않는다는 보는 견해[108]도 있다.

5. 주식의 전자등록

2011년 개정상법은 주식과 채권 및 기타 유가증권의 전자등록제도를 도입하였다. 주식의 전자등록제도란 회사가 주권을 발행하는 대신 정관으로 정하는 바에 따라 유가증권 등의 전자등록 업무를 취급하는 것으로 지정된 기관(이하 전자등록기관)의 전자등록에 의해 과거 유체물로 존재하던 주권을 대신하여 주식은 전자문서에 의해 관리된다(상 356조의2①). 이에 의해 전자등록으로 주식에 대한 권리가 표창되기 때문에 주식의 양도·입질도 전자등록에 의해 하여야 한다(상 356조의2②). 전자등록부에 주식을 등록한 자는 그 등록된 주식에 대한 권리를 적법하게 보유한 것으로 추정되며, 이러한 전자등록부를 선의로, 그리고 중대한 과실 없이 신뢰하고 권리를 취득하여 등록한 자는 양도인 또는 질권설정자가 무권리자

---

106) 권(기)[회], 641면 ; 김(정)[상], 529면 ; 손(주)[상], 694면 ; 이(기)·최[회], 251면 ; 정(동)[회], 221면.

107) 이(철)[회], 335면.

108) 서(헌)[회], 200면 ; 鈴木·竹內[會], 133頁 ; 大隅·今井[會(上)], 402頁.

이더라도 그 권리를 적법하게 선의취득 한다(상 356조의2③).

예탁결제제도는 주권의 발행을 전제로 하고 그 주권의 실물을 교부하는 것에 대신하는 방법으로서 이용되는 것이므로 아예 주권의 무발행을 전제로 하는 전자등록제도와는 전혀 다른 제도이다. 하지만 전자등록된 주식에 관해서도 수회에 걸쳐 이루어지는 거래를 일괄해서 결제하기 위해서는 예탁결제를 이용해야 하므로 이 점에서는 상호의존적이라 할 수 있다.[109)]

주식의 전자등록제도를 운영하기 위해서는 법제도를 관리해야 할 기술적 문제가 있으므로 2011년 개정상법 제358조의2는 전자등록을 시행하기 위한 상법상의 근거를 마련하는 것으로 만족하고 주식의 전자등록을 위한 절차·방법 및 효과, 전자등록기관의 지정·감독 등에 관하여 필요한 사항은 별도의 법률로 정할 예정이다. 2019년 주식 및 사채(社債) 등의 전자등록 제도를 마련하여 그 권리의 유통을 원활하게 하고 발행인·권리자, 그 밖의 이해관계인의 권익을 보호함으로써 자본시장의 건전성과 효율성을 높이기 위해서 「주식·사채 등의 전자등록에 관한 법률」이 시행되었다.

Ⅱ. 주주명부

1. 의의

주주명부란 주주와 주권에 관한 사항을 명백히 하기 위하여 상법상 그 작성이 요구되는 회사의 장부이다(상 352조).

회사의 영업과 재산상태를 명백하게 하는 것이 아니므로 상업장부는 아니다. 전자주주명부를 작성하는 경우, 즉 전자문서로 주주명부를 작성할 때에는 정관에 그 규정을 두어야 한다(상 352조의2①).

2. 비치·공시

주주명부는 (대표)이사가 작성하고 본점에 비치하여야 한다(상 396조). 명의개서대리인을 두

---

109) 이(철)[축], 121면.

었다면 대리인의 영업소에 주주명부 또는 그 복본을 비치할 수 있다(상 396조①후문). 주주와 회사채권자는 영업시간 내에는 언제든지 주주명부 또는 그 복본의 열람 또는 등사를 청구할 수 있다(상 396조②).

주주명부의 비치의무를 해태한 때에는 이사는 과태료의 제재를 받는다(상 635조). 주주와 채권자는 영업시간 내에는 언제든지 주주명부의 열람 또는 등사를 청구할 수 있다.

3. 기재사항

주주명부에 기재할 사항은 상법에 규정되어 있다. 즉 기명주권을 발행 할 때에는 ①주주의 성명과 주소, ②각 주주가 가진 주식의 종류와 그 수, ③각 주주가 가진 주식의 주권을 발행한 경우 주권의 번호, ③ 각 주식의 취득연월일 등을 기재하여야 한다(상 352조①). 전자주주명부를 작성하였다면 주주의 성명과 주소에 더하여 전자우편주소(인터넷주소)를 기재하여야 한다(상 352조의2①·②).

전환주식의 발행시에는 위의 사항 외에 전환조건, 전환주식의 내용, 전환시기 등을 주주명부에 기재하여야 한다(상 352조②). 그 외에도 등록질권자의 성명과 주소, 외국거주자의 상임대리인의 성명과 주소 등을 기재할 수 있다. 주주명부에 기재할 사항을 기재하지 않거나 부실한 기재를 한 때에는 이사 또는 명의개서대리인은 과태료의 제재를 받는다.

4. 효력

주주명부의 효력으로서는 ①기명주식의 이전은 주주명부에 기재함으로써 회사에 대항할 수 있다(대항력 상 337조①). 적법하게 주식을 양수한 양수인이라도 명의개서를 하지 않으면 회사에 주주로서의 권리을 행사하지 못한다. 또한 ②주주명부에 명의개서하면 이후로 주주로 추정되어 권리자임을 입증하지 않아도 적법한 주주로서의 권리를 행사할 수 있다(추정력, 자격수여적 효력). 주권의 점유자는 적법한 소지인으로 추정되므로(상 336조②) 실질적 권리를 주장하거나 증명하지 않아도 명의개서를 청구할수 있고 주주명부에 기재되면 회사에 대항할 수 있어(상 337조 반대해석) 명의개서 후에는 주주로서의 권리가 추정되어 이를 부인하려면 회사가 무권리자라는 사실을 입증하여야 한다.[110] ③ 회사는 주주명부에 기재된 자를 주주로 보고 주주의 권리를 인정하면 주주명부상의 주주가 진정한 권리자가 아니라고 하여도 면책된다(면책력, 상 353조①). 주주명부의 명의개서 후의 자격수여적효력의 반사적 효과이다. 주주 또는 질권자에 대한 회사의 통지 또는 최고는 주주명부에 기재한 주소 또는 그 자로부터 회사에 통지한 주소로 하면 된다(상 353조①).

기명주식의 입질은 주주명부에 기재한 때에는 등록질로서 효력을 가진다(상 340조). 주권불소지의 신고로 회사가 주권을 발행하지 않는다는 뜻을 주주명부에 기재하면 회사는 주권을 발행할 수 없으며, 이미 발행되어 제출받은 주권을 무효로 하거나 명의개서대리인에게 임치하여야 하는 효력이 있다(상 358조의2).

주주에 대한 통지는 별도의 제출이 없으면 주주명부에 기재된 주주의 주소로 하면 그 도달할 시기에 도달한 것으로 본다(상 353조②·304조). 그러나 회사의 과실로 인하여 주주의 주소를 잘못 기재한 경우에는 회사는 면책되지 않는다.

【판례】

[8] **대법원** 1985.3.26. 선고, 84**다카**2082 **판결**
피고회사의 주주명부에 원고가 주주로 등재되어 있다면 원고는 일응 그 회사의 주주로 추정된다 할 것인바...원고는 피고회사에게 동사가 적법하게 발행한 7,500주의 신주식의 청약을 하였고, 주주명부상 그 주주로 등재되어 있음이 인정되므로 다른 사정이 없는 한 원고는 위 신주를 인수하여 주금을 납입한 피고회사의 적법한 주주라 할 것임에도 위 사실만으로는 주주가 아니라는 전제아래 증인 정 재완의 증언을 배척하고 달리 그 주금을 납입한 입증이 없다고 원고의 주장을 배척한 것은 필경 주주권을 부인하는 측에 있는 입증책임을 원고에게 전도한 위법이 있다.

---

110) 이(철)[회] 342면.

5. 주주명부의 폐쇄와 기준일

(1) 폐쇄

주권은 항상 유통되기 때문에 일정한 시기에 주주 또는 질권자로서 권리를 행사할 자를 확정할 필요가 있다. 이리하여 일정한 기간을 정하여 주주명부의 기재변경을 정지토록 하는 것을 주주명부의 폐쇄라고 한다.

이는 주식거래를 저해할 염려가 있으므로 상법은 엄격한 규제를 하고 있다. 따라서 회사가 주주명부를 폐쇄하기 위하여 정관으로 그 기간을 정하지 않은 때에는 그 기간으로부터 2주간 전에 공고토록 하였고(상 354조④), 그 폐쇄기간은 3월을 초과하지 못하며(상 354조②), 이를 초과한 부분의 기간은 폐쇄기간으로서 효력이 없으며, 공고가 없는 경우 폐쇄도 무효가 된다.[111)]

(2) 기준일

회사는 일정한 날을 정하여 그 날에 주주명부에 기재된 주주 또는 질권자를 권리행사자로서 일률적으로 확정하기 위하여 정한 날을 기준일이라고 한다. 이는 주주명부의 명의개서를 정지하지 않고 주주를 확정할 수 있는 장점이 있다.

회사는 정관의 규정이 없더라도 기준일을 정할 수 있으나 주주 또는 질권자로서 권리를 행사할 날에 앞서 3월 내의 날로 기준일을 정하고(상 354조③), 그 날의 2주간 전에 공고하여야 한다(상 354조④). 실제로 회사는 주주 명부의 폐쇄와 기준일을 병용하는 것이 일반적이다. 따라서 기준일의 다음날부터 정기총회종결시까지 폐쇄하는 것이 보통이다.

6. 전자주주명부와 실질주주명부

(1) 전자주주명부

주주명부를 전자문서로 작성하는 것을 전자주주명부라고 한다. 이 경우 정관에 전자주주명부에 관한 규정을 두어야 한다(상 352조의2①). 전자문서란 정보처리시스템에 의하여 전자적 형태로 작성·송신·수신 또는 저장된 정보를 말한다(전 2조ⅰ). 정보처리시스템이란 전

111) 서·정, 367면 ; 손(주)[상], 698면 ; 이(철)[회], 345면 ; 최(기)[회], 318면.

자문서의 작성·변환, 송신·수신 또는 저장을 위하여 이용되는 정보처리능력을 가진 전자적 장치 또는 체계를 말한다. 눈으로 인식할 수 없지만 전자적 장치를 이용하여서만 작성하고 볼 수 있고 보내고 받고 저장할 수 있는 문서를 전자문서라고 할 수 있다.

정관의 규정으로 주주명부를 전자문서로 작성하면, 그 전자문서가 주주명부로서의 효력을 갖게 된다. 전자문서와 서면 주주명부가 같이 작성되었다면, 전자문서의 내용이 주주명부의 내용이 되며, 그 내용에 따라 자격수여적 효력이 발생한다. 전자주주명부를 작성하면 주주의 주소 이외에 전자우편주소를 기재하여야 한다(상 352조의2②). 이 경우 전자우편주소가 주소를 대신할 수 있는지에 대해서는 의문이 있지만, 주주가 자신이 통지받을 주소를 전자우편주소로 하여 회사에 통지한 경우라면 회사가 그 주소에 통지할 경우 상법 제353조 제1항에 의해 면책된다고 볼 수 있다.

회사가 전자주주명부를 작성하여 그 내용을 주주나 채권자가 서면으로 인쇄할 수 있다면, 상법 제396조 제1항의 규정 즉 회사의 본점 또는 명의개서대리인의 영업소에 비치한 것과 동일한 비치로 본다(상시 4조의2①). 주주와 채권자는 영업시간 내에 언제든지 전자주주명부에 기록된 사항을 서면 또는 파일의 형태로 열람 또는 복사를 청구할 수 있다(상시 4조의2②). 이 때 회사는 다른 주주의 전자우편주소가 열람 또는 복사되는 것을 차단하는 조치를 취해야 한다(상시 4조의2② 단서).

(2) 실질주주명부

실질주주명부는 자본시장법에서 실질주주의 성명 및 주소 그리고 보유주식의 종류 및 수 등 일정한 사항을 기재하여 작성한 주주명부를 말한다.

상장주식의 거래에서 투자중개업자는 자신이 보유하는 대부분의 주권을 한국예탁결제원에 예탁하며, 자신의 고객이 예탁한 주권을 한국예탁결제원에 예탁해야 한다. 한국예탁결제원은 자신에게 예탁된 주권을 자기의 이름으로 명의개서하고(자 314조②), 그 주식의 실질주주의 명단을 발행회사에 통지한다. 통지를 받은 주권발행회사 또는 그의 명의개서대리인은 이에 기초하여 실질주주명부를 작성·비치하여야 한다(자 316조①).

실질주주명부에 기재되면 주주명부에 기재된 것과 동일한 효력이 있다(자 316조②). 따라서 실질주주가 주주권을 행사하게 된다.

제6절 주식의 득실

Ⅰ. 서언

주식의 득실이란 특정한 자에 의한 주주자격의 취득 및 상실을 말하며, 이에는 주식이 절대적으로 취득되거나 상실되는 경우와, 어느 일방이 주식을 취득하고 타방이 주식을 상실하는 상대적인 경우가 있다. 전자의 경우에는 회사의 발행주식총수에 증감을 가져오는 데 대하여 후자의 경우는 그렇지 않다.

Ⅱ. 주식의 취득과 상실

1. 주식의 취득

주식의 취득에는 원시취득과 승계취득이 있다. 원시취득은 새로 발행되는 주식의 취득과 무권리자로부터의 선의취득에 의하여 이루어진다. 즉 회사설립이나 신주발행을 할 때에 주식인수와 자본전입으로 인한 신주의 발행, 주식배당, 전환사채의 전환 등과 같은 경우이다.

승계취득은 어느 한편의 주식의 상실을 가져오는 동시에 다른 편의 주식취득을 가져온다. 승계취득에는 포괄승계와 특정승계가 있고 전자는 상속·포괄유증·회사합병에 의한 주식이전의 경우이며, 후자는 주식의 양도·강제집행에 의한 주식취득 등이다. 선의취득과 승계취득의 경우에도 주주명부에 명의개서를 하여야 회사에 대항할 수 있다.

2. 주식의 상실

주식의 상실에는 발행주식총수의 감소를 가져오는 절대적 상실과 그렇지 않은 상대적 상실이 있다. 전자에는 주식의 소각 외에 전환주식의 전환으로 인한 기발행주식의 상실이 있다. 상대적 상실은 선의취득과 승계취득을 주식을 상실하는 자의 입장에서 본 것이다.

Ⅲ. 주식의 양도

1. 주식양도의 의의

주식의 양도란 법률행위에 의하여 주식을 이전하는 것을 말한다. 즉 주주권이 포괄적으로 양수인에게 이전하게 된다. 다만 주주총회의 이익배당 결의에 의하여 확정된 배당금지급청구권과 같은 구체화된 권리는 별도의 양도절차가 없으면 양수인에게 이전되지 않는다.

2. 주식의 양도방법

(1) 양도합의

주식의 양도는 일반적으로 매매·증여·교환 등과 같은 채권행위를 원인으로 행해지는 준물권행위이므로, 특별한 방식을 요하지 아니하고 당사자 사이에 합의가 있으면 된다.

(2) 주권의 교부

주식의 양도는 주권을 교부하여야 하며(상 336조①), 이는 주식양도의 성립요건이 된다. 원래 민법의 일반원칙에 따르면 기명증권의 경우에 배서·교부를 요하고, 무기명증권은 교부만으로 양도하도록 되어 있다(민 508조·523조). 그러나 다량의 주식거래가 이루어지는 주식의 양도에 있어서 주권에 일일이 배서인이 기명날인을 하는 것은 복잡하기 때문에 주식의 유통을 원활히 하기 위하여 기명주식의 경우에도 주권의 교부만으로 주식을 양도할 수 있도록 하고 주권소지인에게 자격수여적 효력을 인정하였다(상 336조).

주권의 교부란 주권의 인도를 의미한다. 주권의 점유를 이전해 주는 것이다. 간이인도(민 188조②)나 점유개정(민 189조) 및 목적물반환청구권의 양도에 의한 인도(민 190조)도 가능하다.

주권의 점유자는 이를 적법한 소지인으로 추정한다(상 336조②). 따라서 주권의 점유자는 자신이 권리자라는 사실을 증명할 필요 없이 명의개서를 청구할 수 있고 명의개서 후에는 회사에 대해 주주로 권리를 행사할 수 있다(상 337조①). 주권의 점유자를 적법한 권리자로 보고, 회사가 점유자의 권리행사에 응하였다면, 악의나 중대한 과실이 없는 한 회사는 책임을 면한다.

3. 명의개서

(1) 의의

명의개서는 주식이전으로 주주가 변경되었을 때에, 주식 취득자의 성명과 주소를 주주명부에 기재하는 것이다.

주식의 이전은 회사와는 아무런 관계없이 당사자 간의 의사표시와 주권의 교부에 의하여 효력이 발생한다(상 336조①). 그렇지만 기명주식의 경우, 이를 회사에 대항하기 위해서는 명의를 개서하여야 한다(상 337조①). 즉 기명주식의 경우에 회사에 대하여 주주의 지위를 주장하려면 주주명부에 자기의 성명과 주소를 기재하여야 한다(상 337조). 또한 상속·합병 등의 경우에는 그 법률효과의 발생과 동시에 이전의 효력이 발생하는데 이 경우에도 마찬가지이다.

(2) 명의개서의 절차

주식을 취득한 자는 회사에 대하여 명의개서를 청구할 수 있다. 명의개서를 청구할 때에는 주권을 회사에 제시하여야 한다(상 336조②). 다만 상속·합병 등의 경우 주권을 제시함이 없이 포괄승계 사실을 증명하여 명의개서를 청구할 수 있다.

회사는 주권의 제시를 받으면 주권점유자가 진정한 주주인가를 심사할 의무없이 주권 자체의 진정성 여부만 조사하고 명의를 개서해 주면 된다. 이 경우 회사는 악의나 중과실이 없으면 면책된다.

주식을 정당하게 취득한 자는 취득원인여하를 불문하고 명의개서를 청구할 수 있는데 회사가 정당한 이유없이 이 청구에 응하지 않는 경우에는 주식의 취득자는 회사를 상대로 명의개서청구의 소를 제기할 수 있다. 그러나 회사는 주주명부의 폐쇄기간 중에는 명의개서의 청구를 거절하여야 한다(상 354조①).

회사가 적법하게 요구된 명의개서의 청구를 수리하면, 그 때에 명의개서의 효력이 발생한다.

【판례】

[9] **대법원** 1988.6.14. **선고**, 87**다카**2599, 2600(반소) **판결**
상법 제461조에 의하여 주식회사가 이사회의 결의로 준비금을 자본에 전입하여 주식을 발행할 경우에는 회사에 대한 관계에서는 이사회의 결의로 정한 일정한 날에 주주명부에 주주로 기재된 자만이 신주의 주주가 된다고 할 것이므로 갑이 병 주식회사의 기명주식을 실질적으로 취득하였으나 병 주식회사의 이사회가 신주를 발행하면서 정한 기준일 현재 갑이 기명주주의 명의개서를 하지 아니하여 을이 그 주주로 기재되어 있었다면 병 주식회사에 대한 관계에서는 신주의 주주는 을이라 할 것이다.

(3) 명의개서의 효과

주식의 취득자는 주주명부에 명의개서를 하지 아니하면 회사에 대하여 주주임을 주장할 수 없다(상 337조). 또한 주주명부상의 주주는 실질상의 권리를 주장할 필요 없이 주주의 권리를 행사할 수 있다. 한편 회사도 주주명부상의 주주를 주주로서 취급하면 만약 그 자가 진실한 권리자가 아니라도 면책된다.

명의개서를 청구하느냐는 주식취득자의 자유이며 명의개서를 청구하지 않는 경우에는 종전의 명의상의 주주가 회사와의 관계에서 주주로 취급된다.

【판례】

[10] **대법원** 1989.10.24. **선고**, 89**다카**14714 **판결**
구상법(1984.4.10. 법률 제3274호로 개정되기 전의 것) 제337조의 규정은 주주권이전의 효력요건을 정한 것이 아니고 회사에 대한 관계에서 누가 주주로 인정되느냐 하는 주주의 자격을 정한 것으로서 기명주식의 취득자가 주주명부상의 주주명의를 개서하지 아니하면 스스로 회사에 대하여 주주권을 주장할 수 없다는 의미이고, 명의개서를 하지 아니한 실질상의 주주를 회사측에서 주주로 인정하는 것은 무방하다고 해석할 것이다.

[11] 대법원 1993.7.13. 선고, 92다40952 판결

주식을 양도받은 주식양수인들이 명의개서를 청구하였는데도 위 주식양도에 입회하여 그 양도를 승낙하였고 더구나 그 후 주식양수인들의 주주로서의 지위를 인정한 바 있는 회사의 대표이사가 정당한 사유 없이 그 명의개서를 거절한 것이라면 회사는 그 명의개서가 없음을 이유로 그 양도의 효력과 주식양수인의 주주로서의 지위를 부인할 수 없다.

(4) 명의개서대리인제도

회사는 정관이 정하는 바에 의하여 명의개서대리인을 둘 수 있다(상 337조②). 명의개서대리인이란 회사를 위하여 명의개서의 업무를 대행하는 자이다. 즉 명의개서대리인이 취득자의 성명과 주소를 주주명부의 복본에 기재할 때에는 주주명부에 명의개서가 있는 것으로 본다(상 337조②후단).

명의개서대리인은 미국법상의 제도로서 주식투자를 위한 명의개서 절차의 신속성과 안전성 나아가 주식유통의 원활화를 도모할 목적으로 설치된 것이다. 그 자격은 자본시장법에 의하여 금융위원회에 등록한 예탁결제원 또는 전국적인 점포망을 갖춘 은행에 한한다(부칙 8조②, 상시 4조, 자 365조①·②)

명의개서대리인을 둔 경우에 그의 상호 및 본점소재지를 등기하여야 한다(상 317조②xi). 또한 명의개서대리인은 주주권행사의 기초가 되므로 이를 주식청약서에 기재하도록 하였고, 신주인수권증서나 사채청약서 등에 기재하여야 한다(상 302조②x, 420조ii, 474조②xv).

5. 주권의 선의취득

주식의 양도에 있어서는 선의의 양수인을 보호하고 주식의 유통성을 높이기 위하여 어음과 수표에 있어서와 마찬가지로 선의취득제도가 인정된다.

주식을 그 점유자로부터 양수한 자는 점유자가 무권리자라는 데 대하여 악의 또는 중대한 과실이 없는 한 선의취득할 수 있다(상 359조). 중대한 과실이 없는 한 원시적으로 권리를 취득하고 주주가 된다. 주권의 선의취득제도는 주권의 유통을 강화하기 위한 것이므로 상속·합병 등에 의하여 주권을 승계취득한 때에는 적용되지 않는다.

6. 주권의 불소지제도

주주는 정관에 다른 정함이 있는 경우를 제외하고 그 기명주식에 대하여 주권의 소지를 하지 않겠다는 뜻을 회사에 신고할 수 있다(상 358조의2). 다만 상법의 원칙에 대한 예외로서 정관으로 주권불소지제도를 배제하는 특칙을 둘 수 있다. 회사가 명의개서대리인을 두고 이 자에게 신고할 것을 정관에 요구한 경우에는 명의개서대리인에게 하여야 한다.

주권의 불소지제도는 주권의 상실로 인하여 주권이 선의취득되는 위험성을 방지하기 위한 것이다. 이 경우 이미 발행된 주권은 회사에 제출하고, 제출된 주권은 무효로 된다. 주주가 주권불소지의 뜻을 신고하면 회사는 지체없이 그 뜻을 주주명부와 복본에 기재하고 그 사실을 주주에게 통지하여야 한다(상 358조의2). 그 후 주식의 양도·입질 등으로 주권이 필요한 때에는 언제든지 회사에 대하여 주권의 발행을 청구할 수 있다. 이를 주권발행청구권이라 한다.

Ⅳ. 주식양도자유의 원칙과 예외

1. 주식양도자유의 원칙

주주는 그가 가진 주식을 자유롭게 타인에게 양도할 수 있다. 이것을 주식양도자유의 원칙이라 한다. 주식의 양도는 정관에 의하여도 이를 금지하거나 제한하지 못한다(상 335조). 즉 주식이 유가증권화 되어 거래의 대상이 되는 것은 경제적으로 주식회사제도의 중요한 특성의 하나이다. 주식회사의 주주는 퇴사가 인정되지 않으므로 주식을 자유롭게 양도함으로써 투하자본을 회수할 수 있게 된다. 다만 상법 또는 특별법의 규정이 있는 경우에는 이 원칙에 대한 예외가 인정되며, 정관에 규정을 두게 되면 이사회의 승인을 받도로 하여 주식양도를 제한할 수 있다.

2. 권리주의 양도

권리주란 회사가 성립하기 전이나 신주발행 전의 주식인수인의 지위를 의미한다. 이러한 권리주의 양도는 양도의 당사자 간에는 유효하지만 회사에 대하여는 효력이 없다(상

319조). 권리주의 양도를 제한하는 이유로서는 투기의 방지, 회사의 설립 또는 신주발행에 있어서의 번잡한 사후처리의 회피 및 양도방법의 정형화가 곤란하다는 데에 있다.[112)]

3. 주권발행 전의 주식양도

회사성립 후 또는 신주의 납입기일 후 6월이 경과하기 이전에 주권발행 전의 주식양도는 회사에 대하여 효력이 없다(상 335조③). 그러나 상장주식의 경우에는 6개월이 경과하기 이전이라도 상장주식을 예탁결제원의 계좌 간 대체의 방법으로 양도하는 경우에는 주권발행 전 주식양도가 유효하다(자 311조④). 또한 주권발행 전의 주식양도의 경우라도 당사자 간에는 유효하다.[113)]

회사성립 후 또는 신주의 납입기일 후 6월이 경과한 때에는 회사에 대하여도 효력이 있다. 따라서 회사에 대하여 유효하며, 당사자 사이에도 효력이 있다. 이것은 회사가 주권발행에 보통 필요로 하는 합리적 기간이 지났음에도 불구하고 주권을 발행하지 않음으로써 주주에게 미치는 영향을 고려한 규정이다.

【판례】

[12] 대법원 1996.8.20. 선고, 94다39598 판결

주권발행 전의 주식양도라 하더라도 회사성립 후 6월이 경과한 후에 이루어진 때에는 회사에 대하여 효력이 있으므로 그 주식양수인은 주주명부상의 명의개서 여부와 관계없이 회사의 주주가 되고, 그 후 그 주식양도 사실을 통지받은 바 있는 회사가 주식양도인의 회사에 대한 채무이행을 확보하기 위하여 그 주식에 관하여 주주가 아닌 제3자에게 주주명부상의 명의개서절차를 마치고 나아가 그에게 기명식 주권을 발행하였다 하더라도, 그로써 그 제3자가 주주가 되고 주식양수인이 주주권을 상실한다고는 볼 수 없다.

---

112) 권(기)[회] 598면 ; 이·외[회], 259면 ; 이(철)[회], 380면 ; 정(동)[회], 241면 ; 정(희)[상], 423면 ; 채(이)[상], 650면.

113) 이·외[회], 259면 ; 이(철)[회], 381면 ; 채(이)[상], 648면.

4. 자기주식취득의 제한

(1) 서

자기주식의 취득이란 회사가 주주로부터 회사 자신이 발행한 주식을 다시 취득하는 것이다. 회사가 자기주식을 취득하게 되면 회사의 자본금충실에 반하고, 회사지배논리를 왜곡시키며, 회사 자신이 투기의 주체가 되어 주주들의 이익을 해한다는 이유로 자기주식취득을 금지하고 폐단이 없거나 최소화되는 경우에 한해 예외적으로 허용해 왔다. 그러나 자기주식의 편의성에 착안하여 자기주식취득의 제한을 완화하는 것이 세계적인 입법추세인 점을 감안하여 2011년 개정상법은 배당가능이익을 재원으로 하는 취득을 널리 허용하기에 이르렀다. 자기주식의 편의성은 회사가 자기주식을 취득하면 그만큼 주식의 유동물량을 감소시키고, 동시에 우호적인 주주에게 자기주식을 처분할 기회를 가질 수 있으므로 적대적 기업매수에 대항하여 경영권을 방어하는 수단으로 삼을 수 있고, 주가가 크게 하락할 경우 자기주식을 취득하여 유통수량을 줄임으로써 주가를 지지할 수 있으며, 반대로 주가가 급등할 경우 자기주식을 방출하여 주가를 진정시킬 수도 있으므로 자기주식의 순기능으로 설명된다.[114)]

(2) 자기주식취득금지의 원칙

개정상법이 자기주식취득의 규제를 크게 완화하기는 했지만, 이론적으로 상법상의 원칙은 여전히 취득금지라고 말할 수 있다. 즉 자기주식의 취득은 일반적으로 금지되며, 다만 배당가능이익을 가지고 취득하는 것과 상법 제341조의2 각호에서 열거하는 취득이 허용되는 것이다.[115)] 개정상법에서 이 표현은 없어졌으나 회사가 제3자의 명의로 자기주식을 취득하더라도 회사의 계산으로 취득하는 것은 금지된다고 해석해야 한다(상 341조 본문).

【판례】

[13] 대법원 2011.04.28. 선고 2009다23610 판결

114) 이(철)[상], 495면.
115) 이(철)[상], 495면.

상법 제341조는, 회사는 같은 조 각 호에서 정한 경우 외에는 자기의 계산으로 자기의 주식을 취득하지 못한다고 규정하고 있다. 이 규정은 회사가 자기 계산으로 자기의 주식을 취득할 수 있다면 회사의 자본적 기초를 위태롭게 할 우려가 있어 상법 기타의 법률에서 규정하는 예외사유가 없는 한 원칙적으로 이를 금지하기 위한 것으로서, 회사가 직접 자기 주식을 취득하지 아니하고 제3자 명의로 회사 주식을 취득하였을 때 그것이 위 조항에서 금지하는 자기주식의 취득에 해당한다고 보기 위해서는, 주식취득을 위한 자금이 회사의 출연에 의한 것이고 주식취득에 따른 손익이 회사에 귀속되는 경우이어야 한다.

(3) 배당가능이익에 의한 취득의 자유

일반적으로 지적되는 자기주식취득의 대표적인 폐단은 자본금충실의 저해이다. 회사의 유동자산이 자기주식과 바뀌어 유출됨으로 해서 회사의 지급능력을 저하시키고 나아가 회사채권자들의 이익을 해한다는 것이다. 그러나 배당가능이익은 어차피 주주들에게 사외유출이 허용된 자산이므로 이를 재원으로 하여 자기주식을 취득할 경우에는 이 같은 폐단이 생기지 않는다.[116]

자기주식을 취득하기 위해서는 그 재원에 제한이 따르고 주주총회의 보통결의를 요한다. 상법은 회사가 취득할 수 있는 자기주식의 취득가액의 총액은 직전결산기의 대차대조표상의 순자산액에서 제462조 제1항 각호의 금액을 뺀 금액, 즉 배당가능이익을 초과하지 못한다고 규정한다(상 341조①단서). 그리고 배당가능이익으로 자기주식을 취득하려면 주주총회의 보통결의로 i) 매수할 주식의 종류와 수, ii) 취득가액의 총액의 한도, iii) 1년을 초과하지 아니하는 범위에서 자기주식을 취득할 수 있는 기간을 정해야 한다(상 341조②).

배당가능이익이란 회사의 재무상황에 따라 그 유무와 규모가 수시로 변동되므로 어느 시점에서 산출된 배당가능이익을 근거로 자기주식의 취득을 결의했더라도 이후 실행단계에서는 실질적으로 회사가 결손상태일 수도 있고, 자기주식취득을 원인으로 해서 당해연도에 결손이 생길 수도 있다. 그러므로 상법은 자본의 결손을 초래할 수 있는 자기주식취득을 금지한다. 즉 회사는 해당 영업연도의 결산기에 대차대조표(재무상태표)상의 순자산액이 제462조 제1항 각 호의 금액의 합계액에 미치지 못 할 우려(결손이 날 우려)가 있는 경우에는

116) 이(철)[상], 496면.

자기주식을 취득해서는 아니 된다고 규정한다(상 341조③).

⑷ 특정목적의 취득

상법은 제341조의2에서 배당가능이익을 재원으로 하지 않더라도 특정한 회사의 목적을 위해 부득이하게 취득을 허용해야 할 경우를 열거하고 있다. 이는 개정전 제341조가 취득제한의 예외로서 열거했던 사항 중 「주식을 소각하기 위한 때」만 삭제하고 나머지를 가져온 것이다. 개정전에 주식을 소각하기 위한 때란 이익소각을 하는 경우 및 자본금감소를 위해 주식을 소각하는 경우 그리고 상환주식을 상환하는 경우를 지칭하는 것으로 해석하였는데, 개정상법에서는 이익소각을 폐지하였고, 자본감소와 상환주식의 상환은 각각의 근거에 의해 행해지므로 굳이 자기주식취득의 예외로서 열거할 필요가 없다고 본 것이다.[117)]

개정상법 제341조의2에서는 ①회사의 합병 또는 다른 회사의 영업부분의 양수로 인한 때, ②회사의 권리를 실행함에 있어 그 목적을 달성하기 위하여 필요한 때, ③단주의 처리를 위하여 필요한 때, ④주주가 주주매수청구권을 행사한 경우에 회사는 자기주식을 취득할 수 있다고 규정하고 있다.

⑸ 제341조의2의 취득

자기주식 취득을 일반적으로 제한하는 개정전 상법하에서 임·직원에게 자기주식양도방식으로 주식매수선택권을 부여하는 경우 선택권의 행사에 대비하여 회사가 자기주식을 취득할 수 있도록 하기 위해 제341조의2를 두었으나, 개정상법에서는 배당가능이익으로 제한 없이 취득할 수 있으므로 이 규정이 불필요하게 되어 삭제하였다.

⑹ 위법한 자기주식취득의 효력

2011년 개정전 상법에서는 상법 제341조가 열거하지 않은 목적을 위한 취득이 위법한 취득의 대표적인 모습이었으나, 개정상법에서는 배당가능이익에 의한 취득제도가 생겼으므로 위법성의 모습도 다양해졌다. 위법한 자기주식취득의 유형으로는 개정상법 제341조의2가 열거하지 않은 목적을 위해 자기주식을 취득하거나, 배당가능이익이 없음에도 자기

117) 이(철)[상], 502면.

주식을 취득하는 것, 주주총회 또는 이사회의 결의 없이 취득하는 것, 주주총회 또는 이사회가 결의할 사항이 적법하지 않은 것, 제341조 제1항 제1호 및 제2호가 열거하지 않은 방법으로 취득하거나 또는 취득방법이 주식평등의 원칙에 어긋나는 것, 취득가격이 현저히 불공정하여 회사의 자본금충실을 해하는 것 등이 있다.[118]

이상의 위법사항이 있을 경우 자기주식취득에 관여한 이사·집행임원·감사 등에 위법사항의 내용에 따라 벌칙이 적용될 수 있고(상 625조, 625조의2), 이로 인해 회사에 손해가 발생하면 이사 등이 회사에 손해배상책임을 지게 된다(상 399조①). 주주들에게 매도의 기회를 차별하였을 때에는 기회를 얻지 못한 자는 제401조에 의한 책임을 물을 수 있을 것이다.

회사가 자기주식취득금지에 위반하여 자기주식을 취득한 경우 그 취득행위의 사법상의 효력이 어떠한가에 대하여 학설이 대립하고 있다. 절대적 무효설은 자기주식취득금지에 위반하여 자기주식을 취득하는 것은 출자금을 환급하는 것과 같은 결과를 가져오는데, 이것은 주식회사의 본질적인 요청인 자본금충실의 원칙을 침해하는 결과가 되며, 이를 규정한 상법 제341조는 강행규정이기 때문에 이에 위반한 취득행위는 무효가 된다고 한다.[119] 판례도 이러한 입장에 있다(대법원 1964.11.12 결정, 64마719 ; 동 2003.5.16 판결, 2001다44109). 상대적 무효설(부분적 무효설)은 자기주식취득금지에 위반한 취득행위는 원칙적으로 무효이나, 선의의 제3자에게 대항하지 못한다고 한다.[120] 유효설은 상법 제341조의 규정을 단속규정으로 보고, 이에 위반한 자기주식의 취득행위의 사법상의 효력은 유효하다고 한다.[121] 회사의 자본충실의 원칙은 주식회사의 본질적 요소이고, 또 이러한 자본충실을 기하고자 하는 것이 상법 제341조의 입법목적인 점에서 볼 때 동 규정을 강행규정으로 보아야 할 것이므로, 이에 위반한 자기주식의 취득행위의 사법상 효력은 양도인의 선의·악의를 불문하고 언제나 무효라고 본다.

(7) 자기주식의 처분

자기주식의 처분이란 취득한 자기주식을 매각하는 것을 의미하고, 질권의 경우에는 질권의 행사 또는 양도를 의미한다. 2011년 개정전에는 자기주식의 일시적인 보유만 허용했

118) 이(철)[상], 503면.

119) 김(정)[상], 544면 ; 정(동)[회], 249면 ; 정(찬)[상], 734면 ; 최(기)[회], 340면.

120) 강(위)[회], 321면 ; 손(주)[상], 713면 ; 이(철)[회], 401면 ; 임(홍)[회], 259면.

121) 서(헌)[회], 238면 ; 채(이)[상], 639면.

으나, 개정상법에서는 회사의 선택에 따라 취득한 자기주식을 계속 보유할 수도 있고 처분할 수도 있다.[122)]

개정상법은 처분할 주식의 종류와 수 등 자기주식의 처분과 관련된 사항을 열거하고, 「정관에 규정이 없는 것은 이사회가 결정한다」고 규정하고 있다. 정관에 장차 취득할 자기주식의 처분에 관한 구체적인 사항을 예견하여 정하기 어려울 것이므로 대부분 이사회의 결의로 결정하여 처분하는 것이 통례일 것이고, 이 점에 개정의 의의가 있다.

(8) 자기주식의 지위

상법은 제369조 제2항에서 「회사가 가진 자기주식은 의결권이 없다」고 규정하고 있으므로 의결권에 관하여는 의문의 여지가 없다. 의결권 이외의 주주권에 관해서는 소수주주권이나 각종 소제기권 등과 같은 공익권은 성질상 인정될 수 없다는 점에 이론이 없으며, 이익배당청구권, 신주인수권, 잔여재산분배청구권 등의 자익권도 모두 휴지된다는 것이 통설이다.[123)]

한편 주식분할(액면분할)은 종전의 주주권에 증폭을 가져오는 것이 아니고 주식이 동일성을 유지하며 보다 작은 단위로 세분되는 것에 불과하므로 자기주식도 주식분할에 의해 당연히 증가한다. 권리행사의 제한은 주식 자체의 속성이 아니므로 자기주식이 회사로부터 제3자에게 이전되면 모든 권리는 부활한다.

5. 상호주소유의 제한

(1) 의의

상호주소유란 2개 이상의 회사가 서로 상대방회사의 주식을 소유하고 있는 관계를 말한다. 이러한 주식의 상호소유는 ①자본의 공동화 현상을 초래하면서 기업의 재무보고를 취약하게 하며, ②양당사회사의 주주총회를 장악하여 주주총회의 결의를 왜곡시키는 결과를 초래하게 되는 문제점을 갖고 있다. 따라서 주식의 상호소유를 규제할 필요성이 있으며 특히 대기업의 불건전한 경제력집중을 막기 위하여 「상법」과 「독점규제 및

122) 이(철)[상], 504면.

123) 이(철)[상], 506면.

공정거래에 관한 법률」에서 주식의 상호소유를 제한하는 규정을 두고 있다.

⑵ 모자회사간의 상호주소유의 제한

다른 회사(자회사)의 발행주식총수의 100분의 50을 초과하는 주식을 가진 회사(모회사)의 주식은 그 다른 회사(자회사)가 이를 취득할 수 없다(상 342조의2). 모회사와 자회사 또는 자회사가 다른 회사의 발행주식총수의 100분의 50을 초과하는 주식을 가지고 있는 경우, 그 다른 회사는 모회사의 자회사(손자회사)이다(상 342조③).

자회사의 모회사주식취득은 원칙적으로 무효가 되지만(상 342조의2①), 거래의 안전을 보호하기 위하여 선의자에게는 대항하지 못한다.

주식의 상호소유에 대해 다음과 같은 예외를 인정하고 있다. ①주식의 포괄적 교환, 주식의 포괄적 이전, 회사의 합병 또는 다른 회사의 영업전부의 양수로 인할 때, ②회사의 권리를 실행함에 있어 그 목적을 달성하기 위하여 필요한 때에는 상호주식소유의 제한에도 불구하고 자회사는 모회사의 주식을 소유할 수 있다(상 342조2①). 다만 예외적으로 자회사가 모회사의 주식을 취득한 경우에도 주식을 취득한 때부터 6월 이내에 모회사의 주식을 처분하여야 한다(상 342조2②). 이 경우 자회사가 취득한 모회사의 주식은 모든 권리가 휴지된다.

⑶ 비모자회사간의 상호주제한

회사, 모회사와 자회사 또는 자회사가 다른 회사의 발행주식의 총수의 10분의 1을 초과하는 주식을 가지고 있는 경우 그 다른 회사가 가지고 있는 회사 또는 모회사의 주식은 의결권이 없다(상 369조③). 즉 ①주식회사(갑)가 다른 주식회사(을)의 발행주식총수의 10분의 1을 초과하는 주식을 가지는 경우, ②모회사(병)와 자회사가 합쳐서 다른 회사(을)의 발행주식총수의 10분의 1을 초과하여 가지고 있는 경우, ③자 회사가 단독으로 그 주식을 가지고 있는 경우에 그 다른 회사(을)가 가지고 있는 회사(갑) 또는 모회사(병)의 주식에 대하여는 의결권이 없다. 주주총회결의의 왜곡을 막기 위한 규정이다.

【판례】

[14] **대법원** 2001.5.15. **선고**, 2001**다**12973 **판결**
상법 제342조의3에는 "회사가 다른 회사의 발행주식 총수의 10분의 1을 초과하여 취득한 때에는 그 다른 회사에 대하여 지체 없이 이를 통지하여야 한다." 라고 규정되어 있는바, 이는 회사가 다른 회사의 발행주식 총수의 10분의 1 이상을 취득하여 의결권을 행사하는 경우 경영권의 안정을 위협받게 된 그 다른 회사는 역으로 상대방 회사의 발행주식의 10분의 1 이상을 취득함으로써 이른바 상호보유주식의 의결권 제한 규정(상법 제369조 제3항)에 따라 서로 상대 회사에 대하여 의결권을 행사할 수 없도록 방어조치를 취하여 다른 회사의 지배가능성을 배제하고 경영권의 안정을 도모하도록 하기 위한 것으로서, 특정 주주총회에 한정하여 각 주주들로부터 개별안건에 대한 의견을 표시하게 하여 의결권을 위임받아 의결권을 대리행사하는 경우에는 회사가 다른 회사의 발행주식 총수의 10분의 1을 초과하여 의결권을 대리행사할 권한을 취득하였다고 하여도 위 규정이 유추적용되지 않는다.

6. 주식취득의 통지의무

회사가 다른 회사의 주식을 그 발행주식총수의 10분의 1을 초과하여 취득한 때에는 지체없이 그 다른 회사에 통지하여야 한다(상 342조의3). 통지방법에는 제한이 없으며, 상대회사에게 주식취득의 사실을 알려주기만 하면 충분하다. 통지해야 할 사항은 취득한 주식의 종류와 수이다.

주식취득의 통지의무를 게을리한 경우에 대한 효력에 대해서는 상법의 규정이 없다. 해석상 의결권을 행사할 수 없다고 본다.

7. 특별법상의 주식거래의 규제

(1) 자본시장법상의 내부자거래금지

상장회사의 내부자가 주식을 매매 또는 매수한 후 6월 내에 다시 매수 또는 매도하여 단기차익을 얻는 경우 그 차익을 회사에 반환할 것을 청구할 수 있다.(자 172조①). 또한 내부자가 공개되지 아니한 정보를 이용하여 주식을 매도 또는 매수하는 것이 금지된다(동법 174조). 이는 상장회사의 임직원, 주요주주 등 회사의 내부기업정보에 손쉽게 접근할 수 있는 자의 주식거래를 부당하다고 보아 제한하는 규정이다.

(2) 독점규제 및 공정거래에 관한 법률상의 주식취득의 규제

경쟁관계에 있거나 경쟁관계가 성립할 수 있는 일정 규모 이상의 회사가 경쟁을 제한하기 위하여 기업결합을 하는 것을 금지한다(독규 7조).

또한 지주회사를 설립하거나 지주회사로 전환할 경우에 공정거래위원회에 신고하도록 하며(독규 8조), 자회사 이외의 회사의 주식을 지배목적으로 소유하는 것 등 타회사의 주식소유를 제한한다(독규 8조의2). 자산총액이 10조원 이상인 기업집단(상호출자제한기업집단)에 속하는 회사들이 계열회사와 순환출자를 형성하는 계열출자하는 것을 금지한다(독규 9조①).

(3) 은행법상의 주식취득의 규제

동일인이 금융기관의 의결권 있는 발행주식총수의 100분의 10을 초과하여 주식을 소유할 수 없다(은 15조①). 다만 지방금융기관의 경우 취득한도가 100분의 15로 완화된다(은 15조①ii). 이를 위반하여 초과하여 취득한 경우 그 취득행위에 대한 사법상의 효력에는 영향이 없다. 다만 이를 위반한 주주는 위의 한도 내에 맞도록 처분해야 하며, 의결권은 발행주식총수의 100분의 10으로 제한된다(은 16조).

금융기관은 다른 금융기관 또는 다른 주식회사의 주식을 의결권 있는 발행주식의 100분의 15를 초과하여 매입하거나 항구적으로 소유하지 못한다(은 37조).

(4) 외국인투자촉진법과 자본시장법상의 외국의 주식취득제한

외국인이 대한민국의 법인체기업의 주식지분을 인수 또는 소유하고자 할 때에는 일반적으로 지식경제부장관에게 사전에 신고하여야 한다(외자 5조~7조).

또한 외국인이 상장법인이 발행한 주식을 취득할 때에는 자본시장법상의 제한을 받는다(자 168조·187조). 금융위원회는 공익 또는 증권시장의 안정과 산업정책상 필요한 경우에는 외국인의 주식취득한도를 제한할 수 있다(금융투자업규정 6조의2 ④).

8. 정관에 의한 주식양도의 제한

주식양도는 예외적으로 정관이 정하는 바에 따라 이사회의 승인을 얻도록 제한할 수 있다(상 335조①단서). 이는 소규모 주식회사에서 경영권을 보호하고 기존의 주주의 구성을 존중하고자 하는 취지에서 마련된 규정이다.[124] 따라서 주식이 상장된 회사에서는 정관에 의한 주식양도의 제한이 성립될 수 없다.

정관에 규정을 두어야만 주식의 양도를 제한할 수 있다. 주식의 상속이나 합병 등에는 적용되지 아니하며, 입질이나 양도담보 등의 담보제공행위에도 적용되지 않는다. 그리고 주식의 양도제한은 등기하여야 한다(상 317조②iii의2). 양도제한의 사실은 주식청약서와 주권에도 기재하여야 한다(상 302조②v의2·356조vi의2). 이사회의 승인을 얻어야 주식을 양도할 수 있으므로 그렇지 못한 주식양도는 회사에 대하여 효력이 없다(상 335조②). 물론 당사자 사이에는 양도의 효력이 인정된다.

주식을 양도하고자 하는 주주는 회사에 대하여 양도의 상대방 및 양도주식의 종류와 수를 기재한 서면으로 양도의 승인청구를 할 수 있다(상 335조의2①). 회사는 이러한 청구에 대하여 1월 이내에 주주 또는 주식양수인에게 서면으로 승인 여부를 통지하여야 한다(상 335조의2②·335조의7②). 이 기간 내에 주주 또는 주식양수인에게 통지하지 아니하면 이사회가 주식양도를 승인한 것으로 본다(상 335조의2③·335조의7②).

회사로부터 주식양도의 승인거부의 통지를 받은 주주나 주식양수인은 통지받은 날로부터 20일 이내에 회사에 대하여 양도상대방의 지정 또는 주식의 매수를 청구할 수 있다(상 335조의2④·335조의7②). 회사는 양도상대방의 지정을 청구받은 날로부터 2주간 내에 청구인 및 양도상대방으로 지정된 자에게 서면으로 통지해야 하며(상 335조의3①·335조의7②), 혹은 주식매수를 청구받은 날로부터 2월 이내에 그 주식을 매수하여야 한다(상 335조의6·374조의2②).

---

124) 이(철)[회], 366면 ; 정(찬)[상], 750면.

V. 주식의 질권설정과 양도담보

1. 주식의 질권설정

(1) 의의

주식은 재산적 가치가 있는 유가증권이므로 질권의 목적이 될 수 있다(상 338조). 다만 회사는 자기주식을 취득하는 것을 금지하는 것과 동일한 취지에서 회사는 원칙적으로 일정범위 이외의 자기주식을 질권의 목적으로 이를 받을 수 없다(상 341조).

(2) 기명주식의 입질

기명주식의 입질에는 주권의 교부를 필요로 하고 질권으로서 제3자에게 대항하려면 계속 그 주권을 점유하여야 한다(상 338조). 기명주식의 입질에는 약식질과 등록질이 있으며 각기 그 효력이 다르다.

1) 약식질

질권의 설정은 합의와 단순한 주권의 교부에 의하여 이루어진다(상 338조①). 또한 회사와 제3자에게 대항하기 위해서는 질권자에 의한 주권의 계속적 점유가 필요하다(동조②).

기명주식의 약식질권자는 그 주식으로부터 우선변제권·유치권·전질권이 있고 물상대위권이 인정된다(민 355조). 즉 주식의 소각·병합·전환이 있는 때에는 이로 인한 종전의 주주가 받는 금전이나 주식에 대하여도 질권을 행사할 수 있다. 그러나 질권자가 이 물상대위를 행사하려면 주주에게 금전 또는 주권의 인도가 있기 전에 압류하여야 한다(민 342조).

또한 약식질은 회사와 관계가 없기 때문에 약식질권자는 회사에 대하여 이익 또는 이자를 청구할 권리가 없다. 신주인수권의 경우에는 질권의 효력이 미치지 않는다고 보는 것이 통설이지만 소수의 반대견해도 있다. 잔여재산분배청구권의 경우 주식의 변형물이므로 질권의 효력이 미친다고 본다.[125] 이 밖에도 회사분할시의 분할회사 주주에게 교부되는 신설회사의 주식이나 교부금(상 530조의5①iv·v), 주식양도의 승인이 거부된 주주나 영업양도 등의 결의에 반대한 주주가 주식매수청구권을 행사하여 받는 주식의 대금(상 335조의2④·360조의5·374조의2①·522조의3 등), 주식의 교환·이전에 의해 자회사의 주주가 받는 모회사의 주식 또

125) 정(찬)[상], 781면.

는 교부금(상 360조의3③ii·iv, 360조의16①ii·iv)에 질권의 효력이 미친다.

2) 등록질

등록질이란 질권설정자의 청구에 따라 그 성명과 주소를 주주명부에 덧붙여 쓰고 그 성명을 주권에 적는 방법에 의한 주식의 입질을 말한다(상 340조①).

등록질의 질권자는 회사로부터 이익배당, 잔여재산분배, 주식의 소각·합병·전환 등에 의한 주주가 받을 금전을 받아 우선변제를 받을 수 있다. 이 경우 주주에게 금전이 지급되기 전에 압류를 요하지 않는다. 채권의 변제기가 도래하지 않는 때에는 질권자는 회사로 하여금 그 금액을 공탁시킬 수 있으며, 이 경우 질권은 공탁금 위에 존재한다(상 340조, 민 353조).

2. 주식의 양도담보

주식의 양도담보에 대해서는 상법에 아무런 규정이 없으나, 담보실행이 용이하기 때문에 주식의 질권설정보다 많이 이용되고 있다. 양도담보의 경우도 주권을 교부하고 명의개서를 하지 않는 약식양도담보와 명의개서까지 마치는 등록양도담보로 나누어 볼 수 있다. 따라서 기명주식의 약식질과 약식양도담보는 외관상 동일하여 당사자의 의사에 따라 구별할 수밖에 없다.

양도담보권의 경우, 등록양도담보권자는 모든 주주권을 행사할 수 있으며, 약식양도담보권자는 명의개서를 하고 주주권을 행사할 수 있다. 또한 양도담보의 실행을 위해서는 청산절차를 거쳐야 할 것이다.

Ⅵ. 주식의 소각·분할·병합

1. 주식의 소각

(1) 의의

주식의 소각이란 회사의 존속 중에 발행주식의 일부를 소멸시키는 회사의 행위이다. 주식자체를 소멸시키는 행위인 점에서 주권의 제권판결(상 360조)이나 주주의 의사에 따라 주식을 양도하는 것과는 다르다.

(2) 소각의 종류와 방법

2011년 개정에 의해 주식의 소각제도가 크게 변하였다. 개정전에는 이익소각제도가 있었으나, 개정상법에서는 폐지되었고 자기주식의 소각제도를 신설하였다. 개정상법 하에서 주식의 소각은 액면주식을 소각하는 경우와 무액면주식을 소각하는 경우로 구분할 수 있는데, 양자는 동일한 법리를 적용할 수 없다. 그리고 액면주식의 소각은 자본금의 감소를 초래하는 소각(상 343조①본문, 이하 기본형소각)과 주주에게 배당할 이익을 재원으로 소각하므로 자본금의 감소를 초래하지 않는 소각으로 나눌 수 있다. 전자의 소각은 자본금의 감소를 초래하므로 주주와 채권자보호를 위해 자본감소절차(상 438조 이하)를 밟아야 하고, 후자는 자본금에 영향을 주지 아니하므로 자본금감소절차를 밟을 필요가 없다. 개정상법에서는 이익소각이 없어졌으므로 후자의 예로는 상환주식의 상환이 유일한데, 이는 앞서 설명하였으므로 여기서는 나머지 소각을 설명한다.[126]

(3) 기본적 소각

개정전 상법에서는 액면주식만이 있었고, 액면주식을 소각하면 원칙적으로 자본금의 감소를 수반하므로 상법은 주주총회의 특별결의와 채권자보호 등의 자본감소절차를 밟도록 하기 위해 자본감소에 관한 규정에 따르는 것을 원칙으로 하였다(상 343조①본문). 이 규정을 개정상법도 그대로 답습하였으나, 이는 무액면주식이 도입된 것을 간과한 입법착오이다. 무액면주식의 소각자체는 자본금의 감소를 초래하지 않기 때문이다. 따라서 개정상법 제343조 제1항 본문이 규정하는 자본감소에 관한 규정에 따라 해야 하는 주식의 소각이란 액면주식의 소각만을 의미하는 것으로 풀이해야 하고, 무액면주식의 소각에는 동규정이 수정되어 적용되어야 한다.[127]

(4) 자기주식의 소각

상법 제343조 제1항 본문은 기술한 바와 같이 주식의 소각은 자본금 감소에 관한 규정

---

126) 이(철)[상], 519면.
127) 이(철)[상], 519면.

에 의해 하도록 규정하고, 단서에서는 「이사회의 결의에 의하여 회사가 보유하는 자기주식을 소각하는 경우에는 그러하지 아니하다」 라고 규정한다. 이는 자기주식은 자본금 감소절차를 따르지 않고 이사회결의만으로 소각할 수 있다는 의미이다. 이 규정은 무액면주식에 대해서만 타당하고 액면주식에 관해서는 적용할 수 없다. 왜냐하면 무액면주식을 발행할 경우 주식의 발행가액의 일부 또는 전부를 자본금에 계상하고 난 후에는 자본금은 주식의 수와 연관을 갖지 않으므로 자기주식을 소각하더라도 자본금에는 영향이 없기 때문이다. 또 자기주식을 소각할 경우 회사의 발행주식수가 감소하여 그 효과는 모든 주주에게 비례적으로 미치므로 주주의 새로운 이해문제를 일으키지 않고, 회사의 자산이 유출되는 것이 아니므로 회사채권자의 이해와도 무관하다.[128]

(5) 소각된 주식의 재발행

문제는 소멸한 주식수만큼 미발행주식총수가 증가되므로 소각한 주식을 통상의 신주절차를 밟아 재발행할 수 있느냐이다. 이에 대해 미발행주식수의 증가를 인정하여 재발행을 그 수만큼 인정하면 무제한으로 발행수권을 허용하게 되고 주주보호의 취지에 어긋나므로 재발행이 불가능하다고 보는 견해[129]가 있지만, 소각된 주식은 당연히 발행예정주식총수 중 미발행주식수를 구성하므로 재차 발행이 가능하다고 보아야 한다. 왜냐하면 소각된 주식을 재발행하더라도 신주식을 주주들이 인수하기 때문에 주주보호라는 시각에서 볼 필요가 없고, 오히려 자본조달의 기동성·원활성을 기할 수 있으며, 발행예정주식총수라는 것은 어느 시점에서든 이사회의 결의로 발행할 수 있는 주식수의 최대치를 의미한다고 해석하면 족하기 때문이다.[130]

2. 주식의 분할

주식의 분할은 자본을 증가시키지 않고 발행주식수를 증가시키는 것을 말한다. 발행주식수를 변경시키지 않고 1주권에 표창된 주식수를 증가시키는 주권의 분할과 다르다.

---

128) 이(철)[상], 520면.

129) 서·정, 393면 ; 정(찬)[상], 787면 ; 손(주)[상], 694면 ; 이·외[회], 294면 ; 이·최[상], 297면 ; 정(동)[회], 295면 ; 채(이)[상], 677면 ; 최(기)[상], 763면.

130) 이(철)[회], 438면.

액면주식의 분할이란 곧 액면분할을 뜻한다. 액면가를 일정비율로 감소시키고, 그 역의 배수로 주식수를 늘리는 것이다. 무액면주식에는 액면이라는 것이 없으므로 무액면주식의 분할은 자본금, 자산과 관계없이 단지 회사가 발행한 주식의 총수를 증가시키는 것을 의미하지만, 종전의 주식수에 추가하여 증가하는 것이 아니고, 종전의 주식을 세분하는 것이다. 무액면주식을 발행한 회사의 경우에는 주식의 분할과 후술하는 자본준비금의 자본전입 그리고 주식배당의 구분이 큰 의미를 갖지 못한다. 주식분할로 인해 단주가 발생하는 것도 무방하므로(상 329조의2③), 액면가는 자유롭게 인하할 수 있다. 다만 액면가는 100원 이상이어야 하며, 그 이하의 액면가로의 주식분할은 가능하지 않다. 또한 주식분할을 하면 주식수가 늘어나게 된다. 이때 미발행분 주식수가 충분치 않으면 정관을 변경하여 발행예정주식총수를 증가시켜야 한다. 무액면주식을 분할할 경우에도 분할의 결과 발행주식수가 발행예정주식수를 초과하게 될 경우에는 정관변경을 요한다.

회사는 1월 이상의 기간을 정하여 주식분할을 한다는 뜻과 그 기간 내에 주권을 회사에 제출할 것을 공고하고 주주명부에 기재된 주주와 질권자에 대하여는 각별로 그 통지를 하여야 한다(상 329조의2③·440조). 이 공고와 아울러 회사는 분할된 주식을 취득할 자를 미리 정하기 위해 주주명부폐쇄절차를 밟을 수 있다(상 354조).

주식분할로 인해 주권의 기재사항이 달라지므로 주주가 제출한 주권에 갈음하여 새로운 주권을 교부하여야 한다. 구주권을 회사에 제출할 수 없는 자가 있는 때에는 이해관계인의 이의제출을 최고하는 소정의 공고를 거쳐 새 주권을 청구자에게 교부할 수 있다(상 329조의③·442조①). 그리고 주식의 분할은 주주에 대한 공고기간이 만료한 때에 그 효력이 생긴다(상 329조의③·443조①).

주식을 분할하면 회사의 전체 발행주식의 총수가 증가하고, 동일한 비율로 각 주주의 소유주식의 수가 증가한다. 그러나 각 주주의 지분에 실질적인 변화는 없으며, 회사의 자본이나 재산변동도 없다. 분할 전의 주식에 질권이 설정되어 있었다면 주식분할 후의 새로운 주식에 대해서도 질권의 효력이 미치게 된다(상 339조).

3. 주식의 병합

주식의 병합이란 여러 주식을 합하여 그보다 적은 수의 주식으로 병합하는 것을 말한다. 흔히 단주를 발생시키게 되어 각 주주의 이해관계에 중대한 영향을 미칠 수 있게 된다. 따라서 주식의 병합은 예외적인 경우, 예컨대 자본감소(상 440조), 합병(상 530조③), 분할(상 530조의11①)에 인정된다.

제4장

회사의 기관

제1절 회사기관의 기본구조

Ⅰ. 회사기관의 의의

회사는 다수의 사원으로 구성되는 하나의 유기적 존재로서 그 자체의 의사에 따라 활동하게 된다. 그러나 그 의사와 활동은 회사의 조직상의 일정한 지위에 있는 자에 의하여 실현된다. 다시 말하면 회사의 조직상 일정한 지위에 있는 자의 의사결정이나 행위는 법률상 회사의 의사결정이나 행위로 인정된다. 회사의 조직에 있어서의 이와 같은 지위를 회사의 기관이라고 하고 이 기관이 가지는 힘을 권한이라고 한다.

Ⅱ. 회사기관의 분화

주식회사의 기관은 주주총회·이사회·대표이사(또는 집행임원)·감사·감사위원회 등으로 분화되어 있다.

회사의 종류 가운데 합명회사는 총사원의 동의로써 중요사항을 결정함과 동시에 각 사원은 원칙적으로 회사의 업무집행기관과 대표기관이 된다. 그러므로 합명회사의 기관은 아직 분화되어 있지 않다. 이에 비하여 주식회사는 주주들이 주주총회에서 의결권을 행사하여 기본적 사항에 대하여 다수결로 회사의 의사를 결정하고, 회사의 업무집행은 이사회와 대표이사에게 위임한다. 한편 감사 또는 감사위원회를 선임하여 이사회 및 대표이사의 업무집행을 감사하게 하고 있다.

또한 주식회사는 필요에 따른 임시기관으로 주식회사의 설립절차 또는 업무나 재산상태 등을 조사하기 위하여 법원 또는 주주총회에 의해 선임되는 검사인이 있다. 이 밖에도 일정규모 이상의 주식회사에 대한 회계감사기관으로 외부감사인이 있다.

Ⅲ. 기업의 소유·지배 및 경영

개인기업은 기업의 소유자가 단독으로 기업을 경영하고 얻은 이익을 단독으로 차지하게 되므로 기업의 소유와 경영은 완전히 합치되어 있다. 또한 공동기업 가운데 합명회사는 기업의 소유자인 사원이 모두 기업을 경영하기 때문에 여기서도 기업의 소유와 경영은 원칙적으로 일치되어 있다.

이에 비하여 주식회사는 대규모적인 공동기업에 적합한 형태이기 때문에 그에 결합하는 다수의 주주가 모두 회사경영에 참여하기가 불가능하다. 따라서 주식회사에서는 기업의 소유와 경영이 분리되지 않을 수 없다. 기업의 소유자인 주주는 주주총회에 참석하여 회사의 의사결정에 참여할 뿐 기업경영을 직접 담당하지 않고 총회에서 선임한 이사에게 위임할 수도 있다.

주주총회 중심주의 시대에는 총회에서 이사의 선임·해임은 물론 회사의 모든 사항을 결의하여 이사를 구속할 수 있었다. 그러나 자본주의 경제의 발전에 따라 주식회사는 거대해지고 주식은 널리 분산되어 경영은 복잡해지고 전문화되었다. 그리하여 주주도 두 가지 부류로 나누어지게 되었다. 하나는 회사의 경영을 목적으로 주식을 취득하고 실제로 경영할 능력을 가진 소수의 기업가주주와, 다른 하나는 주식을 투자 또는 투기의 대상으로 생각할 뿐 회사의 경영에는 무지·무관심한 다수의 대중주주로 분화된다. 그 결과 기업의 소유와 경영의 분리가 나타나게 되고 기업의 소유와 지배도 분리되었다.[131]

회사의 지배는 주주총회를 통하여 주주가 하고 있었다. 총회의 결의는 자본다수결에 의하므로 회사는 총회의 결의에 필요한 주식을 가진 자가 지배하게 된다.[132] 이를 다수자지배라고 하고 절대적인 지배인 것이다. 그러나 외국의 경우 주주의 경영무관심으로 인해 주주에 의한 지배에서 회사의 경영자인 이사 특히 대표이사에 의한 경영자지배의 형태로 변화하고 있다. 다만 우리나라의 경우는 아직 이러한 현상을 보이고 있지는 않다.

---

131) Adolf, p.5 ; 正本久司, 株式會社支配論의 展開 - 文眞堂研究叢書, 文眞堂, 1983, 50頁.

132) Wiedemann, S.432ff ; 森淳二朗, “會社支配の變動と株主の利益”, 法學教室 第114号, 1990. 3, 65頁.

제2절 주주총회

Ⅰ. 주주총회의 의의

1. 주주총회의 개념

주주총회라 함은 출자자인 주주로 구성되고 주주의 다수결에 의하여 회사내부의 의사를 결정하는 주식회사의 필요적 기관을 말한다.

주주총회는 주주만이 그 구성원이 된다. 이사나 감사는 주주총회에 출석하여도 주주총회의 구성원이 되지 아니한다. 주주총회는 회사의 업무집행에 관한 일반적 사항의 결정권을 이사회에 위임하고, 상법 또는 정관에 정하는 사항에 한하여 결의한다. 따라서 회사의 기본적 중요사항으로서 주주총회의 결의사항은 이사·감사의 임면사항(상 382조·385조), 정관변경(상 433조), 자본의 감소(상 438조), 회사의 해산·합병 등이다.

주주총회는 회의체의 기관으로 소집될 때에만 활동하는 비상설적 기관으로 보는 견해[133]도 있지만, 반드시 존재하여야 하는 필요적 상설기관이다.[134]

2. 정기주주총회와 임시주주총회

주주총회는 그 소집시기에 따라 정기총회와 임시총회로 구분한다. 정기총회와 임시총회는 그 소집시기가 다른 것에 불과하며 그 권한이나 결의의 효력에는 아무런 차이가 없다.

정기총회는 매년 1회 일정한 시기에 소집되며, 연2회 이상의 결산기를 정한 회사는 매기마다 소집하여야 한다(상 365조). 정기총회에서는 주로 재무제표의 승인, 이익의 배당 등의 결산에 관한 사항을 결의한다. 그 외에 이사·감사의 선임과 해임, 정관변경 등 총회의 권한에 속하는 사항도 결의할 수 있다. 정기총회의 개최시기는 정관에 정하여져 있는 것이 보통이다.

이에 대하여 임시총회는 필요에 따라 수시로 소집되는 총회이며, 토의할 사항에 대하여는 특히 정하여져 있지 않다.

---

133) 손(주)[상], 698면 ; 최(기)[회], 415면.

134) 권(기)[회], 529면 ; 서(헌)[회], 275면 ; 이·외[회], 362면 ; 이(철)[회], 486면 ; 임(홍)[회], 331면 ; 정(동)[회], 308면 ; 정(찬)[상], 827면 ; 정(희)[상], 445면 ; 채(이)[상], 460면.

3. 특수한 주주총회

(1) 종류주주총회

회사가 종류주식을 발행한 경우에 정관을 변경함으로써 어느 종류주식의 주주에게 손해를 미치게 될 때에는 주주총회의 결의 외에 그 종류주식의 주주의 총회의 결의가 있어야 한다(상 435조①). 종류주주총회는 주주총회 결의의 효력발생을 위해 부가적으로 요구되는 요건이며, 그 자체는 주주총회가 아니며, 회사의 기관이 아니다.[135] 즉 주식의 종류에 따라 주주들의 이해관계를 달리할 수 있는데, 수적으로 우세한 종류의 주주가 주주총회의 결의를 지배하여 특정종류의 주주들에게 손해를 입힐 염려가 있다. 이를 방지하기 위하여 주주총회의 결의 이외에 이러한 위험이 발생할 염려가 있는 사안이 있을 때에 특정 종류의 주주들만이 모여 결의하도록 하는 상법상의 결의요건이다.

종류주주총회의 결의가 필요한 경우에는 ⅰ) 정관을 변경함으로써 어느 종류주식의 주주에게 손해를 미치게 될 때(상 435조①), ⅱ) 제344조 제3항의 규정에 의하여 주식의 종류에 다라 특수하게 정하는 경우 그 결과가 어느 종류의 주주에게 손해를 미치게 될 때(상 436조), 주식교환·주식이전·회사합병·회사분할·분할합병으로 인하여 어느 종류의 주주에게 손해를 미치게 될 경우(상 436조)가 이에 해당한다.

종류주주총회의 결의는 언제나 「그 종류의 출석한 주주의 의결권의 3분의 2 이상」과 「그 종류의 발행주식총수의 3분의 1 이상」의 찬성으로 성립한다(상 435조②). 이 결의요건은 정관으로도 가중하거나 경감하지 못하며 이를 위반한 규정은 무효이다. 이 총회에는 의결권이 없거나 제한되는 주식을 가진 주주도 참여하는 것이 주주총회와 다르다(상 435조③).

(2) 전원출석 주주총회

법정절차 없이 주주전원이 출석하여 일정한 결의를 하는 것을 전원출석총회라고 한다. 이러한 경우에도 주주전원이 동의하여 집합하고 결의하면 총회의 결의로서 효력이 인정[136]된다(대법원 1976.6.26 선고, 78아1794 판결). 유한회사의 경우에는 총사원의 동의가 있으면 소집절차 없이 총회를 열 수 있다는 규정을 두고 있다(상 573조). 이에 반해 통지절차에 흠이 있는 경우

135) 이(철)[회], 633면 ; 정(찬)[상], 874면.

136) 이·외[회], 367면 ; 정(동)[회], 324면 ; 정(찬)[상], 838면 ; 정(희)[상], 449면 ; 최(기)[상], 793면.

에는 관련주주의 동의로 치유되지만, 이사회의 소집결정의 결여는 전원출석총회의 동의나 1인주주의 참석으로도 치유될 수 없다고 보는 견해도 있다.[137]

(3) 1인회사의 주주총회

회사성립 후 주주가 1인만 있는 경우를 1인회사라고 한다. 그 1인의 주주가 출석하면 전원출석총회가 되므로 소집절차가 필요하지 않다고 본다(대법원 1977.2.8 선고, 74다1754 판결). 그러나 이사의 출석과 의사록작성은 하여야 한다.

Ⅱ. 주주총회의 권한

1. 서언

주주총회는 회사의 내부에서 회사의 중요사항에 대하여 회사의 의사를 결정하는 기관일 뿐 대내외적으로 회사의 업무를 집행할 수는 없다. 과거 주주총회는 법령 또는 정관에 반하지 않는 한 회사에 관한 어떠한 사항도 결정할 수 있는 만능의 최고기관이었으나 현행 상법은 회사의 업무집행에 관한 일반적 사항의 결정권을 이사회에 위임한다. 즉 입법의 경향이 주주총회의 권한을 대폭 축소함과 동시에 이사회의 기능이 강화되는 추세에 있다.

주주총회는 상법 또는 정관에 정하는 사항에 한하여 결정권을 가진다고 하였으므로(상 361조) 정관에 다른 규정이 없으면 업무집행에 관한 의사결정권은 이사회에 전속된다(상 393조).

2. 상법상의 권한

상법에서는 회사기관의 구성·회계·업무감독과 같은 감시적 기능, 회사의 근본변경과 관련된 여러 사항들에 주주총회의 결의를 요하도록 하여 그 권한을 정하고 있다.구체적으로 ① 이사·감사의 선임과 해임(상 382조·385조·409조·415조), 청산인의 선임과 해임(상 531조·제539조), 검사인의 선임(상 367조) 등과 같은 회사기관의 구성에 관한 사항, ② 재무제표의 승인(상

137) 이(철)[회], 510면.

449조①), 주식배당의 결정(상 462조의2①), 이익배당의 지급시기의 결정(상 464조의2① 단서), 청산사무의 종결 승인(상 540조①) 등 회계와 관련된 사항, ③이사·감사·청산인의 보수결정(상 388조·415조·542조②), 발기인·이사·감사·청산인의 책임면제(상 324조·400조·415조·542조), 주주 이외의 자에 대한 전환사채 또는 신주인수권부사채의 발행(상 513조③·516조의2④) 등 업무감독과 같은 감시적 기능에 대한 사항, ④주식의 포괄적 교환이나 이전에 대한 승인(상 360조의3·360조의16), 영업양도(상 374조①i), 정관변경(상 433조①), 자본감소(상 438조), 합병·분할·조직변경·해산(상 522조·530조의3·604조①·518조) 등 회사의 근본변경과 관련된 사항들을 정하고 있다.

3. 특별법상의 권한

상법 이외에도 특별법상으로 주주총회의 결의를 요하는 사항들이 있다. 「채무자회생 및 파산에 관한 법률」 제35조 2항에는 청산중인 회사나 파산선고 후의 회사가 회생절차개시의 신청을 함에는 주주총회의 특별결의를 요하도록 하며, 「보험업법」 제138조와 제140조에는 보험회사가 계약으로써 다른 보험회사에게 그 업무와 재산의 관리를 위탁하는 경우에 주주총회의 특별결의를 요하도록 한다.

4. 정관에 의한 결의사항

상법이나 특별법의 규정이 없는 사항은 정관에 정함에 따라 주주총회의 결의사항으로 규정할 수 있다(상 361조). 또한 다른 기관의 권한으로 되어 있지만 명문의 규정으로 주주총회의 권한으로 유보할 수 있다고 되어 있는 사항, 예컨대 대표이사의 선임이나 신주발행은 이사회가 결정하지만 정관으로 주주총회에서 결정하는 경우에는 주주총회의 결의에 의하도록 할 수 있다(상 389조①단서·416조단서).

이러한 유보조항이 없는 사항에 대하여 주식회사의 본질이나 강행법규에 반하지 않는 한 다른 기관의 권한에 속하는 사항은 주주총회의 권한으로 할 수 있다는 견해[138]와 그렇게 할 수 없다는 견해[139]가 나누어진다. 상법상 유보조항이 없이 상법에서 다른 기관의 권

---

138) 권(기)[회], 677면 ; 김(정)[상], 579면 ; 서·정, 413면 ; 손(주)[상], 755면 ; 이·외[회], 363면 ; 임(홍)[회], 347면 ; 정(동)[회], 315면 ; 정(희)[상], 445면 ; 최(기)[회], 429면.

139) 이(철)[회], 487면.

한으로 정한 사항을 정관의 규정만으로 주주총회의 권한으로 할 수는 없다고 보아야 한다.

Ⅲ. 주주총회의 소집

1. 소집권자

주주총회는 회사의 의사결정기관이므로 소집권한 있는 자가 법정절차에 따라 구체적으로 소집하여야 한다. 소집권한 없는 자가 소집한 집회는 주주총회가 아니며, 그 집회에서의 결의는 주주총회의 결의가 아니다.

(1) 일반적인 경우

주주총회의 소집은 정기주주총회·임시주주총회를 불문하고 원칙적으로 해산 전에는 이사회에서 결정하고(상 362조), 청산 중의 회사에서는 청산인회에서 결정한다(상 542조②).

이사회 혹은 청산인회에서는 소집의 뜻과 일시·장소·의안 등을 결정하고 이 결정에 따라 대표이사·대표청산인이 구체적으로 소집절차를 집행하게 된다. 그렇지 않고 대표이사가 단독으로 소집하는 경우는 소집절차에 하자가 있어 주주총회 결의취소의 소의 원인이 된다(상 376조). 다만 이사가 1인인 자본금 10억 미만의 소규모 주식회사의 경우에는 이사가 결정하여 집행한다(상 383조①단서·⑥).

(2) 예외적인 경우

1) 소수주주에 의하여 소집되는 경우

발행주식 총수의 100분의 3 이상에 해당하는 주식을 가진 소수주주는 회의의 목적사항과 소집의 이유를 기재한 서면 또는 전자문서를 이사회에 제출하여 임시주주총회의 소집을 청구할 수 있다(상 366조①). 상장회사의 경우에는 이 요건이 1천분의 15 이상으로 완화된다(상 542조의6①). 다만 상장회사의 경우 이 주식을 6월 전부터 계속 보유하여야 한다.

이사회가 이 청구를 받고 곧 총회소집절차를 취하지 아니하면, 소수주주가 법원의 허가를 얻어 총회를 소집할 수 있다(상 366조②). 이때에는 법원에 불복의 신청을 할 수 없다.

2) 감사 또는 감사위원회에 의하여 소집되는 경우

감사 또는 감사위원회는 회의의 목적사항과 소집의 이유를 기재한 서면을 이사회에 제출하여 임시주주총회의 소집을 청구할 수 있다(상 412조의3①·415조의2⑥). 이때에 이사회가 소집을 게을리 할 경우 법원의 허가를 얻어 직접 소집할 수 있다.

3) 법원의 명령에 의하여 소집되는 경우

법원은 발행주식총수의 100분의 3 이상에 해당하는 주식을 가진 주주의 청구에 의하여 검사인을 선임한 경우에 회사의 업무와 재산상태를 조사한 결과에 대한 보고에 의하여 필요하다고 인정할 때에 대표이사에게 총회의 소집을 명할 수 있다(상 467조). 이때에는 이사회의 결의를 필요로 하지 아니하며, 이 명령에 위반하면 과태료의 제재를 받는다(상 635조).

2. 소집지와 소집장소 및 회의일시

주주총회는 정관에 다른 규정이 없으면 「본점소재지 또는 이에 인접한 지」에 소집하여야 한다(상 364조). 여기서 소재지 또는 인접지라 함은 특별시·광역시·시·군 등 상사거래의 동일한 생활권을 이루는 행정단위로 파악해야 한다.[140] 고의로 주주의 출석을 방해하기 위해 출석이 곤란한 곳을 소집지로 정하는 것을 방지하기 위한 규정이다. 따라서 소집지를 벗어난 먼 거리의 장소에서 소집하게 되면 위법이다.

소집장소는 소집지 내의 적당한 장소를 말한다.[141] 교통이 불편하거나 모이는 인원보다 협소한 장소의 선택이나 회의장으로의 유도방법 등이 불공정한 때에는 결의취소의 소의 원인이 된다. 회의일시는 주주가 편리한 시간대에 합리적으로 정하여야 한다. 예컨대 공휴일이나 새벽시간 혹은 한밤중에 소집하는 것은 현저히 불공정한 경우에 해당한다.

---

140) 이(철)[회], 500면 ; 정(찬)[상], 838면.

141) 정(동)[회], 319면 ; 정(희)[상], 448면.

【판례】

[15] **대법원 2003.7.11. 선고, 2001다45584 판결**

주주총회의 개회시각이 부득이한 사정으로 당초 소집통지된 시각보다 지연되는 경우에도 사회통념에 비추어 볼 때 정각에 출석한 주주들의 입장에서 변경된 개회시각까지 기다려 참석하는 것이 곤란하지 않을 정도라면 절차상의 하자가 되지 아니할 것이나, 그 정도를 넘어 개회시각을 사실상 부정확하게 만들고 소집통지된 시각에 출석한 주주들의 참석을 기대하기 어려워 그들의 참석권을 침해하기에 이르렀다면 주주총회의 소집절차가 현저히 불공정하다고 하지 않을 수 없고, 또한 소집통지 및 공고가 적법하게 이루어진 이후에 당초의 소집장소에서 개회를 하여 소집장소를 변경하기로 하는 결의조차 할 수 없는 부득이한 사정이 발생한 경우, 소집권자가 대체 장소를 정한 다음 당초의 소집장소에 출석한 주주들로 하여금 변경된 장소에 모일 수 있도록 상당한 방법으로 알리고 이동에 필요한 조치를 다한 때에 한하여 적법하게 소집장소가 변경되었다고 볼 수 있다.

3. 소집절차

(1) 기명주주에 대한 통지와 무기명주주에 대한 공고

주주총회를 소집하려면, 기명주식에 대해서는 회일을 정하여 2주간 전에 각 주주에 대하여 서면으로 통지를 발송하거나 각 주주의 동의를 받아 전자문서로 통지를 발송하여야 한다(상 363조①). 상장회사의 경우, 의결권 있는 주식총수의 100분의 1 이하를 가진 주주에 대하여는 회일 2주간 전에 총회소집의 뜻과 목적사항을 2개 이상의 일간신문에 각각 2회 이상 공고하거나 전자적 방법으로 공고함으로써 소집통지에 갈음할 수 있다(상 542조의4).

(2) 소집통지나 공고의 기간과 방법 및 내용

소집통지와 공고는 회일 2주간 전에 하여야 하고, 공고는 회일의 3주간 전에 하여야 한다. 소집통지와 공고의 방법은 개별적으로 서면 또는 전자문서에 의해 통지를 발송하여야 한다. 통지는 주주명부에 기재된 주소로 발송하면 되고 도달의 유무는 문제가 아니며 보통 도달할 시기에 도달한 것으로 본다. 공고할 때에는 정관에 정한 공고방법에 따라야 한다(상 289조①vii·③). 따라서 정관상에 정한 매체가 아닌 방법을 이용하여 공고하였다면 공고가 있다고 할 수 없다.

소집통지와 공고에는 총회개최일시·소집지·소집장소와 회의의 목적사항을 기재하여야 한다. 이는 주주로 하여금 회의의 개최에 대한 준비를 시키기 위한 것이다.

⑶ 소집통지나 공고의 해태 및 면책·면제

회사가 총회소집의 통지나 공고를 해태하거나 부적법하게 한 때에는 예컨대 위의 법정기간을 결한 소집은 위법으로 총회결의취소의 소의 원인이 된다. 이 때에 이사 또는 청산인에게는 벌칙을 적용한다(상 635조①ii).

주주명부에 기재된 주소 혹은 주주가 회사에 통지한 주소로 통지하면 회사는 면책된다(상 353조①). 또한 장기간(3년간)에 걸쳐 통지가 주주에게 불도달할 경우 회사의 통지의무는 면제된다.

⑷ 소규모회사의 특례

자본금 총액이 10억원 미만인 회사가 주주총회를 소집하는 경우에는 주주총회일의 10일 전에 각 주주에게 서면으로 통지를 발송하거나 각 주주의 동의를 받아 전자문서로 통지를 발송할 수 있고(상 363조③), 주주 전원의 동의가 있을 경우에는 소집절차 없이 주주총회를 개최할 수 있고, 서면에 의한 결의로써 주주총회의 결의를 갈음할 수 있다. 결의의 목적사항에 대하여 주주 전원이 서면으로 동의를 한 때에는 서면에 의한 결의가 있는 것으로 본다(상 363조④). 서면에 의한 결의는 주주총회의 결의와 같은 효력이 있다(상 363조⑤).

4. 소집의 철회나 변경

총회의 소집절차가 있은 후 특별한 사정으로 개회하지 않거나 연기하고자 할 때에는 이사회의 결의를 거쳐 대표이사가 회일 전에 주주에게 도달하도록 통지하거나 공고하여야 한다(대법원 2009.3.26 선고, 2007도8195 판결).

【판례】

[16] 대법원 1989.2.14. 선고, 87다카3200 판결
주주총회의 계속회가 동일한 안건토의를 위하여 당초의 회의일로부터 상당한 기간내에 적법하게 거듭 속행되어 개최되었다면 당초의 주주총회와 동일성을 유지하고 있다고 할 것이므로 별도의 소집절차를 밟을 필요가 없다.

5. 검사인의 선임

개정전 상법 제367조는 총회가 이사가 제출한 서류와 감사의 보고서를 조사하기 위하여 검사인을 선임할 수 있다는 규정을 두었는데, 2011년 개정상법에서는 이에 추가하여 회사 또는 발행주식의 100분의 1 이상에 해당하는 주식을 가진 주주는 총회의 소집절차나 결의방법의 적법성을 조사하기 위하여 총회 전에 법원에 검사인의 선임을 청구할 수 있다는 조문을 신설하였다(상 367조②).

Ⅳ. 주주제안권

주주제안권(Antragsrecht)이란 주주가 일정사항을 주주총회의 목적사항으로 제안할 수 있는 권리이다. 이는 회사경영에서 소외된 일반주주들에게 회사의 의사결정에 참여할 기회를 주기 위한 목적으로 1998년 개정을 통하여 상법 내에 도입된 제도이다.

상법상 주주제안은 의결권 있는 발행주식총수의 100분의 3 이상을 소유한 주주에게 허용된다(상 363조의2①). 상장회사의 경우 6개월 전부터 계속하여 1천분 10 이상의 주식을 보유한 주주에게 주주제안권이 인정된다(상 542조의6②). 또한 자본금이 1천억원 이상인 상장회사는 6개월 전부터 계속하여 1천분의 5 이상의 주식을 보유한 주주에게 주주제안권을 행사할 수 있도록 한다(동항).

상법상 주주제안을 할 수 있는 주주는 이사에게 주주총회일의 6주 전에 서면 또는 전자

문서로 일정한 사항을 주주총회의 목적사항으로 할 것을 제안할 수 있으며(의제제안, 상 363조의2①), 이에 추가하여 당해 주주가 제출하는 의안의 요령을 주주총회의 소집통지와 공고에 기재할 것을 청구할 수 있다(의안제안, 상 363조의2②).

이사는 주주제안을 받을 경우에, 이를 이사회에 보고하고, 이사회는 주주제안의 내용이 법령 또는 정관을 위반하거나 주주제안의 제한사유(상시 5조 각호)에 해당하지 않는 한 주주총회의 목적사항으로 상정하여야 한다. 이 때에 주주제안을 요청한 자의 청구시에는 주주총회에서 당해 의안을 설명할 수 있는 기회를 주어야 한다(상 363조의2③).

V. 주주의 의결권

1. 의의

주주의 의결권이란 주주가 주주총회에 출석하여 그 결의에 참가할 수 있는 권리이다. 주주총회는 회사의 경영을 담당하는 이사의 선임과 해임을 비롯하여 회사의 조직·운영에 관한 중요사항에 대한 결정권을 가지고 있기 때문에 그 결의에 참가할 것을 내용으로 하는 의결권은 주주가 가지는 중요한 권리 중의 하나이다. 또한 의결권은 회사의 관리·운영에 참가할 것을 내용으로 하는 공익권에 속한다.

의결권은 정관이나 총회결의로서도 박탈할 수 없는 고유권이다. 다만 의결권 없는 주식 등 법정된 예외의 경우가 인정된다.

2. 의결권의 수

상법상 주주는 1주에 대하여 1개의 의결권을 가진다(상 369조①). 이것을 1주 1의결권의 원칙[142]이라고 하며, 1주에 수개의 의결권을 인정하는 복수의결권은 허용되지 아니한다.[143] 이 원칙의 규정은 강행규정이므로 법률이 인정하는 예외를 제외하고는 정관 또는 주주총회의 결의로서도 이 원칙에 반하는 규정을 할 수 없다.

---

142) 주주에게 1주마다 1개의 의결권이 주어지는 1주1의결권의 원칙은 주주의 출자액에 비례한 위험부담과 회사지배력 행사 사이에 균등을 도모하기 위한 배려에서 나온 것이다(Kölner Kommentar, S. 101 ff).

143) 1주1의결권의 원칙이 적용되는 것은 나라에 따라 차이가 있다(鳥山恭一, “フランス株式會社法における資本多數決の形成と展開”, 早稻田法學 第59卷 1·2·3合併号, 1984, 81頁). 독일과 프랑스의 경우 복수의결권이 용인되기도 한다(독일주식법 제12조 제2항, 프랑스회사법 제175조).

3. 의결권의 행사

(1) 의결권행사의 절차와 방법

주주가 주주총회에서 의결권을 행사하기 위해서는, 기명주주의 경우에는 기준일 현재 주주명부상 주주로 등재되어 있어야 한다. 주주명부상의 명의개서를 하면 주권의 제시가 없어도 의결권을 행사할 수 있다. 주주는 대리인으로 하여금 그 의결권을 행사하게 할 수 있다. 이 경우에는 그 대리인은 대리권을 증명하는 서면을 총회에 제출하여야 한다.(상 368조②).

자연인 주주의 경우에는 본인이나 그 대리인이 의결권을 행사하고, 법인의 경우에는 대표기관이나 법인의 대리인이 의결권을 행사한다.

(2) 의결권행사의 제한

상법과 특별법에서는 일정한 경우에 주주가 의결권을 행사할 때에 1주1의결권의 원칙에 대한 예외를 인정하여 의결권을 박탈하거나 제한하고 있다. 상법상의 제한으로는 의결권 없는 주식, 자기주식, 상호주, 특별이해관계인, 감사선임시의 제한 등이 이에 해당하며, 특별법상의 제한으로는 예탁주식, 집합투자주식, 대규모기업집단에 속하는 금융·보험회사, 주식회사 회생절차상의 의결권제한 등이 이에 해당한다. 총회의 결의에 관하여 특별한 이해관계가 있는 자는 의결권을 행사하지 못한다(상 368조③). 주주의 사익을 위한 의결권의 남용을 예방하여 결의의 공정을 유지하고 회사를 사유화하는 것을 막기 위한 것이다.

또한 계약에 의한 의결권행사의 제한도 가능하다. 이 때 주주상호간 또는 주주와 제3자간에 의결권 또는 그 행사에 관하여 의무를 지우는 계약은 주식의 본질 또는 사회질서에 반하지 않는 한 유효하다.[144] 이 계약에 위반한 의결권행사는 회사에 대한 관계에서는 완전히 유효하나, 계약당사자간에는 의무위반의 문제가 발생한다.

(3) 의결권의 불통일행사

의결권의 불통일행사는 주주가 2개 이상의 의결권을 가지고 있는 경우에 주주총회의

---

144) 이(철)[회], 529면.

의안에 대하여 그 의결권을 통일적으로 행사하지 아니하고 일부는 찬성하고 일부는 반대하는 행사를 하는 것을 말한다. 명의상 주주와 사실상 주주가 다른 현상이 제도적으로 많이 일어나고 있으므로, 이러한 현상에 대비하여 실질주주의 이익을 보호할 수 있도록 의결권의 불통일행사를 인정하였다.

불통일행사를 하려면 2개 이상의 의결권을 가진 주주가 회일의 3일 전에 회사에 대하여 서면 또는 전자문서로 불통일행사를 할 뜻과 이유를 통지하여야 한다(상 368조의2① 후단). 즉 3일 전까지 회사에 도달해야 한다.

불통일행사의 이유는 주주가 주식의 신탁을 인수하였거나 기타 타인을 위하여 주식을 가지고 있는 경우에 한하여 허용된다(상 368조의2②). 그 이외의 이유라도 관계없으나 이 경우에는 회사는 불통일행사를 거부할 수 있다(상 368조의2). 주주의 의결권불통일행사는 신설합병의 창립총회의 경우에도 인정된다(상 308조·527조).

불통일행사된 의결권은 그 의결권이 모두 찬성이나 반대의 표로 유효하며,[145] 정족수계산에 포함되게 된다. 또한 특정의안에 대해서는 불통일행사, 다른 의안에 대해서는 통일적 행사도 가능하다.[146]

(4) 의결권의 대리행사와 대리행사의 권유

1) 의결권의 대리행사

의결권의 대리행사는 주주가 의결권을 스스로 행사하지 않고 대리인에 의하여 행사하며 이를 주주 본인의 의결권으로 보는 제도이다(상 368조②). 의결권의 대리행사제도는 주주가 그 의결권행사를 용이하게 할 수 있고 의결권행사의 기회를 실질적으로 보장한다는 점에서 중요한 의의를 가진다. 또한 백지위임장에 의한 의결권대리행사에서 보는 것과 같이 주주총회의 운영에 필요한 정족수의 확보를 위하여도 중요한 기능을 하는 것이다.

대리인의 자격에는 특별한 제한을 받지 않는다. 무능력자나 법인도 가능하다. 다만 회사 자신은 주주의 의결권을 대리행사할 수 없다. 의결권의 대리행사에 있어 그 대리인의 자격을 정관으로 주주에 한한다는 취지의 규정을 둔 경우에 그 정관의 효력에 관하여 논의가 있다. 이를 유효라고 보는 유효설과 무효로 보는 무효설 그리고 개인주주인 경우에

145) 정(찬)[상], 852면 ; 정(희)[상], 452면.
146) 정(찬)[상], 852면 ; 정(희)[상], 452면.

는 그 가족을 대리인으로 선임하는 것을 제한할 수 없다는 제한적 유효설로 나누어져 있다.

주주가 의결권의 대리행사를 하려면 대리인은 그 대리를 증명하는 서면을 회사에 제출하여야 한다(상 368조②후단). 대리권을 증명하는 서면은 원본이어야 하며 사본은 허용될 수 없다. 대리인의 수에 대해서는 특별한 규정이 없으나 수인의 대리인을 선임하는 것도 가능하다고 본다. 대리인은 주주로부터 수권 받은 대로 의결권을 행사하여야 한다.

대리인이 수인의 주주로부터 대리권을 받았다면, 이때에 각 수권에 따라 의결권을 불통일행사할 수 있다. 또한 본인의 반대의사가 없다면 대리인은 다시 제3자에게 의결권을 행사하도록 재차 위임할 수 있다.

【판례】

[17] **대법원** 2001.9.7. **선고**, 2001**도**2917 **판결**

주주의 자유로운 의결권 행사를 보장하기 위하여 주주가 의결권의 행사를 대리인에게 위임하는 것이 보장되어야 한다고 하더라도 주주의 의결권 행사를 위한 대리인 선임이 무제한적으로 허용되는 것은 아니고, 그 의결권의 대리행사로 말미암아 주주총회의 개최가 부당하게 저해되거나 혹은 회사의 이익이 부당하게 침해될 염려가 있는 등의 특별한 사정이 있는 경우에는 회사는 이를 거절할 수 있다고 보아야 할 것이며, 주주가 자신이 가진 복수의 의결권을 불통일행사하기 위하여는 회일의 3일 전에 회사에 대하여 서면으로 그 뜻과 이유를 통지하여야 할 뿐만 아니라, 회사는 주주가 주식의 신탁을 인수하였거나 기타 타인을 위하여 주식을 가지고 있는 경우 외에는 주주의 의결권 불통일행사를 거부할 수 있는 것이므로, 주주가 위와 같은 요건을 갖추지 못한 채 의결권 불통일행사를 위하여 수인의 대리인을 선임하고자 하는 경우에는 회사는 역시 이를 거절할 수 있다.

[18] **대법원** 1969.7.8. **선고**, 69**다**688 **판결**

주식회사의 주주권 행사는 포괄적으로 위임할 수 있고, 수임자는 위임자나 그 회사 재산에 불리한 영향을 미칠 사항에 관하여도 그 주주권을 행사할 수 있다.

2) 의결권 대리행사의 권유

의결권 대리행사의 권유는 이사나 대주주 또는 회사경영권을 쟁취하고자 하는 자가 대리인이 되기 위하여 주주들에게 집단적으로 의결권의 위임을 권유하는 행위이다. 주주의 수가 많고 지분의 분산 정도가 큰 기업에서는 주주들의 총회참석률이 낮으며 투표권을 다른 주주나 제3자에게 위임하여 의사표시를 하는 경우가 많다. 이를 이용하여 주주들에게 이유를 설명하고 위임장을 받아내는데, 이것이 위임장권유이다.

위임장 대결은 미국에서 오래 전부터 주주총회의 총회정족수의 수립이나 이사 지명권을 확보하는 수단으로 많이 이용되어 왔는데, 1980년대 들어 기업매수가 늘어남에 따라 경영권의 장악을 위한 수단으로 활용되었다.[147)]

Ⅵ. 주주총회의 의사운영

1. 총회의 의사절차

(1) 총회의 개회

주주총회의 의사는 의장의 개회선언에 따라 총회가 성립한 후에 개시되는데, 이 총회의 성립을 위해서는 먼저 출석주주 또는 그 대리인의 자격심사와 명부상의 주주와 총회에 출석한 자와의 동일성여부의 조사가 필요하다. 동일성조사는 특히 문제가 있는 경우를 제외하고는 주주에게 송부한 총회통지서의 제시 등에 의하여 행하면 되고 이것으로써 회사는 면책된다. 기타의 대리인에 의한 출석자에 대하여는 그 위임장의 진부를 조사하면 된다.

(2) 총회의 의사

주주총회는 의장의 개회선언에 의하여 성립하게 되고 의사에 들어가게 된다. 먼저 소집통지에 기재된 회의의 목적사항이 상정되어 결의가 필요한 것에 대하여는 결의가 이루어진다. 즉 결의를 필요로 하는 사항에 대하여는 먼저 소집통지에 기재된 의안이 총회에 제출되어 제안이유의 설명이 이루어진 후 토의에 들어가고, 끝으로 표결이 이루어져 결의여부가 확정된다.

주주총회는 소집통지에 기재가 없는 사항에 대하여는 결의할 수 없으므로 의안의 변경

147) 임재연, 증권규제법-미국증권규제제도연구 및 한국증권거래법비교해설 -, 박영사, 1995, 9면.

이나 추가는 허용되지 않는다. 다만 소집통지에 기재된 회의의 목적사항을 이탈하지 않는 범위 내에서의 의안의 변경은 의안이 수정으로 허용된다.

(3) 총회의 폐회

예정된 의사일정이 전부 종료한 경우에는 의장은 총회의 폐회를 선언하여 총회를 종료시킨다. 총회를 종료시키기 위한 폐회선언은 의장의 권한이지만 의장은 그 직무상 예정한 의사일정을 전부 종료시킬 책임이 있고 그것을 무시하여 일방적으로 총회를 종료시킬 수는 없다.

심의가 아직 다 끝나지 않았음에도 불구하고 의장이 일방적으로 총회의 폐회를 선언하는 것은 경우에 따라서는 의장의 권한남용이 되고 폐회선언자체가 무효로 되는 경우가 있다.

(4) 총회의 연기·속행

총회가 성립한 후, 형편에 따라 총회의 회일을 다른 일자로 변경하거나 심의를 계속할 수 없는 사정 때문에 후일 회의를 계속하고자 하는 경우에 주주총회는 연기 또는 속행의 결의를 할 수 있다(상 372조).

연기는 총회성립 후 의사에 들어가기 전에 회일을 다른 일자로 변경하는 것을 말하며, 속행은 총회성립 후 의사에 들어갔으나 계속할 수 없는 사유로 의사를 잠시 중단하고 후일에 의사를 다시 계속하는 것이다.

(5) 총회의사록의 작성

주주총회의 의사에 관하여 의사록을 작성하여야 한다(상 373조①). 상법상 명문의 규정은 없으나 대표이사가 작성하여야 한다. 의사록에는 의사의 경과요령과 그 결과를 기재하고, 의장과 출석한 이사가 기명날인 또는 서명하여야 한다(상 373조①).

주주총회에서 결의한 내용이 등기할 사항인 때, 예컨대 이사의 선임이나 감사의 선임 및 합병 등에는 등기신청서에 의사록을 첨부하여야 한다(상등 79조②). 대표이사는 이러한 의사록을 회사의 본점과 지점에 비치하여 주주 및 채권자가 열람할 수 있게 해야 한다(상 396조①). 의사록에 기재할 사항에 대한 불기재나 부실기재에 대해서는 벌칙이 적용된다(상 635조①ix).

2. 의장의 의사정리권과 질서유지권

주주총회의 의사진행을 담당할 의장은 정관에서 정함이 없는 때에는 총회에서 선임한다(상 366조의2). 의장의 자격에는 제한이 없다. 반드시 주주일 필요는 없다. 다만 주주가 아닌 의장의 경우 의결권을 행사할 수 없다.

의장은 주주총회의 질서를 유지하고 의사를 정리한다(상 366조의2②). 즉 출석주주의 확인, 개회선언, 주주발언의 정리, 동의의 처리, 표결의 실시, 찬반표의 점검과 가결 또는 부결의 선언, 폐회선언 등 주주총회에 필요한 일체의 절차를 관장하는 것을 의사의 정리라고 볼 수 있다. 또한 의장은 그 총회장에서 고의로 의사진행을 방해하기 위한 발언·행동을 하는 등 현저히 질서를 문란하게 하는 자에 대하여 그 발언의 정지 또는 퇴장을 명할 수 있다. 의장이 의사정리권이나 질서유지권을 남용한 경우에는 결의방법이 법령에 위반하였거나 현저하게 불공정한 경우로서 결의취소의 원인이 된다.[148]

3. 주주의 권리행사에 관한 이익공여금지

주주의 권리행사에 관하여 회사는 주주에게 이익을 공여하는 것을 금지한다(상 467조의2). 이익공여죄의 규정은 총회꾼으로 인한 폐해를 제거할 것을 정책목적으로 행한 입법이다.

이와 함께 주식회사의 이사와 감사 또는 지배인 기타 사용인 등이 주주의 권리행사와 관련하여 회사의 계산으로 이익을 공여하는 행위를 처벌하고 있다(상 634조의2). 또한 이들로부터 이익을 수수하거나 공여하게 하는 행위에 대하여도 처벌하고 있다(동조②).

4. 주주의 설명청구권과 이사·감사의 설명의무

주주는 주주총회에서 회사의 업무와 관련하여 일정한 사항을 임원에게 설명하도록 요구할 권리를 갖는다. 이와 관련하여 우리 상법에는 주주의 설명청구권이나 그에 대답해야 할 이사·감사의 설명의무를 규정하고 있지 않다. 그러나 이는 주주권에 내재되는 권리로 주주의 당연한 권리이며 이사·감사의 의무로 보아야 한다.

---

148) 권기훈, "주주총회 의장의 법적 지위", 법학연구 제17권 제1호(경상대학교 법학연구소), 1~19면 참조.

Ⅶ. 주주총회의 결의

1. 결의의 의의와 법적성질

주주총회의 결의는 자본다수결 방식의 표결에 의해 형성된 주주총회의 의사표시이다. 일단 결의에 의하여 의사가 형성되면, 표결의 찬반여부와 관계없이 주식회사 내부에 모든 주주와 기관들을 구속하며, 외부에 행동을 구속한다.

결의의 법적성질에 대해서는 전통적인 법률행위의 일종이라고 보아 단체법상의 합동행위라고 하는 주장[149]과 단독행위·계약·합동행위 가운데 어느 법률행위에도 속하지 아니하는 특수한 법률행위행위라는 견해[150]로 나누어진다. 결의가 주주 이외의 회사 전체에 영향을 미치며, 법률행위 일반이나 의사표시에 관한 일반원칙이 적용되기 어려운 측면이 많이 있어 상법에 정한 특수한 법률행위로 보는 것이 옳다.

2. 결의요건

상법상 주주총회의 결의사항으로는 보통결의·특별결의·특수결의의 세 가지 사항이 있다. 이들 결의사항은 다른 기관이나 제3자에게 위임할 수 없다.

(1) **보통결의**

보통결의는 「출석한 주주의 의결권의 과반수 이상」과 「발행주식총수의 4분의 1 이상」의 다수로써 이루어지는 결의이다(상 368조①). 법정되어 있는 사항 이외에도 정관에 의하여 총회의 의결사항으로 정하여져 있는 사항에 대하여는 그 결의방법을 정한 규정이 없는 한 이 방법에 의한다. 즉 상법이나 정관에서 특별결의나 총주주의 동의를 요하도록 정한 사항 이외에는 모두 보통결의로 한다.

검사인의 선임(상 366조), 총회의 연기·속행의 결정(상 372조), 이사·감사의 선임(상 382조·409조), 이사·감사·청산인의 보수결정(상 388조·415조·542조), 재무제표의 승인과 이익의 배당결정(상 462조②·449조①), 이사·감사·청산인의 책임의 해제유보(상 450조·542조②), 준비금의 자본전입

---

149) 정(찬)[상], 858면 ; 정(희)[상], 455면.

150) 권(기)[회], 742면 ; 김(정)[상], 584면 ; 서(헌)[회], 304면 ; 이(기)·최[회], 479면 ; 이(철)[회], 547면 ; 정(동)[회], 351면.

(상 461조) 등이 보통결의사항에 속한다.

보통결의의 요건은 정관에 의하여 가중할 수 있으나 경감할 수 없다고 해석된다. 출석의결권의 과반수 찬성과 발행주식수 4분의 1 이상의 찬성요건에서 과반수 찬성은 결의의 요건상 완화가 불가능하고, 발행주식수 4분의 1 이상은 단체결의의 최소한도의 요건으로 경감은 할 수 없다.[151)]

구 상법에서는 이사의 선임결의는 정관에 다른 정함이 있는 경우에도 발행주식의 총수의 과반수에 해당하는 주식을 가진 주주의 출석으로 그 의결권의 과반수로 하여야 한다고하여 이사의 선임 결의에 있어서는 보통결의 보다 가중하거나 경감하지 못하도록 하였다(상 384조). 95년 개정에서 주식이 폭넓게 분산된 주식회사의 경우 총회설립을 위한 의사정족수를 충족시키기가 어려우므로 제368조의 발행주식의 총수의 과반수에 해당하는 주식을 가진 주주의 출석으로 그 의결권의 과반수로써 결의하던 것을 철폐하고 출석한 주주의 의결권의 과반수와 발행주식총수의 4분의 1 이상의 수로 하도록 완화하면서 이사 선임에 대한 제384조의 규정은 삭제되었다.

결의시에 출석한 주주의 의결권의 과반수의 찬성이 필요하므로 가부동수의 경우는 결의가 성립되지 않아 부결된 것으로 본다. 이 경우 의장에게 의사결정권을 주는 것은 1주1의결권의 원칙이나 주주평등의 원칙에 따라 허용될 수 없다.[152)]

(2) 특별결의

1) 특별결의의 의의와 내용

특별결의는 「출석한 주주의 의결권의 3분의 2 이상」과 「발행주식총수의 3분의 1 이상」의 다수로써 이루어지는 결의이다(상 434조). 특별결의의 요건은 정관으로 경감할 수 없다고 보는데 견해가 일치하지만, 보통결의와 마찬가지로 가중할 수 있는가에 대해서는 견해가 나누어지는데 정관의 규정으로 과반수출석에 3분의 2 이상의 찬성으로 강화하는 것은 무방하다고 본다.

151) 이(철)[회], 551면.
152) 손(주)[상], 729면 ; 이·외[회], 385면 ; 이(철)[회], 552면 ; 정(찬)[상], 859면 ; 정(동)[회], 353면.

2) 특별결의사항

특별결의사항에는 아래와 같은 많은 경우들이 있다. 신설합병에서 설립위원의 선임(상 175조②·434조), 주식의 분할(상 329조의2①), 주식의 포괄적 교환·이전(상 360조의3②·제360조의16②·434조), 영업의 양도(상 374조①i), 영업전부의 임대·경영위임, 타인과 영업의 손익 전부를 같이 하는 계약 기타 이에 준하는 계약의 체결·변경 또는 해약(상 374조①ii), 회사의 영업에 중대한 영향을 미치는 다른 회사의 영업 전부 또는 일부의 양수(상 374조①iii), 회사가 그 성립 후 2년 내에 그 성립 전부터 존재하는 재산으로서 영업을 위하여 계속하여 사용하여야 할 것을 자본금의 100분의 5 이상에 해당하는 대가로 취득하는 계약을 하는 사후설립(상 375조), 이사·감사의 해임(상 385조①·415조), 액면미달의 신주발행(상 417조①), 정관변경의 결의(상 434조), 자본감소(상 438조①), 주주외의 자에 대하여 전환사채·신주인수권부사채의 발행(상 513조③, 516조의2④), 임의해산(상 518조), 회사의 계속(상 519조), 회사합병계약서의 승인(상 522조③), 회사분할·분할합병(상 530조의3②) 등이 특별결의사항이다.

(3) 특수결의

특수결의는 특별결의의 요건보다 더 가중되는 결의이다. 상법에는「총주주의 동의」를 요하는 경우와「총주주의 일치에 의한 총회의 결의」및「출석한 주식인수인의 3분이 2 이상의 찬성과 인수된 주식총수의 과반수에 의한 결의」로 각각 규정되어 있다. 이때 주주에는 의결권 없는 주식의 주주도 포함한다.

「총주주의 동의」를 요하는 결의로는 발기인·이사·감사·청산인의 책임면제(상 324조·400조·415조·542조②)가 있으며,「총주주의 일치에 의한 총회의 결의」에는 주식회사를 유한회사로의 조직변경(상 604조)이 있고,「출석한 주식인수인의 3분이 2 이상의 찬성과 인수된 주식총수의 과반수에 의한 결의」는 모집설립·신설합병·분할 또는 분할합병에서의 창립총회의 결의(상 309조·527조③·530조의11①) 등이 있다.

3. 결의방법

(1) 표결방법

주주총회의 표결방법에 대해서는 상법에 규정을 두고 있지 않다. 때문에 주주총회 회의장 내에서 투표용지사용·거수·기립 등 어떠한 방법으로도 가능하다. 다만 주식회사의 자본다수결 방식에서는 찬성이나 반대 주주의 의결권수를 계산하여야 하기 때문에, 무기명투표는 허용할 수 없다.[153)]

【판례】

[19] 대법원 1989.2.14. 선고, 87다카3200 판결

이 사건 정관변경안건은 계속회를 개최해야 할 만큼 복잡한 것이 아닐 뿐 아니라 당초의 회의에서 출석주식의 1/3이상인 주식수의 주주가 반대함으로써 부결된 것인데도 다시 계속회를 개최한 것은 위법하다는 것이나, 원심이 적법하게 확정한 사실에 의하면 위 정관변경안건에 대하여 가부의 의결을 하지 못한 채 계속회를 거듭하게 되었다는 것인바, 주주총회에서 토의된 안건에 관하여 가부의 의결을 하지 않은 이상 그 토의과정에서 주주들의 찬성 또는 반대의 의사표시가 있었다고 하더라도 이러한 사실만으로 가부의 결의가 있었던 것으로 볼 수 없다.

(2) 서면투표

서면투표란 주주나 주주의 대리인이 주주총회에 출석할 수 없는 경우에 투표용지에 필요한 사항을 기재하여 회사에 제출하여 의결권을 행사하는 방법이다. 서면투표는 정관에 규정을 둔 경우에 한하여 실시할 수 있다(상 368조의3①).

자본금 총액이 10억원 미만인 소규모회사는 주주 전원의 동의가 있을 경우에는 소집절차 없이 주주총회를 개최할 수 있고, 서면에 의한 결의로써 주주총회의 결의를 갈음할 수 있다(상 363조④). 이때 결의의 목적사항에 대하여 주주 전원이 서면으로 동의를 한 때에는 서

---

153) 이(철)[회], 556면 ; 최(기)[회], 504면 ; 新注釋[會((4)], 89頁. 이에 반대하는 견해도 있다(정(찬)[상], 858면).

면에 의한 결의가 있는 것으로 본다.

정관의 규정에 의하여 서면투표제를 채택하게 되면, 회사는 총회소집통지서에 주주가 「의결권을 행사하는데 필요한 서면」과 「참고자료」를 첨부하여야 한다(상 368조의3②). 「의결권을 행사하는데 필요한 서면」은 주주가 출석에 대신하여 찬성과 반대의 의사를 표시할 수 있는 서면이다. 「참고자료」는 주주가 의사결정을 할 때에 참조할 수 있는 사항으로 주주들에게 제공될 정보가 기재된 서면이다. 주주들에게 이러한 서면을 송부하지 아니하면 법령위반이 되어 주주총회결의취소의 소의 사유가 된다.

주주는 위의 서면에 의결권의 찬성이나 반대의 의사를 표시하여 회사에 제출하여야 한다. 제출방법은 직접제출하거나 우편이나 인편을 통하는 방법 모두가 허용된다. 제출시기는 정관으로 명문화할 수 있지만, 그렇지 아니하더라도 총회일 전일까지 도달하여야 한다고 해석된다. 또한 도달주의가 적용되므로 서면이 도달하지 아니할 때에는 주주가 그 위험을 부담한다.

서면투표에 의한 의결권 행사는 주주총회에 직접 참가하여 행사한 것과 동일한 효력을 갖는다. 따라서 출석한 주주의 의결권 수에 산입되고, 찬성과 반대에 따라 그 의결권 수에 가산된다(상 371조). 또한 정관에 특별한 규정이 없는 한 서면투표의 철회나 수정은 허용되지 않는다고 본다.

(3) 전자투표

전자투표는 주주가 주주총회에 출석하지 않고 전자적 방법으로 의결권을 행사하는 방법이다. 회사는 이사회의 결의로 주주가 총회에 출석하지 아니하고 전자적 방법으로 의결권을 행사할 수 있음을 정할 수 있다(상 368조의4①). 정관의 규정이 아닌 이사회의 결의만으로 채택이 가능하다. 또한 회사는 전자투표관리기관을 지정하여 주주확인절차 등 의결권 행사절차의 운영을 위탁할 수 있다(상시 13조④).

회사가 전자투표를 채택할 경우에는 주주총회의 소집통지·공고에 전자투표의 방법으로 의결권을 행사할 수 있음을 기재하여야 한다(상 368조의4②). 소집통지·공고에는 전자투표를 할 인터넷주소, 전자투표를 할 기간, 기타 전자투표에 필요한 기술적인 사항을 기재하여야 한다(상시 13조②). 전자투표를 하려는 주주는 전자서명법에 정하는 공인전자서명을 통하여 주주확인을 받아야 한다(상 368조의4③, 상시 13조①). 전자투표는 회사가 통지한 인터넷주소에 회사에서 정한 방법에 따라 이루어지며, 주주총회 전날까지 전자투표가 완료되어야 한다(상시 13조②ii). 전자투표의 의결권행사는 철회나 변경할 수 없다(상시 13조③). 또한 투표의 내용은 주주총회에서 개표할 때까지 비밀이 유지되어야 한다(상시 13조⑤).

회사가 전자투표를 서면투표와 동시에 허용할 때에 동일한 주식에 대하여 서면투표나 전자투표 가운데 하나의 방법을 선택하여야 한다(상 368조의4④). 이 경우 이중으로 한 경우 먼저 투표한 것을 유효하다고 해석할 수 있지만, 그 판단이 어려울 경우 회사가 선택하도록 해야 할 것이다.

회사는 의결권행사에 관한 전자적 기록을 총회가 끝난 날부터 3개월간 본점에 비치하여 열람하게 하고, 총회가 끝난 날부터 5년간 보존하여야 한다(상 368조의4⑤).

Ⅷ. 주주총회 결의에 반대한 주주의 주식매수청구권

1. 서

주주총회 결의에 반대한 주주의 주식매수청구권은 주주의 이해관계에 중대한 영향을 미치는 일정한 사안이 주주총회에서 결의될 때에 반대하였던 주주가 자신이 소유하는 주식을 회사가 매수하도록 청구할 수 있는 권리이다. 주주총회의 자본다수결원칙으로부터 소수 주주의 이익을 보호하기 위한 제도이다.[154]

상법상 주식매수청구권이 인정되는 사항으로는 정관에 의해 주식양도가 제한된 경우에 주주가 회사에 양도승인을 청구하였으나 거부한 경우(상 335조의2④, 335조의6), 주식의 포괄적 교환·이전(상 360조의5, 360조의22), 회사의 영업양도 등(상 374조2), 회사합병(상 522조의3), 분할합병(상 530조의11②·522조의3)의 경우에 특별결의에서 주주가 반대한 경우에 인정된다.

그렇지만 회사해산 이후 영업양도를 한 때, 「채무자회생 및 파산에 관한 법률」상 회생계획을 일환으로 행해지는 영업양도나 합병의 경우에는 주식매수청구권을 행사할 수 없다(회파 261조②, 271조③).

154) M.A.Eisenberg, p.78.

2. 청구권의 당사자

주식매수의 청구권자는 회사에 주주권을 행사할 수 있는 주주이며, 사전에 당해 회사에 서면으로 반대의 통지를 한 자로 제한된다(상 360조의5① 전단, 360조의22, 374조의2① 전단, 522조의3① 전단, 530조의11②·522조의3, 자 165조의5①). 이때 청구권을 행사할 때에 주주명부나 실질주주명부에 등재된 자이어야 한다. 주식매수청구권의 상대방은 청구권자가 속하는 회사이다. 다만 흡수합병으로 소멸된 회사에 청구권을 갖는 주주는 존속회사에 대해 주식매수대금의 지급을 청구할 수 있다고 해석된다.[155)]

3. 청구의 절차

주식매수청구권을 행사하기 위해서는 주주가 주주총회 이전에 당해 회사에 서면으로 그 결의에 반대하는 의사를 통지하여야 한다. 사전에 서면으로 반대한 주주가 총회에 출석하여 반대할 필요까지는 없다. 반대주주는 총회의 결의일로부터 20일 이내에 주식의 종류와 수를 기재한 서면으로 회사에 자신의 보유주식의 매수를 청구할 수 있다(상 360조의5①, 360조22, 522조의3① 후단, 530조의11②·522조의3, 자 165조의5①). 이때 주주는 소유주식의 일부만을 매수청구하여도 상관없다. 또한 주주는 주식매수청구를 철회할 수 있다.

주주가 주식매수청구권을 행사할 경우 회사는 청구받은 날로부터 2월 이내(주권상장법인의 경우는 매수청구기간이 종료하는 날로부터 1개월 이내)에 그 주식을 매수하여야 한다.

매수가격의 결정은 원칙적으로 주주와 회사간의 협의에 의하여 결정한다(상 374조의2③). 그러나 주주가 회사에 매수를 청구한 날로부터 30일 이내에 가격의 결정이 이루어지지 아니하면 회사 또는 매수청구주주는 법원에 매수가격의 결정을 청구할 수 있다(상 374조의2④). 이때 법원은 회사의 재산상태 그 밖의 사정을 참작하여 공정한 가액으로 이를 산정하여야 한다(상 372조의2⑤). 상장법인의 경우 자본시장법상 주주와 회사 사이에 합의가 이루어지지 아니하면 합병 등을 위한 이사회의 결의일 이전에 증권시장에서 거래된 당해 주식의 2월간, 1월간 및 7일간의 평균가격을 재차 평균한 가액으로 한다(자 165조의5③ 단서, 자시 176조의7③). 그러나 이렇게 결정된 매수가격을 회사 또는 주주가 반대할 때에는 매수가격의 결정을 법

---

155) 정(찬)[상], 869면.

원에 청구할 수 있다(자 165조의5③단서).

Ⅸ. 주주총회의 결의의 하자

1. 서

주주총회는 주주로 구성되는 회사의 최고의사결정기관이며 그 결의는 주주의 의결권행사로 이루어진다. 따라서 이 의결권의 행사에 하자가 있는 경우에는 결의의 효력에 영향을 미친다. 이런 경우에 일반원칙에 의하여 해결하도록 한다면 불합리한 결과를 가져온다. 상법은 이러한 사정을 감안하여 특별한 규정으로 결의취소의 소(상 376조~379조), 결의무효확인의 소(상 380조), 결의부존재확인의 소(상 380조), 부당결의취소·변경의 소(상 381조) 등이 있다.

2. 주주총회 결의취소의 소

(1) 의의

총회의 소집절차 또는 결의방법이 법령 또는 정관에 위반하거나 현저하게 불공정한 때 또는 결의의 내용이 정관에 위반한 때에는 주주·이사·감사는 결의가 있는 날로부터 2월 내에 결의취소의 소를 제기할 수 있다(상 376조①).

이 소는 일단 유효하게 성립한 결의를 판결로써 그 효력이 없는 것으로 하는 것을 목적으로 하는 형성의 소이다. 법이 결의의 성립과정에 대한 하자의 주장에 대하여 특히 이와 같은 제한을 둔 것은 경미한 하자를 무제한으로 인정하게 되면 그 결의에 관련한 법률관계의 혼란을 가져와 당사자들의 이해에 중대한 영향을 미칠 것을 고려한 것이다.

(2) 취소의 원인

①소집절차가 법령 또는 정관에 위반하는 하자로는 이사회의 소집결의에 하자가 있는 경우로 이사회의 결의없이 소집권자인 대표이사가 소집한 때(대법원 1987.4.28 선고, 86다카 553 판결 ; 동 2009. 5. 28 선고, 2008다85147 판결), 이사회의 소집결의는 있지만 소집권자가 아닌 자가 소집한 경우(대법원 1993.9.10 선고, 93도698 판결 ; 동 1962.11.11 선고, 4294민상490 판결) 등이 있으며, 소집통지와 관련된 경우로, 일부의 주주에 대한 소집통지의 흠결로 소집통지를 주주의 주소 이

외의 곳으로 발송할 때, 소집통지가 법정기간에 위반된 때, 소집통지에 회의의 목적사항 등의 기재가 불완전한 때, 의사일정 또는 의안의 요령을 결한 때 등을 들 수 있다. 그러나 기간을 준수한 서면통지를 하지 아니한 채 임시주주총회가 소집된 경우라도 정족수를 넘는 주주의 출석으로 결의를 하였다면 그 결의는 적법하다고 한 판례(대법원 1991.5.28 선고, 90다6774 판결)가 있으며, 1인회사(대법원 1992.6.23 선고, 91다19500 판결 ; 대법원 1977.2.8 선고, 74다1754 판결 ; 대법원 1966.9.20 선고, 66다1187·1188 판결) 또는 전원출석총회(대법원 1979.6.26 선고, 78다1794 판결)의 경우에는 소집절차상의 하자가 있어도 결의취소의 소의 원인이 되지 않는다.

② 결의방법이 법령 또는 정관에 위반하는 하자로서는 주주나 대리인이 아닌 자가 결의에 참가한 경우, 의결권이 없거나 제한되는 자가 의결권을 행사한 경우로 「특별이해관계인」·「자기주식」·「상호주」·「100분의3을 초과한 의결권으로 감사선임시」에 의결권을 행사한 경우, 결의가 정족수를 결한 경우, 총회가 이사의 출석을 부당하게 거부한 경우, 총회가 개최시간 전에 개최된 경우, 소집통지에 기재되지 않는 사항의 결의 등을 들 수 있고, 결의방법이 현저하게 불공정한 것으로는 의장이 부당하게 주주의 발언을 제한한 경우 등을 들 수 있다.

③ 결의내용이 정관에 위반하는 하자로는 이사에게 정관에 정한 것보다 많은 보수를 지급하도록 결의하는 경우, 정관이 정한 정원을 넘어서는 숫자의 이사를 선임하는 결의의 경우, 정관이 정한 이사자격에 미달하는 이사를 선임하는 결의의 경우 등을 들 수 있다.

⑶ 소의 절차

1) 제소권자

제소권자는 주주·이사·감사·청산인이다(상 376조, 542조②·376조). 남소를 방지하고 밀접한 이해관계를 가지는 일정범위의 자에게 원고적격을 한정적으로 부여하는 취지에 따른 것이다. 결의시에 주주여부, 결의에 찬성여부 등은 묻지 않으나 제소권자로서의 주주는 제소한 때로부터 판결이 확정될 때까지 주주의 자격을 가져야 한다. 여기에서 의결권 없는 주주는 제소권에 대해서는 인정하는 것이 통설이다.[156] 결의취소의 소는 의결권 행사와 무관하게 제기될 수 있고 의결권 없는 주주도 총회의 적법한 운영에는 이익이 있다고 보아야 하기 때문이다.

---

156) 강·임[상], 454 ; 권(기)[회] 758면 ; 손(주)[상], 793면 ; 정(무)[상], 401면. 이에 대하여 반대하는 견해도 있다(권(기)[회], 601면 ; 이(철)[회], 601면 ; 정(동)[회], 367면 ; 정(찬)[상], 880면) ; 최(기)[회], 530면.

상법상 명문의 규정은 없지만, 주주총회결의취소의 소에 있어서 피고는 반드시 회사이어야 한다.

2) 제소기간

제소기간은 결의의 날로부터 2월 내이어야 한다(상 376조). 이 기간은 제척기간이므로 이 기간이 경과한 후에 절차상의 하자를 이유로 다툴 수 없다.

3) 관할법원

결의취소의 소는 회사의 본점소재지의 지방법원에 제소하여야 한다(상 186조). 이 소가 제기되면 회사는 지체 없이 공고하여야 한다. 수개의 소가 제기된 때에는 법원은 병합심리하여야 한다. 주주가 소를 제기한 때에는 회사의 청구에 의하여 상당한 담보의 제공을 할 것을 명할 수 있다. 그러나 그 주주가 이사·감사인 때는 그러하지 아니하다(상 377조). 이때에 회사는 원고의 악의를 소명하여야 한다. 법원은 결의의 내용, 회사의 현황과 제반사정을 참작하여 그 취소가 부적당하다고 인정한 때에는 청구를 기각할 수 할 수 있다(상 379조).

(4) 판결의 효력

원고승소의 판결이 확립되면 그 판결은 당사자 이외의 자에게도 대세적 효력을 가진다. 그러나 판결확정 전에 생긴 회사와 사원 및 제3자간의 권리의무에는 영향을 미치지 않는다(상 190조). 결의한 사항이 등기된 경우에는 취소의 판결이 확정되면 본점과 지점에서 등기하여야 한다(상 378조).

원고패소의 판결이 확정되면 대세적 효력은 없으며 당사자 사이에만 효력이 미친다.[157] 따라서 제소기간 내에는 다른 제소권자는 다시 제소할 수 있다. 패소한 원고가 악의 또는 중대한 과실이 있는 때에는 회사에 대하여 연대하여 손해배상책임이 있다(상 191조).

157) 이·외[회], 403면 ; 정(동)[회], 370면 ; 정(찬)[상], 883면 ; 채(이)[상], 505면.

3. 주주총회 결의무효확인의 소

(1) 의의

주주총회의 결의내용이 법령에 위반한 때에는 무효가 된다. 상법은 그 확인을 청구하는 소에 관하여 규정하고 있다(상 380조).

(2) 무효의 원인

결의의 내용이 법령에 위반한 경우에 무효확인의 소를 제기할 수 있는 원인이 된다. 또한 결의의 내용이 주주평등의 원칙에 반하는 사유가 있는 경우, 결의내용이 공서양속에 반하는 경우, 유한책임원칙에 반하는 경우, 위법한 재무제표의 승낙이 있는 경우, 상법 제462조에 위반한 이익배당의 경우, 전속결의사항을 위반한 경우 등을 들 수 있다.

【판례】

[20] **대법원** 1996.12..20. **선고**, 96**다**39998 **판결**
사실상 주주 2인으로 구성된 주식회사의 일방 주주측이 다른 주주의 회의장 입장을 부당하게 방해하였고, 그 의사진행방식 및 결의방식이 개최시각보다 지연 입장하게 된 다른 주주의 의결권 행사를 최대한 보장하는 방법으로 이루어지지 아니하여 신의칙에 반한다는 이유로, 주주총회 결의방법이 현저하게 불공정한 때에 해당한다.

(3) 소의 성질

결의의 내용이 법령에 위반한 때는 그 결의는 무효이며, 이 소는 결의무효의 확인을 청구하는 소이다. 따라서 결의무효의 소는 확인의 소이다.[158] 이러한 결의는 당연히 무효이며, 무효를 주장하는 데는 반드시 소에 의할 필요가 없다. 또 언제나 누구도 무효확인의 소를 제기할 수 있다. 이에 대하여 확인의 소라고 인정하는 것은 사단의 법률관계의 획일

---

158) 강·임[상], 465면 ; 권(기)[회], 606면 ; 김(정)[상], 618면 ; 서·정, 421면 ; 서(헌)[회], 343면 ; 손(주)[상], 799면 ; 이(기)·최[회], 502면 ; 임(홍)[회], 424면 ; 정(무)[상], 469면 ; 정(찬)[상], 886~887면.

적 확정을 무시한다는 의미에서 형성의 소라는 견해도 있다.[159)]

⑷ 소의 절차

소의 성격이 보통의 확인의 소와 동일하다 하더라도 무효판결의 대세적 효력이 인정되어 있는 것과 관련하여 소의 절차는 원칙적으로 결의취소의 소와 동일하다. 즉 관할법원, 소제기의 공고, 소의 병합심리, 제소주주의 담보제공, 판결의 등기 등은 모두 결의취소의 소와 같다.

그렇지만 결의무효확인의 소의 경우에 제소권자와 제소기간의 제한이 없는 것이 결의취소의 소와 다르다. 제소기간에 대한 규정이 없으므로, 소의 이익이 있으면 언제든지 제소할 수 있다. 상법상 무효확인소송의 제소권자에는 규정을 두고 있지 아니하므로 주주·이사·감사에 한하지 않고, 소의 이익이 있으면 누구나 원고가 될 수 있다. 그리고 피고는 회사만이 될 수 있다.

⑸ 판결의 효력

원고승소의 판결은 확인판결임에도 불구하고 제3자에 대하여 효력이 있다. 그러나 판결이 확정되기 전에 회사와 주주 및 제3자간의 권리의무에는 영향이 없다. 원고패소의 판결은 대세적 효력이 인정되지 않는다.

4. 주주총회 결의부존재확인의 소

주주총회에서 그 하자가 중대하여 결의의 존재마저도 인정할 수 없는 때에 결의부존재확인의 소가 인정된다. 즉 결의에 하자가 있더라도 총회의 결의라고 인정할 수 있는 것이 존재하는 경우와 총회의 소집절차 또는 결의방법에 총회결의가 존재한다고 볼 수 없을 정도의 중대한 하자가 있는 경우를 구별하지 않으면 안 된다.

총회개최의 사실이 전혀 없거나 결의가 사실상 존재하지 않는데 의사록의 기재가 있는 경우에는 명백히 결의부존재가 인정된다. 구체적으로는 ①이사회결의가 없이 권한 없는 자에 의한 총회소집, ②대부분 주주가 아닌 자들로 구성된 총회에서의 결의, ③총회소집

---

159) 이(철)[회], 610면 ; 정(동)[회], 499면 ; 정(희)[상], 468면.

이 철회·변경되었음에도 불구하고 당초 예정한 일시·장소에서의 결의 등이다.

사실상 결의부존재라고 평가되는 경우와 결의취소사유라고 평가되는 경우의 한계가 명확하지 않다. 상법에서는 주주총회 또는 창립총회에서 결의부존재확인의 소를 둘러싼 문제를 해결하기 위하여 결의부존재확인의 소를 명문화하고 소의 절차 및 판결의 효력을 결의무효확인의 소의 경우와 같이 인정하였다. 상법 제186조 내지 제188조(관할, 공고, 병합심리), 제190조(판결의 효력), 제377조(담보제공의무)와 제378조(등기)의 규정은 총회의 결의내용이 법령 또는 정관에 위반하는 것을 이유로 하여 결의무효의 확인을 청구하는 소와 총회의 소집절차 또는 결의방법에 총회결의가 존재한다고 볼 수 없을 정도의 중대한 하자가 있는 것을 이유로 하여 결의 부존재의 확인을 청구하는 소에 이를 준용한다(상 380조).

【판례】

[21] **대법원** 1992.8.18. **선고**, 91**다**39924 **판결**

원래 상법 제380조에 규정된 주주총회결의부존재확인의 소는 그 법적 성질이 확인의 소에 속하고 그 부존재확인판결도 확인판결이라고 보아야 할 것이어서, 설립무효의 판결 또는 설립취소의 판결과 같은 형성판결에 적용되는 상법 제190조의 규정을 주주총회결의 부존재확인판결에도 준용하는 것이 타당한 것인지의 여부가 이론상 문제될 수 있으나, 그럼에도 불구하고 상법 제380조가 제190조의 규정을 준용하고 있는 것은, 제380조 소정의 주주총회결의 부존재확인의 소도 이를 회사법상의 소로 취급하여 그 판결에 대세적 효력을 부여하되, 주주나 제3자를 보호하기 위하여 그 판결이 확정되기까지 그 주주총회의 결의를 기초로 하여 이미 형성된 법률관계를 유효한 것으로 취급함으로써 회사에 관한 법률관계에 법적 안정성을 보장하여 주려는 법정책적인 판단의 결과이다.

5. 부당결의의 취소·변경의 소

주주총회의 결의에 관하여 특별한 이해관계가 있는 자는 상법 제368조 3항에 따라 의결권을 행사하지 못한다. 그런데 특별한 이해관계가 없는 주주들만에 의한 주주총회에서 결의가 현저하게 부당하였고, 그 특별이해관계가 있는 주주가 의결권을 행사하였더라면 이를 저지할 수 있었을 때에는 그 주주는 그 결의의 날로부터 2월 내에 결의의 취소 또는 변경의 소를 제기할 수 있다(상 381조).

부당결의의 취소·변경의 소는 상법 제368조 제3항 때문에 의결권을 행사하지 못한 때여야 한다. 예컨대 자신의 개인사정 때문에 불참하였다면 동 소에 해당되지 아니한다. 현저하게 부당하다는 것은 결의의 내용이 법령 또는 정관에 위반한 경우뿐 아니라 법령·정관에 위반하지 않더라도 사회통념상 현저하게 회사 기타의 관계자의 이익을 해하는 경우를 포함한다. 결의를 저지할 수 있었을 것이란 이해관계 있는 주주의 소유주식수를 회의일에 참석한 주주의 의결권수에 산입하였다면(상 371조②), 결의요건을 통과하지 못하였을 정도이어야 한다.

소의 성격은 결의취소의 소와 마찬가지로 형성의 소라고 본다.

원고는 주주총회의 결의에 특별한 이해관계가 있어 의결권을 행사할 수 없었던 자만이 제소할 수 있다(상 381조①). 피고는 회사이다. 제소기기간은 결의의 날로부터 2월 내이다(상 381조①). 소의 절차는 결의취소의 소의 경우와 같다. 다만 상법 제379의 법원재량에 의한 청구기각에 관한 규정은 준용하지 않는다(상 381조②). 판결의 효력도 결의취소의 판결의 경우와 같이, 대세적 효력과 소급효가 있다(상 381조②·190조).

6. 주주총회 결의의 하자의 유형

주주총회의 결의의 하자는 크게 형식적 하자와 실질적 하자의 두가지로 나눌 수 있다. 형식적 하자는 주주총회 결의를 함에 있어 절차상 지켜야할 과정을 준수하지 않아서 발생한 것으로 절차상의 하자라고 할 수 있다. 제376조에서는 총회의 소집절차 또는 결의방법이 법령 또는 정관에 위반하거나 현저하게 불공정한 때로 제380조에서는 총회의 소집절차 또는 결의방법에 총회결의가 존재한다고 볼 수 없을 정도의 중대한 하자가 있는 때로 표현하고 있다. 형식적 하자(절차상의 하자)는 주주총회 결의취소의 원인이 된다. 그 중에서 총회결의가 존재한다고 볼 수 없을 정도의 중대한 하자가 있는 경우에는 부존재의 원인이 된다. 크게 보면 취소원인이 부존재 원인을 포함하고 있는 그림이 된다.

실질적 하자는 주주총회의 결의의 내용이 법령과 정관에 위배될 경우에 발생하는 것으로 내용상의 하자가 된다. 제376조에서 총회 결의의 내용이 정관에 위반한 때로 제380조에서는 총회의 결의의 내용이 법령에 위반한 것을 이유로 각각 총회 결의의 취소원인과 무효원인이 된다고 하고 있다. 실질적 하자(내용상의 하자)는 결의의 내용이 정관에 위반될 때는 취소원인이 되고 결의의 내용이 법령에 위반하면 무효원인이 되는 것으로 형식적 하자와 달리 서로 교집합이 없는 서로 다른 집합 부분으로 나눌 수 있다.

제3절 이사·이사회·대표이사

Ⅰ. 서언

상법은 이사회제도를 채용하여 회사의 업무집행은 이사회에서 결정하고 정관으로 그 권한이 유보되지 않는 한 주주총회라도 이사회의 업무집행권한에 대하여 간섭할 수 없다고 규정하고 있다(상 361조). 이사는 회의체인 이사회의 구성원의 지위를 가지는 데 그친다. 그러므로 결의에 따라 현실로 업무를 집행하고 회사의 상무를 전결처리하며 외부에 대하여는 회사를 대표하는 기관으로서 대표이사가 필요하다.

현대의 주식회사는 기업규모가 대형화되고, 사업분야가 전문·기술성을 가지면서 이사의 수적인 증가와 더불어 전문성이 요구되게 되었다. 즉 이사수의 증가로 이사회가 비대해진 반면에 회사경영은 전문기술성에 바탕을 둔 신속한 판단이 요구된다. 이에 따라 대표이사를 중심으로 회사경영의 중요정책의 결정과 집행을 전문적 기능을 수행할 수 있는 상근의 업무담당이사를 통하여 수행하고 이사회의 기능은 약해지는 경향이 있다.

Ⅱ. 이사

1. 이사의 개념과 종류

(1) 이사의 개념

이사는 이사회의 구성원으로서 회사의 업무집행에 대한 의사결정이나 집행 및 감독 등 법정권한을 가진 자이다. 이사가 주식회사의 기관인지에 대해서는 주식회사의 필요적 상설기관으로 보는 견해[160]와 기관이 아니라 이사회의 구성원에 불과하다는 견해[161]가 나누어져 있다. 이사는 주주총회에서 선임되지만 회사의 수임인으로서의 지위를 가지며, 민법상 위임에 관한 규정이 준용된다(상 382조②).

(2) 이사의 종류

이사의 종류에는 사내이사와 사외이사 그 밖에 상무에 종사하지 아니하는 이사로 구분되며, 등기하도록 되어 있다(상 317조②viii).

1) 사내이사

사내이사는 회사의 일상적인 업무인 상무에 종사하는 이사를 말한다. 즉 대표이사 이외의 이사에게 대내적으로 업무집행의 권한을 부여하여 내부적인 업무집행을 담당하는 자이다. 이사 가운데 부사장이나 전무 및 상무 등의 명칭을 붙인 이사를 두는 것이 통례이며, 업무담당이사 또는 상근이사라고도 한다. 사내이사의 업무담당은 정관의 규정이나 이사회결의에 의해서 이루어지는 경우도 있으나 대표이사의 수권에 의하여 이루어지기도 한다.

사내이사는 대표이사를 최상위로 계통조직에 소속되어 담당업무를 맡으며 그 업무에 대한 중간의사결정을 행한다. 대부분의 직무는 순수한 내부적인 회사업무에 한정되며, 그 범위는 이사회의 결의 또는 이에 따른 업무규칙으로 일반적·포괄적으로 정하는 것이 통례이다. 회사의 대외관계와 관련된 사항에는 권한이 없으며, 이사는 재무제표 등의 비치·공시·공고(상 448조·제449조③)를 하도록 하고 있지만 이는 대표이사의 권한에 속하며 사내이사의 권한에는 속하지 않는다고 본다.

대표권이 없는 사내이사가 대외적인 행위를 한 경우에는 회사는 선의의 제3자에게 표현대표이사의 책임을 부담하게 된다(상 395조). 즉 사내이사는 대표권은 없으나 회사는 그 자가 직무를 수행함에 있어 타인에게 가한 손해를 배상할 책임이 있다고 해석된다.

사내이사의 업무집행 실행방법은 합명회사의 경우와 같이 단독집행을 원칙으로 한다. 그러나 수인의 사내이사가 있는 경우에는 그들 사이에 상하 통솔관계 또는 업무분담을 정하는 것은 물론 그 권한에 속하는 일정한 사항에 관여하는 수인의 사내이사가 협의를 하

160) 이(철)[회], 639면.

161) 강·임[상], 136면 ; 서·정, 426면 ; 서(정)[람], 277면 ; 손(주)[상], 754면 ; 이·외[회], 298면 ; 이·최[상], 318면 ; 정(동)[회], 383면 ; 정(희)[상], 470면 ; 채(이)[상], 545면 ; 최(기)[회], 540면.

여 집행하게 할 수도 있다.

2) 사외이사

사외이사는 상무에 종사하지 아니하는 이사이다(상 382조③). 사외이사는 이사회의 구성원이 될 뿐이고 회사의 일상업무에는 관여하지 않는다.

3) 상무에 종사하지 아니하는 이사

사외이사를 제외한 상무에 종사하지 아니하는 이사를 그 밖에 상무에 종사하지 아니하는 이사라 한다.

2. 이사의 선임

(1) 선임기관

주식회사의 설립시 이사는 발기설립의 경우는 발기인의 결의로 선임되고(상 296조), 모집설립의 경우는 창립총회에서 선임한다(상 312조). 성립 후의 회사에 있어서는 주주총회에서 선임한다(상 382조). 설립 후 이사의 선임은 주주총회의 전결사항이다. 이사가 선임되면 그 성명과 주민등록번호를 등기하여야 한다. 따라서 상법상 이사는 주주총회에서 선임되어 등기된 자만을 의미한다.

(2) 선임결의의 요건

이사의 선임에 관한 주주총회의 결의는 정관에 다른 규정이 있는 경우라도 출석한 주주의 의결권의 과반수와 발행주식총수의 4분의 1 이상의 수로써 하여야 한다(상 368조①). 구 상법에서는 이사의 선임결의는 정관에 다른 정함이 있는 경우에도 발행주식의 총수의 과반수에 해당하는 주식을 가진 주주의 출석으로 그 의결권의 과반수로 하여야 한다고 하여 이사의 선임 결의에 있어서는 보통결의 보다 가중하거나 경감하지 못하도록 하였다(상 384조). 이 규정은 보통결의의 요건을 완화하면서 삭제되었지만 현행법에서 이사의 선임결의 요건을 완화하는 것이 가능한지 아니면 가중하는 것이 허용되는지 논란이 되고 있다. 이사의 선임은 보통결의 사항이므로 보통결의의 요건을 완화하면 이사의 선임요건도 완화할 수 있다고 볼 수 있지만, 구 상법의 제384조가 폐기된 현재 정관으로 선임의 요건을 달리 정할 수도 있고 가중을 막을 수도 없다고 보아 이사 선임 요건을 가중하는 것도 가능하다고 볼 것이다.[162)]

(3) 선임결의의 방법

이사의 선임결의에 대한 방법에는 단순투표제가 원칙이지만 집중투표제를 택할 수 있다. 또한 사외이사의 선임방법을 상법에 따로 정하고 있다.

1) 단순투표제

단순투표제는 주주가 이사선임의 의결권을 행사할 때에 보유 주식 1주식당 각 이사에게 하나의 찬성이나 반대의 의사표시를 하도록 되어 있다. 즉 이사 후보가 5명일 경우에 5번씩의 투표를 행하여 보통결의의 요건을 획득한 이사가 선임되도록 하는 방식이다.

2) 집중투표제

집중투표제의 방식을 채택할 때에는 5명의 후보에 대해 갖는 1주당 각 5번의 투표회수 즉 5표를 후보 1인 또는 수인에게 몰아서 집중하여 투표할 수 있도록 하는 방식이다. 이 제도는 소수파 주주들도 이사 내에 자신들을 대변할 수 있는 이사를 진입시켜 이들의 이익을 보호하고 다수파를 견제하고자 하는 취지에서 마련되었다.

98년 개정으로 상법은 집중투표제를 원칙으로 하되 원하지 않는 회사는 정관에 집중투표 배제규정을 두면 집중투표제를 벗어날 수 있는 여지를 두고 있다. 집중투표제가 이루어지기 위해서는 정관에 이를 배제하는 규정이 없어야 하며(상 382조의2①), 2인 이상 복수의 이사를 선임하는 주주총회의 결의에 한하여 채택이 가능하다. 대부분의 상장회사에서는 집중투표 배제규정(opt out)을 두고 있다.

또한 발행주식총수의 100분의 3 이상에 해당하는 주주가 집중투표에 의할 것을 주주총회 회일의 7일 전까지 회사에 서면으로 청구하여야 한다(상 382조의2①). 상장회사의 경우는 주주총회일 6주 전까지 서면 또는 전자문서로 회사에 청구하여야 한다(상 542조의7①).

최근 사업연도말 자산총액이 2조원 이상인 상장회사는 의결권 없는 주식을 제외한 발

---

162) 권(기)[회] 802면.

행주식총수의 100분의 1 이상에 해당하는 주식을 보유한 주주가 집중투표의 방법으로 이사를 선임할 것을 청구할 수 있다(상 542조의7②, 상시 33조). 위 상장회사가 집중투표제를 배제하기 위해 정관변경을 할 경우 의결권 있는 발행주식총수의 100분의 3을 초과하는 주식을 소유한 주주의 의결권은 초과하는 주식에 관하여 의결권을 행사하지 못해 의결권은 100분의 3까지로 제한된다(동조③).

투표의 결과 최다수의 표를 얻은 자로부터 순차적으로 이사에 선임된다(상 382조의2④). 따라서 이사선임에 관한 보통결의요건은 집중투표제에서는 적용되지 않는다.

3) 사외이사의 선임방법

상장회사는 이사 총수 가운데 4분의 1 이상을 사외이사로 해야 한다(다만 대통령령으로 정하는 경우, 즉 벤처기업 중 최근 사업연도말 현재의 자산총액이 1,000억원 미만으로서 코스닥시장에 상장된 주권을 발행한 벤처기업, 회생절차가 개시되었거나 파산선고를 받은 상장회사, 유가증권시장, 코스닥시장 또는 코넥스시장에 주권을 신규로 상장한 상장회사 등은 제외함, 상시 34조).

또한 최근 사업연도말 현재의 자산총액이 2조원 이상인 상장회사는 이사총수의 과반수를 사외이사로 하며, 그 사외이사는 3인 이상이 되어야 한다(상 542조의8①, 상시 33조②). 이때 사외이사 후보를 추천하기 위하여 이사회 내에 「사외이사후보 추천위원회」를 설치하여야 한다. 전체 위원의 2분의 1 이상이 사외이사로 구성되는 추천위원회에서 추천받은 자 중에서 사외이사가 선임된다.

(4) 이사의 동의

이사의 선임결의로 이사가 결정되면, 이사될 자의 동의를 필요로 하게 된다. 다만 그 동의는 묵시적이라도 상관없다.

3. 이사의 자격

(1) 서

이사의 자격에는 원칙적으로 제한이 없다. 이사는 통상 주주임을 요하지 않으나 정관으로 주주에 한정할 수 있다. 정관으로 이사가 가질 주식의 수를 정한 경우에 그 이사는 그

수의 주권을 감사 또는 감사위원회에 공탁하여야 한다(상 387조·415조의2⑦).

(2) 자연인의 경우

자연인의 경우에는 행위능력이 없어도 의사능력만 있으면 미성년자와 피한정후견인도 이사가 될 수 있으나 파산자나 피성년후견인은 될 수 없다(민 117조, 690조 유추).[163] 감사는 그의 회사와 자회사의 이사가 되지 못하며(상 411조), 지배인 기타의 상업사용인은 영업주의 허락이 없으면 다른 회사의 이사가 되지 못한다(상 17조①). 대리상은 본인의 허락이 없을 때에(상 89조), 인적회사의 무한책임사원은 다른 사원의 허락이 필요하고 물적회사의 이사나 업무집행자는 이사회 혹은 사원전원의 동의나 사원총회의 승인이 없으면 동종영업을 목적으로 하는 다른 회사의 이사가 되지 못한다(상 198조①·269조·287조의10·397조①·567조).

사외이사에 대해서는 상법 내에 별도의 결격사유를 두고 있다. 또한 재임 중에 결격사유에 해당되면 이사의 직을 상실하는 것으로 규정한다. 즉 ①회사의 상무에 종사하는 이사·집행임원 및 피용자 또는 최근 2년 이내에 회사의 상무에 종사한 이사·감사·집행임원 및 피용자, ②최대주주가 자연인인 경우 본인과 그 배우자 및 직계 존속·비속, ③최대주주가 법인인 경우 그 법인의 이사·감사·집행임원 및 피용자, ④이사·감사·집행임원의 배우자 및 직계 존속·비속, ⑤회사의 모회사 또는 자회사의 이사·감사·집행임원 및 피용자, ⑥회사와 거래관계 등 중요한 이해관계에 있는 법인의 이사·감사·집행임원 및 피용자, ⑦회사의 이사·집행임원 및 피용자가 이사·집행임원으로 있는 회사의 이사·감사·집행임원 및 피용자는 사외이사가 될 수 없다(상 382조③).

또한 상장회사의 경우에는 사외이사에 대하여 추가적인 결격사유를 두고 있다. 즉 ①미성년자·피성년후견인 또는 피한정후견인, ②파산선고를 받은 자로서 복권되지 아니한 자, ③금고 이상의 형을 선고받고 그 집행이 끝나거나 집행이 면제된 후 2년이 지나지 아니한 자, ④대통령령으로 별도로 정하는 법률(은행법, 보험업법, 자본시장과 금융투자에 관한 법률 등 금융관련법들)에 위반하여 해임되거나 면직된 후 2년이 지나지 아니한 자, ⑤상장회사의 주주로서 의결권 없는 주식을 제외한 발행주식총수를 기준으로 본인 및 그와 대통령령으로 정하는 특수한 관계에 있는 자(특수관계인)가 소유하는 주식의 수가 가장 많은 경우 그 본인(최대주주) 및 그의 특수관계인, ⑥누구의 명의로 하든지 자기의 계산으로 의결권 없는 주식을 제

163) 정(찬)[상], 901면 ; 정(희)[상], 471면.

외한 발행주식총수의 100분의 10 이상의 주식을 소유하거나 이사·감사의 선임과 해임 등 상장회사의 주요 경영사항에 대하여 사실상의 영향력을 행사하는 주주(주요주주) 및 그의 배우자와 직계존속·비속, ⑦그 밖에 사외이사로서의 직무를 충실하게 수행하기 곤란하거나 상장회사의 경영에 영향을 미칠 수 있는 자로서 대통령령으로 정하는 자는 상장회사의 사외이사가 될 수 없다(상 542조의8②).

(3) 법인의 경우

업무를 담당하지 않는 이사의 경우에는 이론상 법인도 이사가 될 수 있다고 보는 견해[164]가 있으나, 기업경영이라는 직무의 성질상 법인의 이사는 자연인으로 제한된다고 본다.[165]

4. 이사의 인원수·임기

이사의 인원수는 3인 이상이어야 한다(상 383조①). 자본금이 10억원 미만인 소규모회사는 이사의 수를 1인 또는 2인으로 할 수 있다(동항 단서). 상장회사는 이사 총수의 4분의 1 이상을 사외이사로 선임하여야 한다. 또한 자산이 2조 이상인 대규모상장회사의 경우에는 사외이사를 3인 이상 그리고 이사 총수의 과반수가 되도록 선임해야 한다(상 542조의8①·상시 33조②).

이사의 임기는 3년을 초과하지 못한다(상 383조②). 이 임기는 정관으로 그 임기 중의 최종의 결산기에 관한 정기 주주총회의 종결에 이르기까지 연장할 수 있다.

5. 이사의 권한

이사는 이사회의 구성원으로서 회사의 업무집행에 대한 의사결정과 다른 이사의 직무집행을 감독할 권한이 있다.

주식회사의 업무집행을 행할 권한은 대표이사가 갖지만, 이사 단독으로 행할 수 있는 몇 가지의 권한이 있다(상 373조② 의사록, 376조① 총회결의 취소의 소 제기, 390조① 이사회 소집 등). 또한 정

164) 강·임[상], 473면 ; 서·정, 427면 ; 정(동)[회], 387면.

165) 권(기)[회], 795면 ; 김(정)[상], 660면 ; 서(헌)[회], 353면 ; 이(철)[회], 642면 ; 임(홍)[회], 448면 ; 정(찬)[상], 901면 ; 최(기)[회], 568면.

관 또는 내부규칙에 의하여 일정한 이사에게 내부적으로 업무집행 권한을 부여할 수 있다.

이사는 대표이사로 하여금 다른 이사 또는 피용자의 업무에 관하여 이사회에 보고할 것을 요구할 수 있다(상 393조③).

6. 이사의 종임

이사는 임기만료·사임·해임·사망·파산·피성년후견·정관소정의 자격상실·회사의 파산·해산 등으로 인하여 종임한다.

이사는 임기가 만료되면 종임된다. 또한 이사와 회사는 위임관계에 있으므로 이사는 언제든지 사임할 수 있다(상 382조).

이사는 주주총회의 특별결의로 언제든지 해임될 수 있으나 정당한 이유 없이 그 임기만료 전에 해임한 때에는 해임된 이사는 회사에 대하여 해임으로 인한 손해의 배상을 청구할 수 있다(상 385조①). 이사가 그 직무에 관하여 부정한 행위 또는 법령이나 정관에 위반한 중대한 사실이 있음에도 불구하고 총회에서 그 해임을 부결한 때에는 발행주식 총수의 100분의 3 이상에 해당하는 주식을 가진 주주는 총회의 결의가 있은 날로부터 1월 내에 그 해임을 법원에 청구할 수 있다(상 385조②).

법률 또는 정관에 정한 이사의 인원수를 결한 때에는 임기만료 또는 해임으로 인하여 퇴임한 이사는 새로 선임된 이사가 취임할 때까지 권리·의무를 가진다(퇴임이사, 상 386조①). 또한 이사의 정원을 결한 경우 필요하다고 인정할 때에는 법원은 이사·감사 기타의 이해관계인의 청구에 의하여 일시 이사의 직무를 행할 자를 선임할 수 있으며(일시이사 혹은 가이사, 상 386조②), 이 선임은 본점과 지점의 소유지에서 등기하여야 한다.

【판례】

[22] **대법원** 2004.10.15. **선고,** 2004다25611 **판결**

상법 제385조 제1항에 규정된 '정당한 이유'란 주주와 이사 사이에 불화 등 단순히 주관적인 신뢰관계가 상실된 것만으로는 부족하고, 이사가 법령이나 정관에 위배된 행위를 하였거나 정신적·육체적으로 경영자로서의 직무를 감당하기 현저하게 곤란한 경우, 회사의 중요한 사업계획 수립이나 그 추진에 실패함으로써 경영능력에 대한 근본적인 신뢰관계가 상실된 경우 등과 같이 당해 이사가 경영자로서 업무를 집행하는 데 장해가 될 객관적 상황이 발생한 경우에 비로소 임기 전에 해임할 수 있는 정당한 이유가 있다.

[23] **대법원 1993.4.9. 선고, 92다53583 판결**
회사의 이사가 회사와 동종영업을 목적으로 하는 다른 회사를 설립하고 다른 회사의 이사 겸 대표이사가 되어 영업준비작업을 하여 오다가 영업활동을 개시하기 전에 다른 회사의 이사 및 대표이사직을 사임하였다고 하더라도 이는 상법 제397조 제1항 소정의 경업금지의무를 위반한 행위로서 특별한 다른 사정이 없는 한 이사의 해임에 관한 상법 제385조 제2항 소정의 "법령에 위반한 중대한 사실"이 있는 경우에 해당한다.

7. 이사의 보수

이사의 직무집행에 대한 대가로 지급받는 것이 보수이다. 즉 월급·연봉·봉급·각종의 수당 등 명칭을 불문한다. 또한 퇴직금이나 퇴직위로금도 직무집행의 대가로 지급될 때는 보수로 볼 수 있다. 상여금에 대해서는 이를 보수에 포함시키는 견해[166]와 이익처분의 방법으로 지급되기 때문에 보수가 아니라고 보는 견해[167]로 나누어진다.

보수는 정기 혹은 부정기를 불문하며 금전뿐만 아니라 타인에 대한 이익제공 등 이사의 이익이 되는 급부를 모두 포함한다.[168]

자의에 의한 보수의 부당한 지출을 막기 위해 정관이나 주주총회의 결의로 그 액수를 정하도록 하였다(상 388조). 다만 보수액은 총액 또는 최고액만을 정하고 그 배분은 이사회에 일임할 수 있다. 또한 이사가 지배인이나 기타 사용인의 지위를 겸할 때에는 이를 상법 제388조에 의한 정관 또는 주주총회에서 정해야 할 보수에 포함시킬 것이냐에 대해 견해

166) 이(철)[회], 660면 ; 정(찬)[상], 913면.
167) 최(기)[회], 567면.
168) 이(철)[회], 660면.

가 나누어진다. 즉 포함하지 않는다면 상법 제388조에 대한 탈법을 허용하는 것이 되므로 포함해야 한다는 견해[169]와 사용인으로서의 급여는 근로계약의 성격이 있어 이는 이사의 보수와 그 성질을 달리하므로 포함시키지 않는다는 견해[170]가 있다.

8. 주식매수선택권

(1) 의의

주식매수선택권은 미국에서 생겨 전세계적으로 퍼져나가고 있는 스톡옵션(stock option)으로 잘 알려진 주식에 대한 일종의 콜 옵션(Call option)이다. 주식매수선택권은 미리 정한 가액으로 신주를 인수하거나 자기의 주식을 매수할 수 있는 권리로 회사의 설립·경영 및 기술혁신 등에 기여하거나 기여할 수 있는 회사의 이사, 집행임원, 감사 또는 피용자(被用者)에게 당장의 보수 지급의 부족을 보완해주는 동시에 주가상승의 동기를 부여하여 직무충실을 유도하기 위한 제도이다.

주식매수청구권은 주주의 신주인수권을 희생하여 부여하는 것이지만 주가 상승에 대한 강력한 인센티브를 주는 것이어서 이사나 임원 뿐만 아니라 주주에게도 이익이 된다고 본다.

(2) 주식매수선택권의 유형

상법은 회사가 가진 자기주식을 양도하는 유형과 회사가 행사가격으로 신주를 발행하는 유형을 규정한다(상 340조의2①). 회사는 자기주식의 양도와 신주발행에 갈음하여 주식의 실질가액이 행사가액보다 높은 경우에 그 차액을 금전으로 지급하거나 그 차액에 상당하는 자기의 주식을 양도할 수 있다(상 340조의2①단서).

(3) 요건

정관에 주식매수선택권을 부여할 근거가 있어야 한다. 정관에는 ① 주식매수선택권을 부여할 수 있다는 뜻, ② 발행하거나 양도할 주식의 종류와 수, ③ 부여받을 자의 자격요건, ④ 행사기간, ⑤ 이사회결의로 주식매수선택권의 부여를 취소할 수 있다는 것을 기재

169) 이(철)[회], 660면 ; 新注釋[會(6)], 402면.
170) 손(주)[상], 847면 ; 정(찬)[상], 913면.

하여야 한다(상 340조의3①). 주주총회에서 ① 부여받을 자의 성명, ② 부여방법, ③ 행사가액, ④ 행사기간, ⑤ 발행하거나 양도할 주식의 종류와 수를 정하여야 한다(상 340조의3②).

부여받을 자는 회사의 설립·경영 및 기술혁신 등에 기여하거나 기여할 수 있는 회사의 이사, 집행임원, 감사 또는 피용자(被用者)이다. 다음의 ① 의결권 없는 주식을 제외한 발행주식총수의 100분의 10 이상의 주식을 가진 주주, ② 이사·집행임원·감사의 선임과 해임 등 회사의 주요 경영사항에 대하여 사실상 영향력을 행사하는 자, ③ 제1호와 제2호에 규정된 자의 배우자와 직계존비속에게는 주식매수선택권을 부여할 수 없다.

선택권의 행사로 발행할 신주 또는 양도할 자기의 주식은 회사의 발행주식총수의 100분의 10을 초과할 수 없다(상 340조의3③). 상장회사의 경우에는 발행주식총수의 100분의 15에 해당하는 주식 수를 한도로 선택권을 부여할 수 있다(상 542조의3②·상시 30조③).

(4) 행사

주식매수선택권은 주주총회결의일부터 2년 이상 재임 또는 재직하여야 이를 행사할 수 있다. 주식매수선택권은 이를 양도할 수 없다. 주식매수선택권을 행사할 수 있는 자가 사망한 경우에는 그 상속인이 이를 행사할 수 있다(상 340조의4).

Ⅲ. 이사회

1. 이사회의 의의

이사회는 이사 전원으로 구성되는 회의체로서 업무집행에 관한 회사의 의사를 결정하는 주식회사의 필요적 상설기관이다. 자본금 총액이 10억원 미만인 주식회사로서 이사가 1인인 경우에는 이사회에 관한 규정이 적용되지 아니하며(상 383조①단서, ⑤), 그 1인 이사가 회사의 업무집행에 관한 의사결정을 행하고 업무를 집행한다.

2. 이사회의 권한

이사회는 중요한 자산의 처분 및 양도, 대규모 재산의 차입, 지배인의 선임 또는 해임과 지점의 설치·이전 또는 폐지 등 회사의 업무집행에 대한 결정권을 가지며(상 393조①), 이사의 직무집행을 감독할 권한을 가지며(동조②), 그 일환으로 이사회는 회사의 업무에 대한 정보접근권을 갖는다(동조③·④).

중요한 자산의 처분 및 양도, 대규모 재산의 차입, 지배인의 선임 또는 해임과 지점의 설치·이전 또는 폐지 등을 열거한 이유는 보기에 따라 이러한 업무집행의 결정이 회사의 상무에 관한 사항으로 여겨질 수 있어 대표이사의 전결집행이 가능하다고 여길 수 있으므로, 이를 대표이사가 단독으로 결정할 사항이 아닌 이사회의 결정사항으로 명문화한 것이다.

【판례】

[24] 대법원 2005.7.28. 선고, 2005다3649 판결

상법 제393조 제1항은 주식회사의 중요한 자산의 처분 및 양도는 이사회의 결의로 한다고 규정하고 있는바, 여기서 말하는 중요한 자산의 처분에 해당하는가 아닌가는 당해 재산의 가액, 총자산에서 차지하는 비율, 회사의 규모, 회사의 영업 또는 재산의 상황, 경영상태, 자산의 보유목적, 회사의 일상적 업무와 관련성, 당해 회사에서의 종래의 취급 등에 비추어 대표이사의 결정에 맡기는 것이 상당한지 여부에 따라 판단하여야 할 것이고, 중요한 자산의 처분에 해당하는 경우에는 이사회가 그에 관하여 직접 결의하지 아니한 채 대표이사에게 그 처분에 관한 사항을 일임할 수 없는 것이므로 이사회규정상 이사회 부의사항으로 정해져 있지 아니하더라도 반드시 이사회의 결의를 거쳐야 한다.

이 밖에도 상법상 이사회의 고유한 결정권한에 속하는 사항으로 주식양도를 제한할 경우에 그 승인(상 335조①단서), 주주총회의 소집(상 362조), 이사의 경업거래와 겸직의 승인(상 397조), 이사의 회사기회이용의 승인(상 397조의2), 이사의 자기거래의 승인(상 398조), 재무제표의 승인(상 447조), 사채발행(상 469조) 등을 들 수 있다. 그렇지만 업무집행에 대한 결정권 가운데 상법 또는 정관으로 주주총회의 권한으로 되어 있는 사항은 이사회의 권한에서 제외된다. 즉 대표이사의 선임(상 389조①), 신주발행(상 416조), 준비금자본전입(상 461조①), 전환사채의 발행(상 513조②), 신주인수권부사채의 발행(상 516조의2②) 등은 정관의 규정으로 주주총회의 권한으로 전환할 수 있다.

또한 이사회는 이사의 직무의 집행을 감독할 권한을 가진다(상 393조②). 다만 자본금 10억원 미만의 소규모 주식회사의 경우 1인 이사일 때에는 이사에 대한 감독권은 주주총회에 있다고 보아야 한다. 이사회의 감독권을 실효성 있게 확보하기 위하여, 이사에게 3월에 1월 이상 업무의 집행상황을 이사회에 보고하도록 요구하며(동조④), 이사로 하여금 다른 이사 또는 피용자의 업무에 관하여 이사회에 보고할 것을 요구할 수 있게 하였다(동조③).

3. 이사회의 소집

이사회는 원칙적으로 소집권한이 있는 자가 법정절차에 따라 소집하여야 한다. 즉 이사회는 각 이사가 소집하지만 정관 또는 이사회에서 소집권자를 정한 때에는 그 이사가 소집한다(상 390조①). 소집권자인 이사가 정당한 이유 없이 이사회소집을 거절할 경우에는 다른 이사도 이사회를 소집할 수 있다(상 390조②).

소집절차는 회일의 1주간 전에 각 이사 및 감사에게 통지를 발송하여야 한다(상 390조③·391조의2). 그러나 정관으로 이 통지기간을 단축할 수 있다(상 390조③단서). 통지는 반드시 서면에 의하지 않고 구두·전화 기타 개별적인 의사전달의 방법 예컨대 이메일로도 가능하다. 이사와 감사 전원의 동의가 있으면 소집절차 없이 언제든지 회의할 수 있다(상 390조④).

이사회의 소집시기와 장소에 대해서는 특별한 규정이 없다. 따라서 주주총회의 경우 보다 크게 완화된다고 보여진다. 그러나 경영권 쟁탈과 관련하여 반대의견을 갖는 이사가 참석할 수 없는 시기나 장소를 택하여 이사회를 개최하여 이루어진 결의는 무효로 보아야 한다.[171] 이사는 3월에 1회 이상 업무의 집행상황을 이사회에 보고하여야 하므로 이사회는 최소 3월에 1회 이상 소집되어야 한다.

171) 이(철)[회], 681면.

4. 이사회의 의사와 결의

(1) 의사

이사회의 의사에 관하여 상법은 의사록의 작성(상 391조의3) 외에는 규정하지 않으므로 정관의 규정 또는 관습에 따라 의사를 진행할 것이다.

(2) 결의

이사회의 결의는 재임하는 이사 과반수의 출석과 출석이사의 과반수로 하여야 한다. 이사회의 의결권은 이사 1인당 1개씩의 의결권이 주어지며, 정관에 의해서 예외의 규정을 둘 수 없다. 감사는 이사회에 출석하여 의견을 진술할 수는 있지만, 이사회의 구성원이 아니므로 결의에 참가하지는 못한다.

결의의 요건은 결의에 신중을 기하기 위하여 강행법규로 하였기 때문에 정관으로도 경감할 수 없으나 가중할 수는 있다(상 391조①). 가부동수의 경우에 특정인에게 결정권을 행사하는 것은 법적 근거 없이 특정인에게 복수의결권을 주는 일이 되어 허용될 수 없다.172) 이 정족수는 개회시 뿐만 아니라 토의·결의의 전과정을 통하여 요구된다고 본다. 또 이사의 직책상 의결권의 대리행사는 허용되지 않으며, 회의의 성질상 서면결의도 인정되지 않는다. 이사회에서도 결의에 관하여 특별한 이해관계가 있는 이사는 의결권을 행사하지 못한다(상 391조③). 다만 정관에서 달리 정하는 경우를 제외하고 이사회는 이사의 전부 또는 일부가 직접 회의에 참석하지 아니하고 모든 이사가 음성을 통해 동시에 송수신하는 원격통신수단에 의하여 결의에 참가하는 것을 허용할 수 있는데, 이 경우 당해 이사는 이사회에 직접 출석한 것으로 본다(상 391조②).

이사회에서는 회의의 속행 또는 연기의 결의를 할 수 있다(상 372조·392조).

5. 이사회의 의사록

이사회의 의사에는 의사록을 작성하여 본점에 비치하고 주주와 채권자에게 열람·등사할 수 있도록 해야 한다(상 396조①·②). 다만 회사는 주주의 의사록 열람·등사의 청구에 대

172) 권(기)[회] 941면 ; 김(용)[상], 382면 ; 손(주)[상], 776면 ; 이·외[회], 321면 ; 이(철)[회], 683면 ; 정(희)[상], 477면 ; 채(이)[상], 521면.

하여 이유를 붙여 거절할 수 있다(상 391조의3④). 이때 주주는 법원의 허가를 얻어서만 이사회 의사록을 열람·등사할 수 있다(상 391조의3④2문). 이사회 운영의 투명성과 기업의 비밀과 이사회의 대외비적 성격을 고려한 것이다.

의사록에는 의사의 안건과 경과요령 및 그 결과를 기재하고 의장과 출석한 이사 및 감사가 기명날인 또는 서명을 하여야 한다. 의사록은 이사회의 의사경과 및 그 결과에 대한 증거가 되기는 하지만 유일한 증거는 아니므로 기록이 있더라도 반증을 들어 번복할 수 있다.

이사가 회사 및 제3자에 대하여 책임을 부담하는 경우 그것이 이사회의 결의에 의하여 이루어진 경우는 결의에 찬성한 이사 뿐만 아니라 의사록에서 이의를 하지 않은 자도 책임을 부담하게 되므로 결의에 반대한 이사는 의사록에 이의를 기재하여야 한다. 그렇지 않으면 결의에 찬성한 것으로 추정되고 반증이 없는 한 책임을 면할 수 없다(상 399조④).

6. 이사회 결의의 하자

이사회의 결의에 관하여 그 내용상·절차상의 하자가 있는 경우에 대하여 상법은 아무런 규정을 두고 있지 않다. 민법의 일반이론에 따라 하자있는 이사회의 결의는 당연히 무효이다. 이해관계인은 항변이나 결의무효확인의 소로 무효를 주장할 수 있다.

판결의 효력에 있어서는 대세적 효력이나 소급효부정 등 회사법상 소의 특수한 효력은 인정되지 않는다. 이에 따라 행한 대표이사의 행위까지 당연히 무효로 되는 것은 아니다. 거래안전과 무관한 회사내부의 문제에 그치는 사항은 그 효력을 인정할 수 없으나, 제3자와 행한 행위는 거래안전을 보호해야 한다는 취지에서 선의자에 대하여 무효를 주장할 수 없다고 본다.

【판례】

[25] 대법원 2005.7.28. 선고, 2005다3649 판결

주식회사의 대표이사가 이사회의 결의를 거쳐야 할 대외적 거래행위에 관하여 이를 거치지 아니한 경우라도, 이와 같은 이사회 결의사항은 회사의 내부적 의사결정에 불과하다 할 것이므로, 그 거래상대방이 그와 같은 이사회결의가 없었음을 알았거나 알 수 있었을 경우가 아니라면 그 거래행위는 유효하다 할 것이고, 이 경우 거래의 상대방이 이사회의 결의가 없었음을 알았거나 알 수 있었음은 이를 주장하는 회사측이 주장·입증하여야 한다.

Ⅳ. 이사회 내의 위원회

1. 서

이사의 수가 많은 회사에서는 이사회를 열어 이사를 소집하는 것이 어렵다. 이사회 산하에 위원회를 설치하여 이사회를 대신해 심의·의결할 수 있도록 한 것이 회원회제도이다. 상법은 감사위원회를 감사를 대체할 수 있는 기관으로 도입하는 외에 그 밖에 업무에 대해서도 위원회를 두어 이사회의 권한을 위임할 수 있게 하였다. 이사회는 정관이 정하는 바에 따라 이사회 내에 위원회를 둘 수 있다(상 393조의2①). 위원회는 2인 이상의 이사로 구성되며(상 393조의2③), 특히 감사위원회는 3인 이상의 이사로 구성된다(상 415조의2②). 따라서 이사의 수가 1인 또는 2인으로 할 수 있는 자본총액이 10억원 미만인 주식회사에는 이러한 위원회를 설치하지 못할 수 있다.

2. 위원의 자격과 선임·해임 및 임기

이사회 내의 위원회의 위원의 자격은 당연히 이사이어야 하므로, 이사를 퇴임하면 위원의 자격도 상실된다. 다만 위원이 퇴임하여 위원회 인원이 2인 미만 또는 정관이 정한 위원회의 정원에 미달하게 되면 새로운 위원이 취임할 때까지 퇴임한 위원이 위원으로서의 권리와 의무를 갖는다. 또는 어느 위원회에 배정할 지에 대한 위원의 선임과 해임은 이사회가 결정한다.

위원의 임기는 정관에 규정이 있으면 그에 따르고, 없으면 이사회가 이를 정할 수 있다. 이사회에서도 정하지 아니하면 이사의 지위의 종료와 함께 위원의 임기도 종료된다.

3. 위원회의 소집

위원회는 원칙적으로 각 위원이 소집하며, 예외로 위원회의 결의로 소집할 위원을 정한 때에는 그 위원이 소집한다(상 393조의2⑤·390조①). 위원회의 소집에는 회일을 정하여 1주일 전에 각 위원에 대하여 통지를 발송하여야 한다(상 393조의2⑤·390조③). 다만 위원 전원의 동의가 있으면 이러한 절차 없이 언제든지 회의를 할 수 있다(상 393조의2⑤·제390조④).

4. 위원회의 권한과 결의

이사회 내의 위원회는 이사회의 하부조직으로 이사회로부터 위임받은 업무에 대한 권한을 행사한다. 다만 주주총회의 승인을 요하는 사항의 제안, 대표이사의 선임 및 해임, 위원회의 설치와 그 위원의 선임 및 해임, 정관에서 정하는 사항에 대해서는 그 권한을 위원회에 위임할 수 없다(상 393조의2②).

결의요건은 정관에 다른 정함이 없으면 위원 과반수의 출석과 출석위원 과반수의 동의로 성립된다. 또한 특별이해관계가 있는 위원은 의결권을 행사하지 못한다. 결의방법은 정관에 특별한 규정이 없는 한 어떠한 방법으로도 가능하다. 다만 투표시에 무기명투표는 허용되지 않는다. 결의가 이루어지면 이사회의 결의와 동일한 효력을 갖는다(상 393조의2②). 위원회는 결의된 사항을 각 이사에게 통지하여야 한다. 이를 통지받은 각 이사는 이사회의 소집을 요구할 수 있으며, 이사회는 위원회가 결의한 사항에 대하여 다시 결의할 수 있다(상 393조의2④). 그 밖에 이사회의 결원, 소집, 결의방법, 의사록 등의 규정은 위원회에서 준용한다(상 393조의2⑤). 위원회는 회의의 연기나 속행의 결의를 행할 수 있다.

5. 위원회의 의사록

위원회의 의사에 관해서는 의사록을 작성하여야 한다. 이 의사록에는 의사의 안건과 경과요령 및 그 결과를 기재하고, 반대하는 자와 그 반대이유를 기재하여야 한다. 출석한 위원이 기명날인 또는 서명을 하여야 한다(상 393조의2⑤·391조의3②). 또한 주주는 의사록의 열람이나 등사를 청구할 수 있으며, 회사가 이유를 붙여 거절하면 법원의 허가를 얻어 열람 또는 등사할 수 있다(상 393조의2⑤·제391조의3④).

6. 위원회 결의의 하자

위원회의 결의에 하자가 있는 경우에 민법의 일반원칙에 의하여 처리된다. 따라서 위원회 결의에 하자가 있는 경우에는 원칙적으로 무효가 된다. 필요한 경우에는 결의무효확인의 소를 제기할 수 있다.

Ⅴ. 대표이사

1. 대표이사의 의의

대표이사는 대외적으로 회사를 대표하고 대내적으로 업무집행을 담당하는 주식회사의 필요적 상설기관이다. 주식회사의 업무집행의 권한은 이사회에 속하게 되나 이사회는 회의체기관이므로 기업의 기동적·효율적 경영을 위하여 이사회에서 1인 또는 수인의 이사를 선정하여 결의의 집행 기타 경영적 업무의 집행을 위임시킬 필요가 있다. 이 때문에 인정된 것이 대표이사 제도로서 상법은 주식회사에 반드시 대표이사를 두도록 하고 있다(상 389조).

2. 대표이사의 선임·종임

(1) 선임

대표이사는 이사회의 결의로 선임하는 것이 원칙이다. 그러나 정관으로 주주총회에서 선임하게 할 수도 있다(상 389조①). 대표이사는 회사를 대표하여야 할 이사이므로 대표이사가 되려면 먼저 이사이어야 한다. 따라서 대표이사가 사임·해임 등의 이유로 이사의 지위를 상실하게 되면 동시에 대표이사의 지위를 상실하게 된다. 다만 정관으로 대표이사의 자격을 정하는 것은 상관없다.[173)]

대표이사는 1인 이상이면 되고 그 수에는 제한이 없다, 정관으로 인원수를 정한 경우에는 그 인원수만큼 선임하여야 한다. 대표이사의 성명과 주민등록번호 및 주소는 등기사항

---

173) 이(철)[회], 697면 ; 정(찬)[회], 848면.

이다(상 317조②ix).

(2) 종임

대표이사는 대표이사의 임기만료나 해임 혹은 사임에 의하여 종임된다. 대표이사의 임기는 법률상 특별한 규정이 없으므로 정관 또는 이사회의 결의로 다른 규정이 없는 한 이사로서의 임기가 대표이사의 임기로 된다.

또한 이사회 또는 주주총회는 언제든지 대표이사를 해임시킬 수 있다. 이사의 지위까지 해임하는 것은 특별결의로 해야 하지만 대표권 만의 박탈은 보통의 결의로 족하다. 회사가 정당한 사유 없이 대표이사의 임기만료 전에 해임하였을 때에는 상법 제385조 제1항 단서의 규정을 유추적용하여 그 대표이사는 회사에 대하여 손해배상을 청구할 수 있다고 보는 견해[174]가 있다. 그러나 판례(대법원 2004. 12. 2004 선고, 2004다25123 판결)와 일부의 견해[175]는 이에 반대하여 유추적용하지 않는다고 본다.

대표이사도 사임할 수 있다. 그러나 대표이사가 부득이한 사유 없이 회사에 불리한 시기에 사임하면 회사에 생긴 손해를 배상[176]하여야 한다(상 382조②·민 689조②).

대표이사의 종임으로 인하여 정관에 정한 대표이사의 인원수를 결한 경우에는 임기의 만료 또는 사임으로 인하여 퇴임한 대표이사는 새로 선임된 대표이사가 취임할 때까지 대표이사의 권리의무를 가진다(상 386조①·389조③). 법원은 필요하다고 인정할 때에 이해관계인의 청구로 일시 대표이사의 직무를 행할 자를 선정할 수 있다(상 386조②·389조③).

【판례】

[26] 대법원 1984.2.28. 선고, 83다651 판결

이사회의 의장이 될 회장이 적법한 소집통지를 받고도 이사회에 출석하지 아니한 이상 회장이 이사회의 의장으로서 회의를 진행할 수 없는 것이므로 위 정관에 규정된 회장 유고시에 해당하여 사장이 이사회의 의장이 된다고 판단한 원심조치는 정당하다.

---

174) 이(철)[회], 667면 ; 정(찬)[회], 848면.

175) 정(찬)[회], 849면.

176) 이(철)[회], 698면 ; 정(찬)[회], 850면

3. 대표이사의 권한

(1) 서

대표이사는 영업에 관한 모든 재판상·재판외의 행위를 할 권한을 갖는데, 대내적으로는 영업에 관한 업무집행기관의 지위를 가지는 것이라고 본다. 즉 상법 제389조 제3항과 제209조에는 대표이사의 대표권에 관해서만 규정하고, 업무집행에 관한 내용의 규정이 없다. 그러나 업무집행과 회사대표는 동전의 양면과 같다. 실제로 회의체 기관인 이사회가 직접 업무를 집행할 수 없으므로 당연히 대표이사의 대표권에는 업무집행권이 포함된다. 따라서 동 규정은 원칙적으로 대표이사가 회사의 모든 업무집행에 관한 권한을 가지며, 그러한 업무집행이 대외적 행위를 동반하는 경우에 회사대표권에 대하여 규정한 것으로 해석된다.[177]

대표이사는 대내적으로도 회사영업에 관한 재판상·재판외의 모든 행위를 할 업무집행의 권한을 갖는다(상 389조③·209조). 이와 같이 볼 때에 대표이사는 「대표」이사이지만 동시에 「업무집행」이사이다.

(2) 업무의 집행권

1) 업무집행권의 의의

대표이사는 이사 지위에 있는 이사회의 구성원이므로 회사의 의사결정에 참여하게 된다. 또한 대표이사는 일정부분의 업무집행에 대한 의사결정권을 갖기도 하는데, 이로 인하여 대표이사와 이사회 사이에 업무집행에 관한 권한의 한계를 정하는 것이 문제된다.

대표이사가 이사회와의 관계에서 어떠한 지위에 있는가에 관해 파생기관설과 독립기관설이 대립하여 왔다.

파생기관설은 이사회를 업무집행의 의사결정과 집행에 대한 모든 권한을 갖는 유일한 기관으로 보고, 대표이사는 업무집행의 편의상 이사회로부터 파생된 기관에 불과하다는 견해이다.[178] 다만 대표이사는 이사회의 수임인이나 대리인으로써 이사회가 결정한 업무를 단지 집행한다고 본다. 따라서 일상적인 업무집행에 대한 대표이사의 의사결정 사항도 사

---

177) 김인오, "주식회사의 대표이사에 관한 일고", 사회과학연구(전북대학교) 제8집, 1981, 14면.

178) 서·정, 426면 ; 채(이)[상], 516~517면.

실은 대표이사를 선임할 때에 이사회로부터 당연히 위임된 것으로 본다.

독립기관설은 대표이사는 이사회와 대등한 독립된 권한을 갖는 기관이라는 견해이다.[179] 따라서 대표이사는 이사회의 기관이 아니라 회사의 기관이 된다고 본다. 즉 대표이사는 대표권을 갖는 범위에서 업무집행권을 갖고, 스스로 일상적인 업무집행을 결정할 의사결정 권한도 갖는다고 본다.

이러한 논쟁과 달리 어느 학설에 의하더라도 대표이사는 주주총회와 이사회에서 결의된 사항을 집행할 권한이 있고, 그 밖의 일상적인 사항에 독자적으로 업무집행의 의사결정을 할 수 있기 때문에 실제적인 차이는 생기지 않는다고 주장하는 견해[180]도 있다.

이와 같은 논쟁들에 대하여 대표이사를 이사회가 선임하며(상 389조①), 이사회가 결정한 의사결정을 대표이사가 집행하며(상 393조①), 대표이사를 이사회가 감독하며(상 393조②), 일상 업무집행에 대한 대표이사의 의사결정은 이사회에 의해서 수권된 것으로 볼 수 있고, 대표이사를 주주총회에서 선임하여도 업무집행에 대한 의사결정은 이사회가 행한 것이라는 사실 등에 볼 때에 파생기관설로 보는 견해가 옳다.

2) 업무집행권의 내용과 범위

대표이사는 회사의 업무를 집행할 권한을 갖는다. 즉 대표이사는 이사회가 결정한 사항에 대한 집행과 이사회가 위임한 사항 및 일상업무에 관한 사항에 대한 의사결정과 업무집행을 행할 수 있는 권한을 갖는다. 여기서 이사회가 위임한 사항이란 이사회규칙 등에 의하여 위임된 사항이나 이사회의 결의에 의하여 개별적으로 위임된 사항을 말한다. 일상적인 업무란 회사가 목적사업의 수행을 위한 관리업무로서 관례적인 기준에 의해 처리할 수 있는 업무를 뜻한다고 이해된다. 일상적이 아닌 중요한 업무는 이사회의 결의를 요하고, 대표이사가 단독으로 결정하거나 집행할 수 없다(대법원 1997.6.13 선고, 96다48282 판결). 예컨대 회사의 고가 고정자산에 대한 처분행위, 제3자에 대한 거액의 자산증여행위, 회사에 큰 손실을 초래하는 조건의 영업행위 등은 일상적인 업무라 할 수 없다.

그런데 의사결정기관인 이사회가 있으며, 또 중요한 업무집행사항에 대하여도 주주총회의 결의를 요하는 경우도 있으므로 이러한 사항에 대해서는 대표이사의 권한이 없다.

---

179) 김(용)[상], 384면 ; 서(정)[람], 382면 ; 정(동)[회], 382면 ; 정(무)[상], 457면 ; 정(찬)[상], 936면 ; 정(희)[상], 479~480면 ; 최(기)[회], 585면.

180) 이(철)[회], 700면.

상법은 대표이사의 직무라고 정하고 있지 아니하고, 이사의 직무권한으로 규정하고 있다. 그러나 평이사는 원칙적으로 업무집행을 할 수 없으므로 모두 대표이사의 직무로 보아야 한다. 예컨대 주주총회 또는 이사회의 의사록·정관·주주명부·사채원부 등의 비치(상 396조), 재무제표의 작성·비치·공고·제출(상 447조·447조의3·448조·449조), 주식청약서와 사채청약서의 작성(상 420조·474조②), 신주인수권증서·신주인수권증권의 기명날인 또는 서명(상 420조의2②·516조의5②) 등이 그것이다.

3) 업무집행의 방법

대표이사가 여러 명인 경우에도 업무집행방법은 원칙적으로 각자 단독으로 집행하지만, 예외적으로 공동대표인 경우에는 공동으로 집행하여야 한다(상 389조②). 또한 대표이사의 업무집행권은 대표이사의 개인적인 재산상의 권리가 아니다. 때문에 특별한 사정이 없는 한 대표이사의 업무집행권에 기하여 회사가 제3자에 대하여 가지는 특정물에 대한 물권적 청구권 등의 재산상의 청구권을 직접 또는 대위 행사할 수 없다(대법원 1998.3.24. 선고, 95다6885 판결).

【판례】

[27] **대법원 1998.2.24. 선고, 95다6885 판결**

Y회사의 사실상 대표이사인 X가 Y회사를 대위하여 Y명의의 토지에 대하여 등기말소를 구한다는 X의 청구를 배척한다.

(3) 대표권

1) 대표권의 의의

대표이사는 회사를 대표하는 기관이다. 수인의 대표이사가 있는 때에는 특별히 공동대표가 정하여져 있지 않은 한 각자가 단독으로 회사를 대표한다. 이 대표권한은 회사의 영업에 관하여 재판상 또는 재판외의 모든 행위를 할 권한이다. 따라서 대표이사의 대표권은 회사의 권리능력의 범위와 정확하게 일치한다.

2) 대표권의 내용과 범위

대표이사는 각자 회사를 대표하여 회사의 영업에 관하여 재판상 또는 재판외의 모든 행위를 할 권한이 있다. 이 대표권에 대한 내부적 제한은 선의의 제3자에게 대항하지 못한다(상 389조③·209조).

대표이사가 회사대표권을 가지므로 상법에서 「회사가 … 하여야 한다」(주권발행 상 355조①, 신주인수권자에의 통지 419조①, 주금의 반환 432조①등) 또는 「회사에 대하여 … 하여야 한다」(이사의 손해배상 책임 상 399조①)라는 규정은 대표이사에 의한 능동대표행위 또는 대표이사에 대한 수동대표행위로 보아야 한다. 또한 이러한 규정의 내용이 없더라도 회사가 주체가 될 것을 당연한 전제로 하여 일정한 행위를 하거나, 의사표시 또는 이행을 수령하여야 할 것으로 정하는 경우가 있다. 이러한 사항은 명백히 대표이사의 대표행위에 의해 이루어져야 하는 것으로서 대표이사에 의한 행위로 집행된다.[181]

대표이사의 대표권은 그 성질이 단체법에 고유한 대표관계이므로 개인법상의 대리관계가 아니다. 즉 대표이사가 대표권의 범위에서 한 적법한 대표행위는 그 자체가 바로 회사의 행위가 되는 것이며, 그 행위의 효과가 회사에 귀속하는 것이 아니라는 점에서 대표는 대리와 구별된다. 그러나 민법에서 대표관계에 대리에 관한 위임규정을 준용하고 있으므로(민 59조②) 상법에서도 이를 따르고 있다(상 382조②). 즉 그 성질이 허용하는 한 대리에 관한 규정이 준용된다. 또한 대표이사의 대표행위는 대리와 달리 사실행위나 불법행위에도 미친다.

대표이사의 대표권은 포괄적이고 전형적이며 획일성이 있고(상 389조③, 209조②, 11조①), 공동대표가 인정되고(상 389조②, 12조①), 표현대표가 인정되고(상 395조, 14조), 등기사항(상 317조②ix, 13조)이라는 점에서 지배인의 지배권과 동일하다. 그러나 지배인의 대리권은 원칙적으로 특정한 영업소의 영업에 한정되는데 비해 대표이사의 권한은 회사의 영업 전반에 미치며, 또 지배인에 대한 선임과 해임에 있다는 점에서 지배인의 지배권과 다르다.

영업에 관한 모든 행위는 영업의 계속을 전제하므로 영업전부의 양도·임대·위임 등의 행위는 포함되지 않는다. 정관변경·해체·합병·자본감소 등의 회사의 기본조직에 관한 행위도 포함되지 않는다. 이와 같이 대표이사가 상법상 주주총회의 결의가 필요한 행위를 결의없이 한 경우에는 무효라고 보아야 한다.

---

181) 이(철)[회] 701면.

3) 대표권의 행사방법

대표이사가 회사를 대표하여 대표권을 행사할 때에 반드시 대표이사의 행위임을 표시하여야 할 것인지 생각해 볼 수 있다.

현명주의가 강력하게 요청되는 어음·수표행위와 같은 서면 요식행위에서는 반드시 대표자격을 표시하고 대표이사가 기명날인 또는 서명하여야 한다.[182] 나머지 행위들에 대해 비현명주의에 관한 상행위의 대리인이 본인을 위한 것임을 표시하지 아니하여도 그 행위는 본인에 대하여 효력이 있다는 상법 제48조의 규정을 준용할 것인지에 문제가 있다. 회사관계에서 획일적으로 현명주의를 배제하는 것은 타당하다고 볼 수 없다. 즉 대표이사가 자신을 위한 거래를 한 것이 회사의 업무영역에도 속하므로 상대방이 회사의 대표행위로 오인한 경우에 상대방의 보호가 문제될 수 있다.

그러나 법인의 대표에 관하여는 대리에 관한 규정을 준용하므로(민 59조②) 상법 제48조를 준용하여 현명을 하지 아니하더라도 상대방이 회사와 거래할 의사를 가지고 또 대표이사라는 사실을 알고 거래한 때에는 비록 대표이사의 자격을 표시하지 않았을지라도 회사에 대하여 효력이 있다고 본다. 대법원 판례를 보면 상호신용금고의 대표이사가 동 금고의 사장실에서 고객으로부터 사적인 목적으로 금전을 차용하였는데, 고객은 이를 동 금고에 예탁하는 것으로 오인한 사건에서 회사의 대표행위로 볼 수 있다고 한 사례가 있다(대법원 1990.3.23 선고, 89다카555 판결).

4) 대표권의 제한

대표이사는 회사의 영업에 관해 포괄적이고 전형적인 대표권을 갖지만 일정한 경우 그 제한을 받는다. 즉 법률·정관·이사회규칙·이사회의 결의 등에 의하여 제한을 받는다.

①법률상의 제한

법률상 주주총회나 이사회의 결의가 요건으로 되어 있는 경우 예컨대 영업양도·사후설립·사채발행·신주발행 등에는 대표이사는 주주총회 또는 이사회의 결의를 얻어서 대표행위를 하여야 한다.

상법의 규정으로 대표이사의 대표권이 제한되는 사례로는 대표이사와 회사 사이의 소송

182) 김택주, "대표이사가 당사자인 경우에 의사표시의 해석", 상사판례연구 제4집, 1991, 36면.

183)에서 대표이사가 회사를 대표하지 못하고 감사가 회사를 대표한다(상 394조). 대표이사는 대표권이 없고, 감사 또는 감사위원회가 회사를 대표한다. 즉 감사에 갈음하여 감사위원회를 둔 경우에 감사위원이 회사를 대표한다(상 415조의2⑦·394조①). 이미 퇴임한 대표이사를 상대로 소송을 수행하는 경우에는 감사가 대표하지 아니하고 현재의 대표이사가 대표한다(대법원 2002.3.15 선고, 2000다9086 판결).

②내부적 제한 : 정관·이사회규칙·이사회결의에 의한 제한

대표이사의 대표권은 대표이사가 독자적으로 결정하여 행하는 행위이다. 그러나 정관이나 이사회규칙 또는 이사회결의에 따라 제한받는 경우 대표이사는 이에 따라야 한다.

제한방법으로는 일정한 행위를 할 때에는 주주총회나 이사회의 결의를 얻어서 하도록 정할 수 있다. 예컨대 일정액 이상의 채무부담 행위는 이사회의 결의를 얻어 집행하도록 할 수 있다. 또는 직원고용과 같은 인사문제는 대표권에서 제외시키거나 여러 사람의 대표이사를 두어 업무를 분담시키고 자기 부문에서만 대표권을 갖게 하는 것 등 영업에 관한 행위 가운데 대표행위의 일부를 제한하도록 하는 내용을 정할 수 있다.

거래안전을 위해서 내부적 제한을 가지고 선의의 제3자에 대해서 대항하지 못하도록 정하고 있다(상 389조③·209조②). 즉 대표이사가 대표권의 내부적 제한을 위반하여 대표행위를 하였을 때, 상대방이 대표권의 제한이 있음을 몰랐다면 회사가 거래의 무효를 주장할 수 없다. 이 때에 회사가 상대방의 악의를 입증하여야 한다(대법원 1993.6.25 선고, 93다13391 판결 ; 동 1978.6.27 선고, 78다389 판결).

5) 부적법한 대표행위의 효력

①주주총회나 이사회의 결의에 위반한 대표행위의 효력

대표이사가 주주총회나 이사회의 결의를 얻어 회사를 대표하여야 하는 경우에 이를 얻지 않거나 이를 위반하여 대표행위를 한 경우에 그 효력을 어떻게 볼 것인지 문제된다. 이 때 그 효력 여부에 대한 기준은 그 행위가 대내적 행위인가 혹은 대외적 행위로 나타나는가의 여부 그리고 회사이익과 회사와 거래한 제3자의 이익을 비교·형량해야 하며, 회사의

183) 정동윤, "대표이사인 이사를 선임한 주주총회결의의 효력을 다투는 소에서 피고회사를 대표할 자", 민사소송 제3집, 2000, 81면.

존립에 중대한 영향을 미치는가의 여부를 고려하여 판단하여야 한다.[184)]

② 대표권 남용행위의 효력

대표이사가 사익을 위해 법률행위를 할 경우에 「대표권의 남용」으로 보고 대표이사의 대내적 책임을 추궁할 수 있으며, 더 나아가 대표행위의 사법적 효력마저도 부인할 수 있다.

【판례】

[28] 대법원 1987.10.13. 선고, 86다카1522 판결

회사도 법인인 이상 그 권리능력이 정관으로 정한 목적에 의하여 제한됨은 당연하나 정관에 명시된 목적 자체에는 포함되지 않는 행위라 할지라도 목적수행에 필요한 행위는 회사의 목적범위내의 행위라 할 것이고 그 목적수행에 필요한 행위인가의 여부는 문제된 행위가 정관기재의 목적에 현실적으로 필요한 것이었던가 여부를 기준으로 판단할 것이 아니라 그 행위의 객관적 성질에 비추어 추상적으로 판단할 것이다. 주식회사의 대표이사가 그 대표권의 범위내에서 한 행위는 설사 대표이사가 회사의 영리목적과 관계없이 자기 또는 제3자의 이익을 도모할 목적으로 그 권한을 남용한 것이라 할지라도 일응 회사의 행위로서 유효하고 다만 그 행위의 상대방이 그와 같은 정을 알았던 경우에는 그로 인하여 취득한 권리를 회사에 대하여 주장하는 것이 신의칙에 반하므로 회사는 상대방의 악의를 입증하여 그 행위의 효과를 부인할 수 있을 뿐이다.(권리남용설의 입장)

[29] 대법원 1988.8.9. 선고, 86다카1858 판결

대표이사의 행위가 대표권한의 범위내의 행위라 하더라도 회사의 이익 때문이 아니고 자기 또는 제3자의 개인적인 이익을 도모할 목적으로 그 권한을 행사한 경우에 상대방이 대표이사의 진의를 알았거나 알 수 있었을 때에는 회사에 대하여 무효가 된다(비진의의사설의 입장).

---

184) 정대근, "이사회의 결의없는 대표이사의 대외적 거래행위의 효력과 영업의 중요한 일부양도의 의미", 상사판례연구 제7집, 1996, 459면.

4. 대표이사의 불법행위

대표이사가 업무집행으로 인하여 타인에게 손해를 가한 때에는 회사는 대표이사와 연대하여 배상할 책임이 있다(상 389조③·210조).

여기에서 「업무집행으로 인하여」란 대표이사의 업무집행과 관련하여 대표이사가 타인에게 불법행위를 가한 경우이다. 따라서 「대표행위로 인하여」라는 의미로 파악될 수 있다. 따라서 불법적인 대표행위가 회사의 업무집행과 관련이 있고 행위의 겉모습에서 볼 때에는 대표이사의 직무범위 안에 속하는 것으로 보여지는 경우에 이러한 행위는 모두 회사의 불법행위로 성립될 수 있다.

이와 같이 대표이사의 업무집행 행위의 법적효과는 회사에 귀속되며, 그 행위가 불법행위를 구성할 때에 회사의 불법행위가 된다. 물론 대표이사도 피해자에게 불법행위를 행한 것이므로 피해자 보호를 강화하기 위하여 회사와 함께 대표이사의 연대책임을 인정하였다.

반면에 대표행위의 직무범위에 속하지 아니하면, 대표이사의 개인적 불법행위일 뿐 회사의 불법행위로 볼 수는 없으며 위의 규정이 적용될 수도 없다.[185] 즉 피해자가 회사에 손해배상책임을 추궁할 수 없다는 뜻이다.

Ⅵ. 공동대표이사

수인의 대표이사가 선임되는 경우에 이사회의 결의로 2인 이상의 대표이사가 공동으로 회사를 대표하는 것을 정할 수 있다(상 389조②). 대표권 행사의 신중과 남용을 방지하기 위하여 이 제도를 인정한 것이므로 단독으로 회사를 대표하는 행위는 회사의 행위로 인정되지 않고 공동으로만 회사를 대표할 수 있다. 그러나 수동행위는 그러하지 아니하다.

대표이사가 여러 명이 있는 경우, 각각의 대표이사는 독립적으로 회사를 대표할 수 있다고 보아야 한다. 그러나 이사회 또는 주주총회의 결의로써 수인이 공동으로 회사를 대표하도록 하는 공동대표이사를 정한 경우, 회사대표권의 오·남용을 방지하기 위하여 상대방에 대한 의사표시인 능동대표의 경우 공동으로 하여야 하고, 또 요식행위에는 공동대

185) 정대근, "대표이사의 불법행위로 인한 회사의 손해배상책임", 상사판례연구 제4집, 1991, 187면.

표이사 전원의 기명날인 또는 서명이 있도록 한다. 이와 같이 이사회의 결의로써 공동대표이사를 정한 경우에는 이를 폐지하는 것도 이사회의 결의로써 할 수 있다.

이때 공동대표이사의 일부가 그의 대표권을 다른 공동대표이사에게 위임할 수 있는가에 대하여, 포괄적 위임의 경우 단독대표와 다름이 없어 견제와 균형이라는 공동대표이사의 취지에 반하여 허용될 수 없다고 본다.[186] 그러나 공동대표이사 전원의 합의가 있는 때에는 의사표시만을 일부의 자에게 개별적으로 위임할 수는 있는가에 대하여 이를 긍정하는 적극설과 부정하는 소극설이 대립된다. 그러나 개별적 위임의 경우에도 업무집행의 통일성을 대외적으로 확보하고, 대표권의 행사와 행사방법을 공동으로 한다는 공동대표이사 제도의 취지에도 맞지 아니하여 긍정할 수 없다.

상대방으로부터 의사표시를 수령하는 수동대표의 경우에 공동대표이사 중의 1인이 하면 그 효력이 생긴다(상 389조③·208조②). 예컨대 변제청구와 소송서류의 송달 등을 들 수 있다. 특정 사실의 알고 모름이 법률행위의 효력에 영향을 미칠 때에도 공동대표이사 1인의 인지만으로 충분하고, 회사에 대한 의사표시의 하자에 대해서도 공동대표이사 1인에 대한 하자가 존재하면 된다.

【판례】

[30] 대법원 1996.10.25. 선고, 95누14190 판결

회사의 공동대표이사 2명 중 1명이 단독으로 동의한 것이라면 특별한 사정이 없는 한 이를 회사의 동의라고 볼 수 없으나, 다만 나머지 1명의 대표이사가 그로 하여금 건물의 관리에 관한 대표행위를 단독으로 하도록 용인 내지 방임하였고 또한 상대방이 그에게 단독으로 회사를 대표할 권한이 있다고 믿은 선의의 제3자에 해당한다면 이를 회사의 동의로 볼 수 있다.

186) 강위두, "공동대표이사의 대표권행사의 위임", 상사판례연구 제3집, 1989, 160면.

Ⅶ. 표현대표이사

1. 제도의 취지

대표이사로 선임되어 등기된 자는 아니지만 그에게 부여된 명칭이 대표권을 가지는 자에게 부여된 명칭이기 때문에 대표이사와 같은 외관을 가지는 이사를 표현대표이사라고 한다.

회사는 표현대표이사가 행한 행위에 관하여 선의의 제3자에 대하여는 회사의 행위로서 책임을 진다. 즉 사장·부사장·전무·상무 등 회사를 대표할 권한이 있는 것으로 인정될 만한 명칭을 사용한 이사의 행위는 그 이사와 회사를 대표할 권한이 없는 경우에도 회사는 선의의 제3자에 대하여 그 책임을 지게 된다(상 395조).

이는 외관을 신뢰한 자를 보호하여 거래의 안전을 도모하기 위한 것이다. 원래 대표이사는 성명과 주소를 등기하고 공고 후에는 그 효력을 선의의 제3자에게도 대항할 수 있다. 이에 따르면 등기된 자 이외는 대표이사를 인정하지 않고 그 책임을 지지 않아야 할 것이나, 상법 제395조의 표현대표이사 제도는 거래의 안전을 위해 상법 제37조의 상업등기 제도의 예외규정으로 파악할 수 있다.

2. 적용요건

표현대표이사로서의 행위가 성립하기 위한 요건은 아래와 같다.

(1) 외관의 존재

대표권이 없는 이사가 회사를 대표할 권한이 있다고 믿을만한 외관이 존재하여야 한다. 즉 사장·부사장·전무·상무 외에 총재·부총재·은행장 등이 해당된다.

【판례】

[31] 대법원 1985.6.11. 선고, 84다카963 판결

상법 제395조는 표현대리이사가 이사의 자격을 갖출 것을 형식상의 요건으로 하고 있으나, 위 규정은 법일반에 공통되는 거래의 안전의 보호와 금반언의 원칙에서 나온 것으로서 이사의 자격이 없는 자에게 회사의 표현대표이사의 명칭을 사용케 한 경우나 이사자격없이 표현대표이사의 명칭을 사용하는 것을 회사가 알고도 그대로 두거나 아무런 조치도 쓰지 않고 용인상태에 놓아둔 경우에도 위 규정이 유추적용되는 것으로 해석함이 상당하다.

(2) 외관에 대한 귀책사유

회사가 외관을 생기게 한 데 귀책사유가 있어야 한다. 회사가 대표권이 있는 듯한 명칭을 부여하였거나 사용을 알면서 묵인한 경우이다.

【판례】

[32] 대법원 1975.5.27. 선고, 74다1366 판결

상법 395조에 의하여 표현대표자의 행위에 대하여 회사가 책임을 지는 것은 회사가 표현대표자의 명칭 사용을 명시적으로나 묵시적으로 승인할 경우에만 한하는 것이고 회사의 명칭사용 승인 없이 임의로 명칭을 잠칭한 자의 행위에 대하여는 비록 그 명칭사용을 알지 못하고 제지하지 못한 점에 있어서 회사에게 과실이 있다고 할지라도 그 회사의 책임으로 돌려 선의의 제3자에 대하여 책임을 지게 하는 취지가 아니다.

(3) 외관의 신뢰

외관을 신뢰한 제3자가 선의이어야 한다. 선의란 표현대표이사가 회사를 대표할 권한이 없다는 것을 모르는 것을 말하며, 선의인 데 대하여 중과실이 없어야 한다. 제3자의 선의여부에 대한 입증책임은 회사가 부담한다.

【판례】

[33] 대법원 1988.10.25. 선고, 86다카1228 판결

상법 제395조가 정한 표현대표이사의 행위에 의한 회사의 책임에 관한 규정은 표현대표이사가 자기의 명칭을 사용하여 법률행위를 한 경우는 물론이고 자기의 명칭을 사용하지 아니하고 다른 대표이사의 명칭을 사용하여 행위를 한 경우에도 적용된다.

3. 적용효과

회사는 표현대표이사의 행위에 관하여 제3자에 대하여 책임을 진다. 따라서 표현대표이사가 한 법률행위는 회사에 대하여 효력이 발생하고 이로 인한 권리의무가 발생한다. 본건의 적용이 있는 때에는 무권대리에 관한 민법의 규정(민 130조 이하)의 적용은 배제된다. 다만 어음행위의 경우는 회사가 본건에 의한 책임을 지는 것 외에 표현대표이사도 어음법 제8조에 따른 무권대리인으로서 어음상의 책임을 진다(어 8조). 이 경우에 회사에 손해가 생긴 때에는 표현대표이사에 대하여 구상할 수 있다.

【판례】

[34] **대법원** 1992.7.28. 선고, 91다35816 **판결**

상법 제395조가 회사를 대표할 권한이 있는 것으로 인정될 만한 명칭을 사용한 이사의 행위에 대한 회사의 책임을 규정한 것이어서, 표현대표이사가 이사의 자격을 갖출 것을 그 요건으로 하고 있으나, 이 규정은 표시에 의한 금반언의 법리나 외관이론에 따라 대표이사로서의 외관을 신뢰한 제3자를 보호하기 위하여 그와 같은 외관의 존재에 관하여 귀책사유가 있는 회사로 하여금 선의의 제3자에 대하여 그들의 행위에 관한 책임을 지도록 하려는 것이므로, 회사가 이사의 자격이 없는 자에게 표현대표이사의 명칭을 사용하게 허용한 경우는 물론, 이사의 자격도 없는 사람이 임의로 표현대표이사의 명칭을 사용하고 있는 것을 회사가 알면서도 아무런 조치를 취하지 아니한 채 그대로 방치하여 소극적으로 묵인한 경우에도, 위 규정이 유추적용되는 것으로 해석함이 상당하다.

Ⅷ. 이사의 의무와 이사행위의 제한

1. 이사의 의무

이사와 회사 간의 관계는 위임에 관한 규정에 따르게 되므로(상 382조②, 민 681조), 이사는 위임자로서 회사에 대하여 위임의 본지에 따라 선량한 관리자의 주의를 가지고 직무를 행하여야 할 의무를 부담한다. 또한 이사는 법령과 정관의 규정에 따라 회사를 위하여 그 직무를 충실하게 수행하여야 한다는 충실의무의 규정을 두고 있다(상 382조의3).

이 밖에도 이사의 개별적 의무로는 이사회에 출석할 의무와 다른 이사의 업무집행을 감시할 의무를 들 수 있다. 또한 이사는 3월에 1회 이상 업무의 집행상황을 이사회에 보고하여야 하고(상 393조④), 회사에 현저하게 손해를 미칠 염려가 있는 사실을 발견한 때에는 즉시 감사 또는 감사위원회에 이를 보고하여야 할 의무를 부담한다(상 412조의2·415조의2⑦). 그리고 재임 중 뿐만 아니라 퇴임 후에도 직무상 알게 된 회사의 영업상 비밀을 누설하여서는 아니 되는 비밀준수의 의무를 부담한다(상 382조의4).

이사는 이사회의 구성원으로 회사의 고급정보와 비밀을 알 수 있는 지위에 있고 이를 이용하여 회사의 이익보다는 개인의 이익을 위해 행동할 수 있어 회사의 이익과 이사 개인의 이익이 충돌할 우려가 항시 존재한다. 상법은 위와 같은 의무에 근거하여 구체적으로 이사의 경업금지의무와 회사의 기회 유용금지, 자기거래의 제한을 규정하고 있다.

【판례】

[35] 대법원 2002.3.15. 선고, 2000다9086 판결

금융기관인 은행은 주식회사로 운영되기는 하지만, 이윤추구만을 목표로 하는 영리법인인 일반의 주식회사와는 달리 예금자의 재산을 보호하고 신용질서 유지와 자금중개 기능의 효율성 유지를 통하여 금융시장의 안정 및 국민경제의 발전에 이바지해야 하는 공공적 역할을 담당하는 위치에 있는 것이기에, 은행의 그러한 업무의 집행에 임하는 이사는 일반의 주식회사 이사의 선관의무에서 더 나아가 은행의 그 공공적 성격에 걸맞는 내용의 선관의무까지 다할 것이 요구된다 할 것이다. 따라서 금융기관의 이사가 위와 같은 선량한 관리자의 주의

의무에 위반하여 자신의 임무를 해태하였는지의 여부는 그 대출결정에 통상의 대출담당임원으로서 간과해서는 안 될 잘못이 있는지의 여부를 금융기관으로서의 공공적 역할의 관점에서 대출의 조건과 내용, 규모, 변제계획, 담보의 유무와 내용, 채무자의 재산 및 경영상황, 성장가능성 등 여러 가지 사항에 비추어 종합적으로 판정해야 할 것이다.

2. 경업금지·겸직금지의 의무

이사는 이사회 혹은 주주총회(이사 1인의 소규모 주식회사의 경우)의 승인을 얻지 못하면 자기 또는 제3자의 계산으로 회사의 영업부류에 속하는 거래를 하거나 동종영업을 목적으로 하는 다른 회사의 무한책임사원이나 이사가 되지 못한다(상 397조).

경업이란 자기 또는 제3자의 계산으로 회사의 영업부류에 속하는 거래를 하는 것을 말한다. 즉 이사가 회사의 영업상의 거래와 경쟁관계에 있는 거래를 행하는 것을 방치하면 이사는 자기 또는 제3자를 위하여 거래를 행하므로 회사는 그 거래에서 얻을 이익을 상실함과 동시에 거래처를 빼앗길 위험이 있다. 이때에 영업부류에 속하는 거래란 동종의 영업에 국한되는 것이 아니라 회사의 이익실현을 해칠 염려가 있는 부류 즉 대체재나 시장분할의 효과를 가져오는 영업까지 포함된다. 회사의 영업이란 현실의 영업은 물론이고 이미 준비를 개시한 사업 및 일시적으로 정지한 데 지나지 않는 사업을 가리킨다.

이를 위반한 경우에는 회사에 개입권이 발생한다. 즉 이사의 거래가 자기의 계산으로 한 경우에는 회사의 계산으로 한 것으로 볼 수 있고, 또 제3자의 계산으로 한 경우에는 이사가 이로 인하여 얻은 이득의 양도를 청구할 수 있다(상 397조②). 다만 개입권은 거래가 있는 날로부터 1년을 경과하면 소멸한다(상 397조③). 또한 이사가 경업금지의무를 위반한 경우 이사의 해임사유가 되며, 경업으로 인하여 회사에 손해가 생긴 때에는 회사는 손해배상을 청구할 수 있다.

또한 겸직금지는 동종영업을 목적으로 하는 다른 회사의 무한책임사원이나 이사가 되지 못하는 것을 말한다. 주식회사의 이사의 경우는 이종영업을 목적으로 하는 다른 회사의 무한책임사원이나 이사는 될 수 있다. 이사가 겸직금지의무를 위반하면 당해 회사는 그 이사를 해임할 수 있다(상 385조). 또한 이로 인해 손해가 발생하면 손해배상청구를 할 수 있다(상 399조).

【판례】

[36] 대법원 1990.11.2. 선고, 90마745 판결

상법 제397조 제1항이 이사의 경업금지의무를 규정한 취지는 이사가 그 지위를 이용하여 자신의 개인적 이익을 추구함으로써 회사의 이익을 침해할 우려가 큰 경업을 금지하여 이사로 하여금 선량한 관리자의 주의로써 회사를 유효적절하게 운영하여 그 직무를 충실하게 수행하지 않으면 안 될 의무를 다하도록 하려는데 있는 것이므로 아직 영업을 개시하지 못한 채 공장의 부지를 매수하는 등 영업의 준비작업을 추진하고 있는 회사라고 하여 경업이 금지된 위 법조항에 규정된 "동종영업을 목적으로 하는 다른 회사"가 아니라고 볼 것이 아니다. 갑주식회사의 이사가 주주총회의 승인이 없이 그 회사와 동종 영업을 목적으로 하는 을회사를 설립하고 을회사의 이사 겸 대표이사가 되었다면 설령 을회사가 영업활동을 개시하기 전에 을회사의 이사 및 대표이사직을 사임하였다고 하더라도, 이는 분명히 상법 제397조 제1항 소정의 경업금지의무를 위반한 행위로서 특별한 다른 사정이 없는 한 이사의 해임에 관한 상법 제385조 제2항 소정의 "법령에 위반한 중대한 사실"이 있는 경우에 해당한다.

3. 회사기회의 유용금지

(1) 의의

2011년 개정상법은 이사가 이사회 승인 없이 회사의 이익이 될 수 있는 소정의 사업기회를 이용하는 것을 금지하는 제도를 신설하였다(상 397조의2). 이사는 회사의 영업과 재산을 관리하는 지위에 있으므로 회사의 이익을 가로챌 수 있는 기회를 상시 가지고 있다. 그래서 상법은 이전부터 이사가 회사와 경업을 하거나 자기거래를 하는 등의 회사와 이익충돌이 생기는 것을 방지해 왔다. 그러나 최근 경제가 발전함에 따라 회사의 규모가 커지고 영리기회가 확산되고 있어, 기존의 경업금지와 자기거래를 정면으로 위배하지 않고도 회사의 영업기회를 유용함으로써 회사가 취할 이익을 이사가 가로챌 수 있는 기회가 늘고 있다. 이에 개정상법은 경업금지 및 자기거래에 해당하지 않는 제3 유형의 이익충돌로서 「회사의 사업기회의 이용」이라는 반규범적 행위를 신설하여 규율하기에 이르렀다. 이 제도는 미국 판례법에서 이사의 충실의무의 일부로서 요구하는 「회사기회유용금지」의 원칙을 본받아 만든 제도이다.[187)]

(2) 이사회의 승인

이사회의 승인은 이사 전원의 3분의 2 이상의 찬성으로 한다(상 397조의2①후단). 소규모회사는 주주총회의 결의로 하는데, 결의방법에 대해서는 규정이 없으므로 통상의 주주총회의 결의대로 보통결의로 하면 족하다고 본다. 그리고 이사회의 승인은 사전의 승인을 뜻한다고 보아야 한다.

이 제도는 이사의 기회유용으로 인하여 야기될 수 있는 이익상실의 추상적인 위험성에 기초하여 둔 일반예방규정이므로, 이사회는 장차 회사가 기회를 이용할 경우와 이사로 하여금 이용하게 할 경우의 득실을 예측하여 승인여부를 판단하여야 한다.[188)]

(3) 금지내용

이사회의 승인 없이 현재 또는 장래에 회사의 이익이 될 수 있는 소정의 회사의 사업기회를 자기 또는 제3자의 이익을 위하여 이용하는 것을 금지한다(상 397조의2①). 즉 누구의 이름으로 기회의 이용주체가 되느냐를 묻지 않기 때문에 제3자의 이름으로 기회를 이용하더라도 자기계산으로 할 경우에는 이에 해당한다. 제3자의 계산으로 할 경우란 이사가 제3자의 위탁을 받아 회사기회에 속하는 거래를 하거나 제3자의 대리인으로 거래하는 경우를 뜻한다.[189)]

이용금지의 대상이 되는 회사의 사업기회는 ①직무를 수행하는 과정에서 알게 되거나 회사의 정보를 이용한 사업기회, ②회사가 수행하고 있거나 수행할 사업과 밀접한 관계가 있는 사업기회가 여기에 해당한다.

다만 상법은 이용금지대상을 현재 또는 장래에 회사의 이익이 될 수 있는 기회로 한정

---

187) 이(철)[축], 148~149면.

188) 이(철)[축], 151면.

189) 이(철)[축], 151면.

하고 있으므로, 위 ①, ②에 속하는 사업기회라 하더라도 회사의 이익이 될 수 없는 것은 회사의 사업기회라 할 수 없고, 이사의 이용이 금지되지 않는다(상 397조의2①본문).

(4) 위반거래의 효과

이사가 이사회의 승인 없이 회사기회를 유용하더라도 그 거래의 사법적 효력에는 영향이 없다고 보아야 한다. 거래의 흠은 회사와 이사 간에 있을 뿐이고, 이사와 제3자간의 거래에 있는 것은 아니기 때문이다. 이 점은 경업금지에 위반한 거래의 효력과 같다. 다만 경업금지를 위반한 경우에는 회사에 개입권을 인정하여 이사로부터 이득을 반환받도록 하지만, 기회유용행위에 대해서는 손해배상책임만 과할 뿐 개입권이나 이익반환제도는 적용하지 않는다.[190]

(5) 손해배상책임

이사가 이사회의 승인 없이 기회를 이용하여 회사에 손해를 가했을 때에 손해배상책임을 져야 함은 법리적으로 의문의 여지가 없다.

문제는 이사가 이사회의 승인을 얻어 기회를 이용하였지만 회사에 손해가 발생한 경우의 책임관계이다. 이사회의 승인은 기회이용의 절차적 위법성을 조각하는 효과가 있을 뿐, 기회이용으로 인해 생긴 회사의 일실이익에 관해 이사의 책임을 면제해 주는 제도는 아니다. 그러므로 이사회의 승인을 얻더라도 기회이용이 회사의 영리실현을 현저히 차단하는 것이라면 당초 이사회에서 승인되어서도 안 되겠지만, 승인을 얻었다 하더라도 이사 본인과 이를 승인해 준 이사는 연대하여 손해를 배상할 책임이 있다고 풀이해야 한다.[191]

손해에 대한 증명은 승인을 얻은 경우이든, 얻지 않은 경우이든, 이사의 기회유용과 회사의 손해는 이사의 책임을 추궁하는 회사 또는 대표소송 수행자가 하여야 한다. 그런데 기회이용으로 회사에 생긴 손해라는 것은 가시적으로 회사에 실현된 계량가능한 손해가 아니고 이론적으로 일실이익이므로 그 증명이 어려울 수밖에 없다. 그래서 제397조의2 제2항에서는 기회의 이용으로 인해 이사 또는 제3자가 얻은 이익을 회사의 손해로 추정한다. 이사는 이에 대해 두 가지 반증을 제시할 수 있다. 하나는 자신에게 이익이

---

190) 이(철)[상], 671면.
191) 이(철)[상], 671면.

생겼으나, 회사의 손실과 무관함을 증명하는 것이다. 예컨대 기회를 회사가 이용할 수 없었다든지, 혹은 이용했더라도 이익이 생길 수 없었다는 것과 같다. 또 하나는 자신이나 제3자에게 이익이 없음을 증명하는 것이다. 이에 의해 회사의 손해를 추정할 근거가 없어지는 것이다.[192)]

4. 자기거래의 제한

(1) 자기거래의 의의

이사·주요 주주 및 그 소정의 특수관계자(이하 '이사 등'이라 함)가 자기 또는 제3자의 계산으로 회사와 거래를 하는 경우에는 이사회의 승인을 받아야 한다(상 398조). 개정전에는 이사의 자기거래만 규율대상으로 하였으나, 2011년 개정상법에서는 이사만이 아니라 주요주주(이사 등)도 회사와 거래함에 있어 자기의 지위를 남용하여 이익을 취할 수 있으며, 이사 및 주요주주와 이해를 같이 하는 특수관계자(이사 등)가 회사의 반대당사자가 되어 거래하는 것도 이사의 자기거래와 동질의 위험성을 가지고 있어 적용범위를 확장하였다.

(2) 자기거래 제한의 적용범위

제한에 적용을 받는 이사 등의 자기거래란 이사 등이 회사를 상대방으로 하여 자기 또는 제3자의 계산으로 행하는 거래를 말한다.

1) 거래주체의 범위

①이사

이사는 상법상의 이사로서 사내이사, 사외이사, 기타 상무에 종사하지 않는 이사를 두루 포함하고, 집행임원도 다른 조문의 준용에 의해(상 408조의9·398조) 이 규정의 적용대상이다. 대표이사나 대표권이 없는 업무담당이사는 물론 비상근이사도 포함된다. 또 사임에 의해 퇴임한 이사라도 아직 이사의 권리의무를 갖고 있는 이사(상 386조①), 법원이 선임한 임시이사(상 제386조②), 법원의 가처분에 의해 선임된 이사의 직무대행자(상 제407조①)도 모두 포함된다. 청산인도 마찬가지로 규제에 포함된다(상 제542조②·386조·407조). 이에 반하여 일

---

192) 이(철)[상], 672면.

단 거래당시에 이사의 지위에서 물러난 자는 상법 제398조의 이사에 해당되지 아니하며, 이사가 회사에 투자하였다가 이사직을 떠난 후에 투자한 것을 반환받는 거래는 이에 포함되지 아니한다(대법원 1988.9.13 선고, 88다카9096 판결).

②주요주주

주요주주란 「발행주식의 100분의 10 이상을 소유하는 자 또는 이사·감사의 선임·해임 등 상장회사의 주요경영사항에 대하여 사실상의 영향력을 행사하는 주주를 뜻한다(상 542조의8②vi).

③특수관계자

a) 이사 또는 주요주주의 배우자 및 직계 존·비속, b) 이사 또는 주요주주의 배우자의 직계 존·비속, c) 이사 또는 주요주주와 이상의 자들이 단독 또는 공동으로 의결권 있는 발행주식총수의 100분의 50 이상을 가진 회사 및 그 자회사, 그리고 d) 이사, 주요주주, 위 a), b)의 자 중 누구와 c)의 자와 합하여 의결권 있는 발행주식총수의 100분의 50 이상을 가진 회사이다.

2) 자기 또는 제3자의 계산

「자기 또는 제3자의 계산」은 자기명의로 하거나 제3자의 명의로 하거나 그 명의를 묻지 않고 행위의 경제적 효과가 자기 또는 제3자에 귀속한다는 것을 의미한다. 이사 등이 제3자의 대리인으로 또는 제3자의 위탁을 받아 회사와 거래하는 것, 제3자와 회사의 거래를 중개하는 것, 제3자에게 위탁하여 회사와 거래하는 것 등이 모두 포함된다.

3) 제한을 받는 거래행위의 판단기준

자기거래의 제한은 이익충돌이 염려되는 이사 등과 회사 사이의 모든 범위의 자기거래에 적용된다. 회사의 이익을 해할 염려가 있는 모든 재산적 행위이다. 문제는 「이익충돌의 판단기준을 어떻게 정할 것인가」에 대해서이다

이익충돌의 판단기준에 대해 당해 거래의 일반·추상적인 행위유형의 형식을 기준하여

판단하는 견해[193]와 구체적으로 당해 거래가 개별·실질적으로 회사에 불이익을 미쳤는가의 유무에서 자기거래의 제한대상이 되는 지를 판단하는 견해[194]가 있다.

실질적으로 회사에 구체적 불이익이 없다거나, 불이익이 예상되는 행위유형에 속하지 않는다고 하여 규제를 벗어나는 것은 아니다. 왜냐하면 자기거래의 규제는 회사의 현실적인 손해를 방지하는 뜻과 동시에 손해의 위험을 차단하려는 뜻도 있기 때문이다.

결과적으로 이익충돌의 판단기준은 먼저 당해 행위가 일반적·추상적인 행위유형에 속하는 지에 따라 일단 이익충돌의 여부를 판단한다. 즉 회사에 대한 부담 없는 증여, 회사에 대한 무이자·무담보의 금전대여, 상계, 채무의 이행, 보통거래약관을 통한 정형적 법률행위(예컨대 은행이사의 은행거래, 보험회사이사의 보험가입), 통상적인 거래조건에 따라 이루어지는 거래 등의 유형은 제한의 범위에서 제외된다. 상계와 채무의 이행은 이사회의 승인을 요한다. 왜냐하면 이로 인해 기업재산을 현저하게 악화할 수 있고 채무존부의 자체에 관한 다툼이 있거나 기업측에 항변권이 존재할 수도 있기 때문이다. 약관에 의해 체결되는 계약이라도 금융기관에서의 거액의 대출같이 계약체결 자체가 특혜를 의미할 때도 마찬가지이다.[195] 다음으로 공정성을 개별·실질적으로 판단해야 한다. 또한 공정성의 판단에 대해 거래의 유효를 주장하는 측에 입증책임을 지도록 한다면 거래안전도 크게 해치지 않게 된다.

4) 간접거래

자기거래의 제한은 직접거래뿐만 아니라 간접거래도 포함하여 해석할 것인가에 논란이 있다. 간접거래란 형식적으로 이사 등과 제3자간의 거래이지만 실질적으로 이사와 회사의 이익이 충돌하여 결과적으로 이익이 이사에게 귀속되고 기업에 불이익을 가져올 위험이 있는 거래이다. 예컨대 회사가 이사 등의 채무를 보증하거나 또는 이사 등이 2개 회사의 대표이사를 겸임하는 경우 양회사의 거래를 포함한다(대법원 1996.5.28 선고, 95다12101·12118 판결). 우

---

193) 김(용)[상], 전게서, 388면 ; 이윤영, "주식회사에 있어서의 회사와 이사간의 리익충돌에 관한 제도(하)", 고시연구, 1978. 3, 93면 ; 정(희)[상], 434면 : 최(기)[회], 778면. 규제받지 않고 경영자가 자유로이 할 수 있는 자기거래의 기준으로 프랑스는「통상적조건(conditions normaux)에 따라 체결된 일상거래(operation courants)」(프랑스회사법 §102)라고, 영국은「통상적인 영업방법에 따른 거래(the transaction in the ordinarry course of business)」와「거래조건상 기업측이 부담하는 급부가 합리적이거나 기업과 무관한 자가 기업과 거래할 때보다 특히 유리하지 않은(no more favourable)거래」(Companies Act 1985, s.335(20)(a)) 등으로 예외규정을 정하고 있으며; 일본은「회사제품이나 기타 재산의 인수·자기제품이나 기타 재산의 회사에의 양도·회사로부터의 금전대부 등」을 예시·열거한다(상 265조).

194) 日本 最裁判 1980. 8. 20, 民集 第24卷 9号, 1305頁 ; 동 1963. 12. 6, 民集 第17卷 12号 1664頁 ; 동 1964. 1. 28, 民集 第18卷 1号, 180頁.

195) 이(철)[회], 758면.

리나라 대부분의 학설[196]과 판례(대법원 1965.1.22 선고, 65다734 판결 ; 동 1969.11.11 선고, 69다1374 판결 ; 동 1984.12.11 선고, 84다카1591 선고)는 간접거래를 자기거래의 제한범위에 포함시킨다.[197]

【판례】

[37] 대법원 1984.12.11. 선고, 84다카1591 판결

상법 제398조에서 말하는 거래에는 이사와 회사사이에 직접 성립하는 이해상반하는 행위뿐만 아니라 이사가 회사를 대표하여 자기를 위하여 자기 개인 채무의 채권자인 제3자와의 사이에 자기개인채무의 연대보증을 하는 것과 같은 이사개인에게 이익이 되고 회사에 불이익을 주는 행위도 포함하는 것이라 할 것이므로 별개 두 회사의 대표이사를 겸하고 있는 자가 어느 일방 회사의 채무에 관하여 나머지 회사를 대표하여 연대보증을 한 경우에도 역시 상법 제398조의 규정이 적용되는 것으로 보아야 한다. 별개 두 회사의 대표이사를 겸하고 있는 자가 어느 일방 회사의 채무에 관하여 타회사를 대표하여 연대보증을 한 경우, 회사가 위 거래가 이사회의 승인을 얻지 못하여 무효라는 것을 거래의 상대방인 제3자에게 주장하기 위해서는 거래의 안전과 선의의 제3자를 보호할 필요상 이사회의 승인을 얻지 못하였다는 것 외에 거래의 상대방인 제3자가 이사회의 승인 없음을 알았다는 사실을 주장 입증하여야만 한다.

5) 1인주주인 이사의 자기거래

주식회사에는 주식이 1人에게 집중되는 1인주주 혹은 1인회사가 인정된다. 때문에 「1인주주와 회사 사이의 거래는 자기거래의 제한범위에 속하는가」에 대하여 이론이 있다.

1인주주와 회사 사이에 이해관계가 일치하여 양자의 거래에 이익충돌의 염려가 없으므로 이사회의 승인을 요하지 않는다는 견해가 있다.[198] 그러나 회사재산은 모든 회사채권자에 대한 담보가 되므로 1인주주라 하더라도 회사와 이해관계가 일치된다고 할 수 없으며,

196) 손(주)[상], 769면 ; 이(철)[회], 757면 ; 정(희)[상], 434면 ; 채(이)[상], 560면 ; 최(기)[상], 944면.

197) 일본의 판례와 학설도 간접거래가 포함된다고 보았다(島十四郎, “商法265條の去來の範圍と違反の效果”, ジュリスト 商法の爭點, 1983, 133頁).

198) 정(동)[회], 414면 ; 日本 最裁判 1970. 8. 20, 民集 第24卷 9号 1305頁.

따라서 1인주주인 이사라 하더라도 자기거래 제한의 예외가 될 수 없다.[199]

6) 어음행위

이사와 회사 간의 어음행위도 자기거래 제한의 적용을 받을 것인가의 여부에 관해 우리나라 학설은 어음행위도 포함된다는 긍정설[200]이 다수설이고 판례도 이에 따르고 있다(대법원 1994.10.11 선고, 94다24626 판결 ; 동 1978.3.28 선고, 78다4 판결 ; 동 1966.9.6 선고, 66다1146 판결 ; 동 1965.6.22 선고, 65다734 판결). 회사는 어음행위에 의해 원인관계와는 분리된 무조건적인 지급의무를 부담함으로 어음행위도 제한을 받는 행위에 포함된다고 본다. 즉 어음채무는 일반채무와 구별되고 어음행위에 이익충돌이 예상되므로 일단 규제의 범위에 포함시켜야 한다. 다만 개개의 어음행위를 구체적·실질적으로 판단하여 이익충돌이 없을 때에는 제한된 범위에서 제외하여야 한다.[201]

(3) 자기거래 제한의 예외

상법은「이사회의 승인」이 있는 때에 한하여 자기 또는 제3자의 계산으로 회사와 거래할 수 있다고 하여 자기거래의 제한에 예외를 두고 있다.

1) 사전승인의 명문화와 승인요건의 강화

2011년 개정상법은 자기거래를 하기 위해서는「미리 이사회에서 해당 거래에 관한 중요사실을 밝히고 이사회의 승인을 받아야 한다」라고 규정하여 사전승인을 받도록 하였다. 개정전에도 이사회의 사전승인을 요한다는 것이 통설이었지만, 근래 사후승인도 무방하다는 판례(대법원 2007 5. 10. 선고 2005다4284 판결)가 있어 잠시 해석상의 혼란을 가져왔었는데, 이 문제를 입법적으로 해결한 것이다.[202]

자기거래의 승인은 이사회의 전속권한이며, 그 승인권은 대표이사에게 위임할 수 없다. 이사의 자기거래의 빈도와 편의성에 비추어 그리고 업무집행기구의 권한강화와 승인이 업무감사의 분야에 속한다는 것 등을 고려하여 이사회의 권한으로 정하였다. 다만 자본금

---

199) 손(주)[상], 767면 ; 이(철)[회], 759면 ; 채(이)[상], 560면.

200) 손(주)[상], 768면 ; 이(철)[회], 759면 ; 정(동)[회], 415면 ; 채(이)[상], 559면 ; 최(기)[상], 945면.

201) 채(이)[상], 559면 ; 이(기)·최[회], 398면.

202) 이(철)[축], 156면.

10억원 미만으로 이사가 1인인 소규모 주식회사의 경우 주주총회의 결의로 이사회의 승인을 대신할 수 있다(상 383조④·398조). 또한 이사회의 승인이 없더라도 「1인주주나 총주주의 동의가 있는 자기거래는 유효한가」에 대해 유효하다는 견해[203]와 판례(대법원 1992.3.31 선고, 91다16310 판결 ; 동 1992.9.14 선고, 92도1564 판결)가 있다. 그러나 이는 이사가 자기거래를 스스로 승인하는 결과가 되므로 인정할 수 없다.

개정전 상법에서는 자기거래에 대한 이사회의 승인은 이사의 과반수출석에 과반수찬성을 요구하였으나, 2011년 개정상법에서는 이사 전원의 3분의 2 이상의 찬성으로 강화하였다(상 398조).

거래당사자인 이사는 특별한 이해관계가 있는 자이므로 의결권을 행사하지 못한다(상 391조③·368조③). 회의를 열지 않은 서면결의는 물론 전화에 의해서나 묵시적인 합의에 의한 의결권행사는 허용되지 않는다.[204] 이사회의 의사에는 의사록을 작성하고 본점에 비치하고 의장과 출석한 이사가 기명날인 또는 서명하여야 하고(상 391조3), 자기거래에 관한 이사회의 승인결의가 있는 때에는 의사록에 의사의 요령 특히 자기거래의 해당 이사의 개시를 명확히 기재하여야 한다. 또 자기거래의 승인을 반대한 이사는 이를 의사록에 기재함으로써 그의 책임을 면할 수 있다(상 399조③).

이사회의 결의는 1회적인 거래를 예상한 것이므로 자기거래의 승인은 개개의 거래에 대해서 이루어져야 한다. 막연하고 포괄적인 승인(예컨대 일정금액·일정종류의 거래를 승인하는 것)은 허용되지 않는다. 다만 반복하여 이루어지는 동종·동형의 거래만은 충실의무의 관점에서 보아 기간·한도 등을 합리적인 범위로 정하여 포괄적으로 승인하는 것은 무방하다고 본다.[205] 그러나 거래의 종류·기간·한도 등의 합리성에 대한 문제만이 아니고 이러한 거래에서 이사가 회사의 희생으로 부당하게 이익을 얻을 수 있는가를 반드시 고려하여야 한다. 특히 신용여신의 수여행위에서 신용의 기초·한도·종류는 물론 이자와 반환기일을 명백히

---

203) 정(동)[회], 414면 ; 최(기)[상], 946면.

204) 日本 東京地判 1957. 11. 6, 判例時報 第322号, 40面 ; 독일주식법 제89조에 정한 감사회에서 이사에 대한 여신행위는 명시적인 결의(ausdrucklicher Beschluß)를 요하므로 묵시적인 동의로써는 할 수 없다(BGHZ 41, 282/286).

205) 이(철)[회], 760면 ; 정(동)[회], 416면. 장래 일정한 기간내에 일정한 수량 또 일정한 금액의 범위 내에서 계속적인 거래를 하는데 대한 승인이나 은행에서 상대방인 경영자 또는 그 이사가 대표하는 기업의 자력을 고려하여 향후 1개월간 100만원의 한도에서 어음대부를 하거나 어음할인계약을 체결하는데 대한 승인은 적법하다(日本 東京地判 1967. 4. 3, 金融法務 第76号, 438頁). 또 지배·종속관계에 있는 기업간에 일정한 범위의 기본적 거래약정이 인정되는 경우에는 그 거래에서 개별적으로 있게 될 어음발행에 관해 개별적인 승인을 요하지 않는다(日本 名古室高判 1966. 2. 24, 下民集 第17巻 1号, 299頁).

하여야 한다.[206)]

2) 공정성의 문제

2011년 개정상법은 제398조에 「그 거래의 내용과 절차는 공정하여야 한다」라는 법문을 추가하였다. 이는 이사회의 승인에 앞서 자기거래의 공정성이 전제되어야 하며, 개정전 상법의 해석론으로 이사회의 승인이 있었으나 불공정한 정도가 현저할 때에 이사회의 승인은 무효이고 따라서 자기거래는 무효라고 해야 한다는 것을 입법화한 것이라고 볼 수 있다.

또한 개정상법은 이사 등은 자기거래를 할 때에 승인에 앞서 중요한 사실과 이사 등의 관계를 이사회에 밝히라고 규정하여 개시의무를 명문화하였다. 개시하지 않고 거래 자체의 승인만을 받은 경우에는 자기거래에 대해 이사회의 승인이 없다고 보아야 한다. 또한 거래가 공정하거나 회사에 손해가 없다고 하여 상법 제398조의 적용이 무조건 배제되는 것은 아니다. 요컨대 자기거래는 절차적인 요건으로서 첫째 이사회의 승인을 요하고, 둘째 거래의 공정성이 요구된다고 보아야 한다. 이 경우 공정성의 입증책임은 유효를 주장하는 이사 등이 부담하여야 한다.

(4) 위반의 효과

자기거래의 제한에 위반한 효과에 관해서는 제한을 위반한 「자기거래는 유효한가의 여부와 이사는 어떠한 책임을 부담하는가」 등이 문제된다.

1) 제한을 위반한 자기거래의 유효성 여부

판례는 한때 무효설[207)]을 취하였으나(대법원 1965.3.16 선고, 64다1663 판결 ; 동 1966.9.6 선고, 66다1146 판결), 1973년 대법원 판결 이후 회사와 이사 간에서는 무효이나 자기거래에 관련된 선의의 제3자 사이에는 유효라는 상대적 무효설[208)]로 굳히고 있다. 즉 회사 이외의 제3자와 이사가 회사를 대표하여 자기를 위하여 거래를 한 경우에는 거래의 안전상 회사

---

206) 경영자를 제외한 지배인이나 총상사대리권자에 대한 여신행위의 결정과 동의에서 그 사유와 금액 및 종류를 한정하여야 한다(독일주식법 제89조 1~3항. Geßler·Hefermehl·Eckardt·Kropff, Kommentar zum AktiengesetzⅡ., S.237). 금액의 최고한도와 또 이자지급과 반환도 정하여야 한다. 결의의 유효기간은 3개월이므로 이를 초과한 때는 다시 하여야 한다(Baumbach-Hueck, Kurzkommentar zum Aktiengesetz, 13. völlig neubearbeitete Aufl., C.H.Beck, 1968, S.275).

207) 김(용)[상], 389면 ; 손(주)[상], 769면 ; 최(기)[상], 949면.

208) 손(주)[상], 769면 ; 이(기)·최[회], 400면 ; 이(철)[회], 762면 ; 정(동)[회], 437 ; 채(이)[상] 561~562면.

는 그 거래에 대한 이사회의 승인을 안 받은 것 외에 상대방인 제3자가 악의(이사회의 승인 없음을 안 것)라는 것을 주장, 입증하지 않으면 그 무효를 그 제3자에게 주장할 수 없다(대법원 1973.10.31 선고, 73다954 판결).

그 이후의 판례들도 이와 입장을 같이 하고 있다(대법원 1996.5.28 선고, 95다12101·12118 판결 ; 동 1994.10.11 선고, 94다2426 판결). 특히 주의할 점은 입증책임을 회사에 부담시킨다는 사실이다. 즉 자기거래임을 이유로 회사가 무효를 주장할 경우, 이사회의 승인이 없었다는 점과 상대방이 악의라는 사실을 회사가 입증하여야 한다(과거의 판례에서는 이사회의 승인이 있었다는 사실을 주장하여 자기거래의 유효를 주장하는 상대방측에 입증책임이 있다고 보았다 : 대법원 1966.11.15 선고, 66다1625 판결).

한편 회사가 거래의 무효를 주장할 수 있으나 해당 이사나 제3자(예컨대 전득자)는 무효를 주장할 수 없다(서울민사지법 1984. 5. 18 선고, 83나292 판결).

【판례】

[38] **대법원** 2004.3.25. **선고**, 2003**다**64688 **판결**

회사의 대표이사가 이사회의 승인 없이 한 이른바 자기거래행위는 회사와 이사 간에서는 무효이지만, 회사가 위 거래가 이사회의 승인을 얻지 못하여 무효라는 것을 제3자에 대하여 주장하기 위해서는 거래의 안전과 선의의 제3자를 보호할 필요상 이사회의 승인을 얻지 못하였다는 것 외에 제3자가 이사회의 승인 없음을 알았다는 사실을 입증하여야 할 것이고, 비록 제3자가 선의였다 하더라도 이를 알지 못한 데 중대한 과실이 있음을 입증한 경우에는 악의인 경우와 마찬가지라고 할 것이며, 이 경우 중대한 과실이라 함은 제3자가 조금만 주의를 기울였더라면 그 거래가 이사와 회사 간의 거래로서 이사회의 승인이 필요하다는 점과 이사회의 승인을 얻지 못하였다는 사정을 알 수 있었음에도 불구하고, 만연히 이사회의 승인을 얻은 것으로 믿는 등 거래통념상 요구되는 주의의무에 현저히 위반하는 것으로서 공평의 관점에서 제3자를 구태여 보호할 필요가 없다고 봄이 상당하다고 인정되는 상태를 말한다. 어음 할인 등 여신을 전문적으로 취급하는 은행이 대표이사의 개인적인 연대보증채무를 담보하기 위하여 대표이사 본인 앞으로 발행된 회사 명의의 약속어음을 취득함에 있어서 당시 위 어음의 발행에 관하여 이사회의 승인이 없음을 알았거나 이를 알지 못한 데 대하여 중대한 과실이 있다.

무효설은 선의의 제3자 보호에 미흡하고, 유효설은 상법 제398조의 규정을 가볍게 생각하고 회사의 이익보호에 만전을 기할 수 없다고 생각된다. 따라서 회사와 이사 간에는 무효이지만 선의의 제3자에 대해서는 유효하다는 상대적 무효설에 찬성한다.

2) 제한위반의 경우 이사의 책임

이사회의 승인 없이 거래한 경우에 이사는 손해배상책임을 지고 해임사유가 되는 등 대내적인 책임의 문제가 제기된다. 다만 이때 이사의 책임은 총주주의 동의로 면제될 수 있다(상 400조). 이밖에 이사는 특별배임죄(상 622조)의 책임을 부담한다.

(5) 민법 제124조와의 관계

개정전 상법 제398조 단서의 이 경우에는 민법 제124조의 규정을 적용하지 아니한다는 규정은 대리권의 제한을 규정한 민법 제124조(자기계약·쌍방대리의 금지)와는 다른 제도임을 주의적으로 규정한 것에 지나지 않는다는 해석이 있었으나, 2011년 개정상법은 불필요한 조문으로 이를 삭제하였다.

(6) 자기거래에 대한 특례조항

상장법인은 주요주주 및 그의 특수관계인, 이사 및 업무집행관여자, 감사 및 감사위원회의 위원을 상대방으로 하거나 그를 위하여 신용공여를 하여서는 안 된다고 하여, 이들의 회사와의 자기거래를 제한한다(상 542조의9②, 상시 35조②③).

Ⅸ. 이사의 책임

1. 책임의 근거

이사의 책임근거는 회사와 이사의 위임관계에 기초한 선량한 관리자의 주의의무(상 382조②, 민 681조)에서 찾을 수 있다. 이는 고도의 인적신뢰를 바탕으로 하는 매우 높은 수준의 주의의무이다.

이와 함께 상법 제382조의3에서 정하고 있는 이사의 충실의무도 대표이사의 책임에 근거가 된다. 이는 영미법상의 신인의무(fiduciary duties)[209]·주의의무(duty of care)·충실의무(duty of loyalty)와 본법상의 충실의무론 그리고 독일의 주의의무[210]에서 영향을 받아 신설된 규정이다. 충실의무는 이사의 의무규범을 확대하여 이해하는 개념이며, 이사의 행위를 전제로 하는 규정의 해석에 있어서 신인의무, 특히 공정성을 기초로 한 법리이다. 이사는 회사활동 즉 영리성을 추구하여 기업에 많은 이익을 남기도록 하여야 한다. 동시에 그러한 회사활동은 '법칙'을 벗어나서는 안 되며, 공정하고 적법해야 한다. 구체적인 내용으로 회사와의 경쟁금지·회사기회유용금지·주식거래의 공정성 등을 들 수 있다. 즉 충실의무는 회사를 중심으로 한 법률관계에서 이사에게 책임을 물을 수 있는 근거가 된다.

2. 책임의 범위

(1) 서

이사는 고의 또는 과실로 법령 또는 정관에 위반한 행위를 하거나 그 임무를 해태하는 등 의무의 위반이 밝혀지면 상법상 책임이 추궁될 것이다. 회사에 대한 책임으로 자본충실의 책임이 포함되기도 한다(상 428조). 또한 제3자에 대하여 업무집행과 관련된 손해배상책임을 부담한다.

이 밖에도 불법행위의 부분이 드러나면 불법행위에 따른 손해배상책임과 더불어 형사책임까지 그 책임의 범위가 확대된다. 형사책임은 대표이사의 비자금조성과 뇌물공여 등 명백한 범죄행위가 있을 때에만 처벌이 가능할 것이다.

---

209) American Law Institute, Principles of Corporate Governance : Analysis and Recommendations, Proposed Final Draft, 1992. 3. 31, p.179 ; David S. Ruder, Duty of Loyalty A Law Professor's Status Report, 40. The Business Lawyer, 1985, p.1383 ; Thomas A.D'Ambrosio, Recent Developments Concerning the Duty of Care, the Duty of Loyalty, and the Business Judgement Rule, 40 Vanderbilt L. Rev., 1987, p.631.

210) Götz Hueck, Gesellschaftsrecht, 18.Aufl., München, Verlag C.H.Beck, 1983, S.100 ; Herbert Wiedemann, Zu den Treuepflichten im Gesellschaftsrecht, Festschrift Heinsius, 1991, S.949.

⑵ 회사에 대한 책임

1) 손해배상책임

이사는 고의 또는 과실로 법령 또는 정관에 위반한 행위를 하거나 그 임무를 해태한 때에는 회사에 대하여 연대하여 손해를 배상할 책임을 진다(상 399조①). 이는 이사 지위의 중요성을 감안하여 민법상의 채무불이행책임이나 불법행위책임과 다른 특수한 책임을 인정한 것이다.

상법 제399조 1항은 대표이사의 회사에 대한 책임발생의 원인으로 「법령 또는 정관에 위반」한 행위와 「임무해태」의 행위로 나누어 규정하고 있다.

①법령 또는 정관에 위반한 행위

「법령 또는 정관에 위반한 행위」는 이사가 개별적·구체적인 법령 또는 정관의 규정을 위반하여 행위하는 경우를 말한다. 구체적으로 보면 예컨대 자기주식의 취득(상 341조), 경업피지의무의 위반(상 397조①), 회사의 기회 유용(상 397조의2), 자기거래(상 398조 전단), 회사의 영업에서 이익이 없음에도 분식결산한 위법배당(상 462조②·449조의2), 위법한 신주발행(예 : 발행예정주식총수를 초과하는 신주발행), 법정한도를 넘는 사채발행의 결의(상 469조), 법률이나 정관상의 절차를 거치지 않고 업무집행을 한 경우(단독으로 영업양도를 한 경우), 정관의 제한을 위반한 업무집행, 대표권을 남용한 경우, 은행의 이사가 개인이나 법인에 대한 대출한도를 초과하여 대출하거나(은 27조①iv), 공개요건을 갖추지 못한 기업을 공개하기 위하여 계산서류 등을 조작하는 행위 등이다.

상법 개정전에는 손해배상책임의 성질에 대하여 무과실책임[211]이라 하거나, 이사라 하여 손해배상의 일반원칙인 과실책임의 원칙을 벗어날 만한 이유가 없으므로 과실책임[212]이라고 보아야 한다(서울고법 1980. 8. 18 선고, 79나821 판결)는 견해 차이가 있었다. 그리하여 2011년 개정상법에서는 「고의 또는 과실로」라는 문언을 삽입함으로써 과실책임을 명문화 하였다. 따라서 무과실의 입증책임은 법령 또는 정관에 위반한 행위를 한 이사가 부담한다.

---

211) 서(돈)[상], 394면 ; 손(주)[상], 772면 ; 정(무)[상], 367면 ; 최(기)[회], 551면.

212) 이(철)[회], 767면 ; 정(동)[회], 421면 ; 정(찬)[회], 457면.

【판례】

[39] 대법원 2007.10.11. 선고, 2006다33333 판결
회사의 이사가 법령에 위반됨이 없이 관계회사에게 자금을 대여하거나 관계회사의 유상증자에 참여하여 그 발행 신주를 인수함에 있어서, 관계회사의 회사 영업에 대한 기여도, 관계회사의 회생에 필요한 적정 지원자금의 액수 및 관계회사의 지원이 회사에 미치는 재정적 부담의 정도, 관계회사를 지원할 경우와 지원하지 아니할 경우 관계회사의 회생가능성 내지 도산가능성과 그로 인하여 회사에 미칠 것으로 예상되는 이익 및 불이익의 정도 등에 관하여 합리적으로 이용가능한 범위 내에서 필요한 정보를 충분히 수집·조사하고 검토하는 절차를 거친 다음, 이를 근거로 회사의 최대 이익에 부합한다고 합리적으로 신뢰하고 신의성실에 따라 경영상의 판단을 내렸고, 그 내용이 현저히 불합리하지 않은 것으로서 통상의 이사를 기준으로 할 때 합리적으로 선택할 수 있는 범위 안에 있는 것이라면, 비록 사후에 회사가 손해를 입게 되는 결과가 발생하였다 하더라도 그 이사의 행위는 허용되는 경영판단의 재량범위 내에 있는 것이어서 회사에 대하여 손해배상책임을 부담한다고 할 수 없다. 그러나 회사의 이사가 이러한 과정을 거쳐 이사회 결의를 통하여 자금지원을 의결한 것이 아니라, 단순히 회사의 경영상의 부담에도 불구하고 관계회사의 부도 등을 방지하는 것이 회사의 신인도를 유지하고 회사의 영업에 이익이 될 것이라는 일반적·추상적인 기대하에 일방적으로 관계회사에 자금을 지원하게 하여 회사에 손해를 입게 한 경우 등에는, 그와 같은 이사의 행위는 허용되는 경영판단의 재량범위 내에 있는 것이라고 할 수 없다.

② 임무해태

「임무해태」는 직무수행과 관련하여 선량한 관리자의 주의의무를 게을리함으로써 회사에 손해를 가하거나 손해를 방지하지 못한 경우를 말한다. 예컨대 이사가 이사회의 승인을 얻고 거래하였으나 그 거래가 불공정하여 회사에 손해가 발생한 경우 혹은 이사의 감독불충분으로 지배인이 회사재산을 낭비하는 경우 등을 말한다.

이 경우에 부담하는 손해배상책임의 성질은 선관주의의무를 다하지 아니함으로 부담하는 과실책임[213]이다(대법원 1996.12.23 선고, 96다30465·30472 판결). 이사가 선관주의의무를 다하였다는 사실은 그 책임을 면하고자 하는 이사가 입증하여야 한다.[214]

2) 자본충실의 책임

신주발행으로 인한 변경등기가 있은 후 아직 인수하지 아니한 주식이 있거나 주식인수의 청약이 취소된 때에는 자본충실을 위하여 이사가 이를 공동으로 인수한 것으로 본다(상 428조①). 회사의 자본충실에 대한 책임이므로 무과실책임이다. 이러한 책임을 이행한 후에는 회사에 손해가 있으면 이사는 손해배상책임을 지는데(상 428조②), 이는 과실책임이다.

(3) 제3자에 대한 책임

이사는 고의 또는 중대한 과실로 그 임무를 게을리한 때에 제3자에 대하여 연대하여 손해를 배상할 책임을 부담한다(상 401조①). 원래 이사의 직무위반은 회사에 대한 관계에서만 의무위반이 되며 당연히 제3자에 대한 책임을 지는 것은 아니다. 그러나 상법은 주식회사가 경제계에 미치는 영향이 크다는 의미에서 이사가 회사에 대한 임무를 해태하고 이로 인하여 제3자에 손해가 발생한 경우 그에 대한 책임을 지도록 하고 있다.

이 책임의 성질에 관하여는 법정책임설[215]과 불법행위책임설[216]이 대립한다. 불법행위책임이라고 봄으로써 민법의 불법행위에 관한 규정이 원칙적으로 적용되어 그 성질이 명확하게 되므로 불법행위책임이라고 보는 견해가 있지만, 상법이 제3자를 보호하기 위하여 특별히 인정한 법정책임으로 보는 것이 옳다. 즉 이사의 직무수행이 제3자에 미치는 영향을 고려하여 제3자를 보호하고 이사로 하여금 직무수행에 신중을 기하도록 하는 의미에서 이사에게 불법행위와 무관한 법정책임을 인정한 것이다. 제3자 보호를 위하여 상법이 특별히 인정하는 책임이므로 제3자가 입은 손해의 범위에 관해서는 직접손해와 간접손해를 모두 포함한다고 본다.[217]

---

213) 이(철)[회], 767면.

214) K.Schmidt(G), S.684.

215) 강(위)[회], 573면 ; 손(주)[상], 775면 ; 이(철)[회], 790면 ; 정(동)[회], 425면 ; 정(찬)[상], 1010면 ; 최(기)[상], 966면.

216) 서(돈)[상], 396면 ; 서(정)[람], 551면.

217) 정대근, "대표이사가 회사재산을 감소시킨 경우에 있어서의 회사와 대표이사에 대한 손해배상청구", 상사판례연구 제6집, 1994, 361~362면.

상법 제401조 제1항은 이사의 제3자에 대한 책임발생의 원인으로 「고의 또는 중대한 과실로 인하여 임무를 게을리한 때」라고 규정하고 있다. 즉 이사가 고의 또는 중대한 과실로 인하여 그 임무를 해태하고 그 결과 제3자에게 손해가 생기게 되면 이를 배상하여야 할 책임을 진다.

이사의 고의란 이사가 임무해태임을 알고 있는 것이며, 중대한 과실은 현저하게 주의의무를 다하지 못하여 임무해태의 사실을 알지 못한 경우이다.[218] 이때 고의·중과실은 회사임무에 대한 것이면 족하고 회사 또는 제3자가 그 임무해태로 손해를 입게 될 것이라는 사실까지 인식할 필요는 없다. 제3자의 범위는 회사채권자나 기타 이해관계자 뿐 아니라 주주나 주식인수인도 포함한다(대법원 1993.1.26 선고, 91다36093 판결).[219] 따라서 이 책임을 추궁할 수 있는 제3자는 회사채권자는 물론이고 주주·주식인수인도 포함된다고 본다. 구체적으로 보면 예컨대 이사가 회사경영이 악화되었음에도 자금조달을 목적으로 사업설명서에 허위의 사실을 기재하거나 중요사항을 기재하지 아니하여 거짓 정보를 제공하여 주식 또는 사채를 매출하는 경우이다.[220]

【판례】

[40] **대법원** 2002.3.29. **선고,** 2000**다**473163 **판결**

상법 제401조 제1항에 규정된 주식회사의 이사의 제3자에 대한 손해배상책임은 이사가 악의 또는 중대한 과실로 인하여 그 임무를 해태한 것을 요건으로 하는 것이어서 단순히 통상의 거래행위로 인하여 부담하는 회사의 채무를 이행하지 않는 것만으로는 악의 또는 중대한 과실로 그 임무를 해태한 것이라고 할 수 없지만, 이사의 직무상 충실 및 선관의무 위반의 행위로서 위법성이 있는 경우에는 악의 또는 중대한 과실로 그 임무를 해태한 경우에 해당한다. 부동산의 매수인인 주식회사의 대표이사가 매도인과 사이에 매매잔대금의 지급방법으로 매수부동산을 금융기관에 담보로 제공하여 그 대출금으로 잔금을 지급하기로 약정하였으나, 대출이 이루어진 후 해당 대출금 중 일부만을 매매잔대금으로

218) 손(주)[상], 775면.

219) 이(철)[회], 792면. 이에 반대하는 견해도 있다(서(돈)[상], 468면).

220) Schmitthoff, p.886.

지급하고 나머지는 다른 용도로 사용한 후, 나머지 잔금이 지급되지 않은 상태에서 피담보채무도 변제하지 아니하여 그 부동산이 경매절차에서 경락되어 결과적으로 매도인이 손해를 입은 경우, 그 주식회사의 대표이사가 악의 또는 중대한 과실로 인하여 그 임무를 해태한 경우에 해당한다고 볼 여지가 있다.

3. 손해배상의 책임자

(1) 서

손해배상책임을 부담하는 자는 당해 이사(상 399조·401조)와 업무집행지시자 등(상 401조의2)이다.

(2) 이사

업무수행과 관련하여 회사나 제3자에 손해를 입혔을 경우 당해 이사가 손해배상책임을 부담하도록 정하고 있다(상 399조·401조). 즉 「법령 또는 정관에 위반되는 행위」를 하였거나 그 「임무해태」로 회사에 손해를 입힌 이사이다. 또한 「고의 또는 중대한 과실로 인하여 그 임무를 해태」하여 제3자에게 손해를 입힌 이사이다.

수인의 이사가 관련된 때에는 연대책임을 부담한다(상 399조①). 감사가 책임질 때에는 이사와 연대책임을 부담한다(상 414조③). 이러한 연대책임은 성질상 이사들 사이에 부담부분이 존재할 수 없으므로 부진정연대책임이다. 퇴임한 이사도 포함한다. 이사회의 결의에 의한 행위인 때에는 의결권행사 그 자체가 주의의무를 수반하는 직무수행이므로 그 결의에 찬성한 이사는 그 행위에 대한 연대책임을 진다(상 399조②). 그러나 결의사항 자체에 하자가 없으나 집행과정에서 「법령 또는 정관에 위반」하거나 「임무해태」인 경우에 결의에 찬성한 이사는 책임을 부담하지 아니한다. 결의에 참가한 이사는 이의를 제기한 기재가 의사록에 나타나지 않는 한 동 결의에 찬성한 것으로 추정된다(상 399조②·③). 이사회의 결의에 찬성한 것으로 추정된 이사는 찬반에 대한 그 사실을 입증하고 책임을 면할 수 있다.

(3) 업무집행지시자 등

회사에 대한 영향력을 이용하여 이사에게 업무집행을 지시하는 자 등은 회사 또는 제3

자에 대하여 이사와 연대하여 손해를 배상할 책임이 있다(상 401조의2).

1) 업무집행지시자

업무집행지시자란 회사에 대한 사실상의 영향력을 이용하여 이사에게 업무집행을 지시하는 자이다(상 401조의2① i). 회사 내에서 아무런 직책을 가지지 아니할 뿐만 아니라 이사로의 외관도 없는 자이다. 예컨대 그룹회장 등의 직함만 가지고 혹은 회장 직속의 비서실이나 기획조정실의 책임자로서 회장의 지시에 따라 회사의 업무에 관여하여 지시하거나 영향력을 행사함으로써 회사를 지배하는 자이다. 심지어 아무런 실체가 드러나지 아니하지만 회사에 영향력을 행사하는 자도 있다.

대부분 지배주주이겠지만 실제로는 기업지배에 충분한 주식을 갖지 못하면서도 사실상 회사경영을 좌지우지하는 우리나라 기업의 현실적 특징을 반영한 것이다. 즉 이사에게 영향력을 행사하고 그 지시에 따라 이사가 법령 등을 위반한 행위를 한 때에 그 배후에 있는 자는 회사나 제3자에 대하여 그 손해배상책임을 진다. 이 경우 위법행위를 지시한 사실 여부에 대한 입증책임이 문제된다. 만약 기업의 회장이나 기획조정실장 등의 외관을 갖추고 있는 자라면 그에게 악의를 추정하고, 외관적으로 아무런 실체가 드러나지 아니한 지배주주라면 책임을 묻는 쪽에서 입증책임을 진다고 보아야 한다.

2) 무권대행자

무권대행자는 업무집행지시자의 요건을 갖는 자가 이사에게 지시하는 대신에 자신의 영향력을 이용하여 이사의 이름으로 직접 업무를 집행하는 자이다.

3) 표현이사

표현이사란 법률상 이사의 신분자격을 갖추지 아니하였으나 이사의 직무를 수행하거나 직무상의 외관을 갖추고 있는 자이다. 예컨대 이사로 선임되어 그 직무를 수행하였으나 그 후 이사선임의 결의가 취소 또는 무효로 된 경우 또는 주주총회에서 이사로서 선임되지 아니한 자에게 회사가 사장·부사장·전무·상무 기타 이사의 명칭을 사용하여 회사업무를 처리하도록 한 자를 업무집행지시자 등의 범위에 포함시켜 책임을 부담하도록 한 것이다.

4. 책임의 추궁과 이사에 대한 견제

(1) 손해배상청구의 소권

상법은 이사에 대한 책임추궁의 소권을 회사와 제3자에 대하여는 각각 인정하고 있고, 그에 따라 각 소권의 성질을 둘러싸고 많은 논의가 이루어지고 있다.

이사에 대한 손해배상청구의 소송은 감사가 회사를 대표하여 행하도록 되어 있다(상 394조). 또한 이사의 고의적인 행동으로 손해가 발생했다면 주주를 포함한 제3자는 당연히 회사에 대하여 손해배상청구의 소송을 제기할 수 있다.

상법규정의 형식상에서 볼 때에 회사소권과 제3자의 개인소권의 성질은 서로 다른 것으로 보인다. 그러나 그 발생원인은 매우 유사하다. 법령 또는 정관의 위반행위는 넓게 보아 임무해태에 속한다. 또한 이사의 제3자에 대한 손해배상책임의 발생원인에는 이사의 경과실로 인한 임무해태를 제외하고 있다. 그러나 이사는 일반적인 수임자에 비하여 충실의무와 같은 고도의 주의의무가 부과된다. 때문에 이론상 중과실과 경과실의 구별이 가능할지는 몰라도 실제에 있어서 양자의 구별은 매우 곤란하고 대부분의 경우에 이사에게 중과실이 있다고 보아야 한다. 즉 경과실이 배제된다고 하여 현실적으로 달라지는 것은 없다.

이와 같이 볼 때에 결국 회사소권과 개인소권의 성질은 동일하게 파악할 수 있으며 임무해태라는 동일한 책임의 발생원인으로 인하여 손해를 입은 자가 경우에 따라 회사나 개인인 것뿐이다. 어느 쪽이건 이사에 대한 책임소권을 발생시키는 임무해태는 다른 표현을 사용하자면 이를 「경영상의 과실」이라 할 수 있다.

(2) 대표소송

1) 의의

대표소송은 회사가 이사의 책임을 추궁하는 소를 제기하지 않는 경우 주주가 회사를 위하여 그 책임을 추궁하는 소를 말한다(상 403조). 이는 주주의 감독권강화를 위한 제도이다. 즉 우리나라 회사의 감사와 이사의 관계에서 볼 때에 현실적으로 감사가 이사를 상대로 한 소의 제기가능성은 매우 희박하다. 따라서 주주들이 대표소송(혹은 대위소송)을 낼 수 있도록 법적으로 보장한 것이다.

이 제도는 이사의 손해배상책임(상 399조)과 이사의 인수담보책임(상 428조)은 물론이고 이사가 회사에 대하여 부담하는 책임에도 인정된다. 또 발기인·감사·청산인 등의 책임추궁에도 준용된다.

2) 성질

주주는 자신의 직접적인 이익이나 권리를 위한 것이 아니라 회사를 위한 대위자의 지위에서 소를 제기한다.[221] 즉 회사의 대표기관으로서 회사의 권리를 주장하는 것이므로 그러한 소의 제기는 주주의 공익권이라 볼 수 있다.

3) 요건과 당사자

대표소송은 이사가 법령·정관에 위반한 행위를 하거나 그 임무를 해태함으로써 생긴 손해배상책임과 이사의 신주인수담보책임 등에 인정된다.

남소를 방지하기 위하여 비상장회사의 경우 발행주식총수의 100분의 1 이상에 해당하는 소수주주에 한정하여 제소할 수 있도록 하였다(상 403조①). 그러나 상장법인의 경우 제소자격을 발행주식총수의 1만분의 1 이상을 보유한 주주로 완화하였다(상 542조의6⑥). 다만 상장법인의 요건은 제소전에 6월간 계속 보유하여야 한다. 소제기 이후에 보유주식이 감소하여도 제소의 효력에는 영향이 없다(상 403조⑤).

대표소송의 피고는 이사 또는 이사였던 자이다.

4) 소의 절차

대표소송은 이유를 기재한 서면으로 청구하여야 하고(상 403조②), 회사가 이 청구를 받은 날로부터 30일 내에 소를 제기하지 아니하면 소수주주는 즉시 회사를 위하여 소를 제기할 수 있다(동조③). 그러나 이 기간의 경과로 회사에 회복할 수 없는 손해가 생길 우려가 있는 경우에는 즉시 소를 제기할 수 있다(동조④).

피고인 이사는 주주가 악의임을 소명하고 주주로 하여금 상당한 담보를 제공할 것을 법원에 청구할 수 있다(상 403조⑦·176③④). 본소는 본점소재지의 지방법원의 전속관할에 속한다.

또한 소를 제기한 주주는 곧 회사에 대하여 소송의 고지를 하여야 한다. 회사는 여기에

221) Harry, p.1037.

참가할 수 있다(상 404조①②). 개정전 403조 제6항은 대표소송을 수행하는 주주와 피고인 이사는 법원의 허가 없이는 화해, 청구의 포기, 취하를 못하도록 하였다. 이는 제소 주주가 소송물에 대한 처분권을 갖지 못하기 때문이기도 하지만, 제소 주주에게 이러한 소송종결행위를 허락할 경우 피고인 이사와 통모하여 이사에게 책임이 없거나 가벼운 배상책임만 지우고 소송을 종료할 염려가 있기 때문이다. 이러한 우려는 회사가 직접 이사를 상대로 소송을 수행할 때에도 마찬가지로 발생하므로 2011년 개정상법은 주주와 이사 뿐만 아니라 회사 자신을 포함한 당사자는 법원의 허가를 얻지 아니하고는 소의 취하, 청구의 포기·인락·화해를 할 수 없도록하였다(상 403조⑥).

주주가 제기한 소의 판결이 확정된 경우 그 판결이 주주와 이사가 공모하여 회사의 권리를 사해할 목적으로 판결하게 된 때에는 회사 또는 주주는 재심의 소를 청구할 수 있다. 재심의 소의 원고는 소수주주에 한하지 않는다(상 406조).

5) 효과

원고가 승소한 경우 그 주주는 회사에 대하여 소송비용 및 그 밖에 소송으로 인하여 지출한 비용 중 상당한 금액의 지급을 청구할 수 있다(상 405조①전단). 이는 회사를 위한 소송으로 그 효과는 회사가 받기 때문이다. 회사가 주주에게 소송비용을 지급하면 피고였던 이사를 상대로 구상권을 갖는다(상 405조①후단).

주주가 패소한 때에는 악의인 경우 외에는 회사에 대하여 손해배상책임이 없다(상 405조②).

(3) 유지청구권

1) 의의

이사가 위법행위를 할 우려가 있는 경우에 감사(감사위원회) 또는 주주로 하여금 사전에 그 행위를 유지할 것을 청구하는 권리이다. 이 제도는 영미법상의 금지명령을 도입한 것이다. 주주의 유지청구권은 회사를 위해 행사하므로 주주의 공익권에 속한다.

우리나라에서는 이사의 위법행위에 대한 유지청구권(상 402조)과 신주의 위법·불공정한 발행에 대한 유지청구권(상 424조)의 두 가지를 인정하고 있다. 양자의 차이점으로 ①소의 목적은 전자가 회사에 회복할 수 없는 손해가 생길 염려가 있는 경우 회사의 손해방지를 위한 것(공익권)에 반하여, 후자는 주주 자신의 개인적 손해의 방지를 위한 것(자익권)이다.

②청구권자는 전자가 감사 혹은 감사위원회 그리고 소수주주 임에 반하여, 후자는 주주 개인이다. ③소의 상대방은 전자가 이사 개인인데 반하여, 후자는 회사이다. ④소의 요건은 전자가 이사가 법령 또는 정관에 위반한 행위를 하는 때에 인정되는 반면에, 후자는 회사가 법령 또는 정관에 위반하거나 현저하게 불공정한 방법으로 신주를 발행한 때이다.

또한 주주의 지위강화와 강화된 이사회의 권한에 대한 감독을 위하여 이사의 행위에 대한 유지청구권(상 402조)과 이사의 책임을 추궁하는 대표소송(상 403조)의 두 가지를 소수주주권으로 인정하고 있다. 대표소송이 이미 발생한 손해의 회복을 위한 사후적 구제수단인데 반하여, 유지청구는 손해의 사전적 예방수단이라는 차이가 있다.

직무집행정지(상 407조)와 유지청구는 보전행위라는 측면에서 그 제도의 목적이 유사하다. 하지만 직무집행정지는 이사의 권한을 일반적으로 정지시키는 것임에 반하여, 유지청구는 이사의 개별적 행위를 저지하며 소송에 의하지 아니하고도 행사할 수 있다.

2) 요건과 당사자

이사가 법령 또는 정관에 위반한 행위를 하여 회사에 회복할 수 없는 손해가 생길 염려가 있는 경우이어야 한다.

법령과 정관에 위반한 행위에 대한 이사의 고의나 과실을 묻지 아니하며, 그 행위가 회사의 목적범위 내인지 아니면 그 범위를 벗어난 행위인지도 상관없다. 또한 불법행위는 당연하며 법률행위 혹은 준법률행위 그리고 사실행위도 유지청구의 대상이 된다. 다만 임무해태가 있지만 법령이나 정관에 위반되지 않았다면 유지청구의 대상이 될 수 없다.

또한 회사에 회복할 수 없는 손해가 생길 염려가 있어야 하는데, 이는 사회통념에 따라 판단된다. 또한 법률상의 회복이 불가능할 경우뿐만 아니라 회복에 필요한 비용이나 절차 등으로 볼 때 회복이 곤란하거나 상당한 시일을 요하는 경우도 포함된다.

유지청구의 청구권자는 감사(감사위원회를 두는 경우에는 감사위원회) 또는 발행주식총수의 100분의 1 이상에 해당하는 주식을 가진 주주는 회사를 위하여 이사에 대하여 그 행위를 유지할 것을 청구할 수 있다(상 402조). 상장회사의 경우에는 발행주식 총수의 10만분의 50(최근 사업연도말 현재의 자본금이 1천억원 이상인 상장회사의 경우에는 10만분의 25 이상)의 주식을 6개월 전부터 계속해서 보유한 자가 청구할 수 있다(상 542조의6⑤·상시 32조).

주주가 유지청구를 행사할 지는 임의에 따르지만, 감사나 감사위원회는 요건에 해당하면 반드시 행사하여야 하며, 이를 행사하지 아니하면 임무해태에 해당되게 된다.

유지청구의 상대방인 피청구권자는 법령 또는 정관에 위반한 행위를 한 이사이다.

3) 소의 절차

유지청구는 이사가 그 행위를 하기 전에 소로써 제기할 수 있지만 의사표시에 의해서도 가능하다. 소의 제기와 더불어 가처분으로써도 그 행위를 유지할 수도 있다(민집 300조).

4) 효과

유지청구는 회사 자체의 이익을 위하여 행하는 것이므로 그 판결의 효력은 회사에 미친다(민소 218조). 그러나 그 사법상의 효력에는 영향이 없다.

유지청구권이 행사되었음에도 불구하고 이사가 유지된 행위를 강행하였다면, 그로 인하여 법령·정관에 위반하는 행위로서 확정된 경우에 한하여 이사는 손해배상책임을 진다. 그러나 이는 유지청구 자체의 효력이라 하기 보다는 상법 제399조에 의한 효력으로 보아야 한다. 즉 유지청구에 불응한 것이 이사의 중과실로 의제된다고 해석할 수 있다.

유지청구에도 불구하고 이사가 유지청구를 무시하고, 신주나 사채를 발행한 경우에도 그 발행은 효력이 있지만, 개별적인 거래의 경우 상대방에게 악의가 있는 때에는 회사는 그 무효를 주장할 수 있다는 주장이 있다. 그러나 유지청구에 따라 이사가 행위를 유지하는 것이 오히려 부당할 수 있으므로, 유지청구의 유무 및 상대방의 선의·악의에 상관없이 이사의 행위에 대한 효력에 영향이 없다고 보아야 한다. 따라서 유지청구의 실효성 확보를 위해서는 가처분제도를 이용하도록 해야 할 것이다.

5. 책임의 소멸

(1) 이사책임의 독자성과 경영판단의 원칙

이사는 주주총회나 이사회의 결의를 준수할 의무가 있다. 그러나 그 내용이 법령·정관에 위반하거나 특히 불공정·부당하여 회사채권자나 주주의 이익을 해칠 염려가 있다면, 이사는 이에 구속받지 않고 자신의 판단에 의해 회사이익을 추구해야 한다.

이사의 행위가 주주총회와 이사회의 결의에 따랐을지라도 위법·불공정한 것이었다면 합리화될 수 없고, 손해배상책임과 기타 대내외적 책임을 면할 수 없다(대법원 1989.10.13 선고, 89도1012 판결). 즉 이 경우 이사의 임무해태가 정당화되거나 책임이 조각될 수는 없다. 이사의 행동기준은 단지 이사에게 선택의 폭을 넓혀 주는 것이 아니라 이사의 행동의무를 구성하는 것이기 때문이다.

「경영판단의 법칙」이란 이사 또는 임원이 성실하게 그리고 자신의 독자적이고 합리적인 판단에 의하여 회사에 최선의 이익이라고 생각되는 방법으로 임무를 수행하였다면 그 판단의 잘못을 탓할 수 없다[222]는 이론이다. 이사는 상법상 임무해태의 해석에 경영판단의 법칙을 적용받음으로서 손해배상책임에서 벗어날 수 있다. 사전판단의 과정 그 자체에 과실이 없는 한 이를 사후판단의 기준으로 비난할 수 없다고 보는 것이다. 예컨대 전쟁으로 발생한 유가폭등, 외환위기로 야기된 IMF시대의 도래와 불황, 갑작스러운 소비성향의 변화 등이다. 그러나 이사는 영리단체의 경영자이므로 기울여야 할 임무에 대한 주의의무의 정도가 일반인의 주의정도보다 높다. 업무의 적법성뿐만 아니라 합리성·효율성에까지 그러하다. 때문에 합리적인 논리 위에서 신중하고 숙지된 상태에서 이루어지지 않고 경솔과 무지한 상태에서 이루어졌다면 경영판단의 법칙의 적용대상이 될 수 없다.

(2) 이사책임의 감면 및 시효

1) 이사책임의 면제

이사의 회사에 대한 손해배상책임은 주주 전원의 동의가 있으면 면제할 수 있다(상 400조 ①). 여기에서 동의란 주주총회의 결의뿐만 아니라 개별주주 각자로부터 동의를 얻어도 무방하다. 그러나 이에 대하여 다음과 같은 비판이 있다. 1인주식회사나 가족회사의 경우 총주주의 동의는 손쉽게 얻어질 수 있어 사실상 기업경영을 지배하는 지배주주는 스스로 책임을 면제하는 것이 된다. 그 결과 방만한 경영과 재산유용 등이 가능하게 되고 나아가 회사채권자를 해하기 때문이다.

정기총회에서 재무제표의 승인 후 2년 내에 다른 결의가 없으면 이사에게 부정행위가 없는 한 이사의 책임은 면제된 것으로 본다(상 450조). 이 경우에는 보통결의만으로 이사의 책임이 해제된다. 그러나 이사가 공모 등의 부정행위가 있는 경우는 예외이다.

---

222) 정(동)[회], 422면 ; 최(기)[상], 936~937면 ; Harry, pp. 621~661 ; Lewis, The Business Judgement Rule and Corporate Director's Liability for Mismanagement, Baylor Law Rev., Vol.22, 1970, p. 157 ; 竝木俊守, アメリカにおける取締役の經營責任の法理, 中央經濟社, 1983, 138頁.

총주주의 동의를 얻는다고 하여도 이사의 불법행위에 대한 책임[223]이나 그 행위로 인한 형사책임까지 면제하는 것은 아니다(대법원 1989.1.31. 선고, 87누760 판결). 만약 이사의 임무해태가 동시에 불법행위의 요건을 충족할 경우에 양 책임이 경합한다. 그러므로 총주주의 동의로 책임을 면제하더라도 상법 제399조의 책임을 면하는 것이며, 불법행위책임을 면하려면 일반채무면제(민 506조)의 절차를 밟아야 한다.

2) 책임의 감경(일부면제)

① 의의

대표소송제도를 두고 있는 나라에서는 경영과실로 인한 손해배상책임이 이사에게 상존하는 직업적 위험요소이다. 또 쟁송에까지 이르는 손해배상책임은 예외 없이 거액이므로 이사가 과중한 부담을 두려워하여 경영활동에 소극적인 자세를 보이는 경향이 나타나고 있다. 미국과 일본에서는 이에 대한 타개책으로 회사가 이사의 책임을 제한하는 것을 허용하는 제도를 성문화 하였다. 근래 우리나라에서도 이사의 책임을 추궁하는 대표소송이 빈번해지면서 경영자들이 책임추궁을 두려워하여 공격적·모험적 경영을 회피하는 현상을 보이므로 2011년 개정상법은 미국과 일본의 입법례를 본받아 회사가 자율적으로 이사의 책임을 경감할 수 있도록 근거규정을 마련하였다.

② 책임경감의 범위

회사는 정관으로 정하는 바에 따라 제399조에 따른 이사의 손해배상책임을 이사가 원인된 행위를 한 날 이전 최근 1년간의 보수액(상여금과 주식매수선택권의 행사로 인한 이익 등을 포함한다)의 6배(사외이사의 경우는 3배)를 초과하는 금액에 대하여 면제할 수 있다(상 400조②본문).

③ 적용제외

이사의 손해배상책임을 경감하는 것은 기업활동에 수반되는 위험을 회사가 분담하고 이사의 부담을 덜어줌으로써 경영의 위축을 막는다는 논리이므로, 이사의 고의 또는 중대한 과실로 손해를 발생시킨 경우에는 이 제도의 적용대상에서 제외한다. 이사가 경업금지, 회사의 기회 유용금지, 자기거래 금지(상 제397조 제397조의2 및 제398조)에 해당하는 경우에는 손

223) 최동식, "理事의 會社에 대한 損害賠償責任의 免除", 商事判例硏究(Ⅰ)(崔基元敎授華甲紀念), 1996, 624면.

해경감을 할 수 없다(상 400조②단서).

④책임경감의 근거

이사의 책임을 경감하기 위해서는 정관에 규정을 두어야 한다.

⑤책임경감의 결정

상법 제400조 제2항은 정관에서 책임경감을 실행할 수 있다는 근거 및 범위를 정할 뿐이고, 손해배상을 추궁하는 구체적인 사안이 발생했을 때 면제여부를 결정하는 주체에 대하여는 규정을 두고 있지 않다. 상법 제400조 제1항에서 주주 전원의 동의로 이사의 책임을 면제할 수 있다고 규정하고 있으므로, 제2항 책임경감의 경우는 이 보다는 완화하여 주주총회의 특별결의에 의해 일부면제를 결의할 수 있다고 해석하는 것이 합리적이다.[224]

3) 책임의 시효

이사의 회사에 대한 책임을 법정책임 또는 위임계약의 불이행책임으로 볼 때에 채권의 일반시효(민 162조①)가 적용되어 10년의 소멸시효에 걸린다(대법원 1985.6.25 선고, 84다카1954 판결).

X. 이사의 업무집행정지와 직무대행자의 선임

법원은 당사자의 신청에 의하여 가처분으로써 이사의 직무집행을 정지할 수 있고, 또는 직무대행자를 선임할 수 있다(상 407조①).

이사의 직무집행정지가처분을 신청하기 위해서는 이사선임결의의 무효나 취소 또는 이사해임의 소와 같은 이사의 지위를 다투는 본안소송이 제기되어 있어야 한다. 그러나 예외적으로 급박한 사정이 있는 때에는 본안소송의 제기 전에도 그 처분을 할 수 있다(상 407조 ①단서). 권리보전의 필요성이 있어야 하며, 가처분 이전에 이사가 사임 기타 사유로 퇴임한다면 가처분신청은 각하된다.

가처분신청을 할 수 있는 본안소송의 원고 혹은 본안소송 전에는 본안소송의 원고가 될 자이다. 피신청인은 소송에 의해 그 지위가 다투어지는 자이다. 가처분신청의 관할은

224) 이(철)[회] 786면.

본안소송의 관할법원에 속하며(민집 303조), 기타 절차는 민사집행법상의 가처분절차에 따른다. 법원은 당사자의 신청에 의하여 가처분을 변경·취소할 수 있으며 이 때에는 본점과 지점의 소재지에서 그 등기를 하여야 한다(상 407조③).

직무집행 정지를 당한 이사가 가처분의 취지에 반하여 행한 행위는 무효이며, 후에 가처분이 취소되어도 소급하여 유효로 되지 않는다. 주주총회에서 가처분정지 상태의 이사를 다시 이사로 선임하더라도 가처분이 취소되지 않는 한 이사의 권한을 행사할 수 없다.

직무대행자는 가처분명령에 다른 정함이 없는 경우 또는 법원의 허가를 얻은 경우 외에는 회사의 상무에 속하지 아니한 행위를 하지 못한다(상 408조①). 직무대행자가 이와 같은 규정에 위반한 행위를 한 경우에도 회사는 선의의 제3자에 대하여 책임을 진다(상 408조②).

【판례】

[41] 대법원 1992.5.12. 선고, 92다5638 판결
대표이사의 직무집행정지 및 직무대행자선임의 가처분이 이루어진 이상, 그 후 대표이사가 해임되고 새로운 대표이사가 선임되었다 하더라도 가처분결정이 취소되지 아니하는 한 직무대행자의 권한은 유효하게 존속하는 반면 새로이 선임된 대표이사는 그 선임결의의 적법 여부에 관계없이 대표이사로서의 권한을 가지지 못한다. 위의 경우 위 가처분은 그 성질상 당사자 사이에서 뿐만 아니라 제3자에게도 효력이 미치므로, 새로이 선임된 대표이사가 위 가처분에 위반하여 회사 대표자의 자격에서 한 법률행위는 결국 제3자에 대한 관계에서도 무효이고 이때 위 가처분에 위반하여 대표권 없는 대표이사와 법률행위를 한 거래 상대방은 자신이 선의였음을 들어 위 법률행위의 유효를 주장할 수는 없다.

XI. 집행임원

1. 의의

집행임원이란 회사의 선택에 따라 대표이사에 갈음하는 기구로 설치되어 회사의 업무집행과 회사 대표에 관한 권한을 행사할 수 있는 기관이다(상 408조의2①, 408조의4). 2011년 개정상법에서 주식회사의 지배구조의 개선책의 하나로 신설한 제도이다. 개정상법이 대표이사를 갈음하는 기관으로 집행임원을 둔 것은 기존의 실무상의 집행임원을 법상의 제도로 유도하고, 이사회의 업무집행결정기능을 상당부분 분리하여 집행임원에게 맡기고, 이사회는 업무감독기능에 충실하도록 하기 위함이다.[225]

2. 집행임원의 위상

입법취지의 핵심은 기존의 실무집행임원을 상법상의 기관으로 부상시키고, 그 권한과 책임을 조직법적으로 관리한다는 것으로 요약할 수 있다. 그러나 현실로 입법된 내용은 당초의 입법취지와는 달리 종래의 대표이사의 변형을 선택지로 제시한 데 지나지 않는다.[226]

3. 선임

개정상법은 집행임원제의 채택을 위해 정관의 근거나 주주총회의 결의를 요한다는 규정을 두지 않고, 단지 이사회의 권한사항의 하나로서 집행임원과 대표집행임원의 선임·해임을 규정하고 있다(상 408조의2③ i). 그러나 집행임원을 둔 회사는 대표이사를 두지 못하므로 기존의 회사들이 집행임원제를 채택하려면 정관변경을 하지 않을 수 없다.[227]

집행임원은 1인 또는 수인을 선임한다(상 408조의5①). 집행임원이 수인 있는 경우에는 이사회가 그 직무분담에 관해 결의하지 않는 한, 각자가 업무집행을 한다.

임기는 2년을 초과할 수 없으며(상 408조의3①), 정관에 그 임기 중의 최종 결산기에 관한 정기주주총회가 종결한 후 가장 먼저 소집하는 이사회의 종결시까지로 정할 수 있다(상 408조의3②).

---

225) 이(철)[상], 704면.

226) 이(철)[상], 704면.

227) 이(철)[상], 705면.

4. 권한

개정상법은 집행임원의 권한으로서 ① 집행임원설치회사의 업무집행, ② 정관이나 이사회의 결의에 의하여 위임받은 업무집행에 관한 의사결정을 규정하고 있다(상 408조의4). 또한 집행임원은 필요하면 이사회의 소집을 청구할 수 있다. 이 경우 집행임원은 회의의 목적사항과 소집이유를 적은 서면을 이사에게 제출하여야 한다(상 408조의7①).

집행임원의 소집청구에 대해 이사가 지체 없이 이사회의 소집절차를 밟지 아니하면 소집을 청구한 집행임원은 법원의 허가를 받아 이사회를 소집할 수 있으며, 이 경우 법원은 이해관계자의 청구에 의하여 또는 직권으로 이사회 의장을 선임할 수 있다(상 408조의7②).

집행임원이 1인인 경우에는 집행임원이 대표집행임원이 되고, 집행임원이 수인인 경우에는 이사회의 결의로 회사를 대표할 집행임원을 선임하여야 한다(상 408조의5①). 이때 대표권은 대표이사의 대표권과 같이 회사의 영업에 관한 재판상 재판 외의 모든 행위에 미치며, 대표권의 제한은 선의의 제3자에게 대항하지 못한다(상 408조의5②·389조③·209조).

5. 의무

집행임원 설치회사와 집행임원의 관계는 민법 중 위임에 관한 규정이 준용되므로, 집행임원은 집행임원제도 및 그 선임의 본지에 따라 선량한 관리자의 주의로서 회사의 사무를 처리하여야 한다(상 408조의2②). 또한 집행임원은 이사와 마찬가지로 회사에 대한 충실의무와 비밀준수의무를 부담하며, 이 외에도 경업금지, 회사기회유용금지, 자기거래금지 등의 제한을 받는다.[228]

6. 이사회의 감독권

집행임원의 업무집행은 이사회가 감독한다(상 408조의2③ii). 이 점은 대표이사를 이사회가 감독하는 것과 차이가 없으나, 집행임원제의 도입취지를 살리기 위해 특별히 강화된 감독사항으로 ① 집행임원이 여러 명인 경우 이사회는 집행임원의 직무분담 및 지휘·명령관계,

228) 이(철)[상], 707면.

그 밖의 집행임원의 상호관계에 관한 사항을 결정할 수 있고(상 408조의2③ⅴ), ②정관에 규정이 없거나 주주총회의 승인이 없는 경우 이사회에서 집행임원의 보수를 결정할 수 있다고 규정하고 있다(상 408조의2③ⅵ).

또한 집행임원은 3개월에 1회 이상 업무의 진행사항을 이사회에 보고하여야 하며, 이외에도 이사회의 요구가 있으면 언제든지 이사회에 출석하여 요구한 사항을 보고하여야 한다. 또한 이사는 대표집행임원으로 하여금 다른 집행임원 또는 피용자의 업무에 관하여 이사회에 보고할 것을 요구할 수 있다(상 408조의6).

7. 감사(鑑査) 및 유지청구

감사는 집행인원의 직무를 감사하며, 구체적으로 집행임원에 대하여 언제든지 업무에 관한 보고를 요구하거나 업무와 재산상태를 조사할 수 있다(상 408조의9, 412조). 그리고 집행임원은 회사에 현저한 손해를 미칠 염려가 있는 사실을 발견한 때에는 즉시 감사에게 보고하여야 한다(상 408조의9, 412조의2).

집행임원이 법령 또는 정관에 위반한 행위를 하여 회사에 회복할 수 없는 손해가 생길 염려가 있는 경우에는 감사 또는 발행주식총수의 100분의 1 이상에 해당하는 주식을 가진 주주는 집행임원에 대하여 그 행위를 유지할 것을 청구할 수 있다(상 408조의9, 402조).

8. 집행임원의 책임

집행임원이 고의 또는 과실로 법령이나 정관을 위반한 행위를 하거나 그 임무를 게을리한 경우에는 그 집행임원은 회사에 손해를 배상할 책임이 있으며(상 408조의8①), 고의 또는 중대한 과실로 그 임무를 게을리하여 제3자에게 손해를 가한 경우에는 제3자에게도 손해를 배상할 책임이 있다(상 408조의8②). 집행임원의 이러한 책임에 관해 다른 집행임원·이사 또는 감사도 그 책임이 있으면 다른 집행임원·이사 또는 감사와 연대하여 배상할 책임이 있다(상 408조의8③).

이외에도 집행임원은 업무집행지시자의 책임(상 408조의9, 401조의2), 대표소송(상 408조의9, 403~406조), 책임의 감면(상 408조의9, 400조)에 관한 규정이 준용된다.

9. 표현대표집행임원

상법은 집행임원설치회사에 대하여 표현대표이사에 관한 제395조를 준용한다(상 408조의5 ③·395조). 즉 대표집행임원이 아닌 자가 회사의 허락을 얻어 대표집행임원인 것으로 오인할 만한 명칭을 사용하여 거래하였다면 회사가 이에 대해 책임을 져야 한다.[229]

제4절 감사·감사위원회·검사인·(외부)감사인·준법지원인

Ⅰ. 서언

회사의 감사는 회사의 업무집행 등을 감시하는 업무감사와 회사의 회계에 관한 부정여부와 회계장부나 회계기록이 공정·타당한 회계원칙에 따라 진실하고 적정하게 표시되었는지를 감사하는 회계감사로 대별할 수 있다. 업무감사와 회계감사는 엄격하게 구별할 수 있는 것이 아니며, 오히려 서로 보완관계에 있다고 보여진다. 이에 따라 주식회사에는 여러 기관들이 상존하며, 업무감사 또는 회계감사의 일을 담당하고 있다.

회사의 기관 가운데 이사회가 이사 각자의 업무집행에 대해 업무감독권을 가지며, 주주들 역시 주주총회의 결의를 통하여 업무감사의 기능을 수행한다고 볼 수 있으나 이사회가 행하는 자기 감사에 한계가 있으며 주주총회의 형해화로 인하여 실질적인 감사의 기능을 기대하기 어렵다. 상법상 필요적 상설기관으로 가장 대표적인 업무감사기관은 감사이다. 또한 회사의 선택에 따라 감사를 대체할 수 있도록 이사회 내에 감사위원회를 둘 수 있도록 한다. 이 밖에 임시적 업무감사기관인 검사인이 있다. 한편 회사규모에 따라 외부로부터 회계감사를 받도록 되어 있는 외부감사제도와 회사의 내부통제를 위한 준법지원인제도 등이 있다.

---

229) 이(철)[상], 709면.

Ⅱ. 감사

1. 감사의 의의

감사는 회사의 업무집행과 회계의 감사를 그 직무권한으로 하는 주식회사의 필요적 상설기관이다. 검사인이 임시기관이고, 유한회사의 감사가 임의기관인 것과 구별된다. 다만 자본금 10억원 미만의 회사는 감사를 두지 않을 수 있다(상 409조④).

현재 상법에는 감사가 감사를 적정하게 할 수 있도록 독립성과 실효성을 확보하기 위한 여러 가지 조치들이 강구되어 있다. 즉 감사에 업무감사권이 부여되어 있으며(상 412조②), 감사의 선임시에 주주의 의결권을 발행주식 총수의 3% 이상 행사하지 못하도록 하며(상 409조②), 해임시 감사에게 주주총회에서 의견진술권을 부여하고(상 409조의2), 임기를 종래 2년에서 3년으로 연장하였고(상 410조), 감사는 당해 회사 뿐 아니라 자회사의 이사나 지배인 기타 상업사용을 겸직하지 못하도록 하였다(상 411조). 또한 이사의 감사에 대한 보고의무(상 412조의2)와 주주총회소집청구권(상 412조의3) 및 자회사에 대한 조사권(상 412조의5)을 인정하였다.

2. 감사의 선임과 종임

(1) 선임

감사는 주주총회에서 선임한다(상 409조①). 이 선임결의는 보통결의에 의하면 되나 이사를 선임하는 경우와는 달리 정관에 다른 규정이 있으면 그에 따라야 된다(상 409조③).

감사의 선임결의에 있어서는 대주주의 의결권남용을 방지하기 위하여 의결권없는 주식을 제외한 발행주식총수의 100분의 3을 초과하는 수의 주식을 가진 주주는 그 초과하는 주식의 의결권을 행사하지 못한다(상 409조②). 회사는 정관으로 이보다 낮은 비율을 정할 수 있다(상 409조③).

상장회사의 감사선임을 위한 주주총회의 소집 시에 소집통지·공고에 감사 후보자의 성명 등을 기재하여야 한다(상 542조의4②). 감사를 선임한 때에는 그 성명과 주민등록번호를 등기하여야 한다(상 317조②viii).

(2) 자격

감사의 자격은 원칙적으로 제한이 없다. 다만 정관으로 주주 등과 같이 감사의 자격을 정할 수 있다.[230] 직무의 성질에 따라 감사는 자연인만이 가능하다. 또한 지위의 독립성과 공정성을 위하여 당해 회사와 자회사의 이사 또는 지배인 기타의 사용인을 겸할 수 없다(상 411조).

자산총액이 1천억원 이상인 상장회사의 상근감사에 대해 상법에서 그 결격사항을 규정하고 있다. 즉 ①미성년자, 피성년후견인 또는 피한정후견인, ②파산선고를 받은 자로서 복권되지 아니한 자, ③금고 이상의 형을 선고받고 그 집행이 끝나거나 집행이 면제된 후 2년이 지나지 아니한 자, ④대통령령으로 별도로 정하는 법률에 위반하여 해임되거나 면직된 후 2년이 지나지 아니한 자, ⑤당해 회사의 주요주주 및 그의 배우자와 직계 존·비속, ⑥회사의 상무에 종사하는 이사·집행임원 및 피용자 또는 최근 2년 이내에 회사의 상무에 종사한 이사·집행임원 및 피용자(다만 상법의 상장회사에 대한 특례규정상 감사위원회 위원으로 재임중이거나 재임하였던 이사는 제외함), ⑦위 ① 내지 ⑥외에 회사의 경영에 영향을 미칠 수 있는 자로서 대통령령으로 정하는 자(회사의 상무에 종사하는 이사·집행임원의 배우자 및 직계 존·비속, 계열회사의 상무에 종사하는 이사·집행임원 및 피용자 또는 최근 2년 이내에 상무에 종사한 이사·집행임원 및 피용자)에 해당하는 경우에는 그 직을 상실한다(상 542조의10②, 상시 36조②).

(3) 인원수

감사의 인원수는 상법상 제한이 없으므로 1인 이상이면 충분하다. 감사가 여러 명일 경우에도 감사회와 같은 회의체를 구성하는 것이 아니라 각자가 단독으로 그 권한을 행사한다.[231]

상장회사로서 최근 사업연도말 현재 자산총액이 1,000억원 이상인 상장회사는 반드시 1인 이상의 상근감사를 두어야 한다(상 542조의10①, 상시 36조①). 물론 감사위원회가 설치되었다면 감사를 두지 아니하여도 된다.

---

230) 정(동)[회], 476면 ; 정(찬)[상], 1025면 ; 정(희)[상], 505면.

231) 이(철)[회], 838면 ; 정(찬)[상], 1026면.

(4) 임기

감사의 임기는 취임 후 3년 내의 최종의 결산기에 관한 정기총회의 최종일까지로 한다(상 410조). 감사의 임기는 정관 또는 주주총회의 결의에 의하더라도 이와 달리 단축 또는 연장할 수 없다. 다만 중임은 가능하다.

(5) 종임

감사의 종임사유는 회사의 해산의 경우를 제외하고는 대체로 이사의 경우와 같다(상 415조). 즉 임기만료와 위임관계의 종료 등으로 퇴임한다.

또한 주주총회의 특별결의에 의한 해임 등에 의하여 종임된다. 다만 주주총회에서 감사를 해임결의를 하는 경우에 당해 감사는 그의 해임의 부당성에 관한 의견을 진술할 수 있다(상 409조의2). 상장회사의 경우에는 최대주주, 그의 특수관계인, 그 밖에 대통령령으로 정하는 자(최대주주 또는 그 특수관계인의 계산으로 주식을 보유하는 자, 최대주주 또는 그 특수관계인에게 의결권〈의결권의 행사를 지시할 수 있는 권한을 포함한다〉을 위임한 자)가 소유하는 상장회사의 의결권 있는 주식의 합계가 그 회사의 의결권 없는 주식을 제외한 발행주식총수의 100분의 3을 초과하는 경우, 그 주주는 그 초과하는 주식에 관한 감사를 해임할 때에 의결권을 행사하지 못한다(상 542조의12③, 상시 38조①)

감사의 위법행위에 대하여도 그 해임결의를 하지 않는 경우는 주주발행총수의 100분의 3 이상에 해당하는 주식을 가진 주주는 감사의 해임을 법원에 청구할 수 있다(상 415조 · 385조②). 상장회사의 경우는 발행주식총수의 10,000분의 50(최근 사업연도말 자본금이 1,000억원 이상인 상장회사의 경우에는 10,000의 25)의 주식을 6개월 전부터 계속하여 보유한 주주가 법원에 해임청구를 행할 수 있다(385조②·542조의6③).

3. 감사의 직무권한

(1) 직무감사권

감사는 이사의 직무집행을 감사할 권한을 갖는다(상 412조①). 이사의 직무집행이란 단순히 일상적인 업무집행의 범위뿐만이 아니라 이사의 직무에 속하는 일체의 사항까지 감사할 권한이 미친다는 의미이다.[232] 또한 회계감사권은 직무감사권에 포함된다. 따라서 감사의 직무집행에 대한 감사에는 대체로 이사의 업무집행·대표행위 등에 대한 감사와 회사의 회계에 대한 회계감사를 포함한다.

감사가 감사업무를 수행하면서 필요한 때에는 회사의 비용으로 전문가의 도움을 구할 수 있다(상 412조③). 감사업무의 수행에 법률, 회계, 세무, 제조·생산기술 등의 전문가의 조력이 필요한 경우 회사의 비용을 사용할 수 있다는 취지이다.

감사가 타당성 감사도 할 수 있다는 견해[233]가 있으나, 일반적으로 적법성 감사에 국한된다고 해석함이 옳다.[234] 다만 명문규정에 따라 타당성 감사까지 인정된 예로 이사가 주주총회에 제출할 의안 및 서류의 조사에 대한 부당한 사항이 있는지의 여부에 관한 의견진술(상 413조), 대차대조표 또는 손익계산서의 작성에 관한 회계방침의 변경이 타당한 지의 여부와 그 이유(상 447조의4②ⅴ), 이익잉여금의 처분 또는 결손금의 처리가 회사의 재무상태나 그 밖의 사정에 비추어 현저하게 부당한 경우에는 그 뜻의 기재(동ⅷ)가 있다.

(2) 회사·자회사에 대한 보고요구와 조사권 및 보고수령권

감사는 언제든지 이사에 대하여 영업에 관한 보고를 요구하거나 회사의 업무와 재산상태를 조사할 수 있다(상 412조). 이러한 보고요구와 조사는 감사가 그의 직무를 수행하기 위하여 필요한 수단이므로 이사는 이를 거부할 수 없다.

특히 회사에 현저한 손해를 미칠 염려가 있는 사실을 발견한 때에 이사는 즉시 감사에게 이를 보고하여야 하며(상 412조의2), 감사는 이를 수령할 권한을 갖는다.

감사는 그의 직무수행을 위하여 필요한 때에는 자회사의 영업에 대한 보고를 요구할 수 있으며(상 412조의5①), 자회사가 이러한 보고요구에 지체없이 응하지 아니할 때에 또는 보고내용을 확인할 필요가 있는 때에는 자회사의 업무와 재산상태를 조사할 수 있다(동조②). 자회사는 정당한 이유가 없는 한 이러한 보고요구와 조사를 거부할 수 없다(동조③).

---

232) 田中(誠)[會(上)], 722頁.

233) 강·임[상], 590면 ; 권(기)[회], 771면 ; 이(기)·최[회], 517면 ; 최(기)[회], 698면.

234) 김(정)[상], 712면 ; 박(상)[회], 672면 ; 서·정, 477면 ; 서(정)[람], 563면 ; 손(주)[상], 873면 ; 이·최[상], 710면 ; 이(철)[회], 843면 ; 임(홍)[회], 557면 ; 정(동)[회], 479면 ; 정(찬)[상], 1029면.

(3) 이사회출석·의견진술권과 감사해임에 관한 의견진술권

감사는 이사회에 출석하여 의견을 진술할 수 있다(상 391조의2①). 회사의 업무집행의 적정을 기하기 위해서는 이사회의 부당한 결의를 사전에 방지할 수 있는 기회를 감사에게 주는 것이 바람직하기 때문이다. 그렇지만 이는 토의에서 찬반의 의견표명이 아닌 감사의견을 표시하는 것을 의미한다.

감사는 이사가 법령 또는 정관에 위반한 행위를 하거나 그 행위를 할 염려가 있다고 인정한 때에는 이사회에 이를 보고하여야 한다(상 391조의2②).

감사가 이사회에 출석할 기회를 주기 위하여 이사회의 소집통지를 감사에게도 하게 하였다(상 390조③). 이사회의 소집절차없이 이사회를 개최하는 경우에도 이사와 감사전원의 동의를 요하고 있다(상 390조④).

또한 감사는 주주총회에서 감사의 해임에 관하여 의견을 진술할 수 있다(상 409조의2). 감사해임은 주주총회의 특별결의로 이루어지는데, 그 공정성을 기하기 위하여 결의가 있기 이전에 의견을 진술하도록 한다. 또한 감사 본인의 해임에 관한 진술뿐만 아니라 다른 감사의 해임에도 의견을 진술할 수 있다.

(4) 이사회의사록의 기명날인권 또는 서명권

감사는 이사회의 의사록에 기명날인 또는 서명하도록 하였다(상 391조의3②). 이는 이사회의사록의 공정성과 정확성을 확보하기 위함이다.

(5) 이사 위법행위에 대한 유지청구권과 주주총회 및 이사회 소집청구권

이사가 법령 또는 정관에 위반한 행위를 하여 회사에 회복할 수 없는 손해가 생길 염려가 있는 경우에 감사는 이사에 대하여 그러한 행위를 하지 말도록 유지청구를 할 수 있다(상 402조).

또한 감사는 회의의 목적사항과 소집의 이유를 기재한 서면을 이사회에 제출하여 임시총회의 소집을 청구할 수 있다(상 412조의3①). 이때에 이사회가 지체 없이 총회소집의 절차를 밟지 아니하면 감사가 법원의 허가를 얻어 총회를 직접 소집할 수 있다(상 412조의3②·366조②).

2011년 개정상법은 감사의 직무수행의 실효성을 높이기 위해 감사의 이사회 소집청구를 신설하였다. 즉, 감사는 필요하면 회의의 목적사항과 소집이유를 서면에 적어 이사(소집권자가 있는 경우에는 소집권자를 말한다)에게 제출하여 이사회를 청구할 수 있으며, 이러한 청구를 하였는데도 이사가 지체 없이 이사회를 소집하지 아니하면 그 청구한 감사가 이사회를 소집할 수 있다(상 412조의4).

⑹ 회사와 이사 간의 소에 대한 회사의 대표

회사가 이사에 대하여 또는 이사가 회사에 대하여 소를 제기하는 경우에도 감사는 그 소에 관하여 회사를 대표한다(상 394조①). 또 상법 제403조 1항에 의하여 소수주주가 이사의 책임을 추궁할 소를 제기하는 청구가 있는 경우에도 감사는 회사를 대표한다(상 394조①·403조①).

이는 회사와 이사 간에 이익이 충돌하는 사안이므로 공정한 소송을 수행하기 위해 중립적 입장에 있는 감사에게 대표권을 부여한 것이다. 이 경우 대표이사가 대표권을 수행한다면 당해 소송행위는 무효이다(대법원 1990.5.11. 선고, 89다카15199 판결).

【판례】

[42] 대법원 1990.5.11. 선고, 89다카15199 판결

피고 회사의 이사인 원고가 피고 회사에 대하여 소를 제기함에 있어서 상법 제394조에 의하여 그 소에 관하여 회사를 대표할 권한이 있는 감사를 대표자로 표시하지 아니하고 대표이사를 피고 회사의 대표자로 표시한 소장을 법원에 제출하고, 법원도 이 점을 간과하여 피고 회사의 대표이사에게 소장의 부본을 송달한 채, 피고 회사의 대표이사로부터 소송대리권을 위임받은 변호사들에 의하여 소송이 수행되었다면, 이 사건 소에 관하여는 피고 회사를 대표할 권한이 대표이사에게 없기 때문에 소장이 피고에게 적법유효하게 송달되었다고 볼 수 없음은 물론 피고 회사의 대표이사가 피고를 대표하여 한 소송행위나 피고 회사의 대표이사에 대하여 원고가 한 소송행위는 모두 무효이다.

⑺ 각종의 소권

회사법상 각종의 소권을 감사에게 인정하고 있다. 즉 회사설립무효의 소(상 328조), 결의

취소의 소(상 376조①), 신주발행무효의 소(상 429조), 자본감소 무효의 소(상 445조) 및 회사합병 무효의 소(상 529조), 회사분할·분할합병 무효의 소, 합병무효의 소(상 530조의11①·529조①) 등에서 감사에게 소권을 인정하고 있다.

4. 감사의 의무

(1) 감사의 선관주의의무와 영업비밀유지의무

감사는 회사의 수임자로서 위임관계에 있으므로(상 415조·382조②), 감사는 선량한 관리자의 주의의무를 부담한다(민 680조). 또한 회사의 영업비밀을 유지할 의무도 부담한다(상 415조·382조의4).

(2) 이사회에 대한 보고의무

감사는 이사가 법령 또는 정관에 위반하거나 그러할 염려가 있다고 인정한 때에는 이를 이사회에 보고해야 한다(상 391조의2②).

(3) 주주총회에서 의견진술의무

감사는 이사가 주주총회에 제출한 의안 및 서류를 조사하여 법령 또는 정관에 위반하거나 현저하게 부당한 사항이 있다고 인정되는 때에는 주주총회에 그 의견을 진술하여야 한다(상 413조). 여기서 의안이라 함은 상법 또는 정관에 의하여 주주총회에서 결의할 사항을 가리키며, 서류는 재무제표만이 아니라 총회에 판단의 대상 또는 자료로서 제출한 서류를 가리킨다.

(4) 감사록의 작성의무

감사는 감사록을 작성하여, 감사의 실시요령 및 그 결과를 기재하고 기명날인 또는 서명하여야 한다(상 413조의2). 상법이 감사의 감사록을 제도화한 것은 감사의 실효를 거둘 수 있는 보장책이라 하겠다.

⑸ 감사보고서의 작성의무

감사는 영업보고서와 재무제표 등 서류를 받은 날로부터 4주간 내에 감사보고서를 제출하여야 한다.

감사보고서에는 다음 사항을 기재하여야 한다(상 447조의4). 즉 ①감사방법의 개요, ② 회계장부에 기재될 사항이 기재되지 아니하거나 부실기재된 경우 또는 대차대조표나 손익계산서의 기재 내용이 회계장부와 맞지 아니하는 경우에는 그 뜻, ③대차대조표 및 손익계산서가 법령과 정관에 따라 회사의 재무상태와 경영성과를 적정하게 표시하고 있는 경우에는 그 뜻, ④대차대조표 또는 손익계산서가 법령이나 정관을 위반하여 회사의 재무상태와 경영성과를 적정하게 표시하지 아니하는 경우에는 그 뜻과 이유, ⑤대차대조표 또는 손익계산서의 작성에 관한 회계방침의 변경이 타당한지의 여부와 그 이유, ⑥영업보고서가 법령과 정관에 따라 회사의 상황을 적정하게 표시하고 있는지 여부, ⑦이익잉여금의 처분 또는 결손금의 처리가 법령 또는 정관에 맞는지 여부, ⑧이익잉여금의 처분 또는 결손금의 처리가 회사의 재무상태나 그 밖의 사정에 비추어 현저하게 부당한 경우에는 그 뜻, ⑨제447조의 부속명세서에 기재할 사항이 기재되지 아니하거나 부실기재된 경우 또는 회계장부·대차대조표·손익계산서나 영업보고서의 기재 내용과 맞지 아니하게 기재된 경우에는 그 뜻, ⑩이사의 직무수행에 관하여 부정한 행위 또는 법령이나 정관의 규정에 위반하는 중대한 사실이 있는 경우에는 그 사실, ⑪감사를 하기 위하여 필요한 조사를 할 수 없었던 경우에는 그 뜻과 이유 등이다.

5. 감사의 책임

감사가 그 임무를 해태한 때에는 회사에 대하여 연대하여 손해를 배상할 책임을 부담한다(상 414조①). 또한 감사가 악의 또는 중대한 과실로 그 임무를 해태한 때에는 제3자에 대해서도 손해를 배상할 책임이 있다(상 414조②). 제3자에 대한 손해배상책임의 경우 이사도 그 책임이 있을 때에 이사와 감사가 연대하여 배상할 책임을 진다(상 414조③).

소수주주는 감사에 대하여 대표소송을 제기하여 책임을 추궁할 수 있으며(상 415조·403조), 총주주의 동의로 감사는 그 책임을 면하게 된다(상 415조·400조①). 다만 불법행위의 부분에 대하여는 책임을 면할 수 없다. 이사의 책임경감과 마찬가지로 정관에 규정을 두면 감사의 책임을 경감할 수 있다(상 415조·400조②).

【판례】

[43] **대법원 2003.10.9. 선고, 2001다66727 판결**
상호신용금고의 출자자 등에 대한 대출 또는 동일인에 대한 여신한도 초과대출이 대표이사 등에 의하여 조직적으로 이루어지고 또한 타인의 명의를 빌림으로써 적어도 서류상으로는 그 대출행위가 위법함을 알아내기 어려운 경우, 사후에 그 대출의 적법 여부를 감사하는 것에 그치는 감사로서는 불법대출의 의심이 든다는 점만으로는 바로 관계 서류의 제출요구, 관계자의 출석 및 답변요구, 회사관계 거래처의 조사자료 징구, 위법부당행위의 시정과 관계 직원의 징계요구 및 감독기관에 보고 등의 조치를 취할 것을 기대하기는 어렵다는 이유로 임무해태로 인한 손해배상책임을 인정하지 않은 사례.

Ⅲ. 감사위원회

1. 감사위원회의 의의

감사위원회는 감사에 대신하여 이사의 업무집행과 회계를 감사할 권한을 가진 이사회 내 위원회의 하나인 기관이다. 감사위원회 제도는 미국에서 기원하였고, 영국이나 캐나다 등에서 채용하고 있으며 우리나라도 1999년 개정상법에서 도입하였다.

회사가 정관에 정하는 바에 따라 설치할 수 있는 임의기구인데, 감사위원회를 두는 경우에는 감사를 둘 수 없게 하였다(상 415조의2①). 상장법인으로서 소정의 규모에 달하는 대규모상장법인(자산총액이 2조원 이상인 상장회사)의 경우에는 감사에 갈음하여 감사위원회를 의무적으로 설치하여야 한다(상 542조의11①, 상시 37조①).

2. 감사위원회의 구성

(1) 감사위원의 인원수

감사위원회는 이사회내 위원회로 3인 이상의 이사로 구성된다(상 415조의2②).

(2) 감사위원의 자격

감사위원의 자격에는 특별한 제한이 없지만, 위원의 3분의 2 이상은 사외이사이어야 한다(상 415조의2②단서).

감사위원회를 의무적으로 설치하여야 하는 자산총액 2조원 이상인 상장회사의 경우에 위원의 3분이 2 이상이 사외이사여야 한다는 요건 이외에 감사위원회 위원 중 1명 이상은 회계 또는 재무전문가이어야 하고 감사위원회의 대표는 사외이사여야 한다(상 542조의11②·415조의2②, 상시 37조②). 상장회사의 상근감사가 될 수 없는 자는 상장회사의 사외이사가 아닌 감사위원회위원이 될 수 없고, 해당하게 된 경우에는 그 직을 상실한다(상 542조의11③·542조의10②).

(3) 감사위원의 임기

감사위원의 임기는 상법에 규정이 없다. 이에 정관의 규정이 있으면 그에 의하고, 정관의 규정이 없으면 이사회에서 선임한 경우는 이사회 혹은 주주총회에서 선임한 경우에는 주주총회에서 임기를 정할 수 있다.

이사의 지위가 종료하면 감사위원의 임기도 종료된다. 합병의 경우 합병 이전에 취임한 감사위원은 합병계약서에 다른 정함이 없다면 합병 후에 최초로 도래하는 결산기의 정기총회가 종료하는 때에 퇴임한다(상 415조의2⑥·527조의4).

(4) 감사위원의 선임과 종임

비상장회사와 자산총액 1천억원 미만의 상장회사의 경우, 감사위원의 선임은 이사 중에서 이사회의 이사총수의 과반수 결의로 선임된다(상 415조의2①·542조의11①). 감사위원의 해임은 이사회에서 이사총수 3분의 2 이사의 결의로 해임한다(상 415조의2③).

반면에 자산총액 1천억 이상 2조원 미만인 상장회사와 2조원 이상의 상장회사의 경우 주주총회의 보통결의로 선임한다(상 542조의12①). 즉 주주총회에서 우선 이사를 선임하고, 그 다음으로 선임된 이사 가운데 감사위원을 선임하도록 한다(동조②). 또한 감사위원의 해임은 주주총회의 보통결의로 이루어진다. 감사위원의 해임과 사외이사가 아닌 감사위원의 선임시에는 주주총회의 결의를 할 때에 발행주식총수의 100분의 3 이상을 초과하는 수의 주식을 가진 주주가 그 초과하는 주식에 대해 의결권을 행사하지 못하며, 최대주주의 경우에는 특수관계자의 소유주식을 포함하여 의결권이 100분의 3으로 제한된다(상 542조의12③). 사외이사인 감사위원을 선임할 때에는 특수관계자 소유주식까지 포함하는 의결권 제한은 적용되지 아니하며, 본인의 의결권만이 100분의 3으로 제한된다(상 542조의12④).

3. 감사위원회의 운영

감사위원회의 소집이나 결의방법 등 감사위원회의 운영은 상법 제393조의2가 정하는 이사회내 위원회의 운영방법에 따라야 한다(상 393조의2④·⑤). 다만 이사회 내의 다른 위원회와 달리, 감사위원회를 대표할 대표감사위원을 선정하여야 한다(상 415조의2④전단). 또한 대표위원을 수인 선정하면 공동으로 대표하게 된다(동항 후단). 상장회사의 대표감사위원은 사외이사여야 한다(상 542조의11②ii).

감사위원회는 회사의 비용으로 전문가의 조력을 구할 수 있다(상 415조의2⑤). 이는 감사할 사항에 대한 전문가의 감정·평가·자문 등 도움을 구할 수 있게 하기 위한 제도를 명문화한 것이다.

4. 감사위원회의 권한과 의무

감사위원회는 이사의 직무집행을 감사할 권한을 갖는 것은 감사와 동일하다. 감사의 권한과 의무에 관한 규정을 감사위원회에 준용하고 있다(상 415조의2⑦). 감사위원회는 감사의 경우와 마찬가지로 일반적으로 적법성 감사에 국한된다고 보아야 한다.

또한 감사위원회는 이사회 내의 위원회이지만(상 393조의2), 이사회는 다른 위원회가 결의한 사항에 대하여 다시 결의할 수 있지만, 감사위원회는 그의 결의에 대하여 이사회가 번복할 수 없다(상 415조의2⑥·393조의2④후단).

5. 감사위원회의 책임

감사위원회는 감사의 책임에 관한 규정을 준용받는다(상 415조의2⑦). 따라서 감사위원은 임무를 해태한 때에 연대하여 회사에 대하여 손해배상의 책임이 있으며(상 415조의2⑦·414조①), 악의 또는 중과실로 그 임무를 해태한 때에 제3자에 대하여 연대하여 손해를 배상할 책임이 있다(상 415조의2⑦·414조②). 이때 이사도 손해를 배상할 책임이 있다면 그 책임에 대하여 이사와 감사위원이 연대하여 배상할 책임을 부담한다(상 415조의2⑦·414조③).

또한 소수주주는 감사위원에 대하여 대표소송을 제기하여 책임을 추궁할 수 있으며(상 415조의2⑦·403조), 총주주의 동의로 감사위원은 그 책임을 면제하거나 감경할 수 있다(상 415조의2⑦·400조).

Ⅳ. 검사인

1. 검사인의 의의

검사인은 회사의 설립절차 또는 직무집행이나 재산상태의 조사를 임무로 하는 주식회사의 임시적인 기관이다. 그 임무는 선임목적에 따라 다르지만, 발기인·이사·청산인의 직무수행의 적법성 여부와 계산의 정확성 등을 조사한다. 임시기관이므로 등기할 필요는 없다.

2. 검사인의 자격·인원수

검사인의 자격·인원수·임기 등에 대해서는 법률상 아무런 제한이 없다. 그러나 검사의 직무의 특성상 자연인에 한정된다. 또한 회사의 이사·감사·지배인 기타의 사용인 등은 검사인이 될 수 없다. 검사인은 1인 이상이면 된다.

3. 검사인의 선임과 종임

(1) 선임

검사인이 선임되는 방식은 법원에서 선임하는 경우와 주주총회에서 선임하는 경우가 있다.

1) 법원에서의 선임

검사인을 법원에서 선임하는 경우는 ⅰ) 회사설립시에 변태설립사항이 있을 때(상 290조)에 이를 조사하기 위하여 이사(발기설립의 경우) 또는 발기인(모집설립의 경우)의 청구가 있는 때(상 298조④·310조①), ⅱ) 신주를 액면미달의 가액으로 발행할 때 법원이 인가할 경우에 회사의 재산상태 등을 조사하기 위하여 법원이 직권으로 선임하는 때(상 417조③), ⅲ) 신주발행시에 현물출자의 내용을 조사하기 위해 이사가 청구한 때(상 422조①), ⅳ) 회사의 업무집행에 관하여 부정행위 또는 법령이나 정관에 위반한 중대한 사실이 있음을 의심할 사유가 있는 때에 소수주주(100분의3)의 청구에 의해 회사의 업무와 재산상태를 조사하기 위하여 선임할 수 있다(상 467조①).

2) 주주총회의에서의 선임

주주총회에서 검사인을 선임하는 경우는 ⅰ) 소수주주의 청구에 의해 소집된 주주총회에서 회사의 업무와 재산상태를 조사하게 하기 위한 때(상 366조③), ⅱ) 이사가 제출한 서류와 감사의 보고서를 주주총회에서 조사하게 하기 위한 때(상 367조), ⅲ) 청산중의 회사의 주주총회에서 이사가 제출한 서류와 감사의 보고서를 조사하게 하기 위한 때에 선임할 수 있다(상 542조②·367조).

(2) 종임

검사인은 임시적으로 존재하므로 임기가 없으며 그의 직무가 종료되면 그 지위가 소멸하여 임기를 다한 것으로 본다. 다만 주주총회에서 선임한 경우 주주총회의 결의로 해임이 가능하며, 법원이 선임한 경우에는 법원이 해임할 수 있다.

4. 검사인의 권한과 의무

검사인은 선임시에 정해진 선임사유에 대한 권한을 갖는다고 본다. 또한 검사인은 주주총회에서 선임된 경우 회사와 위임관계에 있다고 보아 선량한 관리자의 주의의무를 부담한다. 법원에서 선임한 경우에는 그 권한이 법률규정에 의하여 정해지지만, 그 기능이 주주총회의 경우와 다를 바 없으므로 선량한 관리자로서의 주의의무를 부담한다고 보아야 한다.

5. 검사인의 책임

법원이 설립시에 출자이행과 관련된 설립경과를 조사하기 위하여 선임한 검사인은 악의 또는 중대한 과실로 인하여 그 임무를 해태한 때에는 회사 또는 제3자에 대하여 손해를 배상하여야 한다(상 325조).

주주총회에서 선임한 검사인은 수임인의 지위에 있으므로 그 직무수행에 선량한 관리자의 주의로써 하여야 한다(민 681조). 따라서 그 임무를 해태하였을 때에는 회사에 대하여 채무불이행책임을 부담한다. 그러나 제3자에 대하여는 직접적인 법률관계를 갖지 아니한다. 다만 불법행위가 있다면 그에 대한 책임은 부담한다.

V. 외부감사인

1. 외부감사인의 의의

외부감사인은 회사의 외부에서 회계감사를 하는 자를 말한다. 일정규모 이상의 주식회사의 경우 회사의 외부에서 회계감사를 받도록 요구된다. 이는 회사의 회계처리에 적정성을 기함으로써 회사의 건전한 발전과 이해관계인을 보호하고자 하는 취지에서 마련된 제도이다.

2. 외부감사를 받아야 할 법인과 외부감사인의 자격

주권상장법인 그리고 해당 사업연도 또는 다음 사업연도 중에 주권상장법인이 되려는 회사와 ①자산총액이 120억원 미만 ②부채총액이 70억원 미만 ③매출액이 100억원 미만 ④종업원이 100명미만(유한회사인 경우는 50명) 중에서 3개 이상에 해당하지 아니하는 회사는 재무제표를 작성하여 회사로부터 독립된 외부의 감사인에 의한 회계감사를 받아야 한다(외감 4조①). 외부감사인의 자격은 회계법인 또는 한국공인회계사회에 등록된 감사반으로 제한된다. 주권상장법인과 대형비상장주식회사의 재무제표에 대한 감사는 회계법인인 감사인이 한다(외감 9조①). 회계법인인 감사인은 「공인회계사법」 제33조제1항 각 호의 어느 하나에 해당하는 관계에 있는 회사(주식을 소유하거나 이해관계가 있는 회사)의 감사인이 될 수 없으며, 감사반인 감사인은 그에 소속된 공인회계사 중 1명 이상이 같은 법 제21조제1항 각 호의 어느 하나에 해당하는 관계(임원의 직에 있거나 이해관계가 있는 회사)에 있는 회사의 감사인이 될 수 없다(외감 9조③). 회계법인인 감사인은 동일한 이사에게 회사의 연속하는 6개 사업연도(주권상장법인인 회사, 대형비상장주식회사 또는 금융회사의 경우에는 4개 사업연도)에 대한 감사업무를 하게 할 수 없다. 다만, 주권상장법인인 회사, 대형비상장주식회사 또는 금융회사의 경우 연속하는 3개 사업연도에 대한 감사업무를 한 이사에게는 그 다음 연속하는 3개 사업연도의 모든 기간 동안 해당 회사의 감사업무를 하게 할 수 없다(외감 9조⑤). 감사반인 감사인은 대통령령으로 정하는 주권상장법인인 회사의 연속하는 3개 사업연도에 대한 감사업무를 한 경우, 그 다음 사업연도에는 그 감사에 참여한 공인회계사의 3분의 2 이상을 교체하여야 한다(외감 9조⑦).

3. 외부감사인의 선임과 해임

회사는 매 사업연도 개시일로부터 45일 이내에(「상법」 제542조의11 또는 「금융회사의 지배구조에 관한 법률」 제16조에 따라 감사위원회를 설치하여야 하는 회사의 경우에는 매 사업연도 개시일 이전) 감사인을 선임하여야 한다(외감 10조①). 주권상장법인, 대형비상장주식회사 또는 금융회사는 연속하는 3개 사업연도의 감사인을 동일한 감사인으로 선임하여야 한다(외감 10조③). 주권상장법인, 대형비상장주식회사 또는 금융회사는 감사위원회가 선정한(감사위원회가 설치된 경우) 회계법인 또는 감사반을 또는 감사인선임위원회의 승인을 받아 감사가 선정한(감사위원회가 설치되지 아니한 경우)

회계법인 또는 감사반을 회사의 감사인으로 선임하여야 한다. 그 밖의 다른 회사는 감사 또는 감사위원회가 선정한 회계법인 또는 감사반을 회사의 감사인으로 선임한다(외감 10조④).

증권선물위원회는 감사인 지정을 요청한 회사, 감사인을 선임하지 않은 회사, 감사인 교체사유가 부당하다고 인정한 회사, 회계처리기준을 위반하여 재무제표를 작성한 회사 등에 3개 사업연도의 범위에서 증권선물위원회가 지정하는 회계법인을 감사인으로 선임하거나 변경선임할 것을 요구할 수 있다(외감 11조).

회사는 감사인을 선임 또는 변경선임하는 경우 그 사실을 감사인을 선임한 이후에 소집되는 정기총회에 보고하거나 주주 등에게 통지 또는 공고하여야 한다. 회사가 감사인을 선임 또는 변경선임하는 경우 해당 회사 및 감사인은 증권선물위원회에 보고하여야 한다(외감 12조).

4. 외부감사인의 권한과 의무

감사인은 일반적으로 공정·타당하다고 인정되는 회계감사기준에 따라 감사를 실시하여야 한다(외감 16조①). 감사인은 감사업무의 품질이 보장될 수 있도록 감사인의 업무설계 및 운영에 관한 기준을 준수하여야 한다. 품질관리기준은 한국공인회계사회가 감사업무의 품질관리 절차, 감사인의 독립성 유지를 위한 내부통제 등 감사업무의 품질보장을 위하여 필요한 사항을 포함하여 금융위원회의 사전승인을 받아 정한다(외감 17조).

감사인은 감사결과를 기술(記述)한 감사보고서를 작성하여야 한다. 감사보고서에는 감사범위, 감사의견과 이해관계인의 합리적 의사결정에 유용한 정보가 포함되어야 한다. 감사인은 감사보고서에 회사가 작성한 재무제표와 외부감사 참여 인원수, 감사내용 및 소요시간 등 외부감사 실시내용을 적은 서류를 첨부하여야 한다(외감 18조).

외부감사인은 이러한 직무를 수행하기 위하여 필요한 권한을 갖는다. 구체적으로 회사 및 관계회사 그리고 계열회사의 회계에 관한 장부와 서류를 열람하거나 등사 그리고 자료의 제출을 요구할 수 있다. 또한 이러한 회사의 업무와 재산상태를 조사할 수 있다(외감 21조).

감사인은 직무를 수행할 때 이사의 직무수행에 관하여 부정행위 또는 법령이나 정관에 위반되는 중대한 사실을 발견하면 감사 또는 감사위원회에 통보하고 주주총회 또는 사원총회에 보고하여야 한다. 감사인은 회사가 회계처리 등에 관하여 회계처리기준을 위반한 사실을 발견하면 감사 또는 감사위원회에 통보하여야 한다(외감 22조).

또한 외부감사인은 감사보고서를 작성하여 정기주주총회일 1주일 전에 회사에 제출하고, 주주총회 후 2주일 이내에 증권선물위원회 및 한국공인회계사회에 제출하여야 한다(외감 23조①, 동 시행령 27조). 외부감사인 또는 그에 소속된 공인회계사는 주주총회의 요구가 있는 때에는 출석하여 의견을 진술하거나 주주의 질문에 답변할 의무가 있다(외감 24조).

5. 외부감사인의 책임

외부감사인이 그 임무를 해태하여 회사에 대해 손해를 발생하게 한 때에는 회사에 대하여 연대하여 손해를 배상할 책임을 진다(외감 31조①). 또한 외부감사인이 중요한 사항에 관하여 감사보고서에 기재하지 아니하거나 허위의 기재를 함으로써 제3자에게 손해를 발생하게 한 때에는 그 손해를 배상할 책임이 있다(외감 31조②).

외부감사인은 손해배상책임에 대한 이행보장을 위하여 손해배상공동기금을 적립하거나 손해배상책임보험에 가입 하여야 한다(외감 32조).

외부감사인에 소속되어 감사를 행한 공인회계사도 연대하여 회사 또는 제3자에게 손해배상책임을 진다(외감 31조③). 또한 감사의 대상이 되는 회사의 이사 또는 감사도 외부감사인과 함께 책임이 있는 때에는 그 외부감사인과 연대하여 책임을 부담한다(외감 31조④).

위의 외부감사인 또는 이사나 감사의 책임은 청구권자가 당해 사실을 안 날로부터 1년 이내 또는 감사보고서를 제출한 날로부터 3년 이내에 청구권을 행사하지 아니하면 소멸한다(외감 31조⑨). 이 기간은 외부감사인의 선임계약에 의해 연장할 수 있다(동항 단서).

Ⅵ. 준법지원인

1. 의의

자산총액이 5천억 이상인 상장회사는 법령을 준수하고 회사경영을 적정하게 하기 위하여 임직원이 그 직무를 수행 할 때 따라야할 준법통제에 관한 기준 및 절차(준법통제기준)를 마련하여야 하고, 이 준법통제기준의 준수에 관한 업무를 담당하는 사람(준법지원인)을 1명 이상 두어야 한다(상 542조의13①②). 2011년 개정상법에 의해 신설된 제도이다.

2. 준법통제기준

준법통제기준으로 다루어야 할 내용으로 ①준법통제기준의 제정 및 변경의 절차에 관한 사항, ②준법지원인의 임면절차에 관한 사항, ③준법지원인의 독립적 직무수행의 보장에 관한 사항, ④임직원이 업무수행과정에서 준수해야 할 법규 및 법적 절차에 관한 사항, ⑤임직원에 대한 준법통제기준 교육에 관한 사항, ⑥임직원의 준법통제기준 준수 여부를 확인할 수 있는 절차 및 방법에 관한 사항, ⑦준법통제기준을 위반하여 업무를 집행한 임직원의 처리에 관한 사항, ⑧준법통제에 필요한 정보가 준법지원인에게 전달될 수 있도록 하는 방법에 관한 사항, ⑨준법통제기준의 유효성 평가에 관한 사항으로 구성된다(상령 40조①).

준법통제기준을 정하거나 변경하는 경우에는 이사회의 결의를 거쳐야 한다(상령 40조②).

3. 준법지원인과 회사와의 관계

준법지원인의 지위가 상법의 규정에 의하여 정해지며, 법이 정한 고유의 업무를 독립적으로 수행하지만, 회사의 선임에 의해 이 지위가 주어지므로 회사와의 관계는 위임으로 보아야 한다. 따라서 준법지원인은 선량한 관리자의 주의로 그 직무를 수행하여야 한다.

4. 준법지원인의 선임과 퇴임

준법지원인은 이사회의 결의로 선임한다(상 542조의13④). 준법지원인은 법률관련 사무의 전문성을 높이기 위해 ①변호사 자격을 가진 사람, ②「고등교육법」 제2조에 따른 학교에서 법률학을 가르치는 조교수 이상의 직에 5년 이상 근무한 사람, ③그 밖에 법률적 지식과 경험이 풍부한 사람으로서 대통령령에서 정하는 사람으로 제한하고 있다(상 542조의13⑤). 대통령에서 정하는 사람이란 ⅰ) 상장회사에서 감사·감사위원·준법감시인 또는 이와 관련된 법무부서에서 근무한 경력이 합산하여 10년 이상인 사람, ⅱ) 법률학 석사학위 이상의 학위를 취득한 사람으로서 상장회사에서 감사·감사위원·준법감시인 또는 이와 관련된 법무부서에서 근무한 경력이 합산하여 5년 이상인 사람을 말한다(상령 41조).

그리고 준법지원인의 업무수행에 영향을 줄 수 있는 영업관련업무에 종사하지 못하도록 하고 있다(상령 42조).

준법지원의 임기는 3년으로 하고, 준법지원인은 상근으로 한다(상 542조의13⑥). 또한 준법지원인은 임기의 만료로 퇴임하는 외에 위임의 일반적 종료사유로 퇴임한다.

5. 준법지원인의 직무

준법지원인의 직무는 「준법통제기준의 준수여부를 점검하는 업무」라고 할 수 있으며, 그 점검결과를 이사회에 보고하여야 한다(상 542조의13③). 준법지원인의 사무는 독임제적 기관으로서 수행되어야 하므로, 상장회사는 준법지원인이 그 직무를 독립적으로 수행할 수 있도록 하여야 하고, 제1항의 상장회사의 임직원은 준법지원인이 그 직무를 수행할 때 자료나 정보의 제출을 요구하는 경우 이에 성실하게 응하여야 한다(상 542조의13⑨).

준법지원인은 재임 중뿐만 아니라 퇴임 후에도 직무상 알게 된 회사의 영업상 비밀을 누설하여서는 아니 된다(상 542조의13⑧).

6. 준법지원인의 신분보장

상법 제542조의13 제10항은 「상장회사는 준법지원인이었던 사람에 대하여 그 직무수행과 관련된 사유로 부당한 인사상의 불이익을 주어서는 아니 된다」라고 규정한다. 이는 준법감시인에 관해 같은 규정을 둔 자본시장법 제28조 제9항을 모방한 것인데, 준법지원인으로서의 임기가 종료된 후 일반 임직원의 신분으로 전환될 경우 부당한 대우를 받지 않도록 배려한 것으로 보인다.

7. 제도의 강제성

준법지원인제도를 도입하지 않는 경우에 대한 벌칙이나 기타 불이익이 규정되어 있지 아니하나, 준법지원인은 법정기구로서 상법이 그 선임을 강제하고 있음은 의문의 여지가 없다. 이를 두지 않을 경우 위법상태가 될 것이며, 이사들의 임무해태를 구성한다.

▌제5장▌

자본금의 변동

제1절 서설

주식회사의 자본금은 회사의 기본재산이 되고 회사채권자의 유일한 담보이다. 따라서 회사의 자본금유지와 자본금충실이 요구된다. 그런데 자본금은 언제나 동일한 것이 아니며 변동한다. 예컨대 회사의 영업과 경영에 필요한 자금의 마련을 위하여 자본금을 증가시키거나, 오히려 자본금을 조달할 자금능력이 없을 때에는 자본금이 감소하기도 한다.

액면주식을 발행하는 회사와 무액면주식을 발행하는 회사에 있어서는 자본금의 인식방법도 다르고, 이를 변동시키는 방법도 다르다.

액면주식을 발행하는 경우 주식회사의 자본금을 증가하는 방법으로는 주식의 액면가액을 높이거나 발행주식수를 늘리는 방법이 있으며, 반대로 자본금을 감소시키는 방법으로 주식의 액면가액을 낮추거나 발행주식수를 줄이면 된다.

자본금을 증가시키는 방법 가운데 주식의 액면가를 높이는 일은 주주에게 주금에 대한 추가납입의무를 부담시키는 것으로 주주유한책임의 원칙과 맞지 아니하여 법률상 택하는 것이 불가능하다. 때문에 자본금의 증가에는 발행주식수를 늘리는 신주발행이라는 방법을 택한다. 반대로 자본금을 감소시키는 방법은 액면가액을 낮추거나 발행주식수를 줄임으로써 회사자본금이 감소되게 된다. 이는 주주의 유한책임에 반하지 아니하므로 법률상 선택이 가능하다. 다만 자본금감소의 경우 실질적으로 회사재산의 감소가 이루어지는 실질감자도 있지만, 회사재산의 변동이 없는 명목감자의 경우가 있다.

무액면주식을 발행할 경우에는 액면가가 존재하지 않고, 주식의 가격으로는 발행가, 즉 회사가 주식인수인으로부터 1주당 대가로 수령하는 금액이 있을 뿐이다. 그러므로 무액면주식을 발행한 경우에는 액면주식을 발행한 경우의 자본금의 산출방식은 적용할 수 없다. 대신 상법은 발행가의 총액의 2분의 1을 최소한으로 하여 회사가 자유롭게 자본금을 계상하는 것을 허용한다(상 551조②). 예컨대 발행가 총액이 1억원이라면 5천만 내지 1억원의 범위에서 자유롭게 자본금을 설정할 수 있는 것이다. 나아가 회사에 준비금이 존재하는 경우 준비금의 일부 또는 전부를 자본금으로 전입할 수 있다. 그러므로 무액면주식을 발행하는 경우, 자본금의 증가란 신주발행으로 수령한 발행가의 일부 또는 전부를 자본금의 액에 추가로 계상하거나, 준비금을 전입하여 자본금의 액을 증액하는 것이라고 정의할 수 있다.

한편 자본금을 감소하고자 할 경우 액면가가 없으므로 액면가의 감액을 이용한 자본금 감소는 불가능하다. 액면주식과 같이 주식의 병합이나 소각과 같이 주식수를 감소시키면서 자본금을 감소하는 방법도 사용할 수 있겠지만, 무액면주식의 발행가를 자본금에 계상한 이후에는 발행주식수와 자본금의 관계는 절연되므로 주식의 병합 또는 소각을 수반하지 않고, 단지 자본금의 수치를 축소시키는 회사의 의사결정만으로 자본금을 감소시킬 수 있다.[235)]

제2절 자본금의 증가(신주의 발행)

Ⅰ. 신주발행의 의의와 유형

신주발행은 넓은 의미에서는 회사성립 후 회사가 발행하는 일체의 주식발행을 의미한다. 좁은 의미에서는 자금의 조달을 목적으로 하는 보통의 신주발행을 뜻한다.

신주발행에는 보통의 신주발행과 특수한 신주발행이 있다. 보통의 신주발행이나 특수한 신주발행 모두 발행예정주식총수 내에서 발행된다는 점에서 동일하다.

보통의 신주발행은 회사가 자금조달을 직접목적으로 하는 것으로서 상법상 신주의 발행이라고 규정하고 있는 것이다. 보통의 신주발행의 경우에는 주금의 납입 또는 현물출자의 급부로 회사의 재산이 증가한다. 그러나 회사재산이 증가하였다고 하여 반드시 회사의 자본금이 회사재산의 증가와 동일하게 증가하는 것은 아니다. 예컨대 액면초과발행의 경우 초과한 액수만큼 자본보다 순재산의 증가가 많아지게 된다.

이에 대해 특수한 신주발행은 주식의 포괄적 교환에 의한 신주발행(상 360조의2), 전환주

---

235) 이(철)[상], 727면.

식의 전환을 위한 신주발행(상 346조이하), 준비금의 자본전입에 의한 신주발행(상 461조), 주식배당을 위한 신주발행(상 462조의2), 전환사채의 전환을 위한 신주발행(상 513조이하), 신주인수권부사채권자의 신주인수권행사를 위한 신주발행(상 516조의2), 흡수합병으로 인한 신주발행(상 523조iii), 주식병합에 의한 신주발행, 주식분할로 인한 신주발행(상 392조의2), 채무자회생 및 파산에 관한 법률에 의한 회생절차상의 신주발행(회파 206조)의 경우에 수반된다. 특수한 신주발행의 경우 회사의 자금조달보다는 다른 곳에 그 목적이 있다.

Ⅱ. 신주발행사항의 결정

신주발행사항의 결정은 정관으로 주주총회에서 정하기로 정한 경우를 제외하고 이사회의 결의에 의한다(상 416조). 신주발행사항을 대표이사 등에 일임할 수 없다.[236] 다만 이사회 내에 위원회에 위임하는 것은 가능하다.

이사회에서 결정하여야 할 신주발행의 사항은 다음과 같다. ① 신주의 종류와 수(상 416조 i), ② 신주발행가액과 납입기일(동 ii), 무액면주식의 경우에는 신주의 발행가액 중 자본금으로 계상하는 금액(동 ii 의2), ③ 신주의 인수방법(동 iii), ④ 현물출자에 관한 사항(동 iv), ⑤ 주주가 신주인수권을 양도할 수 있는 것에 관한 사항(동 v), ⑥ 주주의 청구가 있는 때에만 신주인수권증서를 발행한다는 것과 그 청구기간(동 vi), ⑦ 신주배정일(상 418조③) 등이다.

Ⅲ. 신주의 액면미달발행과 시가발행

1. 액면미달발행

(1) 의의

주식의 액면미달발행(할인발행)은 주식의 액면가격을 하회하는 가격으로 신주의 발행가격을 정하여 발행하는 것이다. 주식을 액면미달의 가액으로 발행하게 되면 자본충실을 기할 수 없다. 그러나 회사가 경제상 긴급히 자금조달을 요할 경우에 자본유지만을 고집할 것이 아니라 이 원칙을 탄력성 있게 운영하는 것이 기업의 유지의 이념에 맞을 것이다. 그러므로 상법은 주식의 액면미달발행을 인정하였다.

---

236) 이(철)[회], 872면 ; 정(동)[회], 496면 ; 정(찬)[상], 1066면.

(2) 요건

주식의 할인발행은 주주와 회사채권자의 이해에 큰 영향을 미치므로 아래와 같은 엄격한 요건을 갖추어야 한다(상 417조). 즉 회사성립 후 2년을 경과하여야 가능하고(상 417조①), 주주총회의 특별결의가 있어야 한다(동조①). 이때 주주총회는 할인발행과 함께 발행가액의 최저한도를 정하여야 한다(동조②). 그리고 법원의 인가를 얻어야 한다(상 417조①, 비송 86조). 이때 법원은 최저발행가액을 변경하여 인가할 수 있다(상 417조③). 다만 상장법인의 경우 액면미달발행을 할 때에 법원의 인가를 요하지 않으며(자 165조의8①), 그 발행가액은 대통령령이 정하는 방법에 따라 산정한 가격 이상으로 하여야 한다(동조②).

법원의 인가를 받은 날로부터 1년 이내에 발행하여야 하며(상 417조④), 법원이 인가할 때에 이 기간을 연장할 수 있다(동항 후단). 상장법인의 경우 법원의 인가를 요하지 아니하므로 주주총회가 다르게 정한 경우를 제외하고는 주주총회의 결의일로부터 1월 이내에 신주를 발행하여야 한다(자 165조의8③).

신주발행의 주식청약서에는 액면미달의 주식발행조건과 그 미상각액을 기재하여야 한다(상 420조ⅳ). 신주의 할인발행으로 인한 변경등기에 미상각액을 등기하여야 한다(상 426조).

상법개정 전에는 신주의 할인발행을 그대로 방치하며 회사의 자본충실을 해할 우려가 있다고 하여 액면미달금액의 총액은 대차대조표 자산의 부에 계상할 수 있고(상 455조), 계상액은 신주발행 후 3년 내에 매결산기마다 균등액 이상을 상각하도록 하였으나, 2011년 개정상법에서는 이 규정을 삭제하였다.

2. 시가발행

시가발행은 이미 발행된 주식의 현재 시장가격으로 신주의 발행가액을 정하여 발행하는 것이다. 상장법인은 시가발행을 할 수 있다(증권의 발행 및 공시 등에 관한 규정 5~18조). 상법에 따라 이사회는 자율적으로 발행가액을 정할 수 있지만, 주식의 유통시장에서 시장가격이 형성되어 있지 아니한 비상장법인에 대해서는 시가발행의 개념을 사용하지 아니한다.

회사의 재무건전성이나 경제여건 등에 따라 시가는 액면가 이하로 될 수도 있지만, 액면가 이하로 발행하는 경우 여러 가지 규제를 가하고 있으므로, 시가발행이란 액면초과발행을 의미한다.

Ⅵ. 보통의 신주발행

1. 의의

보통의 신주발행은 회사성립 후 회사가 발행할 주식총수 중 미발행주식을 발행하는 것이다. 주로 주식회사의 자본금조달을 위해 행해진다.

주식회사의 자금금조달의 방법으로는 자기자본의 조달과 타인자본의 조달의 방법이 있다. 자기자본조달의 방법으로는 신주의 발행이 있고 타인 자본조달방법으로는 사채발행과 차입금이 있다. 상법은 자본금조달의 방법 중 신주발행과 사채발행에 대하여 상세한 규정을 두고 있다. 상법은 수권자본제도를 채용하고 신주발행권한을 이사회에 부여함으로써 기동성 있는 신주발행을 도모하고 있다.

2. 신주인수권

(1) 서언

신주인수권이라 함은 주식회사 성립 후 신주를 발행하는 경우에 다른 자에 우선하여 그 신주의 인수를 청구할 수 있는 권리를 말한다(상 418조). 발행가액이나 기타 조건의 우대를 말하는 것은 아니다.

신주가 발행되는 경우에 회사의 지배관계를 유지하고,[237] 기존주주의 권리를 보호하기 위하여 종래의 주주에 대하여 그 주식 수에 비례하여 신주인수권을 부여할 필요가 있다. 상법은 주주의 신주인수권을 원칙으로 하고 예외적으로 신주인수권을 제한하거나 제3자에게 신주인수권을 부여할 수 있음을 규정하고 있다.

(2) 주주의 신주인수권

1) 의의와 성질

주주의 신주인수권은 회사가 신주를 발행할 때에 보유주식수에 비례하여 인수할 수 있다고 하는 주주권의 한 내용을 이루는 권리이다. 즉 주주자격에 따라 부여하는 권리이며, 법률의 규정에 의하여 주주에 주어지는 권리이다. 때문에 주식과 분리하여 양도 또는 포기

237) Jennings, p.869.

혹은 담보에 제공할 수 없다. 또한 시효에 해당되지 아니한다. 이를 추상적 신주인수권이라고 부른다.

위와 같은 추상적 신주인수권을 근거로 하여 이사회가 신주를 발행할 때, 구체적으로 그 신주를 청약하고 배정을 받을 수 있는 채권적 권리를 구체적 신주인수권이라 한다. 추상적 신주인수권은 주주권의 한 내용을 이루는 권리로서 주식으로부터 분리하여 이를 양도할 수 없으나, 신주발행시 이사회의 결의에서 부여된 구체적 신주인수권은 일정수의 신주의 배정을 구할 수 있는 채권이며 주식과는 별도로 독립된 권리이다. 회사는 일정한 날을 신주배정일로 정하여 그 날에 주주 명부에 기재된 주주가 신주인수권을 가진다는 뜻과 이를 양도할 수 있을 경우에는 그 뜻을 그 날의 2주간 전에 공고하여야 한다. 이는 명의개서를 하지 아니한 주식양수인으로 하여금 신주인수권이 부여된 사실을 미리 알고 명의개서를 할 수 있도록 하여 신주를 배정받게 하기 위한 것이다. 그렇게 함으로써 신주발행으로 인하여 주가가 하락된 경우라도 구주에서 받은 손실을 신주에서 얻은 이익으로 보상받을 수 있다.

2) 주주의 신주인수권에 대한 주주평등의 원칙과 제한

① 주주평등의 원칙

신주인수권을 가지는 주주는 그가 가진 주식 수에 따라 신주의 배정을 받을 권리가 있다(상 418조①). 즉 주주평등의 원칙이 적용되어 주주가 보유한 주식수에 비례하여 신주인수권이 부여되거나 제한된다. 따라서 주주평등의 원칙에 위반하여 신주인수권을 부여하는 것은 원칙적으로 무효라고 보아야 한다.

그렇지만 정관이나 상법의 해석 또는 법률상 주주의 신주인수권이 제한되는 경우가 있다. 또한 특정인이 신주인수권자로 정해져 있을 경우로 현물출자자에 대한 신주발행(상 416조iv), 전환주식이나 전환사채의 전환으로 인한 신주발행(상 346조, 513조), 신주인수권부사채권자의 신주인수권의 행사로 인한 신주발행(상 516조의2), 흡수합병시에 소멸회사 주주에 배정하기 위한 신주발행(상 523조iii), 분할합병시 분할되는 회사의 주주에게 배정하기 위한 신주발행(상 530조의6①iii), 주식의 포괄적 교환에서 완전자회사의 주주에게 배정하기 위한 신주발행(상 360조의2②) 등은 일반주주의 신주인수권 대상이 되지 아니한다.

【판례】

[44] **대법원 1989.3.14. 선고, 88누889 판결**
주주의 신주인수권은 주주가 종래 가지고 있던 주식의 수에 비례하여 우선적으로 인수의 배정을 받을 수 있는 권리로서 주주의 자격에 기하여 법률상 당연히 인정되는 것이지만 현물출자자에 대하여 발행하는 신주에 대하여는 일반주주의 신주인수권이 미치지 않는다.

② 제한

a) 정관에 의한 제한

주주평등의 원칙에 위반하여 신주인수권을 부여하거나 혹은 제한하는 정관의 규정을 둔다면 원칙적으로 무효이다. 또한 그러한 정관규정을 근거로 신주가 발행된다면 신주발행유지청구(상 424조) 또는 신주발행무효의 소(상 429조)의 원인이 된다.

그런데 상법 제418조 제2항에 따르면, 정관에 정하는 바에 따라 주주 외의 자에게 신주를 배정할 수 있다고 하여 주주의 신주인수권을 정관으로 제한·박탈할 수 있도록 하였다. 이에 따라 수종의 주식을 발행한 경우에 주식배정에 대한 특약이 있을 때에 신주인수권의 부여비율에 제한을 받거나 공모에 의해 신주를 발행할 경우에 일반주주에 대한 신주인수권의 제한 또는 박탈 그리고 제3자의 신주인수권 부여로 인한 주주의 신주인수권의 박탈 등이 이루어질 수 있다. 그러나 이는 회사의 경영상 목적을 달성하기 위한 필요한 경우로 그 범위가 제한된다고 보아야 한다.

b) 상법의 해석에 의한 제한

주주평등의 원칙에 대한 예외로서 회사의 자기주식(상 341조)과 자회사가 갖고 있는 모회사의 주식(상 342조의2)에는 신주인수권이 없다.

또한 실권주나 단주의 처리 과정에서 신주인수권이 미치지 아니할 수 있다. 실권주란 신주인수권자가 청약하지 아니하거나(상 423조②), 신주의 인수인이 납입기일 내에 납입하지 아니함으로 주식인수인으로서의 지위를 잃게 되어 발생한다. 이때에는 미발행부분으로 유보되거나 이사회의 결의로 제3자에게 배정할 수 있다.

단주란 1주 미만의 주식을 의미한다. 주로 신주발행시에 신주인수권자가 지주수에 비례하여 주식을 배정하는 과정에서 발생한다. 예컨대 「1:0.3」의 비율로 주식배당을 할 때에 주주가 11주를 가지고 있다면 3.3주를 배정받아야 하지만 0.3주는 1주 미만이 되어 단주로 처리된다. 일반적으로 단주들을 모아 시가로 처분하고 발행가와의 차액을 단주의 주주에게 돌려주고 있다.

c) 기타 각종 법률에 의한 제한

주권상장법인 또는 주권을 유가증권시장에 상장하려는 법인이 주식을 모집하거나 매출하는 경우에 우리사주조합원들은 모집 또는 매출하려는 주식총수의 100분의 20의 범위에서 우선배정을 받을 수 있으므로(자 165조의7②) 그 범위에서 주주의 신주인수권은 제한을 받는다. 또한 주권상장법인이 일반공모에 의한 증자방식으로 신주를 발행하려고 하는 경우(동법 제165조의6)에 그 범위에서 주주의 신주인수권이 제한을 받는다.

기업회생절차에 따라 회생계획의 일환으로 신주가 발생되는 경우에 주주의 신주인수권이 제한을 받게 된다(회파 265조②, 266조③).

(3) 제3자의 신주인수권

제3자의 신주인수권이란 주주 이외의 제3자에게 부여된 신주인수권을 말하며, 제3자 배정이라고도 부른다. 주주인 경우라도 보유주식수의 비율을 초과하여 신주를 인수한다면 제3자의 신주인수권에 해당한다.

제3자의 신주인수권이 주어지는 근거[238]로는 ① 법률에 의한 경우이다. 즉 전환사채나 신주인수권부사채를 발행한 경우에 제3자(상 513조, 516조의2④), 자본시장법상 우리사주조합에 가입한 종업원(자 165조의7①), 주식매수선택권제도에 의해 주식매수선택권을 부여받는 자(상 340조의3)는 신주인수권을 갖는다.

② 정관의 규정에 의하여 제3자에 대해 신주인수권을 부여할 수 있다(상 418조②). 즉 자금

---

238) 신주발행을 둘러싼 법규제는 신주발행에 의하여 커다란 영향을 받는 주주의 이익을 가능한 보호하는 동시에 자본조달의 편의를 최대한 도모하려는 것을 목적으로 한다(對談, 第三者割當增資の論点, 別冊商事法務 No. 116, 1990, 36頁). 경영판단의 원칙에 따라 이를 인정하는 학설도 있다(Lipton, Takeover Bids in the Target's Boardroom, 35 Business Law., 1979, p. 101 ; 森木滋, "新株の發行と株主の地位", 法學論叢 第104卷 第2号, 1978, 9頁). 그러나 오로지 지배권쟁탈만을 목적으로 하는 조치에 대해서는 불공정하다는 입장이 강하다(정(동)[회], 487면 ; Lynch & Steinberg, "The Legitimacy of Defensive Tatics in Tender Offer," 64 Cornell Law Rev., 1979, pp.901, 933~939).

조달을 원활히 하기 위하여 정관으로 특정한 제3자에게 신주인수권을 부여할 수 있게 하였다. 다만 이 경우는 신기술의 도입, 재무구조의 개선 등 회사의 경영상 목적을 달성하기 위하여 필요한 경우에 한한다. 이때 특정한 제3자는 종업원·임원 등과 같이 구체적으로 정하여야 한다. 이 경우에도 회사와 제3자간의 계약이 없으면 당연히 신주인수권을 취득하지 못한다.

③정관의 규정이 없더라도 주주총회의 특별결의에 의하여 제3자에 신주인수권을 부여할 수 있다는 견해도 있다.

【판례】

[45] 서울고법 1997.5.13. 선고, 97라36 판결

전환사채의 발행이 경영권 분쟁 상황하에서 열세에 처한 구지배세력이 지분 비율을 역전시켜 경영권을 방어하기 위하여 이사회를 장악하고 있음을 기화로 기존 주주를 완전히 배제한 채 제3자인 우호세력에게 집중적으로 '신주'를 배정하기 위한 하나의 방편으로 채택된 것이라면, 이는 전환사채 제도를 남용하여 전환사채라는 형식으로 사실상 신주를 발행한 것으로 보아야 하며, 그렇다면 그러한 전환사채의 발행은 주주의 신주인수권을 실질적으로 침해한 위법이 있어 신주 발행을 그와 같은 방식으로 행한 경우와 마찬가지로 무효로 보아야 하고, 뿐만 아니라 그 전환사채 발행의 주된 목적이 경영권 분쟁 상황하에서 우호적인 제3자에게 신주를 배정하여 경영권을 방어하기 위한 것인 점, 경영권을 다투는 상대방인 감사에게는 이사회 참석 기회도 주지 않는 등 철저히 비밀리에 발행함으로써 발행유지가처분 등 사전 구제수단을 사용할 수 없도록 한 점, 발행된 전환사채의 물량은 지배 구조를 역전시키기에 충분한 것이었고, 전환기간에도 제한을 두지 않아 발행 즉시 주식으로 전환될 수 있도록 하였으며, 결과적으로 인수인들의 지분이 경영권 방어에 결정적인 역할을 한 점 등에 비추어, 그 전환사채의 발행은 현저하게 불공정한 방법에 의한 발행으로서 이 점에서도 무효라고 보아야 한다.

(4) 신주인수권의 양도

1) 서

상법은 주금납입의 자력이 없는 주주의 이익을 보호하고 기업자금조달을 원활히 하기 위하여 신주인수권의 양도를 인정하였다. 즉 정관의 규정 혹은 이사회의 결의로 신주인수권을 양도할 수 있게 하였다. 정관의 규정에 의하여 주주총회가 결정할 때에 양도하거나, 신주인수권의 양도를 인정함으로써 사무처리상의 부담이 증가될 것을 고려하여 정관에 규정이 없는 경우에 한하여 이사회의 결의로 주주의 인수권의 양도를 정할 수 있도록 하였다(상 416조).

신주인수권의 양도는 주주의 신주인수권의 경우에만 인정된다. 신주인수권의 양도는 신주인수권증서의 교부에 의하여서만 이를 행한다(상 420조의3). 제3자의 신주인수권의 경우 양도성이 인정되지 않는다.[239] 다만 신주인수권부사채권자는 이사회가 정한 발행조건에 따라 신주인수권만을 따로 양도할 수 있다(상 516조의2②iv).

【판례】

[46] 대법원 1995.5.23. 선고, 94다36421 판결

상법 제416조 제5호에 의하면, 회사의 정관 또는 이사회의 결의로 주주가 가지는 신주인수권을 양도할 수 있는 것에 관한 사항을 결정하도록 되어있는바, 신주인수권의 양도성을 제한할 필요성은 주로 회사측의 신주발행사무의 편의를 위한 것에서 비롯된 것으로 볼 수 있고, 또 상법이 주권발행 전 주식의 양도는 회사에 대하여 효력이 없다고 엄격하게 규정한 것과는 달리 신주인수권의 양도에 대하여는 정관이나 이사회의 결의를 통하여 자유롭게 결정할 수 있도록 한 점에 비추어 보면, 회사가 정관이나 이사회의 결의로 신주인수권의 양도에 관한 사항을 결정하지 아니하였다 하여 신주인수권의 양도가 전혀 허용되지 아니하는 것은 아니고, 회사가 그와 같은 양도를 승낙한 경우에는 회사에 대하여도 그 효력이 있다. 주권발행 전의 주식의 양도는 지명채권 양도의 일반원칙에 따르고, 신주인수권증서가 발행되지 아니한 신주인수권의 양도 또한 주권발

---

239) 이·외[회], 450면 ; 이(철)[회], 891면 ; 정(동)[회], 514면. 이에 반하여 계약상의 권리이므로 양도할 수 있다는 견해(서·정, 493면 ; 정(희)[상], 521면)와 회사가 승인한 경우에만 양도가 가능하다고 보는 견해(박(상)[회], 532면 ; 양·박, 415면)가 있다.

행 전의 주식양도에 준하여 지명채권 양도의 일반원칙에 따른다고 보아야 하므로, 주권발행 전의 주식양도나 신주인수권증서가 발행되지 아니한 신주인수권 양도의 제3자에 대한 대항요건으로는 지명채권의 양도와 마찬가지로 확정일자 있는 증서에 의한 양도통지 또는 회사의 승낙이라고 보는 것이 상당하고, 주주명부상의 명의개서는 주식 또는 신주인수권의 양수인들 상호간의 대항요건이 아니라 적법한 양수인이 회사에 대한 관계에서 주주의 권리를 행사하기 위한 대항요건에 지나지 아니한다.

2) 신주인수권증서

신주인수권증서는 주주의 신주인수권을 표창하는 비설권적 무기명의 유가증권이다. 주주의 신주인수권을 양도할 수가 있다는 뜻을 정한 경우에는 신주인수권증서발행의 정함에 따라, 그 정함이 없는 때에는 주식인수청구기간의 2주간 전에 신주인수권증서를 발행하여야 한다(상 420조의2).

신주인수권증서에는 i) 신주인수권증서라는 뜻, ii) 주식청약서의 기재사항, iii) 신주인수권의 목적인 주식의 종류와 수, iv) 일정기일까지 주식의 청약을 하지 않는 때는 권리를 잃는다는 뜻 및 번호를 기재하고 대표이사가 기명날인(또는 서명)하여야 한다.

신주인수권의 양도는 이러한 신주인수권증서의 교부에 의하여서만 할 수 있다(상 420조의 3①).

3) 신주인수권증서에 의한 청약

신주인수권증서를 발행할 경우에는 신주의 청약은 반드시 신주인수권증서에 의하도록 하였다(상 420조의5①). 다만 신주인수권증서는 유통기간이 짧은 경우 이를 상실한 경우 공시최고절차에 의한 제권판결을 요하는 것은 실효가 없으므로 주식청약서에 의하도록 하였다. 만약 주식청약서에 의한 신청과 신주인수권증서에 의한 신청이 중복된 때에는 후자의 것을 유효로 한다(상 420조의5②).

4) 신주인수권의 전자등록

2011년 개정상법은 신주인수권증서의 발행에 갈음하여 정관으로 정하는 바에 따라 전자등록기관의 전자등록부에 신주인수권을 등록할 수 있으며(상 420조의4), 등록을 하면 주권을 전자등록한 때와 같이 신주인수권의 등록에 권리추정력이 생기고, 신주인수권의 양도는 등록에 의해 하도록 하였다(상 420조의4, 356조의2②~④).

3. 신주발행의 절차

(1) 배정기준일 공고

회사는 신주인수권자를 확정하기 위해 신주의 배정기준일을 정하고, 이를 공고해야 한다(상 418조③). 즉 신주배정기준일 2주간 전에 공고하여야 하며, 그 날이 주주명부의 폐쇄기간 중인 때에는 그 폐쇄기간의 초일의 2주간 전에 공고하여야 한다.

(2) 신주인수권자에 대한 최고

신주발행에 관한 사항이 결정이 되면 신주인수권자에게 권리행사의 최고를 하여야 한다. 회사는 신주인수권자가 가지는 인수권에 주식의 종류 및 수와 일정기일까지 청약하지 않으면 그 권리를 잃는다는 뜻의 통지를 그 기일의 2주간 전에 하여야 한다. 이 경우에 신주인수권의 양도와 그 방법에 관한 사항의 정함이 있는 때에는 그 내용도 통지하여야 한다(상 419조). 그 기일까지 청약을 하지 않으면 신주인수권자는 그 권리를 잃는다. 이른바 실권주가 발생하게 된다.

(3) 주주의 모집

신주인수권자가 없는 경우의 신주발행을 모집에 의한 신주발행이라고 하는데, 상장회사의 경우 모집에 의한 신주발행을 많이 이용한다. 신주인수권자가 청약하지 않은 실권주가 있거나 정관으로 신주인수권의 대상으로 되어 있지 않은 주식에 대하여는 주주를 모집할 수 있다.

이 경우에는 모집설립의 경우의 주식발행절차와 유사하므로 이에 관한 규정이 준용된다(상 425조).

(4) 주식의 인수

신주인수의 청약과 배정으로 주식인수가 성립하며, 주식인수의 법률상 성질은 입사계약이다.

1) 주식인수의 청약

신주인수권증서를 발행한 경우에는 그 증서에 의하여 청약한다. 이 증서를 상실한 자는 주식청약서 2통에 의하여 청약한다. 신주발행으로 인한 변경등기가 있는 날로부터 1년이 지나면 주식청약서나 신주인수권증서의 흠결을 이유로 그 인수를 취소하지 못한다(상 427조).

2) 신주의 배정

신주인수권자의 청약이 있으면 회사는 이에 배정하여야 한다. 이때 이사가 배정을 하는데, 배정한 주식수가 청약한 주식수에 미달한다고 하여 인수권자가 이의를 제기할 수 없다. 청약자가 배정을 받아 주식인수가 성립할 때에 주식인수인의 권리인 권리주는 양도할 수 있으나 회사에 대하여는 효력이 없다(상 425조·319조).

(5) 출자의 이행과 현물출자의 검사

이사는 신주의 인수인으로 하여금 그 배정한 주식수에 따라 납입기일에 전액을 납입시켜야 한다(상 421조①). 즉 청약인은 배정으로 주식인수인이 되고 납입의무를 부담한다. 이때 신주의 인수인은 회사의 동의없이 상법 제421조 제1항의 납입의무와 주식회사에 대한 채권을 상계할 수 없다(상 421조②). 본조는 상계를 개정상법에서 허용함에 따른 폐단을 방지하기 위한 보완규정이다. 즉 상계가 주주의 편의만을 위해 이용된다면 회사의 자본충실을 해할 것이므로 회사의 동의 없이는 인수인이 상계할 수 없도록 한 것이다. 납입장소, 납입금보관자의 증명의무, 현물출자의 이행방법 등은 모집설립의 경우와 같다. 기일에 납입 또는 이행을 하지 않으면 법률상 실권되고 또 손해배상책임도 면할 수 없다.

현물출자를 하는 자는 권리설정 또는 이전에 필요한 서류를 완비하여 교부하여야 한다(상 295조). 현물출자를 하는 자가 있는 경우 이사는 이를 조사하게 하기 위하여 법원에 검사인의 선임을 청구하여야 한다(상 422조①). 다만 검사인의 조사는 공인된 감정인의 감정으로 갈음할 수 있다.

2011년 개정상법은 현물출자를 하더라도 소규모에 그쳐 자본충실을 해할 위험이 커지지 않거나(현물출자의 목적인 재산의 가액이 자본금의 5분의 1을 초과하지 아니하고 5천만원을 초과하지 아니하는 경우), 출자가액의 평가가 불공정해질 염려가 없는 경우에는(현물출자의 목적인 재산이 거래소의 시세 있는 유가증권인 경우, 변제기가 돌아온 회사에 대한 금전채권을 출자의 목적으로 하는 경우) 검사를 면제하는 규정을 신설하였다(상 422조②).

현물출자에 관한 사항은 이사회에서 결정하고, 회사의 자본충실을 기하기 위하여 이사는 검사인의 선임을 법원에 청구하고 법원은 검사인의 보고서를 심사하여 부당한 때에는 이를 변경하여 이사와 현물출자자에게 통지할 수 있으며, 그 변경에 불복하는 출자자는 주식인수를 취소할 수 있다. 법원이 통고 후 2주간 내에 주식인수를 취소할 자가 없는 때에는 그 통고대로 변경된 것으로 본다(상 422조③④⑤).

(6) 신주발행의 효력발생

신주의 인수인은 납입 또는 현물출자의 이행을 한 때에는 납입기일의 다음날로부터 주주로서의 권리의무가 생긴다(상 423조①1문).

회사의 설립시와는 달리 신주발행예정주식의 전부에 대한 납입 또는 이행이 없어도 자금조달의 편의를 위하여 전액확정을 요하지 않고, 납입 또는 이행의 범위 내에서 그 효력을 인정하고 있다. 실권주와 단주의 부분은 신주발행을 중지하여 미발행으로 유보하거나 재모집하여 이사회의 결의로 제3자에게 배정할 수 있다.

(7) 변경등기

신주가 발행되면 발행주식의 총수와 종류 등에 변경이 생기므로 회사는 납입시기일로부터 본점소재지에서는 2주간 내에, 지점소재지에서는 3주간 내에 변경등기를 하여야 한다(상 317조④·183조).

V. 신주발행에 대한 이사의 책임

1. 신주에 대한 인수담보책임

신주발행으로 인한 변경등기가 있은 후에 아직 인수하지 아니한 주식이 있거나 주식인수의 청약이 취소된 때에는 이사가 이를 공동으로 인수한 것으로 본다(상 428조①). 이사는 인수담보책임을 진다. 설립시 발기인이 인수되지 아니한 주식에 대해서 인수담보책임을 지고 납입이 완료되지 않은 주식에 대해서 납입담보책임을 지는데 반해 이사는 납입담보책임을 지지는 않는다. 신주의 주식인수인은 납입기일에 납입 또는 현물출자의 이행을 하지 아니한 때에는 그 권리를 잃기 때문이다(상 423조②). 이것은 회사의 설립의 경우 발기인의 자본충실책임과는 다르다.

이사의 신주인수담보책임은 무과실책임이며, 총주주의 동의로도 면제할 수 없다.

2. 손해배상책임

이사는 신주에 대한 인수담보책임과 별도로 회사에 손해가 발생한 경우에는 회사에 대하여 손해배상책임을 부담한다(상 428조②·399조).

VI. 신주발행에 대한 주주의 유지청구권

회사가 법령 또는 정관에 위반하거나 현저하게 불공정한 방법으로 주식을 발행함으로써 주주가 불이익을 받을 염려가 있는 경우는 그 주주는 회사에 대하여 발행을 유지할 것을 청구할 수 있다(상 424조).

유지청구권을 행사할 수 있는 요건으로는 ① 법령 또는 정관에 위반하거나 현저하게 불공정한 방법에 의하여 주식을 발행하여야 하고, ② 주주가 불이익을 받을 염려가 있어야 한다. 불이익이란 특정주주에 대해 직접적 불이익이 발생함을 의미하며, 모든 주주에게 간접적 불이익이 발생함을 의미하지 아니한다.[240]

유지청구권의 청구권자는 불이익을 입을 염려가 있는 주주에 한한다. 제3자가 신주인

240) 이(철)[회], 906면 ; 정(찬)[회], 962면.

수권을 가진 경우에 회사가 신주인수권을 무시하고 신주발행을 하여도 그 제3자는 회사에 대하여 손해배상청구를 행사할 수 있지만 유지청구권을 행사하지는 못한다. 피청구권자는 회사이다.

이는 신주발행의 효력발생기일 전에 청구하여야 한다. 즉 사전적 조치로서, 신주발행의 효력이 발생하는 납입기일의 다음날 이전 이른바 납입기일까지 행사하여야 한다. 이 청구권은 소 이외의 방법으로도 행사할 수 있는 단독주주권이며, 만약 소의 방법으로 행사한다면 대표소송의 규정을 유추하여야 하므로 단독주주권이 아닌 소수주주권이 된다.

주주가 신주발행유지청구권을 행사하면 회사는 신주발행의 위법성 또는 불공정성 여부를 심시해야할 의무를 지게 된다. 만약 위법·불공정함에도 불구하고 신주발행을 완료하였다면, 주주는 회사를 상대로 손해배상을 청구하거나 이사의 제3자에 대한 책임에 기해 이사에게 손해배상책임을 청구할 수 있다. 만약 이로 인해 회사에 손해가 발생하였다면 이사는 회사에 대해서도 손해배상책임을 부담하여야 한다(상 399조). 만약 신주발행유지의 소가 제기되어 유지의 판결이나 가처분이 있었음에도 불구하고 신주발행이 이루어졌다면 동 신주발행은 무효가 된다.

Ⅶ. 불공정한 가격으로 주식을 인수한 자의 책임

이사와 통모하여 현저하게 불공정한 발행가액으로 주식을 인수한 자는 회사에 대하여 공정한 발행가액과의 차액에 상당한 금액을 지급할 의무가 있다(상 424조의2①). 회사가 직접 인수인에 대해 출자의무에 기초한 지급책임을 묻도록 한 것이다.

책임발생의 요건으로는 ① 현저하게 불공정한 발행가액이어야 한다. 이때 발행가액이란 이사회가 발행사항으로 결정한 발행가액이 아니라 인수인이 실제로 납입한 인수가액을 의미한다. 따라서 발행가액이 불공정하더라도 인수가액이 공정하다면 인수인의 책임은 발생하지 아니한다. ② 이사와의 통모를 요한다. 통모가 없다면 현저하게 불공정한 가액으로 인수하였더라도 인수인의 책임은 발생하지 아니한다.

통모인수인은 공정한 가액과 실제 인수액과의 차액에 상당하는 금액을 회사에 지급하여야 한다. 이때 인수인에 대한 책임추궁은 회사가 하여야 하지만, 회사가 이를 게을리한 경우 주주가 대표소송을 제기할 수 있다. 즉 발행주식총수의 100분의 1 이상의 주식을 가진 주주는 이 금액의 지급을 청구하는 소를 제기할 수 있다. 이 경우의 소는 주주의 대표소송에 관한 상법 제403조 내지 제406조의 규정이 준용된다. 또한 상장법인의 경우에는 6개월 전부터 계속하여 상장법인 발행주식총수의 10,000분의 1 이상에 해당하는 주식을 보유한 자여야 한다(상 542조의6⑥).

또한 통모인수인에 대한 책임추궁과 이사에 대한 책임추궁은 별개로 이루어진다. 때문에 이사의 임무해태로 인한 회사에 대한 손해배상책임(상 399조)과 주주에 대한 책임(상 401조)에는 영향을 미치지 아니한다(상 424조의2③).

Ⅷ. 신주발행의 무효

1. 신주발행무효의 의의

신주발행무효는 신주발행이 법령이나 정관에 위반하는 등 하자가 있는 경우에 발행되는 신주의 전부를 무효로 하는 것이다.

신주발행이 하자로 무효가 되는 경우에 신주발행으로 인한 법률관계의 안정성을 해치게 된다. 따라서 법률관계의 안정성과 획일화를 도모하기 위하여 신주발행무효의 소 제도를 두어 신주발행의 무효는 일정기간 내에 일정한 자에 한하여 소만으로 주장할 수 있고, 또한 판결의 대세적 효력을 인정하고 소급효를 부정하고 있다(상 429조).

2. 무효의 원인

신주발행의 무효원인은 상법에 명문의 규정을 두고 있지 아니하다. 흔히 신주발행이 법령·정관에 위반하여 이루어진 경우라고 볼 수 있지만, 모든 경우에 무효로 볼 수는 없을 것이다. 발행된 신주가 이미 그 효력을 발생하고 유통하고 있기 때문에, 신주주 또는 제3취득자의 보호를 목적으로 하는 법적 안정이라는 관점에서 볼 때에 무효원인을 비교적 좁게 해석하여야 할 것이다.

신주발행무효의 원인으로는 ① 발행예정주식총수를 초과하여 발행한 경우, ② 이사회의 결의 없이 발행한 경우, ③ 법정절차 없이 액면미달로 발행한 경우 등을 들 수 있다.

【판례】

[47] **대법원 2003.2.26. 선고, 2000다42786 판결**
이 사건 신주발행은 1997. 초에 발생한 이른바 한보사태로 한보그룹의 대출금 상환 또는 국세납부 능력이 의심스러워졌고 이에 한보그룹에 대한 대출금융기관인 원고 은행이 대출금에 대한 담보제공을 요구하자 위 정태수, 정한근 등은 그들이 보유하고 있던 피고 회사의 주식 200만 주에 질권을 설정하여 주고, 나머지 400만 주는 한보그룹의 체납 국세에 대한 담보로 국세청에 압류당하여 장차 위 주식들에 대한 질권이나 체납처분이 실행될 경우 피고 회사에 대한 지배권을 상실할 염려가 있었으므로 이러한 경우에도 피고 회사에 대한 지배권을 계속 보유하기 위한 수단으로 피고 회사의 해외 자산을 처분한 다음 당국에 외환관리법에 따른 신고를 이행하지 아니하고 자산매각대금을 횡령한 후 유령회사인 사우스 아시아 걸프 코퍼레이션을 설립하고 위와 같은 은닉자금을 이용하여 위 회사 명의로 피고 회사의 신주를 인수한 것으로 보이므로, 이 사건 신주발행은 정태수 일가의 범죄행위를 수단으로 하여 행하여진, 선량한 풍속 기타 사회질서에 반하는 현저히 불공정한 방법으로 이루어진 신주발행으로서 무효로 보아야 한다.

3. 소의 절차

신주발행의 무효는 주주·이사 또는 감사에 한하여 신주를 발행한 날로부터 6월 내에 소만으로 이를 주장할 수 있다(상 429조). 이와 같이 신주발행무효의 소는 회사관계의 외관성과 획일성을 위하여 제소권자와 기간을 제한하고 있다. 주주의 경우 주주명부에 등재된 자에 한하여 제소할 수 있다.

또한 회사를 피고로 하여야 한다.

그리고 소의 관할, 소제기의 공고, 소의 합병심리, 하자의 보완 등은 설립무효의 소의 경우와 같다. 주주의 담보제공의무는 총회 결의취소의 소의 경우와 같다(상 430조, 186조~192조, 377조).

【판례】

[48] **대법원 1989.7.25. 선고, 87다카2316 판결**
주주들에게 통지하거나 주주들의 참석 없이 주주 아닌 자들이 모여서 개최한 임시주주총회에서 발행예정주식총수에 관한 정관변경결의와 이사선임결의를 하고, 그와 같이 선임된 이사들이 모인 이사회에서 대표이사 선임 및 신주발행 결의를 하였다면 그 이사회는 부존재한 주주총회에서 선임된 이사들로 구성된 부존재한 이사회에 지나지 않고 그 이사들에 의하여 선임된 대표이사도 역시 부존재한 이사회에서 선임된 자이어서 그 이사회의 결의에 의한 신주발행은 의결권한이 없는 자들에 의한 부존재한 결의와 회사를 대표할 권한이 없는 자에 의하여 이루어진 것으로서 그 발행에 있어 절차적, 실체적 하자가 극히 중대하여 신주발행이 존재하지 않는다고 볼 수밖에 없으므로 회사의 주주는 위 신주발행에 관한 이사회결의에 대하여 상법 제429조 소정의 신주발행무효의 소의 제기기간에 구애되거나 신주발행무효의 소에 의하지 않고 부존재확인의 소를 제기할 수 있다.

4. 무효판결의 효과

신주무효의 판결이 확정되면 법률관계의 획일적 처리의 필요상 그 판결의 효력은 제3자에게도 대세적 효력이 있고, 거래의 안전을 위해서 소급효가 없다.

판결이 확립되면 유통 중의 주식을 강제로 소각할 필요가 있으므로 일정기간 내에 회사에 신주의 주권을 제출할 것을 공고하고 개별적으로 통지하여야 한다(상 431조). 제출한 주주에게 납입금을 반환하고, 반환한 경우에 질권의 물상대위와 기명주식의 등록질에 관한 규정이 준용된다. 발행주식수와 자본감소의 변경등기를 하여야 한다.

제3절 자본금의 감소

Ⅰ. 의의

자본금 감소는 자본금의 금액을 축소시키는 회사의 행위·절차를 말한다. 자본금의 감소는 단순히 회사의 재무지표상의 액수를 줄이는 것이 아니다. 자본금은 회사의 창업과 유지를 위한 물적 기초와 손익을 계산하는 기준이 되므로, 회사는 자본금에 부합하는 실체의 재산을 갖추도록 노력해야 한다는 자본금충실의 원칙을 주식회사의 상법 규율 전반에서 중요한 이해조정기준으로 삼고 있다. 자본금은 이익배당이나 기타 사외유출의 가능한 범위를 정하는 공제항목이 되어 자산의 유출을 통제하는 기능을 하는데, 이 자본금을 감소한다는 것은 이러한 규범적 기준을 낮추어 회사의 잠재적인 자금력과 사업능력을 축소시키는 의미를 가지므로 주주들에게 중대한 변화가 된다. 또한 자본금감소는 회사의 지급능력과 책임재산을 감소시키는 요인이 되므로 회사의 채권자들에게도 밀접한 이해관계를 가진다. 자본금감소는 주주와 채권자의 이해가 걸려있어 상법에서는 주주총회에 자본금감소의 의사결정권을 주고 채권자에게는 이의제출의 기회를 주고 있다.[241)]

Ⅱ. 자본금감소의 분류

1. 실질상의 자본금 감소와 명목상의 자본금 감소

자본금 감소로 주주에게 출자의 환급이 이루어져 순자산도 감소하는 형태를 실질적인 자본금 감소라 하고, 명목적 감자는 자본금의 액만을 줄이고 순자산은 사외에 유출시키지 않는 것이다. 명목감자는 자본금의 결손이 있으나, 당분간 회복할 가망이 없는 회사에서 그대로 방치하면 이익배당도 어렵고 회사의 신용도도 떨어지므로 자본금을 순자산에 접근시키기 위해서 한다. 명목감자를 통해 주식의 실질가치를 액면가에 접근시킨 후 신주를 액면가로 발행하여 종전의 자본금규모에 상응하는 순자산을 유입시킨다.

---

241) 권(기)[회], 1151면 ; 이(철)[회], 922면.

2. 통상의 자본금 감소와 결손보전을 위한 자본금 감소

자본금 감소는 거쳐야 하는 절차에 따라 ①주주총회의 특별결의와 채권자 이의절차를 거쳐야 하는 통상의 자본금 감소와(상 438조①) ②채권자 이의절차가 필요 없이 원칙적으로 주주총회의 보통결의만으로 되는 2011년 개정으로 신설된 결손의 보전을 위한 자본금 감소로 구분된다(상 438조②).[242]

Ⅲ. 자본금 감소의 방법

1. 액면주식이 발행된 경우

자본금은 발행주식의 액면총액이므로 자본금의 감소는 액면가를 감액하거나 발행주식수를 줄이거나 아니면 액면가와 발행주식수 모두를 감소하는 방법으로 할 수 있다.

(1) 액면가의 감액

액면가를 줄인만큼 자본금은 감소된다. 100원이하로는 감액하지 못한다(상 329조③). 감액된 주금을 주주에게 환급여부에 따라 실질감자와 명목감자로 할 수 있다. 주금액은 정관기재사항(상 289조①iv)으로 액면가의 감액은 정관변경이 따른다. 통상의 자본금 감소에서는 주주총회의 특별결의를 거치므로 별도의 정관 변경 결의 없어도 동시에 승인하는 것으로 해석하면 족하다. 결손보전을 위한 자본금 감소의 경우에는 주주총회의 보통결의 외에 정관 변경을 위한 특별결의가 별도로 필요하다.[243]

(2) 주식수의 감소

주식을 병합하거나 주식의 소각으로 한다. 주식의 병합은 10주를 7주로 하는 것처럼 여러 주식을 합하여 적은 수의 주식을 발행하는 것으로 모든 주주를 대상으로 균등하게 획일적·강제적으로 행해지는 것이 보통이다.

주식 소각은 발행주식중의 일부를 소각하여 없애서 주식수를 줄이는 것으로 자본금의

242) 권(기)[회], 1153면.
243) 권(기)[회], 1155면.

감소를 가져온다. 주주의 동의와 상관없이 하는 강제소각과 원하는 주주에 한해서 이루어지는 임의소각으로 주금의 지급 여부에 따라 유상소각, 무상소각으로 나누어 진다. 임의·유상, 강제·유상, 강제·무상 소각의 조합이 보통인데 원하는 주주가 대가 없이 소각하는 임의·무상 소각은 생각하기 어렵다.[244)]

2. 무액면주식이 발행된 경우

무액면주식의 경우는 발행된 주식의 수와 자본금은 상관이 없다(상 451조②). 액면가는 없어서 조정할 수 없고 주식의 병합이나 소각으로 주식수를 줄이는 것으로 자본금을 감소할 수는 없다. 이사회의 결의로 자본금 감소액을 정하고 주주총회의 특별결의와 채권자 이의절차를 거치면 된다.

Ⅳ. 자본금 감소의 절차

원칙적으로 주주총회의 특별결의와 채권자 이의절차를 거쳐야 한다. 다만 자본금 결손을 전보하기 위한 명목상의 감자는 주주총회의 보통결의로 되고 채권자 이의절차는 생략된다. 특정의 주주나 특정 종류의 주식을 소각하거나 병합하는 자본금 감소는 미리 그 종류주식의 발행시 다르게 정함이 있는 경우나(상 344조③) 금융산업의 주조개선에 관한 법률 제12조 제3항[245)]처럼 명문의 규정이 있는 경우에 한한다.

1. 주주총회의 결의

자본금 감소는 감소된 금액만큼 주주에게 재산을 유출하는 것으로 보여 일부 청산의 성격을 가진다. 따라서 해산결의(상 518조)에 준하여 주주총회의 특별결의를 요하는 것으로 볼 수 있다. 반면 일부 청산으로서의 성격이 없는 자본금 결손을 전보하기 위한 명목상의 자본금 감소는 회사 자산의 사외 유출 없이 수치조정에 그치므로 원칙적으로 주주총회의

---

244) 이(철)[회], 921면.

245) 금융위원회는...부실금융기관에 대하여 특정주주가 소유한 주식의 일부 또는 전부를 유상 또는 무상으로 소각하거나 특정주주가 소유한 주식을 일정 비율로 병합하여 자본금을 감소하도록 명령할 수 있다.

보통결의로 족하다(상 438조②, 439조②). 자본금 감소의 의안의 주요내용은 총회소집통지와 공고에 기재하여야 한다(상 438조③).

2. 정관의 변경

자본금 감소의 결의와 감소의 방법을 정해야 한다(상 439①). 액면가 감액의 방법으로 자본금 감소를 하려면 주금액이 정관의 기재사항이므로 정관의 변경도 하여야 한다(상 289제① iv). 자본금 감소와 정관 변경의 총회의 특별결의사항이므로 별도의 결의는 필요없고 자본금 감소의 결의로 갈음할 수 있다.[246)]

3. 채권자보호절차

자본금의 감소는 채권자의 책임재산의 감소이므로 채권자보호절차를 밟아야 한다. 결손보전을 위한 자본금 감소는 그러하지 아니하다(상 439조②).

회사는 자본금 감소의의 결의가 있은 날부터 2주내에 회사채권자에 대하여 자본금 감소에 이의가 있으면 일정한 기간내에 이를 제출할 것을 공고하고 알고 있는 채권자에 대하여는 따로따로 이를 최고하여야 한다. 이 경우 그 기간은 1월 이상이어야 한다(상 439조②·232조①). 채권자가 그 기간내에 이의를 제출하지 아니한 때에는 자본금 감소를 승인한 것으로 본다. 이의를 제출한 채권자가 있는 때에는 회사는 그 채권자에 대하여 변제 또는 상당한 담보를 제공하거나 이를 목적으로 하여 상당한 재산을 신탁회사에 신탁하여야 한다(상 439조②·232조②③). 사채권자가 이의를 제기하려면 사채권자집회의 결의가 있어야 한다. 이 경우에는 법원은 이해관계인의 청구에 의하여 사채권자를 위하여 이의 제기 기간을 연장할 수 있다(상 439조③).

---

246) 이(철)[회], 928면.

4. 액면주식의 병합·소각 절차

(1) 액면주식의 병합

주식의 병합은 주주의 이익을 해할 우려가 크고 기술적인 어려움이 있어 상법은 구체적 절차를 규정하고 있다. 주식을 병합할 경우에는 회사는 1월 이상의 기간을 정하여 그 뜻과 그 기간 내에 주권을 회사에 제출할 것을 공고하고 주주명부에 기재된 주주와 질권자에 대하여는 각별로 그 통지를 하여야 한다(상 440조). 주식의 병합은 주권 제출 기간이 만료한 때에 그 효력이 생긴다. 그러나 채권자 이의 절차가 종료하지 아니한 때에는 그 종료한 때에 효력이 생긴다(상 441조). 주식을 병합하는 경우에 구주권을 회사에 제출할 수 없는 자가 있는 때에는 회사는 그 자의 청구에 의하여 3월 이상의 기간을 정하고 이해관계인에 대하여 그 주권에 대한 이의가 있으면 그 기간 내에 제출할 뜻을 공고하고 그 기간이 경과한 후에 신주권을 청구자에게 교부할 수 있다(상 442조). 주식의 병합으로 단주가 발생할 경우에 그 단주에 대하여 발행한 신주를 경매하여 각 주수에 따라 그 대금을 종전의 주주에게 지급하여야 한다(상 443조).

(2) 주식소각절차

주식소각절차는 따로 규정을 두지 않고 주식병합 절차를 준용한다(상 343조②·440조·441조).

5. 액면가의 감액

액면가를 감액하는 경우 주권을 제출시켜 신주권과 교환해야 한다. 액면가를 감액하는 경우에는 단주는 발생하지 않는다. 절차와 신주권의 교부, 효력의 발생은 병합의 경우와 같다(상 440조, 441조, 442조).

6. 무액면주식의 감자

무액면주식이 발행된 경우 자본금 감소를 위한 별도의 실행절차가 없다. 주주총회에서 감소되는 자본금을 정하고 채권자보호절차를 밟으면 족하다. 주주총회에서 자본금 감소의 효력발생일을 정한다. 채권자보호절차가 종료하지 않은 경우에는 그 절차가 종료한 날이효력발생일이 된다.[247)]

7. 등기

자본금의 감소로 등기사항에 변동이 발생하므로(상 317조②ii) 변경등기를 하여야 한다(상 317조④·183조). 등기가 자본금 감소 효력의 발생 요건은 아니다. 주식 병합·소각의 절차가 종료한 날이거나 주주총회에서 정한 날이 자본금 감소의 효력 발생일이 된다.

V. 감자무효의 소

자본금 감소의 절차나 내용에 하자가 있는 경우에 법률관계의 획일적 확정을 위하여 감자무효의 소로써만 다투어야 한다. 자본금 감소의 무효는 주주·이사·감사·청산인·파산관재인 또는 자본금의 감소를 승인하지 아니한 채권자만이 자본금 감소로 인한 변경등기가 된 날부터 6개월 내에 소(訴)만으로 주장할 수 있다(상 445조).

소의 원인으로는 자본금 감소를 위한 주주총회의 결의에 하자가 있는 경우, 채권자보호절차를 밟지 않은 경우, 자본금 감소의 방법 또는 기타 절차에 있어 주식평등의 원칙에 반하는 경우, 기타 법령·정관에 위반하거나 현저히 불공정한 경우가 있다.[248)]

---

247) 이(철)[회], 931면.

248) 이(철)[회], 933면.

제6장

정관의 변경

제1절 정관변경의 의의

정관변경이란 회사의 조직·활동에 관한 근본규칙인 규칙정관(실질적 의의의 정관)을 변경하는 것을 말한다. 즉, 서면에 기재된 정관(서면정관 : 형식적 의의의 정관)을 경정하는 것은 정관변경이 아니다.[249] 정관의 변경은 법정의 정관변경절차를 밟음으로써 그 효력이 발생하고 형식적 의의의 정관변경을 요건으로 하지 않는다.

규칙정관의 변경도 두 가지 경우로 나누어 볼 수 있다. 현행규정의 삭제·수정과 신규정의 제정·보충으로 실질적인 의미내용의 변화를 가져오는 실질적 변경과 의미·내용의 변화가 없는 자구수정·구두점변경·조문순서배열변경과 같은 형식적 변경이 있다. 양자의 차이가 불분명하고 형식적 변경으로도 실질적 변경을 초래할 수 있으므로 모두 정관변경에 포함시킨다. 따라서 간단한 자구나 구두점의 수정이나 가감도 정관변경에 속하며, 절대적 기재사항이건 임의적 기재사항이건 정관에 기재된 사항의 변경은 모두 정관변경이다. 다시 말하면 정관변경이란 정관의 기재사항을 추가하거나 삭제하거나 수정하는 것을 말한다.

정관이 어떠한 사실관계나 법령에 기초하고 있는 경우가 있다. 이때 그 기초관계가 변경되면 정관은 그에 따라 자동적으로 변경되며, 그것은 상법상의 정관변경이 아니다. 예컨대 본점의 지명이나 지번의 변경 혹은 법령개폐에 의해 정관의 일부규정이 실효되는 경우 등이다.[250] 이때는 별도로 총회의 결의를 요하지 않고, 대표이사가 서면을 정정하면 된다. 또한 정관규정의 대상이 본래의 목적을 달성하여 소멸하는 경우가 있다. 이 경우 정관 규정은 무의미한 기재로 된다. 그러나 당연히 효력을 잃는 것이 아니라 정관변경절차에 의하여야 한다.

---

249) 정(찬)[회], 988면.

250) 손(주)[상], 927면 ; 이(철)[회], 936면 ; 정(동)[회], 755면 ; 정(찬)[상], 1107면.

제2절 정관변경의 자유와 제한

Ⅰ. 정관변경의 자유

정관변경은 자유이다. 또한 그 내용과 범위에는 제한이 없다. 따라서 정관의 변경은 절대적·상대적·임의적기재사항 중 어느 것이라도 상관없다. 심지어 내용의 전부를 변경하는 것도 가능하다. 주식회사는 사단법인이므로 자율적이므로 사원인 주주총회의 결의로 정관을 경제적 사정·영업정책의 변경에 따라 자치적으로 변경할 수 있다. 정관변경으로 사업의 목적 또는 상호 등을 한꺼번에 변경할 때는 외관상 별개의 회사이지만 법률상 회사는 그 동일성을 해치지 않고 존속한다. 회사의 동일성은 법인격이 존속하는 한 유지되는 것이며 정관의 내용변화와는 무관한 것이다.

원시정관의 정관변경을 불허하거나 특정규정만은 변경할 수 없다는 규정을 두었을 경우 그 규정은 무효이다.[251] 이것은 강행규정인 상법 제433조를 위반한 것이기 때문이다.

Ⅱ. 정관변경의 제한

1. 일반적 제한

정관변경의 내용은 사회질서나 강행법규에 반할 수 없다. 또한 주식회사의 본질, 즉 주주의 고유권이나 주주평등의 원칙을 침해할 수 없다.

정관변경은 공정하여야 한다.[252] 부당하게 소수주주 또는 특정한 주주의 이익을 해하려는 목적으로 변경할 수 없다. 일반규범으로서의 성질을 잃어서는 안 되므로 특정인만에 대한 적용이나 특정인만의 적용제외를 위한 변경도 허용되지 않는다. 주주의 유한책임에 반하는 변경은 무효이다.[253] 예컨대 정관변경으로 주주에게 인수가액을 초과하는 추가출자의무를 과할 수 없으며, 그 채권자적 권리도 박탈할 수 없다.

---

251) Kölner Kommentar, §179 Rn. 2.

252) Palmer, p.170.

253) 武市春男, イギリス會社法, 國元書房, 1970, 139頁.

2. 수권주식총수의 감소

회사의 수권주식총수는 정관의 변경을 통하여 증가시킬 수 있다. 수권주식총수를 감소하는 경우도 정관변경으로 가능하겠지만, 전환주식·전환사채 혹은 신주인수권부사채를 발행한 경우에 그 전환기간 또는 신주인수권의 행사기간 내에는 그에 해당하는 발행예정주식을 보유하여야 한다.[254)]

3. 주금액의 변경

정관의 내용 가운데 1주의 금액은 절대적 기재사항(상 289조①iv)이므로, 주금액을 변경하려면 정관을 변경하여야 한다.

1주의 금액을 인하하기 위해서는 주주총회의 특별결의로 정관을 변경해야 한다. 자본금감소 없이 주금액을 인하하는 경우는 정관변경 결의만으로 가능하다. 그러나 주금액의 인하로 자본금감소가 생기는 경우는 자본금감소의 절차도 밟아야 한다. 즉 자본금감소의 문제가 발생한다면 별도의 자본금감소의 절차를 밟아야 한다. 이때 주식의 액면가는 법정 최저액(100원) 이하로 인하할 수 없다(상 329조③).

주금액의 인상은 주주에게 추가납입을 요구하게 되어 주주유한책임의 원칙에 반하므로 총주주의 동의가 있어야 한다. 즉 1주의 금액을 인상할 때에도 주주총회의 특별결의로 정관을 변경하여야 한다. 그런데 주금액을 인상하려면 인상한 부분만큼 주주에게 추가로 주금을 납입하게 하거나 주식을 병합하여야 할 것이다. 그러나 추가로 납입하게 한다면 주주 유한책임의 원칙에 반하게 된다. 병합한다면 단주가 생기게 될 것이며 단주의 발생은 주주평등의 원칙에 반하게 된다. 때문에 어느 방법이든 총주주가 동의하지 않는 한 주금액을 인상할 수 없다. 그러나 준비금을 자본금전입하여 무상교부하여 신주를 발행하는 동시에 신주의 비율대로 신·구주를 병합하는 방법이라면 단주가 생기지 않으므로 허용될 수 있다. 예컨대 준비금의 자본전입으로 종전의 1주당 0.5를 신주배정하면서 액면가를 1.5배로 인상하는 동시에 신·구주를 병합하는 것이다.[255)]

---

254) 손(주)[상], 929면.
255) 이(철)[회], 938면.

4. 기한부·조건부 변경

정관변경의 결의를 조건부 또는 기한부로 하는 것은 무방하다고 보는 견해에 따르면 조건의 성취 또는 기한의 도래로 효력이 발생한다. 이에 대하여 불확실한 사실의 발생을 정지조건이나 해제조건으로 하는 정관변경은 법률관계의 불안정을 초래하게 되고,[256] 또한 정관의 성질을 자치법규로 볼 때에 법규범의 효력발생을 조건부로 하는 것은 입법취지에 어긋나므로 조건부변경을 허용할 수 없다고 본다.

제3절 정관변경의 절차

I. 회사성립 전의 정관변경

1. 창립총회에서의 정관변경

모집설립에 의하여 회사를 설립할 때에 정관의 내용이 발기인 이외에 다른 주식인수인에게 부적당할 수 있다. 혹은 정관작성 후 창립총회개최까지 각종 사정변경에 의하여 정관을 개폐·경정할 필요가 있을 수 있다. 때문에 창립총회에서 결의에 의한 변경을 가능하게 하고 있다(상 316조①). 이 경우 소집통지서에 정관변경에 관한 의안이 기재되어 있지 않아도 가능하다(동②).

상법 제290조에서의 변태설립사항에 대하여도 부당하다고 인정한 때에는 창립총회에서 변경할 수 있다(상 314조). 이들 사항은 발기인에 직접 이해관계가 있는 사항이므로 그 결의에 발기인은 참가할 수 없다.

2. 법원에 의한 정관변경

발기설립시 변태설립상항에 대하여 검사인의 조사보고에 의하여 그 내용이 부당하다고 인정한 경우가 있다. 이때 법원은 그 부당한 점을 변경하도록 하여 정관에 변경을 가하고

256) 이(철)[회], 939면 ; 정(동)[회], 615면 ; 채(이)[상], 809면.

발기인에게 통고한다(상 300조). 통고 후 2주간 이내에 주식인수를 취소할 자가 없는 때에는 정관은 변경된 것으로 본다(동③).

3. 발기인에 의한 정관변경

설립등기를 할 때까지는 언제든지 발기인 전원의 동의가 있으면 자유로 변경할 수 있다. 다만 모집설립의 경우에는 주식인수인이 증가되는 것이므로 그 관계가 발생한 후에는 발기인만으로 정관을 변경할 수 없다.

Ⅱ. 회사성립 후의 정관변경

1. 주주총회의 특별결의

정관의 변경에는 반드시 주주총회의 특별결의가 있어야 한다(상 433조①·434조). 이는 주주총회의 전속결의사항이므로 그 내용에 관하여 다른 기관 또는 제3자에게 위탁할 수 없다.[257]

주식회사는 인적회사와 달리 총사원의 동의를 요하지 않고 특별결의로 할 수 있다. 그 이유는 주식회사는 사원이 다수이므로 총주주의 동의가 불가능하기 때문이다. 또한 순수한 자본단체적 성질로 인해 개개의 주주에 있어 정관변경이 사단적 결합의 기초변화라는 의미가 적다. 주식의 자유양도성으로 인하여 정관변경에 반대하는 주주가 대처할 기회가 보장되어 있음을 고려한 것이다. 이 규정은 강행규정이므로 정관에 의하여도 정족수 및 다수결의 요건을 경감할 수 없다. 결의의 방법은 출석한 주주의 의결권의 3분의 2 이상의 수와 발행주식총수의 3분의 1 이상의 수로써 하여야 한다(상 434조). 정족수의 산정에서는 의결권 없는 주주(상 344조3①, 369②③)가 가지는 주식의 수는 발행주식총수에 산입되지 않는다(상 371조①). 정관변경을 위하여 주주총회를 소집할 때에는 정관변경에 관한 의안의 요령을 소집통지와 공고에 기재하여야 한다(상 433조②). 의안의 요령이란 정관변경의 내용에 관한 요점이다. 예컨대 정관 몇 조를 어떠한 내용으로 변경한다는 것과 같다. 이를 기재하지 않거나 불충분한 경우에는 소집절차에 하자가 있는 것으로 결의취소의 소의 원인이 된다.

---

257) 정(동)[회], 655면 ; 정(찬)[상], 1107면 ; 채(이)[상], 809면.

정관변경은 주주총회의 전속사항이므로 이를 제3자나 타기관 예컨대 주무장관의 동의에 맡기는 것도 허용되지 않는다. 이러한 정관의 규정이나 그 정관변경의 결의는 무효이다.

2. 종류주주총회의 결의

회사가 종류주식을 발행한 경우에 정관을 변경함으로써 어느 종류주식의 주주에게 손해를 미치게 될 때에는 주주총회의 결의 이외에 그 종류주식의 주주총회의 결의가 있어야 한다(상 435조①).

종류주주총회의 결의는 그 종류주식을 가진 출석주주의 의결권의 3분의 2 이상의 다수와 그 종류의 발행주식총수의 3분의 1 이상의 수로서 하여야 한다(상 435조②). 이 밖에 총회의 소집·의결 등에 관한 사항은 의결권 없는 종류의 주식에 관한 것을 제외하고(의결권이 없는 종류주식을 가진 주주도 종류주주총회에서는 의결권을 행사할 수 있음)는 주주총회의 이에 관한 규정을 준용한다(상 435조③).

종류주주총회의 결의를 요하는 경우에 주주총회의 특별결의만 있고 종류주주총회의 결의가 없다면, 그 주주총회의 결의는 정관변경의 효력을 발생하지 못한다.[258]

3. 변경등기

정관변경 그 자체는 등기사항이 아니다. 다만 정관변경으로 등기사항이 변동된 때에는 변경등기를 요한다(상 317조③④). 그러나 등기가 정관변경의 효력발생요건이 되는 것은 아니다.[259]

---

258) 정(찬)[상], 1108면.

259) 이(철)[회], 939면.

제4절 정관변경의 효력

Ⅰ. 효력발생시기

정관변경은 원칙적으로 「주주총회의 결의」시에 즉시 효력이 발생한다. 변경된 내용을 문서화하거나 등기할 때에 효력이 생기는 것이 아니다. 서면정관의 변경은 그 후에 하게 되며, 정관변경의 효력발생요건도 아니다. 또한 정관변경으로 등기사항에 변경이 발생하는 경우에도 그 변경등기가 정관변경의 효력발생요건이 아니다(대법원 1978.12.26 판결, 78 누 167. 반면에 독일은 주식법 제181조 3항에 등기를 효력발생요건으로 규정하고 있다).

회사설립시의 원시정관(상 292조)과는 달리 정관변경에는 공증인의 인증이 필요하지 않다.

Ⅱ. 소급효

정관변경의 효력은 결의의 때로부터 장래를 향해서만 발생한다. 소급효를 인정한다면 관계자의 이익을 해하고 회사법관계에 불안정을 초래하게 된다. 예컨대 대표이사의 권한을 소급적으로 제한한다거나, 신주발행을 소급적으로 주주총회의 권한으로 한다면 큰 혼란이 발생할 것이다. 때문에 주주총회에서 정관변경의 소급적용을 결의한다고 하여도 소급효가 부정된다.[260)]

260) 정(동)[회], 614면 ; 채(이)[상], 809면.

제7장

회사의 회계

제1절 서설

주식회사는 물적 회사이며, 회사의 재산이 채권자의 유일한 담보가 되기 때문에 가능한 한 많은 배당을 바라는 주주의 요구를 적절히 제한하여 회사채권자를 보호할 필요가 있다. 또 일부 대주주나 이사들의 부정행위에 대하여 일반주주를 보호하고 회사의 재산상태를 명확히 할 필요가 있다. 회사의 회계에 관한 규정은 강행규정이므로 정관으로써도 변경할 수 없다.

회사의 회계라 함은 회사가 주체가 되어 일정한 기간(결산기)을 단위로 하여 회사의 재산상태와 손익을 인식·평가하고, 이익 또는 손실을 처리하기 위한 의사결정을 하는 일련의 행위를 말한다. 이처럼 회사의 회계는 재산상태와 손익을 인식하는 점에서는 기업회계와 뜻을 같이 하지만, 회사의 회계는 의사결정까지를 포함하는 작업이라는 점에서 기업회계와 상이하다.

2011년 개정상법은 제7절의 제목을 「회사의 계산」에서 「회사의 회계」로 바꾸었다. 그리고 제446조의 2에서 「회사의 회계는 상법과 대통령령으로 규정한 것을 제외하고는 일반적으로 공정하고 타당한 회계관행에 따른다」고 하는 회계의 원칙을 신설하였다. 하지만 이미 같은 취지의 규정이 총칙편 제29조 제2항에 규정되어 있고, 이 규정은 당연히 회사의 회계에도 적용되는 바이므로 본조는 주의적인 규정이다.

제2절 재무제표

Ⅰ. 재무제표의 의의

재무제표란 기업의 재산상태와 경영성적을 표시하여 이해관계인에게 필요한 회계사실을 알리기 위한 서류이다. 상법상 재무제표는 대차대조표, 손익계산서, 그 밖에 회사의 재무상태와 경영성과를 표시하는 것으로서 시행령으로 정하는 서류로 구성되는데(상 447조①), 시행령에서는 ①자본변동표와, ②이익잉여금 처분계산서 또는 결손금 처리계산서 중에서 회사가 선택하도록 하였다(상령 16조①). 그리고 주식회사 등의 외부감사에 관한 법률의 적용을 받는 회사로서 지배회사는 연결재무제표도 작성하여야 한다(상 447조②, 상령 16조②). 상법 개정 전에는 이익잉여금처분계산서 또는 결손금처리계산서를 재무제표의 하나로 작성하였고, 대차대조표·손익계산서와 더불어 이익배당도 일괄하여 재무제표의 승인이라는 형식으로 결의하도록 했는데, 개정상법에서는 이익잉여금 처분계산서 또는 결손금처리계산서를 재무제표에서 제외하였다.

대차대조표는 재무제표인 동시에 상업장부이다. 그러나 손익계산서는 재무제표이지만 상업장부에는 속하지 아니한다. 영업보고서는 재무제표에서 제외되어 별도로 규정하고 있으며, 재무제표와 달리 주주총회의 승인을 얻지 않고 보고만 하도록 하였다. 또한 회계장부는 상업장부이지만 재무제표가 아니다.[261)]

Ⅱ. 재무제표 등의 작성 및 이사회의 승인

주식회사의 이사는 매 결산기에 재무제표와 그 부속명세서 및 영업보고서를 작성하여(상 447조), 이사회의 승인을 얻어야 한다(상 447조의2①).

Ⅲ. 재무제표의 제출·감사·승인·공고

이사는 정기총회의 6주간 전에 재무제표 및 영업보고서를 감사(또는 감사위원회)에게 제출하

---

261) 이(철)[회], 946면 ; 정(찬)[상], 1113~1114면.

여야 한다(상 447조의3). 감사는 이들 서류를 수령한 날로부터 4주간 내에 감사보고서를 이사에게 제출하여야 한다(상 447조의4①). 상장법인 기타 외부감사를 받아야 할 회사는 재무제표에 관하여 외부감사인의 감사를 받아야 하므로 주주총회의 6주일 전에 외부감사인에게 제출하여야 한다(자 159조①, 외감 6조②). 이때 재무제표에는 연결재무제표 또는 결합재무제표도 포함된다(외감 6조④). 이에 대해 외부감사인은 정기총회일 1주일 전에 회사에 감사보고서를 제출하여야 한다(외감 23조).

이사는 대차대조표·손익계산서 등과 감사보고서를 정기주주총회 회일의 1주간 전부터 본점에 비치하여 주주와 회사채권자에게 공시하여야 한다(상 448조①).

또한 이사회의 승인과 감사의 감사를 거치게 된 재무제표 등의 서류를 정기총회에 제출하여 그 승인을 요구하여야 한다. 이 서류에 대한 총회의 승인을 얻은 때에는 지체 없이 재무상태표(2009년 2월 3일 이후 회계기준)를 정관상의 공고방법에 따라 일간신문에 공고하여야 한다(상 449조③).

2011년 개정상법에서는 재무제표의 승인을 주주총회가 하는 것을 원칙으로 하고, 소정의 요건을 갖춘 경우에는 이사회가 할 수 있도록 하였다. 즉 정관에 규정을 두어 주주총회에 갈음하여 이사회가 재무제표를 승인할 수 있는데, 정관에 규정이 있더라도 이사회가 승인하기 위해서는 재무제표의 각 서류가 법령 및 정관에 따라 회사의 재무상태 및 경영성과를 적정하게 표시하고 있다는 외부감사인의 의견이 있고, 감사(또는 감사위원) 전원의 동의가 있어야 한다(상 449조의2① i · ii). 이러한 요건을 구비하여 이사회가 승인한 경우에는 이사는 재무제표의 내용을 주주총회에 보고하여야 한다(상 449조의2②).

주주총회 또는 이사회에서 재무제표를 승인하면 재무제표는 확정되며, 그 후 2년 내에 다른 결의가 없다면 회사는 이사와 감사(또는 감사위원회 위원)의 책임을 해제한 것으로 본다(상 450조·415조의2⑦). 그러나 부정행위에 대해서는 책임을 해제한 것으로 보지 아니한다.

【판례】

[49] **대법원** 1969.1.28. 선고, 68다305 **판결**

책임해제를 주장하는 주식회사 이사는 회사의 정기총회에 제출 승인된 서류에 그 책임사유가 기재되어 있는 사실을 입증하여야 한다. 주식회사 이사의 임무해태로 인한 회사의 손해배상청구권은 일반 소멸시효기간인 10년이 지나야 소멸시효가 완성한다.

Ⅳ. 재무제표 등의 비치·열람

이사는 정기총회일의 1주간 전부터 재무제표·부속명세서 및 영업보고서와 감사보고서를 5년간 본점에, 그 등본을 3년간 지점에 비치하여야 하며(상 448조①), 주주와 회사채권자는 영업시간 내에 언제든지 비치서류를 열람할 수 있으며 회사가 정한 비용을 지급하고 그 서류의 등본이나 초본의 교부를 청구할 수 있다(상 448조②). 이사가 정당한 이유 없이 거절한 때에는 과태료의 제재를 받게 된다.

제3절 자산의 평가방법

2011년 개정상법에서는 제452조 자산의 평가방법을 삭제하였다.

제4절 이연자산

2011년 개정상법에서는 제453조에서 457조의2까지 이연자산에 관한 규정을 삭제하였다.

제5절 준비금

Ⅰ. 준비금의 의의

준비금이란 회사가 일정한 목적을 위하여 자본금액을 초과하는 순재산액 중 일정액을 회사에 적립하는 금액을 말한다.[262] 상법은 자본금액만큼의 순재산액의 유지만으로는 불충분하므로 준비금제도를 두어 자본금액 이상의 일정한 금액을 적립시켜 불측의 손실로부터 회사채권자를 보호하고 회사의 발전을 도모하고 있다.

Ⅱ. 준비금의 종류

준비금은 그 기준에 따라 법률이 그 적립을 강요하는 법정준비금과 정관 또는 주주총회의 결의에 의하여 적립하는 임의준비금이 있다. 법정준비금에는 자본준비금(상 459조)과 이익준비금(상 458조)이 있다. 이 밖에 대차대조표상의 형식상 준비금으로 되어 있지는 않지만 실질적으로 준비금의 성격을 갖는 비밀준비금과 형식적으로는 준비금이지만 그 실질은 대손충당금이나 감자상각충당금 등에 불과한 유사준비금도 있다.

Ⅲ. 법정준비금

1. 서

법정준비금은 그 재원에 따라 이익준비금과 자본준비금으로 구분된다.

2. 이익준비금

이익준비금은 매결산기의 영업이익의 일부를 적립하는 준비금이다. 자본금의 결손을 전보할 목적으로 상법상 적립이 요구되는 준비금이다. 회사는 그 자본금의 2분의 1이 될 때까지 매결산기의 금전에 의한 이익배당액의 10분의 1 이상을 이익준비금으로 적립하여야 한다(상 458조본문). 다만 주식배당의 경우에는 주식을 추가발행하는 데 그치고 그 회사재산을 사외에 유출하는 것이 아니므로 주식배당액과 관련해서는 준비금을 적립할 필요가 없다(상 458조단서). 상법개정 전에는 금전에 의한 이익배당을 기준으로 해서 그 10분의 1을 적립하라고 하였으나, 2011년 개정상법에서는 현물배당을 인정하고 이 역시 사외유출로서 준비금의 적립에 포함시켜야 하므로 법문을 수정한 것이다. 즉, 개정상법에서 준비금의 산

262) 이(철)[회], 957면 ; 정(동)[회], 609면 ; 정(희)[상], 559면 ; 정(찬)[회], 1009면.

출기준이 되는 「이익배당액」이란 금전배당 및 현물배당액을 포함한다.[263)]

자본금의 2분의 1에 달할 때까지는 이익준비금을 적립할 수 있다. 자본금의 2분의 1 이상을 적립한 경우의 그 초과한 금액은 임의준비금의 성질을 갖는다.

3. 자본준비금

자본준비금은 영업이익 이외의 재원 즉 자본거래에서 발생한 잉여금으로 적립하는 준비금이다. 그 재원은 자본거래에서 발생하는 이익으로 자본금의 일종이라는 성질을 가진다.[264)] 따라서 주주에게 배당할 수 없으며, 그 적립한도에도 제한이 없다.

상법 개정 전에는 자본준비금으로 적립할 재원을 열거하였는데, 2011년 개정상법에서는 기업회계관행에서 자본잉여금으로 다루는 것을 상법상의 자본준비금으로 수용하기 위해 자본준비금의 재원을 「자본거래에서 발생한 잉여금」이라고 포괄적으로 규정하고(상 459조①), 재원의 구체적인 범위는 기업회계기준에 따른다(상시 18조).

4. 법정준비금의 사용

이익준비금 및 자본준비금은 자본금의 결손보전에 충당하거나 자본금에 전입하는 경우 외에는 이를 처분할 수 없다(상 460조, 461조).

상법개정 전에는 결손이 있을 경우 우선 이익준비금으로 보전하고 부족한 경우에만 자본준비금으로 보전할 수 있다고 규정하였다(개정전 460조②), 이익준비금의 영업이익적 성격, 자본준비금의 자본적 성격에 역점을 두어 보전의 순위에 차별을 둔 것이다. 그러나 2011년 개정상법에서는 자본준비금과 이익준비금을 가리지 않고 배당재원으로 전용할 수 있도록 준비금의 관리에 탄력성을 부여하였으므로(준비금의 감소제도, 461조의2) 결손의 보전에 이익준비금과 자본준비금에 차이를 두는 것 자체가 무의미하다고 보아 보전순서에 관한 제한을 없앴다.[265)]

---

263) 이(철)[축], 199면.

264) 이(철)[회], 959면 ; 정(찬)[회], 1012면.

265) 이(철)[축], 200면.

⑴ 자본금결손의 전보

자본금결손이란 결산기 말에 회사의 순자산액이 자본금과 법정준비금의 합계액보다 부족한 경우이다. 이익준비금이나 자본준비금 중 어느 것을 먼저 사용해도 무방하다(상 460조). 결손전보의 여부는 회사가 임의로 결정할 수 있다. 전보하지 아니하고 이월결손금으로 처리할 수도 있으며, 전보할 경우에 주주총회 재무제표의 승인을 요한다(상 449조①).

⑵ 자본금전입

1) 서

준비금의 자본금전입이란 회사의 계산상 준비금계정으로 되어 있는 금액을 자본금계정으로 이체하는 것이다. 회사는 자본준비금으로서 일정한 금액을 무제한으로 적립할 수 있기 때문에 자본금과 준비금 사이에 불균형이 생길 수 있으므로 준비금의 자본금전입을 인정하고 있다. 준비금의 자본금전입은 주주는 물론이고 회사채권자에게도 해를 끼치지 아니하므로 준비금을 자본금결손의 전보 이외에 사용하는 것을 인정한 것이다.

자본금전입은 법정준비금에 한하며, 임의준비금을 자본금전입할 수는 없다. 원래 주주에게 배당해야 할 임의준비금을 자본금전입하게 되면 주주의 이익배당청구권을 해치는 결과가 되기 때문이다.

액면주식을 발행했느냐 또는 무액면주식을 발행했느냐에 따라 자본금전입의 모습과 절차가 상이하다.

2) 액면주식을 발행한 회사의 자본금전입

액면주식을 발행한 회사에서는 자본금전입으로 자본금은 증가하고, 따라서 전입액을 액면가로 나눈 수의 신주가 발행된다. 이를 증권시장의 용어로 「무상증자」, 이로 인해 발행되는 신주를 「무상주」라고 한다. 발행주식수는 증가하지만 회사의 순자산에는 변동이 없다. 따라서 계수상의 조작에 불과하지만, 자본금의 증가로 사내유보의 규범적 기준이 상향되므로 순자산의 사외유출을 억제하는 효과가 있어 장차 회사의 규모성장과 자본금 충실에 도움이 된다.[266]

---

266) 이(철)[상], 780~781면.

5. 법정준비금의 감소

회사는 적립된 자본준비금 및 이익준비금의 총액이 자본금의 1.5배를 초과하는 경우에 주주총회의 결의에 따라 그 초과한 금액의 범위에서 자본준비금과 이익준비금을 감액할 수 있다(상 461조의2). 준비금은 자기자본금을 구성하는 고정된 금액이므로 자본금충실에는 기여하지만, 과다하게 적립될 경우 배당가능이익의 산출을 어렵게 하는 불편이 따른다. 따라서 준비금이 자본금과 적절한 비례관계에서 유지되는 한 이익처분에 탄력성을 부여하고자 2011년 개정상법은 「준비금의 감소」라는 제도를 신설하였다.[267]

Ⅳ. 임의준비금

임의준비금은 정관의 규정 또는 주주총회의 결의에 따라 적립하는 준비금이다. 적립이 강제되는 것이 아니며, 적립비율이나 그 한도에 대한 제한이 없다.[268]

재원은 법정준비금을 적립한 후의 잔여이익으로써 한다. 그 목적은 손실의 전보, 안정적 배당, 설비의 확장 및 개량, 사채 또는 주식의 상환 등 법률상 제한이 없다. 그러나 자본금전입의 목적으로 되지는 못한다.

Ⅴ. 비밀준비금

비밀준비금은 대차대조표상에는 준비금으로 되어 있지는 않지만 실질상 준비금의 성질을 가지는 자금이다. 즉 회사의 재산을 실가 이하로 평가하거나 부채항목을 과대 표시하는 경우 등의 차액을 의미한다.

이것은 회사의 재산적 기초를 확고하게 하는 장점은 있으나 회사의 손익계산을 불명확하게 하거나 탈세의 수단이 되기도 한다.

---

267) 이(철)[상], 783면.

268) 정(찬)[상], 1126면.

제6절 이익배당

Ⅰ. 이익배당의 의의

이익배당이란 회사가 주주에 대하여 이익을 분배하는 것이다. 회사는 영리법인이므로 기업에서 생긴 이익을 주주에게 분배할 것을 목적으로 하고 있다. 이 같은 유형적 이익배당청구권은 주주의 고유권이다.

이익배당은 금전(현금)배당이 일반적이지만, 금전에 갈음하여 주식을 새로 발행하여 분배하는 주식배당도 가능하며, 기타의 재산을 분배하는 현물배당도 허용된다.

이익배당의 재원, 즉 배당가능이익은 재무제표가 확정되어야 산출되므로 재무제표의 확정을 위한 정기주주총회(또는 이사회)에서 이익배당을 결정한다. 이를 정기배당이라고 한다면, 정기총회에서 산출된 배당가능이익을 재원으로 하여 영업연도 중간에 추가로 배당하는 것을 중간배당이라고 한다. 나아가 상장회사의 경우 자본시장법에 의해 정기배당 외에 연 3회에 걸친 분기배당도 가능하다(3월말, 6월말, 9월말의 주주를 대상으로 한다. 자금 165조의12).[269)]

Ⅱ. 정기배당

1. 이익배당의 요건(배당가능이익)

이익배당은 회사에 이익이 있어야 한다. 여기에서 이익이란 배당가능이익을 의미한다. 배당가능이익은 회사가 대차대조표의 순자산액으로부터 ①자본금의 액, ②그 결산기까지 적립된 자본준비금과 이익준비금의 합계액, ③그 결산기에 적립하여야 할 이익준비금의 액, ④소정의 미실현이익을 공제한 금액을 말하며, 이 한도에서 이익배당이 가능하다(상 462조①). 미실현액은 2011년 개정상법에서 추가된 것으로 기업회계의 원칙에 따라 자산 및 부채를 평가한 결과 증가한 대차대조표상의 순자산액으로서 미실현손실과 상계되지 않은 금액을 말하는데(상시 19조), 이는 자산의 평가액에 불과하여 회사의 지급능력을 이루는 것이 아니므로 배당가능이익에서 차감하도록 한 것이다(상 462조①iv).

배당가능 이익이 없음에도 이익을 배당한 때에는 회사채권자는 이를 회사에 반환할 것

---

269) 이(철)[상], 785면.

을 청구할 수 있다(상 462조③).

2011년 개정 전에는 이익잉여금처분계산서가 재무제표의 하나였으므로 주주총회가 재무제표를 승인하는 결의의 하나로 이익배당까지 결정하였으나, 개정상법에서는 재무제표의 승인과 이익배당의 결의를 구분하여 다루고 있으므로 양자는 별개의 의안을 이룬다. 그렇더라도 이익배당의 결정은 재무제표에 근거하여 산출되는 배당가능이익을 기초로 이루어지는 의사결정이므로 재무제표의 승인 없이 이익배당만 결의할 수는 없다.[270]

2. 현물배당

2011년 개정전 배당은 주식배당을 제외하고는 금전배당만이 가능하며, 기타의 재산으로 하는 현물배당은 불가능하다고 보았으나, 개정상법은 이익배당을 현물배당으로 할 수 있다는 규정을 신설하고(상 462조의4), 상환주식의 상환, 합병교부금의 지급도 현물로 할 수 있다는 규정을 두었다(상 345조④, 523조iv). 배당하는 현물의 가치가 주주에게 불만스러운 것이 아니라면, 회사로서는 현물재산의 배당을 통해 재산의 매각비용을 줄일 수 있어 경제적이라 할 수 있다.[271]

현물배당의 경우 회사는 정관에 금전 외의 재산으로 이익배당을 할 수 있음을 정해야 하고, 이러한 배당을 결정한 회사는 ① 주주가 배당되는 금전 외의 재산 대신 금전의 지급을 회사에 청구할 수 있도록 한 경우에는 그 금액 및 청구할 수 있는 기간, ② 일정 수 미만의 주식을 보유한 주주에게 금전 외의 재산 대신 금전을 지급하기로 한 경우에는 그 일정 수 및 금액을 정할 수 있다(상 462조의4①·②).

3. 이익배당의 기준

이익배당은 각 주주가 가진 주식수에 따라 지급한다(상 464조). 주주평등의 원칙에 따라야 한다. 그러나 일반주주가 대주주 보다 많은 배당을 받도록 하는 차등배당의 경우는 대주주가 이익배당청구권을 전부 혹은 일부 포기한 것으로 보아 유효하다. 그러나 반대로

---

270) 이(철)[상], 787면.
271) 이(철)[상], 788면.

일반주주가 대주주보다 적은 배당을 지급받도록 하는 것은 무효이다.[272)]

회사가 종류주식을 발행한 때(예컨대 우선주·열후주)에는 다른 종류의 주식 사이에는 배당비율에 차등이 생긴다(상 464조단서). 그러나 동일종류의 주식들 사이에는 여전히 주주평등의 원칙에 따라 배당되어야 한다.

영업연도의 중간에 신주가 발행된 경우에 회사의 신주의 효력발생일로부터 결산일까지의 일수를 계산하여 이익배당을 하는 것을 일할배당이라고 하는데, 일할배당의 인정이 문제될 수 있다. 이에 대해 신주에 대한 이익배당에 관해서 정관에 그 청구를 한 때가 속하는 영업연도의 직전 영업연도 말에 발행된 것으로 볼 수 있다는 규정을 둘 수 있도록 함으로서 입법적으로 해결하고 있다(상 350조③후단).

4. 이익배당청구권

주주의 이익배당청구권은 추상적 이익배당청구권과 구체적 이익배당청구권으로 나누어 볼 수 있다. 추상적 이익배당청구권은 주주의 지위와는 불가분으로 주주권(고유권)의 내용을 이루며, 그 자체는 독립하여 양도·입질·압류 등의 대상이 되지 아니하며 시효에도 걸리지 아니하는 권리이다.

반면에 주주총회가 이익잉여금처분의 결의를 하면 주주는 회사에 대해서 채권적 성질을 갖는 구체적 이배당청구권을 갖게 된다. 주주총회에서 이익배당에 관한 의안이 가결된 경우의 구체적 배당지급청구권은 독립하여 양도·입질·압류의 대상이 되며 5년의 시효의 대상이 된다(상 464조의2②). 구체적 배당금지급청구권은 총회결의당일의 주주명부상의 주주에게 귀속되지만, 실제로는 주주명부의 폐쇄 또는 기준일을 설정하기 때문에 결산기 말일의 주주명부의 주주에게 귀속된다고 한다.

5. 배당금의 지급시기와 시효

주주총회의 배당금의 지급시기를 따로 정한 경우를 제외하고는 회사의 이익배당금은 재무제표의 승인을 얻은 날로부터 1월 내에 지급하여야 한다(상 464조의2①). 이 배당금지급

272) 손(주)[상], 935면 ; 정(동)[회], 625면 ; 정(찬)[상], 1128면 ; 정(희)[상], 565면.

청구권은 5년간 행사하지 아니하면 소멸시효가 완성된다(상 464조의2②).

회사가 재무제표의 승인을 얻은 날로부터 1월 이내에 배당금을 지급하지 아니하면 이사 등에 대하여 과태료의 제재가 부과된다(상 635조①xxvii). 또한 주주는 회사에 대하여 지연배상금을 청구할 수 있다. 이때 주주는 손해의 입증책임이 없으며, 회사는 무과실의 항변을 주장할 수 없다(민 397조).

6. 위법배당의 효과

위법배당이란 법령이나 정관에 위반하여 이루어진 이익배당을 말한다. 예컨대 배당가능이익이 없는데도 배당을 하거나 배당가능이익의 금액을 초과하여 배당하는 경우이다. 그러나 이 밖에도 배당의 절차나 기준 및 방법 등에 하자가 있거나 주식평등의 원칙에 반하는 경우도 위법배당이라 한다.

배당가능이익이 없는데 배당을 받거나 초과하여 배당을 받은 경우에, 이러한 위법배당은 무효가 된다.[273] 따라서 배당을 받은 주주는 부당이득을 취한 것이므로 배당받은 이익을 회사에 반환할 의무를 부담한다(민 741조·748조). 또한 회사의 채권자는 당해 주주에 대하여 위법배당액을 회사에 반환하도록 청구할 수 있다(상 462조③·462조의3⑥). 배당가능이익 내에서 배당이 이루어졌으나 시기나 절차 방법 등에 하자 혹은 주주평등의 원칙에 반하는 위법배당의 경우에도 무효로 보아야 한다. 다만 이 경우에는 회사채권자는 반환청구권을 가질 수 없다고 보아야 한다.

이사회에서 위법배당안을 찬성하고(상 462조②), 그 안을 주주총회에 제출한 이사 등은 회사에 대하여 연대하여 손해배상책임을 부담한다(상 399조). 이때 이사 등이 악의 또는 중과실이 있다면 동 이사 등은 회사채권자 및 주주에 대하여 손해배상책임을 부담한다(상 401조). 감사나 감사위원회 혹은 외부감사인의 경우에도 재무제표에 부정이나 허위가 있음에도 이를 정당하다고 보고하였다면 그 임무를 해태하였다고 보아 회사 또는 제3자에 대하여 손해배상책임을 부담한다(상 414조·415조의2⑦).

---

273) 이(철)[회], 989면 ; 정(동)[회], 627면 ; 정(찬)[상], 1130면.

Ⅲ. 주식배당

1. 의의

주식배당이란 배당가능이익을 자본금에 전입하고 신주를 발행하여 주주에게 그 지주비율에 따라 무상으로 분배함으로써 금전배당에 대신하는 배당이다. 즉 금전 대신에 새로이 발행하는 주식으로 행하는 배당이다. 주식배당은 주주평등의 원칙에 따라 무상으로 신주를 분배한다.

회사는 신주를 발행하는 주식으로 배당한다. 따라서 회사가 이미 보유하고 있는 자기주식으로서 배당하는 것과 구별된다. 주식배당으로 인해 신주의 금액만큼 자본금이 증가하므로 자본금증가가 전혀 없는 주식분할과 다르다. 배당가능이익을 재원으로 하기 때문에 배당불가능한 법정자본금을 자본전입하는 경우와도 구별된다.

주식배당은 사외로의 자금유출을 피하며 배당의 효과를 가져올 수 있고 주가를 안정시킬 수 있는 기능이 있다.

2. 성질

주식배당의 성질에 관한 논의가 있다. 주식배당을 배당가능이익의 자본금전입을 수반하는 주식분할이라고 하는 설[274)]이 있지만, 주식배당은 주주로서 하는 이익배당의 일종이라고 하는 이익배당설[275)]이 타당하다.

3. 주식배당의 요건

주식배당의 요건은 아래와 같다. ①주식배당은 배당가능이익이 있음을 전제로 한다. 배당가능이익이란 상법 제462조 1항에 의하여 산출된 이익을 말한다. ②주식배당은 이익배당총액의 2분의 1의 상당액을 초과하지 못한다(상 462조의2①단서). ③발행예정 주식총수 중에 미발행주식수가 있어야 한다. 때문에 미발행주식의 수권주식수가 부족하다면 정관변경

---

274) 임(홍)[회], 725면 ; 정(동)[회], 631면 ; 정(무)[상], 585면.

275) 강·임[상], 710면 ; 권(기)[회], 936면 ; 박(상)[회], 808면 ; 서(헌)[회], 610면 ; 손(주)[상], 979면 ; 이(철)[회], 984면 ; 이·최[상], 795면 ; 정(찬)[상], 1136면 ; 정(희)[상], 568면 ; 채(이)[상], 788면 ; 최(기)[회], 912면.

을 통하여 발행예정주식총수를 증가시켜야 한다. ④주주총회의 결의를 얻어야 하고(상 462조의2①), ⑤주식배당으로 인해 발행되는 신주의 발행가액은 주식의 권면액으로 한다(상 462조의2②).

4. 주식배당의 절차

주식배당을 행하려면 먼저 이익잉여금 처분계산서에 그 내용을 기재하여 이사회의 승인을 받아야 한다. 또한 배당가능이익의 일부를 주식으로 배당하고, 배당가능이익의 총액 중 2분의 1을 초과하지 않는 범위에서 어느 정도의 액수를 주식배당액으로 할 것인지, 그리고 어떤 종류의 주식을 어느 정도 발행할 것인지에 대하여 주주총회의 결의를 얻어야 한다(상 462조의2①). 다만 주식배당 결의를 별도로 하지 아니하고 재무제표의 승인결의(상 449조①)에 의하여 결정될 수 있다. 주주총회가 결의할 때에는 주주평등의 원칙에 따라야 한다. 일부의 주식에 대해서는 현금배당을 하고 다른 주식에 대해서는 주식배당을 하는 것은 위법이다.[276)]

이사는 주식배당이 결의된 때에 지체 없이 배당을 받을 주주와 주주명부에 기재된 질권자에게 그 주주가 받을 주식의 종류와 수를 통지하여야 한다(상 462조의2⑤). 또한 지체 없이 그에 해당하는 신주를 발행하여야 한다.

또한 주주총회의 결의가 있은 날로부터 본점소재지에서는 2주간 내, 지점소재지에서는 3주간 내에 발행주식수와 종류 및 자본금증가 등에 관련된 변경등기를 하여야 한다(상 317조④·183조).

5. 주식배당의 효과

주식배당을 하게 되면, 발행주식수가 증가한다. 다만 단주는 환가하여 배당하고, 수종의 주식을 발행한 경우에는 그 종류에 따라 배당금이 달라지게 되며, 배당주식수도 달라지므로 회사자산에 대한 지분이 달라지게 된다.

주식배당은 통상의 신주발행과는 다르므로 총회가 결의한 즉시 신주발행의 효력이 생

276) 이(철)[회], 987면 ; 정(동)[회], 634면 ; 정(찬)[상], 1140면 ; 채(이)[상], 788면.

기지만, 사무의 복잡을 피하기 위하여 상법은 주식배당을 결의한 총회가 종결한 때부터 신주의 주주가 되게 하였다(상 462조의2④).

등록질권자의 질권의 효력은 주주가 배당받은 신주식에도 미친다(상 462조의2⑥후단). 그러나 약식질의 경우에는 그 효력이 미치지 아니한다.

6. 위법한 주식배당

주식배당이 위법한 경우에는 이미 발행된 신주의 효력을 다투어야 하므로 신주발행무효의 소에 준하여 해결하여야 한다. 신주의 무효는 소급효가 인정되지 아니하므로(상 431조①), 판결시까지 배당된 신주가 유효함을 전제로 이루어진 모든 행위는 유효하다.

배당가능이익이 없음에도 불구하고 행한 위법한 주식배당의 경우, 납입이 없는 신주발행으로 보아야 하므로 무효로 보아야 한다. 다만 신주발행 무효판결에 의해 주주의 배당신주가 소멸되므로 회사채권자의 반환청구권은 인정되지 아니한다.[277]

주식배당에 관한 주주총회결의의 하자가 있거나 수권된 발행예정주식총수를 넘어선 신주발행의 경우, 정관에 없는 종류의 주식발행 등 이른바 신주발행의 요건을 위반한 경우에도 신주발행무효의 소에 관한 규정에 따라 주주·이사·감사 또는 감사위원회는 신주를 발행한 날로부터 6월 내에 소로써만 신주발행의 무효를 주장할 수 있다. 그러나 주주는 주금액을 납입한 바가 없었으므로 회사는 신주의 주주에게 납입금을 반환할 필요는 없다.[278]

Ⅳ. 중간배당

1. 의의

중간배당은 년 1회의 결산기를 정한 회사가 직전결산기의 미처분이익을 재원으로 하여 정관의 규정에 따라 영업연도 중 1회에 한하여 이사회의 결의로 일정한 날을 정하여 그 날의 주주에 대하여 이익으로 배당하는 것을 말한다(상 462조의3①).

---

277) 이(철)[회], 991면.

278) 정(찬)[상], 1145면.

이사회의 결의만으로 당해 사업연도의 이익이 확정되기 이전에 회사재산을 사외로 유출하는 것이므로 회사자본충실을 해칠 위험이 높기 때문에 상법에서 엄격한 요건을 정하고 있다.

2. 요건

중간배당을 할 수 있는 요건으로는 중간배당을 할 수 있는 회사는 ①연 1회의 결산기를 정한 회사에 한하며(상 462조의3①), ②정관에 중간배당에 대한 규정이 있어야 하며(상 462조의3①), ③정관의 범위 내에서 이사회의 결의가 있어야 한다. 또한 ④직전 결산기의 대차대조표상 이익이 현존해야 하고, ⑤당해연도 결산기에 이익이 예상되어야 한다.

3. 시기와 방법

중간배당은 영업년도 중 1회에 한하여 행할 수 있으며(상 462조의3①). 그 시기는 정관으로 정하여야 한다(동항). 중간배당은 금전배당만이 가능하며, 주식배당은 이루어질 수 없다.

중간배당의 결정은 이사회의 결의사항이고, 이사회가 정관의 규정에 따라 중간배당을 결정하면 이사회의 결의만으로 확정된다. 주권상장법인의 경우에 이사회의 결의는 분기배당기준일로부터 45일 이내에 해야 한다(자 165조의12②). 이사회가 중간배당의 여부를 결정하면 중간배당기준일을 정하여야 한다.

4. 중간배당의 기준과 중간배당청구권

중간배당은 원칙적으로 주주평등의 원칙에 의하여 각 주주가 가진 주식수에 따라 지급하여야 하지만(상 462조의3⑤·464조), 종류주식의 경우 차등배당이 가능하다(상 462조의3⑤·464조 단서·344조①). 영업년도 중간에 신주가 발행된 경우와 전환주식·신주인수권부사채에 의해 신주가 발행된 경우에 일할배당을 할 수 있으나, 직전영업년도말에 주주의 권리의무가 있는 것으로 정관을 규정한다면 동액배당을 하여야 한다.

이사회의 결의로 정한 중간배당기준일의 주주는 회사에 대하여 중간배당청구권을 갖게 된다. 이때 청구권은 양도·압류·전부명령 등의 목적이 되며 5년의 시효에 걸리게 된다(상 464조의2②). 기명주식의 등록질권자도 중간배당청구권을 갖는다(상 462조의3⑤·340조①).

5. 중간배당의 지급

중간배당에 관한 이사회의 결의가 있은 날부터 1월 이내에 중간배당금을 지급하여야 한다(상 464조의2①). 다만 이사회의 결의로 배당금의 지급시기를 따로 정한 경우에는 그러하지 아니하다(상 464조의2①단서).

회사가 중간배당금을 지급하지 아니할 때의 책임은 이익배당의 경우와 동일하게 이사 등에 대하여 과태료의 제재가 부과되고(상 635조①xxvii), 주주는 회사에 대하여 지연배상금을 청구할 수 있다.

6. 위법한 중간배당의 효과

위법한 중간배당이란 중간배당의 요건을 위반하여 배당하는 것이다. 예컨대 배당가능이익이 없는데 중간배당을 하는 경우이다. 위법한 중간배당은 무효이다. 따라서 위법한 중간배당을 받은 주주는 회사에 반환할 의무를 부담한다(민 741조·748조). 또한 회사채권자는 당해 주주에 대하여 위법배당액을 회사에 반환하도록 청구할 수 있다(상 462조②·462조의3⑥).

이사가 당해 결산기에 이익이 없을 것을 예상하면서도 중간배당을 하였다면 당해 이사는 회사에 대하여 연대하여 그 차액(배당액이 그 차액보다 적을 경우에는 그 배당액)을 배상할 책임을 부담한다(상 462조의3④). 다만 당해 결산기의 이익발생의 판단에 주의의무를 다하였음을 증명한 때에는 배상책임을 면하게 된다(상 462조의3④단서). 이때 이사회에서 중간배당결의에 찬성한 이사들은 모두 연대하여 책임을 부담하며(상 462조의3⑥·400조), 이를 면하기 위해서는 총주주의 동의를 얻어야 한다(동항).

V. 건설이자의 배당

2011년 개정상법에서는 제463조에 관한 규정을 삭제하였다.

제7절 재무제표 등 계산서류에 대한 주주·채권자의 권리

Ⅰ. 서언

상법상 회사의 업무집행은 이사 중심으로 이루어지고 있으며 주주와 채권자는 원칙적으로 이에 관여할 수 없는데, 주주와 회사채권자의 입장에서는 이사의 직무수행에 대해 감시할 필요가 있다. 또한 주주의 감시기능을 강화하기 위하여 이사의 해임청구권(상 385조)이나 위법행위유지청구권(상 402조), 대표소송제기권(상 403조) 등 이사에 대한 감독권을 인정하고 있다.

그렇지만 이러한 권리가 실효성을 거두기 위하여는 회사의 업무나 재산상태 등에 대한 정보가 필요하므로, 상법에서는 다음과 같이 재무제표 등 계산서류에 대한 주주·채권자의 정보수집 및 경리검사권을 인정하고 있다.

Ⅱ. 재무제표 등의 열람권

이사는 정기총회일의 1주간 전부터 재무제표와 그 부속명세서 및 영업보고서 그리고 감사보고서를 본점에 5년간 비치하고, 그 등본을 지점에 3년간 비치하여야 한다(상 448조①). 또한 상장법인 등 외부감사인의 감사를 받는 회사는 외부감사인의 감사보고서를 비치하여야 한다(외감 25조③).

이때 각 주주(및 회사채권자)는 영업시간 내에 언제든지 비치된 서류를 열람할 수 있으며, 회사가 정한 비용을 지급하고 그 서류의 등본이나 초본의 교부를 청구할 수 있다(상 448조②). 이 밖에도 정관이나 주주명부, 사채원부, 주주총회의 의사록 등도 열람·등사할 수 있다(상 396조②). 개별주주의 이러한 권리는 단독주주권에 해당한다.

Ⅲ. 회계장부열람권

회계장부는 상법 제29조의 상업장부를 뜻하며, 분개장·원장 등이 이에 속한다. 회사의 서류는 전표·영수증 등 회계장부에 속하지 않는 것 외에 회계장부의 자료인 계약서·서신 등을 말한다.

이러한 회계장부에 대하여 상법상의 주식회사의 경우 발행주식총수의 100분의 3 이상에 해당하는 주식을 가진 주주는 이유를 붙인 서면으로 회계의 장부와 서류의 열람 또는 등사를 청구할 수 있다(상 466조). 상장회사의 경우는 6개월 전부터 계속하여 상장회사 발행주식총수의 10,000분의 10(최근 사업연도말 자본금이 1,000억원 이상인 상장회사의 경우에는 10,000분의 5) 이상에 해당하는 주식을 보유한 주주에게 열람 또는 등사 청구권이 인정된다(상 542조의6④). 회계장부열람권의 경우는 일정수 이상의 주식을 보유한 소수주주에게만 허용하고 있고 단독주주를 제외하고 있다.

회사는 소수주주의 회계장부열람에 대한 청구가 부당함을 증명하지 아니하면 이를 거부하지 못한다(상 466조②). 회사가 정당한 이유 없이 거절한 경우에 주주는 열람청구의 소를 제기하고, 장부서류보전의 가처분도 신청할 수 있다.

【판례】

[50] **대법원 1999.12.21. 선고, 99다137 판결**

상법 제466조 제1항 소정의 소수주주의 회계장부열람등사청구권을 피보전권리로 하여 당해 장부 등의 열람·등사를 명하는 가처분이 실질적으로 본안소송의 목적을 달성하여 버리는 면이 있다고 할지라도, 나중에 본안소송에서 패소가 확정되면 손해배상청구권이 인정되는 등으로 법률적으로는 여전히 잠정적인 면을 가지고 있기 때문에 임시적인 조치로서 이러한 회계장부열람등사청구권을 피보전권리로 하는 가처분도 허용된다고 볼 것이고, 이러한 가처분을 허용함에 있어서는 피신청인인 회사에 대하여 직접 열람·등사를 허용하라는 명령을 내리는 방법뿐만 아니라, 열람·등사의 대상 장부 등에 관하여 훼손, 폐기, 은닉, 개찬이 행하여질 위험이 있는 때에는 이를 방지하기 위하여 그 장부 등을 집행관에게 이전 보관시키는 가처분을 허용할 수도 있다. 주식회사 소수주주가 상법 제466조 제1항의 규정에 따라 회사에 대하여 회계의 장부와 서류의 열람 또는 등사를 청구하기 위하여는 이유를 붙인 서면으로 하여야 하는바, 회계의 장부와 서류를 열람 또는 등사시키는 것은 회계운영상 중대한 일이므로 그 절차를 신중하게 함과 동시에 상대방인 회사에게 열람 및 등사에 응하여야 할 의무의 존부 또는 열람 및 등사를 허용하지 않으면 안 될 회계의 장부 및 서류의 범위 등의 판단을 손쉽게 하기 위하여 그 이유는 구체적으로 기재하여야 한다. 상법 제466조 제1항 소정의 소수주주의 회계장부 및 서류의 열람, 등사청구권이 인정되는 이상 그 열람, 등사청구권은 그 권리행사에 필요한 범위 내에서 허용되어야 할 것이지, 열람 및 등사의 회수가 1회에 국한되는 등으로 사전에 제한될 성질의 것은 아니다.

Ⅳ. 검사인선임청구권

회사장부나 서류 등을 열람한 결과 부정행위 또는 법령이나 정관에 위반한 중대한 사실이 있음을 의심할 사유가 있는 때에는 발행주식총수의 100분의 3 이상에 해당하는 주식을 가진 주주는 회사의 업무와 재산상태를 조사하게 하기 위하여 법원에 검사인의 선임을 청구할 수 있다(상 467조①). 상장법인의 경우는 발행주식총수의 1,000분의 15 이상에 해당하는 주식을 가진 주주의 경우에 청구할 수 있다(상 542조의6①).

검사인은 그 조사결과를 법원에 보고하고(상 467조②), 법원은 이 보고에 의하여 필요하다고 인정한 때에는 대표이사에게 주주총회의 소집을 명할 수 있다(동조③). 주주총회가 소집되면, 검사인은 동 보고서를 주주총회에도 제출하여야 한다(상 467조③2문, 310조②). 동 주주총회에서는 이사의 해임 또는 손해배상의 추궁 여부 등을 결정할 수 있다.

【판례】

[51] **대법원 1985.7.31. 선고, 85마214 판결**
상법 제467조 제1항이 규정하고 있는 검사인 선임 청구사유인 "업무집행에 관한 부정행위 또는 법령이나 정관에 위반한 중대한 사실"에 대하여는 그 내용을 구체적으로 명확히 적시하여야 하고 단순히 결산보고서의 내용이 실지 재산상태와 일치하는지 여부에 의심이 간다는 정도의 막연한 것으로 그 사유를 삼을 수는 없다.

제8절 권리행사와 관련한 회사의 이익공여 금지

권리행사와 관련한 회사의 이익공여의 금지에 대한 상법규정은 과거 총회꾼의 활동을 근원적으로 봉쇄하기 위하여 총회꾼에 대한 일체의 이익공여를 금지(상 467조의2)하고자 하는 취지에서 입법화되었다. 또한 이에 위반한 자를 처벌하도록 하였다(상 634조의2).

회사는 누구에게든지 주주의 권리행사에 관하여 재산상의 이익을 공여할 수 없다(상 467조의2①). 이익의 공여자는 회사이며, 회사의 계산으로 공여하였다면 대표이사만이 아니라 이사·감사·지배인 기타의 사용인이 공여한 경우에도 회사가 공여한 것이 된다. 또한 이익공여의 상대방에는 제한이 없다. 즉 누구에게든지라고 한 바에서 알 수 있듯이 주주만이 아니라 주주 이외의 자도 이익공여의 상대방이 된다.[279)]

주주의 권리행사에 관한 이익공여가 있다고 하는 것은 주주의 공정한 권리행사에 영향을 미칠 수 있는 주주권의 행사 혹은 불행사 여부 또는 행사방법 등을 합의하고 이에 관해 이익을 제공함을 의미한다. 예컨대 주주총회에 참석하여 의결권을 행사하거나 불행사 혹은 의사진행에 협조하는 경우가 전형적이지만, 결의취소의 소나 유지청구 여부 등에 대하여 이익이 제공되는 경우도 이에 해당한다. 재산상의 이익이란 금전·물품·신용·용역제공·채무면제·채권포기·신주인수권부여·지위보장 등이다.

이 규정에 위반하여 재산상의 이익을 받은 주주는 회사에 대하여 반환하여야 한다. 이익반환의 청구는 회사가 행하지만, 소수주주가 회사의 이익을 보호하기 위하여 대표소송을 제기할 수 있다(상 467조의2④·403조). 이익을 공여받은 대신에 주주가 대가를 지급한 것이 있는 때에는 그 대가를 반환받을 수 있다(상 467조의2③).

이익공여에 대한 입증책임은 회사가 부담해야 하지만, 회사가 특정의 주주에게 무상으로 재산상의 이익을 제공한 경우에는 주주의 권리행사에 관하여 이익을 공여한 것으로 추정한다. 또한 회사가 특정한 주주에 대하여 유상으로 재산상의 이익을 제공한 경우 회사가 얻은 이익이 제공한 이익에 대하여 현저하게 적은 때도 공여한 것으로 본다(상 467조의2②). 이때에는 이익공여를 받은 자가 주주권의 행사와 관련이 없음을 입증하여야 한다.

---

279) 이(철)[회], 1003면 ; 정(찬)[상], 1156면.

제9절 사용인의 우선변제권

신원보증금의 반환을 받을 채권, 기타 회사와 사용인간의 고용관계로 인한 채권이 있는 자는 회사의 총재산에 대하여 우선변제권이 있다(상 468조). 고용관계상의 채권을 갖는 사용인을 보호하려는 입장에서 상법이 인정한 특별한 법정담보물권이다. 또한 명문의 규정은 없지만 학설상으로 회사재산에 대한 경매청구권도 허용된다고 본다. 그러나 사용인의 우선변제권은 질권이나 저당권에 우선하지 못한다(상 468조 단서).

▌제8장▌

사채

제1절 서설

Ⅰ. 사채의 의의

사채란 불특정다수의 일반대중으로부터 자금을 조달하기 위하여 주식회사가 액면가로 단위화된 사채의 발행이라는 방법으로 집단적·정형적으로 부담하는 채무를 말한다. 사채는 주식과 함께 주식회사의 자본금조달의 대표적 방법이다.

사채는 ① 차입의 주체가 주식회사이며 주식회사만이 발행할 수 있다. 유한회사는 사채를 발행할 수 없으며(상 600조②·604조①), 합명회사와 합자회사는 이를 금하는 규정이 없으나 실제로 사채를 발행한 예가 없다. 공익법인의 사채는 상법상의 사채라고 볼 수 없으며, 국가나 지방자치단체가 발행하는 국공채와 대립되는 의미로 사용된다.[280)]

②차입의 상대방이 불특정다수의 일반대중이며, ③그 액이 거대하고, ④기간이 계속적이며, ⑤각 사채권자에 대하여 조건이 동일하며, ⑥액면가로 단위화 된 채권이 발행되는 것 등의 여러 가지 점에서 본질적인 특색이며 이에 따른 여러 규정을 필요로 한다.

Ⅱ. 사채와 주식의 이동

1. 사채와 주식의 차이

사채는 그것을 발행하는 주식회사로서는 증권발행의 방법에 의한 자금조달의 수단이라는 점에서 주식과 같다.

반면에 사채는 금전채권인데 비하여, 주식은 주주권이므로 다음과 같은 차이점이 있다. ①주주는 이익이 있어야 배당을 받으나, 사채권자는 이익과 관계없이 이자를 받는다. ②주주는 회사존속 중에는 원칙적으로 출자의 반환을 받을 수 없으나 사채권자는 상환

280) 정(동)[회], 540면 ; 정(찬)[상], 1161면.

기한의 도래로 상환 받는다. ③주주는 주주권을 가지고 회사에 관여할 수 있으나 사채권자는 그러하지 않다.

2. 주식과 사채의 접근

(1) **주식의 사채화**

주식의 사채화란 주식이 사채와는 법률상 성질을 달리하면서도 주식이 사채와 유사한 성격을 갖게 되는 것을 의미한다. 주식이 사채에 접근하는 것은 주식의 이식증권화 현상으로 특히 무의결권주·상환주·누적적우선주 등을 들 수 있다. 또한 주식의 자유로운 양도로 투하자본의 회수가 용이하며, 주주의 회사운영에 대한 무관심으로 인해 주주의 사채권자화 현상이 나타나고 있다.

(2) **사채의 주식화**

사채에서 주식으로의 접근현상에 대한 것으로서 전환사채·신주인수권부사채·이익참가부사채 등을 들 수 있다.

Ⅲ. 사채의 종류

사채는 여러 기준에 따라 그 종류를 분류할 수 있다. ①사채권자에게 부여된 권리에 따라 아무런 권리가 부여되어 있지 않는 일반사채, 특수한 권리가 부여되어 있는 특수사채(전환사채, 신주인수권부사채, 이익참가부사채, 교환사채, 담보부사채 등)가 있다.

이 밖에도 ②사채의 권면에 사채권자의 성명이 기재되어 있는지의 여부에 따라서 기재되어 있는 기명사채와 기재되어 있지 아니한 무기명사채로 나누어 볼 수 있다. ③사채를 위하여 물상담보가 설정되어 있는 지에 따라서 설정되어 있으면 담보부사채라고 하고, 설정되어 있지 아니하면 무담보사채라 한다. 또한 ④등록기관에 등록하지 않고 사채권이 발행되면 현물사채라고 하고, 공사채등록법에 따라 등록한 사채를 등록사채라고 한다.

제2절 사채계약의 성질

사채를 발행할 때에 회사와 사채를 인수하는 자 사이에는 계약이 성립하게 된다. 이러한 사채계약의 법적성질에 관하여는 소비대차설,[281] 소비대차와 유사한 무명계약설[282] 및 채권매매설[283] 그리고 매출발행의 경우에는 채권매매이고 그 이외의 경우는 소비대차에 유사한 무명계약이라고 하는 절충설[284] 등이 있다. 채권매매설이 사채발행의 실정에 가장 알맞는 것이라 할 수 있다.

제3절 사채발행의 제한

2011년 개정상법에서는 개정전 사채총액의 제한, 사채모집의 제한, 사채의 금액, 권면액 초과상환의 제한과 관련한 규정을 모두 삭제하였다.

제4절 사채발행의 방법

Ⅰ. 총액인수

총액인수란 사채발행회사와 특정인과의 계약에 의하여 사채의 총액을 일괄하여 인수하는 것을 말한다(상 475조 1문).

사채총액을 인수한 특정인은 그 인수한 사채를 일반대중에게 매출하여 인수가액과 매출가액과의 차액을 이득할 목적으로 인수한다. 이때에는 사채청약서의 작성을 요하지 않는다(동조). 사채를 인수하는 자는 일정규모 이상의 자본금을 가진 주식회사로서 금융위원회로부터 금융투자업의 인가를 받은 자이어야 한다(자 12조).

281) 김(정)[상], 741면 ; 이(철)[회], 1009면.

282) 이·외[회], 471면 ; 채(이)[상], 719면 ; 최(기)[회], 774면.

283) 김(용)[상], 446면 ; 서·정, 545면 ; 서(정)[람], 317면 ; 이·최[상], 746면 ; 정(찬)[회], 1054면.

284) 손(주)[상], 961면 ; 정(동)[회], 543면 ; 정(무)[상], 554면.

Ⅱ. 공모

1. 공모의 의의

공모란 사채발행회사(기채회사)가 일반공중으로부터 사채를 모집하는 방법으로 직접모집과 위탁모집 및 인수모집 그리고 매출발행 등이 있다. 원칙적으로 사채청약서의 사용을 필요로 한다(상 474조).

2. 직접모집

직접모집은 사채발행회사가 직접 일반공중으로부터 공모하는 방법이다. 발행회사 스스로가 모집하거나 금융기관 혹은 증권회사를 대리인으로 하여 모집할 수 있다. 실제로 이러한 방법은 거의 사용되지 아니한다.

3. 위탁모집

위탁모집은 발행회사가 특정인에게 사채의 발행을 위탁하는 방법이다(상 476조②). 수탁회사는 자기의 명의로 발행회사의 계산으로 발행회사를 위하여 사채발행의 모든 절차 즉 타인으로부터 청약을 받고 이에 대한 배정 및 납입을 받아준다.

4. 도급모집

도급모집(인수모집)은 위탁모집에서 사채응모액이 사채총액에 부족할 때에 사채모집을 위탁받은 수탁회사가 그 잔액을 인수할 것을 약정하는 방법이다.

Ⅲ. 매출발행

매출발행은 이미 완성된 사채권을 일정한 기간동안 사채발행회사가 직접 일반공중에게 개별적으로 매출하는 방법이다. 사채청약서의 작성을 요하지 아니하며, 사채의 배정이나 납입·채권교부 등의 절차를 요하지 아니하므로 그 절차가 간단하다. 매출발행은 현재 일반회사에는 인정되지 아니하고 국가의 특별한 감독을 받는 특수은행에 한하여 인정된다(은시 19조③·산은령 27조).

제5절 사채발행의 절차

Ⅰ. 이사회의 결의

자금조달의 기동성을 확보하기 위하여 이사회의 합리적 결정에 맡기고 있다(상 469조). 이 결의에서는 사채총액, 사채의 금액, 이율, 상환방법 및 기한 등을 정하고 세목은 대표이사에게 일임할 수도 있다.

Ⅱ. 사채계약의 체결

사채모집에 대해 청약이 있고, 그에 대해 배정을 하게 되면 인수가 확정되어 사채계약이 체결된다.

1. 청약

직접모집과 위탁모집 방법에 의한 사채모집에 응하고자 하는 자는 사채청약서 2통에 그 인수할 사채의 수와 주소를 기재하고 기명날인하여야 한다(상 474조①).

사채청약서는 원칙적으로 이사가 작성하지만(상 474조②), 예외적으로 수탁회사가 작성하기도 한다(상 476조②). 이에는 상법 제474조 2항의 법정기재사항의 내용을 기재하여야 한다(상 474조②). 법정기재사항을 기재하지 아니한 사채청약서에 의한 청약은 무효이다.[285] 또한 사채발행의 최저가액을 정한 경우에는 응모가액을 기재하여야 한다(상 474조③).

총액인수와 도급모집 방법에 의한 사채모집에서 수탁회사가 사채의 일부를 인수하거나

285) 손(주)[상], 966면 ; 이·외[회], 476면 ; 정(동)[회], 547면 ; 정(찬)[상], 1169면 ; 정(희)[상], 592면.

채권매출에 의한 발행의 경우 사채청약서에 의한 청약을 요하지 아니한다. 수탁회사가 사채의 일부를 인수하는 일반 공중을 상대로 하지 않으며, 채권매출에 의한 발행의 경우에는 공고가 사채청약서 작성을 면제하기 때문이다.

2. 배정

청약에 대하여 사채발행회사 또는 수탁회사가 배정을 하게 되면 사채계약이 성립하고, 사채의 인수가 있게 된다.

사채모집의 총액에 응모액이 미달할 경우에 사채발행의 효력이 발생하는지에 대해서, 사채계약의 통일성과 일체성을 강조하는 입장에서 이를 무효로 보는 견해도 있지만, 신주발행의 경우와 마찬가지로 응모액 부분에 대하여만 사채발행의 효력이 발생한다고 볼 수 있다. 다만 응모액이 현저히 부족한 경우라면 사채계약이 성립하지 않는다고 보아야 한다.

Ⅲ. 사채의 납입

사채모집이 완료된 때에는 이사는 지체 없이 사채인수인에 대하여 각 사채의 전액 또는 제1회의 납입을 시켜야 한다(상 476조①). 위탁모집의 경우에는 수탁회사가 이를 할 수 있다(상 476조②).

납입은 현금납입 뿐만 아니라 상계나 경개 혹은 대물변제도 가능하다.[286] 또한 납입장소를 은행 등으로 제한하지 않으며, 실권절차도 필요 없다.

Ⅳ. 등기

사채의 발행에는 등기를 요하지 아니한다. 다만 전환사채나, 신주인수권부사채, 이익참가부사채, 교환사채 등 특수한 사채의 경우에는 등기를 요한다.

---

286) 이(철)[회], 1014면 ; 정(찬)[상], 1170면.

V. 자본시장법상 사채발행절차에 대한 특칙

자본시장법상 일정액 이상의 사채의 모집과 매출시에 사채발행회사는 금융위원회에 증권신고서를 제출하고, 그 신고서가 수리되어 효력이 발생하여야지만 사채를 모집·매출할 수 있다(자 119조). 또한 투자설명서를 작성하여 공람하는 등 공시하여야 하며, 외부감사도 받아야 한다.

제6절 사채의 유통

I. 사채유통의 의미

사채제도의 건전한 발전을 위하여, 사채투자자인 일반 공중의 보호가 필요하다. 그리고 투자자의 보호책은 사채의 발행관리·상환에 있어서와 마찬가지로 사채의 유통에도 마련되어야 한다. 이에 사채유통을 위해 주식과 동일하게 유가증권화 하고 사채원부를 갖추도록 하는 등의 조치가 마련되어 있다.

II. 사채권과 사채원부·사채등록부

1. 사채권

사채권(社債券 혹은 채권)은 사채를 표창하는 유가증권을 말한다. 즉 사채권은 사채계약상의 권리를 표창하는 유가증권으로서 채권적 유가증권이며 요식성·요인성을 가진다. 채권에는 법정사항을 기재하고 대표이사가 기명날인하여야 한다(상 478조②).

사채권은 기명식과 무기명식 두 가지가 있는데 주식과는 달리 무기명식이 많이 이용되고 있다.

사채권은 사채전액이 완전히 납입된 후가 아니면 발행하지 못한다(상 478조①). 이에 위반하여 발행된 사채권은 유효하지만, 이사 등은 과태료의 제재를 받는다(상 635조①xxviii). 공사채등록법에 따라 예탁결제원·금융기관·공사채발행자로서 금융위원회의 인가를 받은 자

등 등록기관에 등록된 사채는 채권을 발행하지 아니하며, 이미 채권이 발행된 사채에 대해 등록을 하는 경우 등록기관이 그 채권을 회수하도록 한다(공 5조①·②).

2. 사채원부

사채원부는 사채와 채권에 관한 사항 및 그리고 사채권자에 관한 사항을 명백히 하기 위하여 작성되는 장부이다. 즉 무기명사채를 발행한 경우에는 사채 및 채권에 관한 사항, 그리고 기명사채를 발행한 경우에는 사채 및 채권과 사채권자에 관한 사항을 명백히 하기 위하여 회사가 법정사항을 기재하여 작성(상 488조)·비치(상 396조①)해야 한다.

대표이사가 작성·보존의무를 부담하고, 본점 또는 명의개서대리인의 영업소에 비치하여 주주와 회사채권자에게 열람하도록 제공되어야 한다(상 396조).

사채원부는 기명사채의 이전에 대한 대항요건이 되며(상 479조), 사채권자에 대한 통지와 최고 및 신탁의 공시 등에 대한 근거가 된다(상 489조①, 신 3조②). 그러나 실제로는 기명사채를 발행하는 경우가 거의 없으므로 사채원부는 큰 의미를 갖지 못하고 있다.

3. 사채등록부

사채등록부는 공사채등록법에 의한 사채의 등록기관이 비치하고 필요한 사항을 기재하여야 할 장부이다(공 9조). 등록기관은 등록사채권자 기타 이해관계인의 열람이나 등·초본의 교부 청구에 따라 이를 제공하여야 한다(공 12조).

Ⅲ. 사채의 양도와 입질

사채의 양도·입질은 자유이다. 자기회사가 발행한 자기사채도 취득할 수 있다. 기명사채의 양도제한은 선의의 제3자에게 대항하지 못한다.

① 무기명사채의 경우, 양도는 양수인에게 채권을 교부함으로써 그 효력이 발생하며(민 523조), 입질은 질권자에게 채권을 교부함으로써 효력이 발생한다(민 351조)고 본다. 또한 계속적으로 점유함으로써 제3자에게 대항할 수 있다.

②기명사채의 양도는 당사자의 의사표시와 사채권의 교부로 효력이 발생한다. 이를 회사 기타의 제3자에 대항하려면 취득자의 성명과 주소를 사채원부에 기재하고 그 성명을 채권에 기재하여야 한다(상 479조①).

입질은 질권설정의 의사표시와 채권을 질권자에게 교부함으로써 효력이 발생하고, 대항요건으로는 질권설정자가 기채회사에 입질사실을 통지하거나 기채회사의 승낙이 있어야 한다(민 349조).

③공사채등록법에 따라 등록기관에 등록한 사채의 경우와 무기명사채의 경우 사채등록부에 등록하여야 기채회사 기타 제3자에 대항할 수 있다(공 6조②). 또한 기명사채의 경우 등록기관의 사채등록부에 등록을 하고, 기채회사의 사채원부에 기재하여야 기채회사 기타 제3자에 대항할 수 있다(동항).

제7절 사채의 이자지급과 상환

Ⅰ. 사채의 이자지급

사채의 이자지급에 관한 사항 즉 이율·이자지급방법과 기한 등은 사채모집의 조건에서 정해지며(상 474조②), 사채권·사채원부 등에 기재하여야 한다(상 474조②·478조②·488조).

기명채권의 경우 이자의 지급은 사채원부에 기재된 사채권자에게 지급한다. 무기명채권의 경우는 이권의 소지인에게 이권과 상환으로 이자가 지급된다. 이권이란 사채의 이자지급청구권을 표창하는 유가증권이다. 이권의 소지인은 사채권을 제시하지 않고 이자를 지급받을 수 있으며, 회사는 이권의 소지인에게 지급하면 면책된다. 무기명사채를 조기상환함으로서 흠결이 된 이권의 경우, 회사는 사채권자에게 그 흠결된 이권에 상당한 금액을 사채상환액으로부터 공제하여 지급하고(상 486조①), 이권소지인은 그 후 언제든지 이권과 상환하여 이 공제액의 지급을 청구할 수 있다(상 486조②).

Ⅱ. 사채의 상환

1. 사채상환의 의의

사채의 상환이란 사채발행회사가 사채권자에 대하여 부담한 채무를 일정기간 후에 변제하는 것을 말한다.

2. 상환금액

사채의 상환금액은 사채의 금액(액면가액)과 일치하는 것이 보통이지만, 이자를 붙이는 방법의 하나로 사채금액보다 초과하는 상환금액을 정할 수도 있다.

3. 사채상환의 기한과 상환방법

사채상환의 기한과 상환방법은 사채계약에 의하여 정하여지며, 사채계약서·사채권·사채원부에 기재하여야 한다(상 474조). 사채는 1회의 특정일을 상환일로 정하여 일시에 지급하는 것이 일반적이나, 수회에 걸쳐 분할상환하는 것으로 정할 수도 있다.

할인채의 경우에는 회사만이 기한의 이익을 가지므로 발행회사는 이를 포기하고 만기 전이라도 사채를 상환할 수 있다.

상법개정 전에는 발행회사가 이자의 지급 또는 원금의 상환을 게을리하는 경우 사채권자집회의 결의로 사채총액에 관하여 기한의 이익을 빼앗을 수 있었으나, 2011년 개정상법에서 폐지되었다. 그러나 사채계약에서 이자지급의 지연 등 기한의 이익이 상실되는 사유를 정할 수 있음은 물론이다.

사채의 상환은 사채권과 상환하는 방법으로 행해진다. 사채권이 발행되지 아니한 등록사채의 경우 등록기관이 지급장소에 사채의 상환을 통지하고(공칙 46조), 사채권자에게 등록사채 원금영수증을 송부해 주는데, 사채권자는 지급장소에서 이와 상환하여 사채의 상환을 받게 된다.

4. 매입소각

사채에 대하여는 자기사채취득이 허용되므로, 사채발행회사는 수시로 자기사채를 취득하여 소각함으로써 사채의 상환에 갈음할 수 있다. 사채권은 독립된 유가증권이므로 자기사채의 취득만으로 소멸되지 않고, 사채권을 소각하여야만 사채가 없어진다.

5. 발행회사의 불공정한 행위의 취소

기채회사가 어느 사채권자에 대하여 변제·화해 기타의 행위가 현저하게 불공정한 때에는 사채모집을 위임받은 회사는 소만으로 그 행위의 취소를 청구할 수 있다(상 511조①). 사채권자집회의 대표자도 집회의 결의에 의하여 취소의 소권을 갖는다(상 512조). 이 소는 수탁회사가 취소의 원인인 사실을 안 때로부터 6월, 행위가 있는 때로부터 1년 내에 제기해야 하며(상 511조②), 사채권자집회의 대표자 또는 집행자가 제기하는 때에는 그 행위가 있는 때로부터 1년 내에 한하여 가능하다(상 512조 단서).

Ⅲ. 시효

사채의 상환청구권의 소멸시효기간은 10년이고(상 487조), 사채의 이자청구권의 소멸시효기간은 5년이다.

제8절 수탁회사의 사채관리

Ⅰ. 사채관리회사

사채관리회사[287]란 사채의 발행회사에 의해 선임되어 사채권자를 위해 사채의 상환청구, 변제수령 등 사채권의 관리에 필요한 사무를 집행하는 자이다. 2011년 개정전에는 사

287) 이(철)[상], 813~817면 참조.

채발행을 주선하는 수탁회사가 같은 사무를 담당하였으나 수탁회사는 기본적으로 발행회사로부터 보수를 받고 발행회사를 위하여 사채모집을 주선하는 자인데, 동시에 사채권자를 위해 사채를 관리한다는 것은 일견 이해의 충돌을 야기한다고 할 수 있으므로, 개정상법에서는 사채관리사무의 공정성을 높이기 위해 수탁사무로부터 분리하여 사채관리회사로 하여금 수행하도록 하였다.

사채관리회사는 사채의 발행회사에 의해 지정되므로 발행회사의 수임인으로써 발행회사 대해 선량한 관리자의 주의의무를 지는 것은 당연하지만(민 681조), 사채권자에 대해서도 선량한 관리자로서 사채를 관리할 의무를 지며 직접 손해배상책임을 진다(상 484조의2).

Ⅱ. 사채관리회사의 지정 및 자격

사채관리회사의 업무는 사채권자를 위한 것이지만, 그 지정은 사채의 발행회사가 한다(상 480조의2). 그런데 상법은 사채관리회사의 선임을 강제하지 않으므로(동조) 제도의 실효성이 취약해질 우려가 있다.

은행, 신탁회사 그 밖에 시행령으로 정하는 자가 아니면 사채관리회사가 될 수 없다(상 480조의3①). 사채관리업무는 다수의 사채권자를 위한 공익적 성격의 업무이므로 고도의 신용과 금융사무의 전문성을 갖춘 자로 제한한 것이다. 시행령에서는 은행법상의 금융기관, 자본시장법상의 소정의 투자매매업자 등을 적격자로 규정하고 있다(상시 26조).

개정상법은 자격을 구비했더라도 부적임자가 사채관리회사로 취임하는 것을 배제하기 위해 사채의 인수인 기타 발행회사와 특수한 이해관계가 있는 자로서 사채관리회사가 될 수 없는 자를 시행령으로 정하게 하였다(상 480조의3②·③). 시행령에서는 사채발행회사의 최대주주, 주요주주인 자, 사채발행회사가 대주주로 있는 자, 사채발행회사의 계열회사 등 사채발행회사와 특수한 관계에 있는 회사나 금융기관을 부적격자로 열거하고 있다(상시 27조). 시행령에서는 수탁회사를 부적격자로 열거하고 있지 않지만, 개정전 수탁회사의 부수적 업무이었던 것을 분리시켜 사채관리회사의 업무로 맡긴 취지상, 수탁회사는 해석상 당연히 부적격자로 다루어야 한다.

Ⅲ. 사채관리회사의 권한

1. 사채상환을 위한 권한

사채관리회사는 사채권자를 위하여 사채에 관한 채권을 변제받거나 채권의 실현을 보전하기 위하여 필요한 재판 상·재판 외의 모든 행위를 할 권한이 있다(상 484조①). 사채관리회사가 발행회사로부터 사채의 상환을 받은 때에는 지체 없이 이를 공고하고, 알고 있는 사채권자에게는 각별로 이를 통지하여야 한다(상 484조②). 사채관리회사가 사채를 상환받음으로써 발행회사의 채무는 소멸하므로 사채권자는 사채관리회사에 대하여 채권과 상환으로 사채의 지급을 청구할 수 있다(상 484조③). 사채권 또는 이와 더불어 이권이 발행된 경우에는 이와 상환하여 청구하여야 한다(동조).

2. 사채권자집회소집권 등

사채관리회사는 사채권자집회의 소집, 출석 및 의견진술, 결의집행 등의 권한을 갖는다(상 491조①, 493조①, 501조).

3. 조사권

사채관리회사는 관리를 위탁받은 사채에 관하여 채권을 변제받거나 채권의 실현을 보전하기 위한 행위를 할 때(상 484조①), 또는 사채 전부에 대한 지급의 유예, 책임의 면제 또는 화해, 사채 전부에 관한 소송 또는 채무자 회생 및 파산에 관한 절차에 속하는 행위(상 484조④)를 하고자 할 경우에는 법원의 허가를 받아 사채를 발행한 회사의 업무와 재산상태를 조사할 수 있다(상 484조⑦).

4. 보수의 우선권

사채관리회사의 권한과 의무가 중대함에 대한 보상으로 사채관리회사의 보수는 사채권자에 우선하여 변제받는다(상 507조②).

5. 공동사채관리회사

사채관리회사가 2개 이상인 때에는 그 권한은 공동으로 행사하여야 하며, 발행회사로부터 사채를 상환받은 때에는 사채권자에 대하여 연대하여 지급할 책임을 진다.

Ⅳ. 사채관리회사의 주의의무

사채관리회사는 사채권자에 대하여 선량한 관리자의 주의로 사채를 관리하여야 한다(상 484조의2②). 상법은 특히 사채권리회사에게 사채권자를 위해 공평하고 성실하게 관리할 것을 명하고 있다(상 484조의2①).

Ⅴ. 사채관리회사의 행위제한

상법 제484조 제1항은 사채를 변제받거나 채권의 실현을 보전하기 위해 필요한 행위에 관해 포괄적인 권한을 부여하고 있으나, 구체적인 행위에 따라서는 사채관리회사의 월권으로 사채권자의 권리가 침해될 우려가 큰 경우도 있다. 상법은 이러한 위험이 예상되는 행위로서 ①해당 사채 전부에 대한 지급의 유예, 그 채무의 불이행으로 발생한 책임의 면제 또는 화해, ②사채에 관한 채권을 변제받거나 채권의 실현을 보전하기 위한 것이 아닌 해당 사채 전부에 관한 소송행위 또는 채무자회생 및 파산에 관한 절차에 속하는 행위를 열거하고, 사채관리회사가 이러한 행위를 하고자 할 때에는 사채권자집회의 결의에 의하도록 규정하고 있다(상 484조④). 그러나 위 행위 중 ②의 행위는 사채발행회사가 사채권자집회의 결의를 얻지 아니하고 사채관리회사가 할 수 있음을 정할 수 있다(상 484조④단서). 사채발행회사가 정한다고 함은 당초 사채관리회사의 지정행위에서 정하는 것을 뜻한다. 이에 근거하여 사채관리회사가 사채권자집회의 결의없이 ②의 행위를 한 때에는 지체없이 그 뜻을 공고하고 알고 있는 사채권자에게 통지하여야 한다(상 484조⑤).

Ⅵ. 사채관리회사의 손해배상책임

사채관리회사가 상법이나 사채권자집회결의를 위반한 때에는 사채권자에 대하여 연대하여 이로 인하여 발생한 손해를 배상할 책임이 있다(상 484조의2③).

Ⅶ. 사채관리회사의 지위의 종료

사채관리회사는 발행회사에 의해 선임되어 발행회사의 수임인의 지위에 있지만, 사채관리회사는 상법의 규정에 의해 사채권자를 위한 공익적 성격의 업무를 수행하므로 사임이 자유롭지 않다. 따라서 사채관리회사는 사채의 발행회사와 사채권자집회의 동의를 받아 사임할 수 있으며, 부득이한 사유가 있어 법원의 허가를 받은 때에도 같다(상 481조).

한편 사채관리회사가 그 사무를 처리하기에 적임이 아니거나 그 밖의 정당한 사유가 있을 때에는 법원은 사채의 발행회사 또는 사채권자집회의 청구에 의하여 이를 해임할 수 있다(상 482조). 그리고 사채관리회사의 사임 또는 해임으로 인하여 사채관리회사가 없게 된 경우에는 사채의 발행회사는 그 사무를 승계할 사채관리회사를 정하여 사채권자를 위하여 사채관리를 위탁하여야 한다(상 483조). 이 경우 회사는 지체 없이 사채권자집회를 소집하여 동의를 받아야 한다(상 483조①). 부득이한 사유가 있을 경우에는 이해관계인이 사무승계자의 선임을 법원에 청구할 수 있다(상 483조②).

제9절 사채권자집회

Ⅰ. 사채권자집회의 의의

사채권자집회는 사채권자의 이해에 중대한 관계를 가지는 사항에 대하여 결의하여 사채권자의 총의를 결정하는 사채권자로 구성된 임시적 회의체이다. 사채권자들이 자신들의 이익을 단체적으로 주장할 수 있으며, 발행회사도 개별적으로 개개의 사채권자의 동의를 얻지 않아도 된다.

Ⅱ. 사채권자집회의 구성과 대표자의 선임

사채권자집회는 사채의 종류별로 소집하고 결의한다. 사채권자집회는 해당 종류의 사채총액(상환받은 금액은 제외한다)의 500분의 1 이상을 가진 사채권자 중에서 1명 또는 여러 명의 대표자를 선임하여 결의할 사항의 결정을 위임할 수 있다. 대표자가 여러 명인 경우는 그 과반수로 결정하며(상 500조), 그 권한에 속하는 행위는 공동으로 하고 채무는 연대하여 지급할 의무를 부담한다(상 502조·485조). 사채권자집회는 언제든지 대표자를 해임하거나 위임한 사항을 변경할 수 있다(상 504조). 대표자는 사채를 발행한 회사로부터 상환받은 금액에서 사채권자에 우선하여 보수와 비용의 변제를 받을 수 있다(상 507조②).

사채를 발행한 회사와 사채모집의 위탁을 받은 회사는 의결권이 없다. 그러나 그 대표자를 사채권자집회에 출석하게 하거나 서면으로 의견을 제출할 수 있는 권리를 갖는다(상 493조①). 따라서 사채발행회사와 사채모집의 위탁을 받은 회사에 대해서도 사채권자집회의 소집을 통지하여야 한다(상 493조②·③, 363조①·②). 필요시에 사채권자집회는 사채발행회사에 대해서도 그 대표자의 출석을 청구할 수 있다(상 494조).

Ⅲ. 사채권자집회의 소집

사채권자집회의 소집권자는 사채를 발행한 회사, 사채관리회사가 소집하나(상 491조①), 해당 종류의 사채총액의 10분의 1 이상에 해당하는 사채권자도 회의의 목적사항과 소집이유를 적은 서면 또는 전자문서를 사채를 발행한 회사 또는 사채관리회사에 제출하여 사채권자집회의 소집을 청구할 수 있다(상 491조②). 이러한 소집청구에 발행회사가 응하지 않을 때에는 소집을 청구하였던 사채권자는 법원의 허가를 얻어 직접 사채권자집회를 소집할 수 있다(상 491조③, 366②).

소집시기는 필요에 따라 수시로 소집되며, 소집장소에 대한 제한은 없다. 이 밖에 소집절차는 대체로 주주총회의 소집절차에 관한 규정을 준용한다(상 510조).

Ⅳ. 사채권자집회의 결의

1. 의결권

2011년 상법개정 전에는 각 사채권자는 사채의 최저액마다 1개의 의결권이 있었으나, 개정상법에서는 각 사채권자는 그가 가지는 해당 종류의 사채금액의 합계액(상환받은 액은 제외한다)에 따라 의결권을 가진다(상 492조①). 의결권은 대리행사할 수 있으며, 대리권은 서면으로 증명해야 한다(상 510조①, 368조③). 사채권자는 집회에 출석하지 아니하고 서면에 의하여 의결권을 행사할 수도 있으며(상 495조③), 이사회에 정함에 따라 전자적 방법으로도 의결권을 행사할 수 있다(상 495조⑥, 368조의4). 무기명식의 채권을 가진 자는 집회일로부터 1주간 전에 채권을 공탁하여야만 의결권을 행사할 수 있다(상 492조②).

2. 결의사항

사채권자집회의 결의사항은 상법의 규정에 따라 자본금감소의 이의신청(상 439조③), 합병의 이의신청(상 530조②), 사채권자집회의 대표자 및 결의집행자의 선임과 해임(상 500조·501조·504조), 발행회사의 불공정한 행위를 취소하기 위한 소제기(상 511조), 사채관리회사의 사임동의(상 481조), 해임청구(상 482조), 사무승계자결정(상 483조) 등이 법률로 정하여져 있다. 이 밖에도 사채권자에게 이해관계가 있는 사항에 관하여 결의할 수 있다(상 490조).

3. 결의방법

결의의 방법은 원칙적으로 출석한 의결권의 3분의 2 이상의 찬성과 총사채의결권의 3분의 1 이상의 다수결로 한다(상 495조①·434조). 다만 비교적 경미한 사항은 출석한 사채권자의 의결권의 과반수의 찬성만으로 결정할 수 있다(상 495조②, 481조~483조, 494조). 회의에 관한 사항은 주주총회의 규정에 준용한다.

2011년 개정상법은 사채권자집회의 소집을 용이하게 하고, 사채권자들이 저비용으로 의사를 개진할 수 있도록 주식에 대해 인정되고 있는 서면투표와 전자투표를 사채권자집회에도 허용하였다(상 495조③·⑥).

4. 결의의 효력

사채권자집회의 결의는 결의한 날로부터 1주 내에 법원에 인가를 청구하여야 하며(상 496조), 그 인가를 받음으로써 효력이 발생한다(상 498조①). 다만 해당종류의 사채권자 전원이 동의한 결의는 법원의 인가를 요하지 않고 효력이 발생한다(상 498조①단서). 사채권자집회의 결의는 그 종류의 사채를 가진 모든 사채권자를 구속한다(상 498조②).

법원이 인가를 거부하는 사유로는 ①사채권자집회의 소집절차나 결의방법이 법령이나 사채모집의 계획서의 기재에 위반한 때, ②결의가 부당한 방법으로 이루어진 때, ③결의가 현저하게 불공정한 때, ④결의가 사채권자 일반의 이익에 반하는 때이다(상 497조①). 다만 ①·②의 경우에는 결의내용 기타 모든 사정을 참작하여 예외적으로 인가할 수 있다(동조②).

사채를 발행한 회사는 법원의 인가나 불인가의 결정에 대해서 지체 없이 그 뜻을 공고하여야 한다(상 499조).

5. 결의의 집행

사채권자집회의 결의는 사채관리회사가 집행하며, 사채관리회사가 없는 경우에는 대표자가 집행한다(상 501조). 다만 사채권자집회의 결의로 별도로 집행자를 선임할 수 있다(상 501조 단서).

V. 사채권자집회의 의사록

사채권자집회에는 의사록을 작성하여야 한다(상 510조①·373조). 의사록은 사채를 발행한 회사의 본점에 비치하여(상 510조②), 사채관리회사와 사채권자가 열람할 수 있도록 해야 한다(동조③).

Ⅵ. 사채권자집회의 비용부담

사채권자집회와 법원에 대한 결의인가의 청구비용은 원칙적으로 사채를 발행한 회사가 부담한다(상 508조①·②). 다만 법원은 이해관계인의 신청 또는 직권으로 그 비용의 전부나 일부에 대하여 비용의 부담자를 따로 정할 수 있다(상 508조②).

제10절 특수한 사채

Ⅰ. 전환사채

1. 전환사채의 의의

전환사채란 사채권자의 일방적 청구에 의하여 발행시에 정한 조건 및 기간 내에 사채발행회사의 주식으로 전환할 수 있는 권리가 부여된 사채를 말한다(상 513조).

전환사채는 사채의 일종이며 전환권이 행사될 때까지는 사채로서 존속하고 전환권이 행사되면 주식으로 된다.

2. 전환사채의 발행

(1) 전환사채 발행의 전제

전환사채가 전환되려면 발행예정주식총수에 미발행부분이 있어야 하므로, 전환사채를 발행할 때에 이 부분이 남아 있어야 하고 전환청구시까지 그 상태가 유지되어야 한다.

(2) 전환사채의 발행사항의 결정

전환사채의 발행사항의 결정에 대하여 상법은 크게 주주배정의 경우와 제3자배정·모집과 같이 주주 이외의 자에 대하여 전환사채를 발행하는 경우로 나누어 구별하고 있다.

주주배정의 경우는 일반사채와 같이 이사회의 결의로 발행할 수 있다. 즉 정관으로 주주총회의 결의로 할 것을 정한 경우를 제외하고는 상법 제513조의 법정사항을 결의하여야 한다. 그 법정결의사항으로(상 513조②) ① 전환사채의 총액, ② 전환의 조건, ③ 전환으로 인하여 발행할 주식의 내용, ④ 전환을 청구할 수 있는 기간, ⑤ 주주에게 전환사채의 인수권을 준다는 뜻과 인수권의 목적인 전환사채의 액에 대한 이사회의 결의가 있어야 한다. 다만 이 경우에도 신주발행이 주주총회의 권한사항으로 되어 있다면(상 416조 단서), 이사회의 결의만으로 발행할 수 없고 주주총회의 결의를 거쳐야 한다.

또한 주주 이외의 자에 대하여 전환사채를 발행하는 경우에는 위 ①~④와 함께 ⑤주주 외의 자에게 전환사채를 발행하는 것과 이에 대하여 발행할 전환사채의 액(상 513조②vi)에 대해 정관에 근거규정을 두거나 주주총회의 특별결의로 정하여야 한다(상 513조③).

【판례】

[52] **대법원** 2004.6.25. **선고**, 2000**다**3736 **판결**
전환의 조건 등이 정관에 이미 규정되어 있어 주주총회의 특별결의를 다시 거칠 필요가 없다고 하기 위해서는 전환의 조건 등이 정관에 상당한 정도로 특정되어 있을 것이 요구된다고 하겠으나, 주식회사가 필요한 자금수요에 대응한 다양한 자금조달의 방법 중에서 주주 외의 자에게 전환사채를 발행하는 방법을 선택하여 자금을 조달함에 있어서는 전환가액 등 전환의 조건을 그때그때의 필요자금의 규모와 긴급성, 발행회사의 주가, 이자율과 시장상황 등 구체적인 경제사정에 즉응하여 신축적으로 결정할 수 있도록 하는 것이 바람직하다 할 것이고, 따라서 주주총회의 특별결의에 의해서만 변경이 가능한 정관에 전환의 조건 등을 미리 획일적으로 확정하여 규정하도록 요구할 것은 아니며, 정관에 일응의 기준을 정해 놓은 다음 이에 기하여 실제로 발행할 전환사채의 구체적인 전환의 조건 등은 그 발행시마다 정관에 벗어나지 않는 범위에서 이사회에서 결정하도록 위임하는 방법을 취하는 것도 허용된다.

(3) 배정일의 공고와 통지 등

주주배정의 경우, 주주확정을 위한 배정기준일을 정하고, 그 2주간 전에 배정기준일에 주주명부에 기재된 주주가 인수권을 갖는다는 뜻을 공고하여야 한다(상 513조의2②). 배정기준일이 경과하면 인수권을 갖는 주주와 인수권을 갖는 사채총액이 확정된다. 전환사채의 최저액에 미달하는 단수에 대하여는 인수권이 미치지 아니한다(상 513조의2①단서).

확정된 주주에 대해서는 인수권을 가지는 전환사채의 액, 발행가액, 전환조건, 전환으로 인하여 발행할 주식의 내용, 전환을 청구할 수 있는 기간과 일정한 기일까지 전환사채의 청약을 하지 아니하면 권리를 잃는다는 뜻을 청약일의 2주간 전에 통지하여야 한다(상 513조의3①·②). 이에 따라 회사가 정한 청약기일에 청약을 하지 아니하면 실권한다(상 513조의3②).

주주 이외의 자에 대한 경우에는 제3자배정의 경우 그 제3자에게 배정하고, 모집의 경우는 일반사채의 경우와 동일한 방법으로 배정한다. 전환사채에 대한 인수와 납입은 일반사채와 동일한 절차에 따른다.

(4) 전환사채의 등기

전환사채를 발행한 때에는 각 사채의 납입금액의 납입이 완료된 날로부터 본점소재지에서는 2주간 내에 본점소재지에 전환사채의 등기를 하여야 한다(상 514조의2①).

(5) 불공정한 전환사채의 발행

회사가 법령 또는 정관에 위반하거나 현저하게 불공정한 방법에 의하여 전환사채를 발행함으로써 주주가 불이익을 받을 염려가 있는 경우에는, 주주는 회사에 대하여 그 발행을 유지할 것을 청구할 수 있다(상 516조①, 424조의2).

또한 이사와 통모하여 불공정한 발행가액으로 전환사채를 인수한 자는 공정한 발행가액과의 차액에 상당한 금액을 지급할 의무가 있다(상 516조①·424조①). 이때 주주의 대표소송이 인정되며, 이사는 회사 또는 주주에 대하여 손해배상책임을 부담한다(상 516조①, 제424조의2②).

3. 전환절차

전환사채는 전환을 청구할 수 있는 기간 중 언제든지 청구서에 채권을 첨부하여 회사에 제출함으로써 전환을 청구할 수 있다. 즉 전환청구권자는 청구서 2통에 채권을 첨부하여 회사에 제출하여야 하며, 이 청구서에는 전환하고자 하는 뜻과 청구일자를 기재하고 기명날인 하여야 한다(상 515조). 다만 회사가 채권(債券)을 발행하지 않고 전자등록을 한 경우에는 전환청구를 하는 자는 사채권을 증명할 수 있는 자료를 첨부하여 회사에 제출하여야 한다(상 515조①단서). 주주명부의 폐쇄기간 중에도 전환청구가 가능하지만, 이 기간 중에 전환된 주식의 경우에는 동 기간 중의 주주총회의 결의에서는 의결권을 행사할 수 없다(상 516조②·350조②).

또한 전환사채의 총발행가와 전환으로 인해 발행하는 주식의 총발행가는 동액이어야 한다(상 516조②·348조).

4. 전환의 효력

전환사채의 전환은 사채권자가 전환을 청구한 때에 그 효력이 발생한다(상 516조②·350조①). 즉 전환권은 형성권이므로 회사의 승낙을 요하지 아니하며 전환권을 행사한 때부터 효력이 발생한다. 그러나 이익에 관하여는 그 청구한 영업연도말에 전환된 것으로 본다(상 516조②, 350조①·③).

전환사채를 목적으로 하는 질권은 전환으로 발행된 신주에 대해 물상대위권이 인정된다(상 516조②, 339조). 전환으로 인해 신주가 발행되므로, 회사의 미발행주식수가 감소한다. 그에 따라 전환사채의 금액만큼 사채는 감소하고 자본금은 증가한다.

【판례】

[53] 대법원 2004.8.16. 선고, 2003다9636 판결

상법은 제516조 제1항에서 신주발행의 유지청구권에 관한 제424조 및 불공정한 가액으로 주식을 인수한 자의 책임에 관한 제424조의2 등을 전환사채의 발행의 경우에 준용한다고 규정하면서도, 신주발행무효의 소에 관한 제429조의 준용 여부에 대해서는 아무런 규정을 두고 있지 않으나, 전환사채는 전환권의 행사에 의하여 장차 주식으로 전환될 수 있는 권리가 부여된 사채로서, 이러한 전환사채의 발행은 주식회사의 물적 기초와 기존 주주들의 이해관계에 영향을 미친다는 점에서 사실상 신주를 발행하는 것과 유사하므로, 전환사채 발행의 경우에도 신주발행무효의 소에 관한 상법 제429조가 유추적용된다. 전환사채 발행의 경우에도 신주발행무효의 소에 관한 상법 제429조가 유추적용되므로 전환사채발행무효 확인의 소에 있어서도 상법 제429조 소정의 6월의 제소기간의 제한이 적용된다 할 것이나, 이와 달리 전환사채 발행의 실체가 없음에도 전환사채 발행의 등기가 되어 있는 외관이 존재하는 경우 이를 제거하기 위한 전환사채발행부존재 확인의 소에 있어서는 상법 제429조 소정의 6월의 제소기간의 제한이 적용되지 아니한다. 전환사채발행유지 청구는 회사가 법령 또는 정관에 위반하거나 현저하게 불공정한 방법에 의하여 전환사채를 발행함으로써 주주가 불이익을 받을 염려가 있는 경우에 회사에 대하여 그 발행의 유지를 청구하는 것으로서(상 516조①, 424조), 전환사채 발행의 효력이 생기기 전, 즉 전환사채의 납입기일까지 이를 행사하여야 할 것이고, 한편 전환사채권자가 전환 청구를 하면 회사는 주식을 발행해 주어야 하는데, 전환권은 형성권이므로 전환을 청구한 때에 당연히 전환의 효력이 발생하여 전환사채권자는 그 때부터 주주가 되고 사채권자로서의 지위를 상실하게 되므로(상법 제 516조, 제350조) 그 이후에는 주식전환의 금지를 구할 법률상 이익이 없게 될 것이다. 실제의 소집절차와 회의절차를 거치지 아니한 채 주주총회 의사록을 허위로 작성하는 등 도저히 그 결의가 존재한다고 볼 수 없을 정도로 중대한 하자가 있는 경우에는 그 주주총회의 결의는 부존재하다고 보아야 한다.

5. 전환등기

전환사채의 전환이 이루어지면, 이에 관해 변경등기를 하여야 한다. 따라서 전환을 청구한 날이 속하는 달의 말일로부터 2주간 내에 본점소재지에 변경등기를 하여야 한다(상 514조의2①·②·③, 516조②, 351조).

Ⅱ. 신주인수권부사채

1. 신주인수권부사채의 의의와 종류

신주인수권부사채란 사채권자에게 발행회사의 신주인수권을 부여한다는 조건으로 발행된 사채이다. 즉 사채권자는 사채가 발행된 후 일정한 기간 내에 소정의 가액으로 발행회사에 대하여 신주의 발행을 청구할 수 있다(상 516조의2).

신주인수권부사채에는 분리형과 비분리형이 있다. 분리형이란 사채권을 표창하는 유가증권인 채권과 신주인수권을 표창하는 신주인수권증권이 별도로 발행하는 형태로서 사채권과 분리하여 신주인수권을 양도할 수 있다. 반면에 비분리형이란 1매의 채권에 사채권과 신주인수권이 함께 표창되어 있는 것을 말하며, 따라서 사채권과 분리하여 신주인수권을 양도할 수 없다.

2. 신주인수권부사채의 발행절차

신주인수권부사채를 발행하는 경우에 정관에 규정이 없는 것은 이사회에서 결정할 수 있다. 그러나 정관으로 주주총회에서 결정하도록 정한 경우에는 그렇지 않다(상 516조의2②). 그러나 인수권을 제3자에게 부여하는 경우 기존주주의 이익을 보호하기 위하여 주주총회의 결의사항으로 하였다(동조④).

이사회에서 결정할 사항은 ①신주인수권부사채의 총액, ②각 신주인수권부사채에 부여된 신주인수권의 내용, ③신주인수권을 행사할 수 있는 기간, ④신주인수권만을 양도할 수 있다는 뜻, ⑤신주인수권을 행사하려는 자의 청구가 있는 때에는 신주인수권부사채의 상환에 갈음하여 그 발행가액으로 제516조의9 제1항의 납입이 있는 것으로 본다는 뜻, ⑥주주에게 신주인수권부사채의 인수권을 준다는 뜻과 인수권의 목적인 신주인수권부사채의 액, ⑦주주 이외의 자에게 신주인수권사채를 발행하는 것과 이에 대하여 발행할 신주인수권부사채의 액 등이다.

각 신주인수권부사채에 부여된 신주의 인수권의 행사로 인하여 발행할 신주의 발행가액의 합계액은 각 신주인수권부사채의 금액을 초과할 수 없다(상 516조의2③). 회사가 신주인수권부사채를 발행함에 있어서 신주인수권부사채의 액, 발행가액, 신주의 인수권의 내용,

신주의 인수권을 행사할 수 있는 기간과 일정한 기일까지 신주인수권부사채의 청약을 하지 아니 하면 그 권리를 잃는다는 뜻을 통지하여야 한다. 이 경우 신주인수권만을 양도할 수 있고, 신주인수권을 행사하려는 때에는 신주인수권부사채의 상환에 갈음하여 신주 의 납입이 있는 것으로 본다는 정함이 있는 때에는 그 내용도 통지하여야 한다(상 516조의3①). 또 신주인수의 청약을 하지 아니하면 실권된다는 통지를 2주전에 해야한다는 규정도 준용한다(동조②).

사채청약서, 채권 및 사채원부에는 법정사항을 기재하여야 한다. 그러나 신주인수권증권을 발행할 때에는 채권에는 이를 기재하지 아니한다(상 516조의4단서). 사채가 발행되면 법정사항을 등기하여야 한다(상 516조의8). 일반사채의 등기제도는 폐지되었으나 신주인수권부사채의 중요사항은 등기에 의하여 공시하도록 하였다. 신주인수권부사채의 인수권은 주주가 당연히 인수권을 가지는 것이 아니라 정관 또는 이사회의 결의에 따라 부여되는 것이다(상 516조의2).

3. 신주인수권의 양도

신주인수권만을 양도할 수 있다는 뜻을 정한 경우에는 회사는 채권과 함께 신주인수권증권을 발행하여야 한다(상 516조의5①). 신주인수권증권에는 법정사항을 기재하고 대표이사가 기명날인 또는 서명하여야 한다(상 516조의5②). 회사는 신주인수권증권을 발행하는 대신 정관으로 정하는 바에 따라 전자등록기관의 전자등록부에 신주인수권을 등록할 수 있다. 이 경우 신주인수권의 양도·입질은 전자등록부에의 등록으로 한다(상 516조의7).

신주인수권증권은 신주인수권을 표창하는 유가증권이며, 이것이 발행된 경우 신주인수권을 양도하려면 신주인수권증권의 교부에 의하여서만 한다(상 516조의6①).

4. 신주인수권의 행사와 그 효과

신주의 인수권을 행사하려는 자는 청구서 2통을 회사에 제출하고 신주의 발행가액의 전액을 납입하여야 한다(상 516조의9①). 이 청구서를 제출하는 경우에 신주인수권증권이 발행된 때에는 신주인수권증권을 첨부하고 이를 발행하지 아니한 때에는 채권을 제시하여야 한다(상 516조의9②). 또 납입은 채권 또는 신주인수증권에 기재한 은행 기타 금융기관의 납입장소에서 하여야 한다(상 516조의9③).

신주의 인수권을 행사한 자가 납입을 한 때에는 신주발행의 효력이 발생하고 주주가 된다(상 516조의10). 회사의 승낙을 요하지 않는다. 다만 이익배당에 관하여는 신주인수권을 행사한 때가 속하는 영업연도 말에 신주가 발행된 것으로 본다(상 516조의10, 350조③전단). 신주인수권부사채에 설정된 질권은 인수권행사로 발행된 신주에는 미치지 아니한다. 다만 사채상환에 갈음하여 대용납입한 경우(상 516조의2②v)에는 신주에 대해 질권을 행사할 수 있다.[288)]

5. 신주인수권부사채의 발행에 대한 등기

신주인수권부사채를 발행한 때에는 사채납입이 완료된 때부터 본점소재지에서 2주 내에 소정사항을 등기하여야 한다(상 516조의8②, 514조의2①). 또한 신주인수권의 행사가 있는 때에는 신주의 효력발생시기가 속하는 달의 말일로부터 2주간 내에 본점소재지에 변경등기를 하여야 한다(상 516조의8, 514조의2).

Ⅲ. 담보부사채

담보부사채라 함은 사채담보를 위하여 물상담보권이 붙어 있는 사채를 말한다. 많은 사채에 개별적 담보권을 설정하는 것은 곤란할 뿐만 아니라 그 행사도 번잡하며 또 사채의 유통에 수반하여 담보도 이전하게 되어 법률관계가 복잡하게 된다. 그러므로 사채발행회사와 신탁업자 사이에 신탁 계약에 하여 신탁업자가 총사채권자의 이익을 위하여 물상담보권을 취득하고 총사채권자를 위하여 보존·실행할 의무를 지며 총사채권자가 수익자로서 그 채권액에 따라 평등하게 담보의 이익을 향수하도록 한 것이 담보부사채의 제도인 것이다.

담보부사채는 담보부사채신탁법(1962.1.20 공시 법률 제991호)에서 규정하고 있다. 이 법에 따르면 담보부사채는 발행회사가 신탁회사와의 신탁계약에 의하여, 동 신탁회사를 수

288) 이(철)[회], 1047면.

탁회사로 하여 발행하며(동법 3조), 신탁계약에 의하여 담보에 붙일 수 있는 물상담보는 ①동산질, ②증서가 있는 채권질, ③주식질, ④부동산저당 기타 법령이 인정하는 각종 저당 등에 한한다(동법 4조). 보증채무는 담보부사채가 아니다.

담보부사채는 1회 발행식 사채와 분할발행식 사채로 구별된다(동법 14조·15조·26조). 특히 후자의 경우 미국의 open-end-mortgage(개방적 담보) 제도를 담보부신탁법에서 도입한 것이다. 즉 동일담보권으로써 담보된 사채의 총액을 수회로 나누어 분할발행하는 제도이다. 이때 각회의 사채는 그 담보에 대하여 동일순위에 서게 된다(동법 17조·26조·27조·29조). 그러므로 회사의 재산은 수개로 분할하여 각 개의 사채마다 제1순위의 저당권을 설정하는 불편을 피하고 또 후순위저당권에 의한 담보부사채모집의 곤란을 극복할 수 있게 된다. 이것은 분할발행을 하지 않고 일시에 사채총액을 발행하여 담보를 설정하는 closed mortgage(폐쇄적 담보)에 대한 것이다.

부록

회사는 사원의 경제적 이익의 확대도모에 그 목표를 두고 있으므로 회사법은 영리성을 담보하는 법규정을 여러 곳에 두고 있다. 반면에 회사가 차지하는 국민 경제적 지위로 인하여 공공의 이익도 고려되고 있다. 따라서 회사법은 기업의 구조조정과 대외관계 등에서 규제와 조정은 물론 이해관계인들 사이의 이익조정도 하고 있다.

| 부록1 |

참고문헌

Ⅰ. 국내문헌

- 강위두·임재호, 상법강의(상)(제3전정), 형설출판사, 2009 〈강·임[상]〉
- 권기범, 현대회사법론(제7판), 삼영사, 2017 〈권(기)[회]〉
- 김영호, 회사법총론, 대학출판사, 1990 〈김(영)[회]〉
- 김용태, 상법(상), 원광대출판부, 1984 〈김(용)[상]〉
- 김정호, 상법강의(上), 법문사, 2001 〈김(정)[상]〉
- 김정호, 회사법(제2판), 법문사, 2012 〈김(정)[회]〉
- 김건식·노혁준·박준·송옥렬·안수현·윤영신·최문희, 회사법(제5판), 박영사, 2014 ---〈김·외[회]〉
- 김은기, 신회사법 이론과 실무, 영화조세통람, 2012 〈김(은)[회]〉
- 명호인·정세희, 한국회사법(제2판), 학헌사, 2012 〈명·정[회]〉
- 박상조, 신회사법론, 형설출판사, 2000 〈박(상)[회]〉
- 서돈각, 상법강의(상), 법문사, 1990 〈서(돈)[상]〉
- 서돈각·정완용, 상법강의(상), 법문사, 1999 〈서·정[상]〉
- 서정갑, 주석실무 개정상법총람, 홍문관, 1984 〈서(정)[람]〉
- 서헌제, 사례중심체계 회사법, 법문사, 2000 〈서(헌)[회]〉
- 손주찬, 상법(상), 박영사, 2005 〈손(주)[상]〉
- 안동섭, 상법원론(상), 법지사, 1989 〈안(동)[상]〉
- 양승규·박길준, 상법요론, 삼영사, 1993 〈양·박[상]〉
- 이기수·최병규, 회사법(제9판), 박영사, 2011 〈이(기)·최[회]〉
- 이기수·유진희·이동승, 회사법, 박영사, 2002 〈이·외[회]〉
- 이범찬·최준선, 상법(상), 삼영사, 2001 〈이·최[상]〉
- 이상수, 상법기본강의(제10판), 형설출판사, 2012 〈이(상)[상]〉

- 이철송, 상법강의(제13판), 박영사, 2012 〈이(철)[상]〉
- 이철송, 2011 개정상법-축조해설-, 박영사, 2011 〈이(철)[축]〉
- 이철송, 회사법강의(제25판), 박영사, 2017 〈이(철)[회]〉
- 임홍근, 회사법, 법문사, 2000 〈임(홍)[회]〉
- 정동윤, 회사법, 법문사, 2001 〈정(동)[회]〉
- 정무동, 상법강의(상), 박영사, 1998 〈정(무)[상]〉
- 정찬형, 상법강의(상)(제16판), 박영사, 2013 〈정(찬)[상]〉
- 정찬형, 회사법강의, 박영사, 2003 〈정(찬)[회]〉
- 정희철, 상법학(상), 박영사, 1989 〈정(희)[상]〉
- 최기원, 상법학신론(상), 박영사, 2009 〈최(기)[상]〉
- 최기원, 회사법론, 박영사, 2005 〈최(기)[회]〉
- 최기원, 기업법개설(제17판), 박영사, 2017 〈최(기)[기]〉
- 최준선, 회사법(제11판), 삼영사, 2016 〈최(준)[회]〉
- 채이식, 상법강의(상), 박영사, 1996 〈채(이)[상]〉
- 홍복기, 회사법강의(제4판), 법문사, 2016 〈홍(복)[회]〉
- 홍복기, 박세화, 회사법강의(제6판), 법문사, 2018 〈홍(외)[회]〉

Ⅱ. 구미문헌

- Adolf A.Berle & Gardiner C. Means, The Modern Corporation and Private Property, rev. ed., Harcourt, Brace & World Inc., 1968 〈Adolf〉
- Barz·Klug·mayer-landrut·Wiedemann·Brönner·Mellerowicz·Schilling·Würdinger, GroßKommentar zum Aktiengesetz, 6.Aufl. Bd. Ⅰ～Ⅳ, Walter De Gryter, 1973~1974 〈GroßKommentar〉
- Baumbach·Hopt, Handelsgesetzbuch, 32. Aufl., Verlag C.H.Beck, 2006 〈Baumbch·Hopt〉
- Biedenkopf·Claussen·Geilen·Koppensteiner·Kraft·Kronstein·Lutter · Mertens·Zöllner, Kölner Kommentar zum Aktiengesetz, Bd. Ⅰ～Ⅲ, Carl Heymanns Verlag, 1981 〈Kölner Kommentar〉
- Brox·Henssler, Handelsrecht, 19. Aufl., Verlag C.H.Beck, 2007 〈Brox·Henssler〉

- Bruck·Möller, Kommentar zum Versicherungsvertragsgesetz, 8. Aufl,. Walter de Gruyter, 1980 〈Bruck Kommentar〉
- Cary, William L. & Eisenberg, Melvin A., Corporation, unabridged, 7th ed., The Foundation Press, Inc., 1995 〈Cary〉
- Clive M. Schmitthoff, Palmer's Company Law, 23rd. ed., Stevens & Sons, 1982 〈Palmer〉
- Clive M. Schmitthoff, Commercial Law in a Changing Economic Climite, 2nd. ed., Sweet & Maxwell, 1981 〈Schmitthoff〉
- Easterbrook, Frank H. & Fischel, Daniel R., The Economic Structure of Corporate Law, Harvard Univ. Press, 1991 〈Easterbrook〉
- Ernst Heymann, Handelsgesetzbuch, 2. Aufl., Verlag Walter de Gruyter, 1995 〈Heymann〉
- Glangger·Kirnberger·Kusterer·Ruß·Selder·Stuhlfelner, Heidelberger Kommentar zum Handelsgesetzbuch, 7, Aufl., C.F.Müller Verlag, 2006 〈Kommnetar H〉
- Götz Hueck, Gesellschaftsrecht, 18.Aufl., München, Verlag C.H.Beck, 1983 〈G.Hueck〉
- Hans Würdinger, Aktienrecht und das Recht der verbundenen Unternehmen, C.F.Müller, 1981 〈Würdinger〉
- Harry G.Henn et al., Law of Corporations and Other Business Enterprises, 3rd. ed., West Publishing Co.,1983 〈Harry〉
- Hermann Staub, Großkommentar zum Handelsgesetzbuch 4. neubearbeitete Aufl., Verlag Walter de Gruyter, 1995 〈Staub〉
- Jennings, Richard W. & Buxbaum, Richard M., Corporation, 6th. ed., West Publishing Co., 1983 〈Jennings〉
- John H. Farrar et al., Farrar's Company Law, 2nd. ed., Butterworths, 1988 〈Farrar〉
- Karsten Schmidt, Handelsrecht, 5. Aufl., Carl Heymanns Verlag, 1999 〈K.Schmidt(H)〉
- Karsten Schmidt, Gesellschaftsrecht, 2. Aufl., Carl Heymanns Verlag, 1999 〈K.Schmidt(G)〉
- Kenneth S. Abraham, Insurance Law and Regulation : Cases and Materials, Foundation Press, 2005 〈Kenneth〉
- Kropff·Semler, Münchener Kommentar zum Aktiengesetz, 2. Aufl., C.H.Beck, 2000 〈Münchener Kommentar〉
- Melvin A. Eisenberg, The Structure of the Corporation – A. Legal Analysis, 2nd. ed.,

Little, Brown & Company, 1976 〈M.A.Eisenberg〉

- Prölss·Martin, Versicherungstragsgesetz, 26, Aufl., Verlag C.H.Beck, 1998. 〈Prölss·Martin〉
- Raiser, Thomas, Recht der Kapitalgesellschaften, 3. Aufl., Verlag Franz Vahlen GmbH, 2001 〈Raiser〉
- Robert Charles Clark, Corporate Law, Brown and Company, 1986 〈Clark〉
- Robert R.Pennington, Pennington's Company Law, 5th. ed., Butterworths, 1985 〈Pennington〉
- Robert W.Hamilton., The Law of Corporations, 3rd. ed., West Publishing Co., 1988 〈Hamilton〉
- Römer·Langheid, Versicherungsvertragsgesetz mit PfTVG und KfzPFTVV, 2. Aufl., C.H.Beck, 2003 〈Römer·Langheid〉
- Ulmer, Eugen, Das Recht der Wertpapiere, W.Kohlhammer Verlag, 1938 〈Ulmer〉
- Wiedemann, Herbert, Gesellschaftsrecht, Bd. Ⅰ. C.H.Beck Verlag, 1980 〈Wiedemann〉

Ⅲ. 일본문헌

- 江頭憲治郎, 株式會社法, 有斐閣, 2008 〈江頭〉
- 高窪喜八郎·朝川伸夫 編, 法律學說判例總覽, 商法總則編, 中央大學出版部, 1962 〈高窪[總]〉
- 大隅健一郎, 商法總則(法律學全集 27), 有斐閣, 1984 〈大隅[總]〉
- 大隅健一郎·今井宏, 會社法論(상·중·하), 有斐閣, 1991 〈大隅·今井[會](上)(中)(下)]〉
- 服部榮三, 商法總則, 青林書院新社, 1983 〈服部[總]〉
- 上柳克郎·鴻常夫, 新版 注釋會社法 (1)~(11), 有斐閣, 1985~1989 〈新注釋[會(1)~(11)]
- 鈴木竹雄·竹內昭夫, 會社法, 有斐閣, 1994 〈鈴木·竹內[會]〉
- 田中誠二, 商法總則詳論, 勁草書房, 1976 〈田中(誠)[總]〉
- 田中誠二, 會社法詳論(上), 勁草書房, 1982 〈田中(誠)[會(上)]〉
- 田中誠二, 會社法詳論(下), 勁草書房, 1982 〈田中(誠)[會(下)]〉
- 戸田修三, 海商法, 文眞堂, 1990 〈戸田[海]〉
- 鴻常夫, 商法研究ノート, 日本評論社, 1965 〈鴻[研]〉

주요법령·문헌 약어표

Ⅳ. 법령약어표

- 〔공〕 공사채등록법
- 〔공칙〕 공사채등록법시행규칙
- 〔국세〕 국세기본법
- 〔독규〕 독점규제 및 공정거래에 관한 법률
- 〔독규령〕 독점규제 및 공정거래에 관한 법률 시행령
- 〔민〕 민법
- 〔민소〕 민사소송법
- 〔민집〕 민사집행법
- 〔보〕 보험업법
- 〔부칙〕 상법부칙
- 〔비송〕 비송사건절차법
- 〔산은령〕 산업은행법 시행령
- 〔상〕 상법
- 〔상규〕 상업등기규칙
- 〔상등〕 상업등기법
- 〔상시〕 상법시행령
- 〔상시규정〕 상법의 일부규정의 시행에 관한 규정
- 〔약규〕 약관의 규제에 관한 법률
- 〔외감〕 주식회사의 외부감사에 관한 법률
- 〔외자〕 외국인투자촉진법
- 〔인〕 인터넷주소자원에 관한 법률
- 〔일회〕 일본회사법

- 〔자〕 자본시장과 금융투자업에 관한 법률
- 〔자평〕 자산재평가법
- 〔전〕 전자거래기본법
- 〔헌〕 헌법
- 〔형〕 형법
- 〔회파〕 채무자회생 및 파산에 관한 법률

부록3

찾아보기

권기훈

한양대학교 법과대학 졸업(법학박사)
사법시험위원, 행정고시위원, 입법고시위원
및 공인회계사시험위원, 국가행정직 7·9급 시험위원
현 경상대학교 법과대학 교수

저서
『상법사전』(법문출판사)
『기업법』(세영사)
『신법학개론』(경상대학교출판부)
『법학의 이해』(경상대학교출판부)
『독점규제·공정거래법』(경상대학교출판부)
『조세법총론』(경상대학교출판부)
『도산절차와 리스채권』(행법사)

민상홍

서울대학교 공과대학 졸업(공학사·석사)
경상대학교 법과대학 졸업(법학박사)
경상대학교 법학연구소 연구원
현 경상대학교 법과대학 강사

주식회사법

2019년 8월 30일 초판 1쇄 발행
2020년 9월 11일 초판 2쇄 발행

지은이 권기훈, 민상홍
펴낸이 이상경
부장 박현곤
편집 이가람
디자인 이희은

펴낸곳 경상대학교출판부 | 출판등록 1989년 1월 7일 제16호
주소 경남 진주시 진주대로 501
전화번호 055) 772-0801(편집), 0802(디자인), 0803(도서 주문)
팩스 055) 772-0809
전자우편 gspress@gnu.ac.kr
홈페이지 http://gspress.gnu.ac.kr
페이스북 https://www.facebook.com/gnupub
블로그 https://gnubooks.tistory.com

책값은 뒤표지에 있습니다.

이 도서의 국립중앙도서관 출판시도서목록(CIP)은 서지정보유통지원시스템 홈페이지(http://seoji.nl.go.kr)와 국가자료공동목록시스템(http://www.nl.go.kr/kolisnet)에서 이용하실 수 있습니다.
(CIP제어번호: CIP2019032618)